JN006157

日本語「起源」論の歴史と展望

Debating the Origins of the Japanese Language: History and Outlook

歴史と展望

日本語の起源はどのように論じられてきたか

長田俊樹…[編]

三省堂

日本語「起源」論の歴史と展望
——日本語の起源はどのように論じられてきたか——

長田俊樹編

目次

まえがき

長田俊樹

　本論文集は国際日本文化研究センター（以下、日文研）の共同研究『日本語の起源はどのように論じられてきたか——日本言語学史の光と影』の報告書である。共同研究会は 2016 年度に 5 回開催された。その目的は以下の通りである。

　明治時代、西洋の学問を導入して、日本のアカデミズムが確立していくと、西洋の学問であった言語学が日本に導入されることになる。そのころ、西洋ではインド・ヨーロッパ語族の研究、つまり比較言語学が中心であった。上田万年はじめ、帝国大学（今の東京大学）の言語学科創設時（設立当時は博言学といわれた）を支えた人たちは、西洋に留学して比較言語学の習得に努め、帰国後は西洋での学問成果を日本語に当てはめていった。その大きな目標が日本語の系統関係を明らかにすること、つまり日本語の起源の探求だった。そこで、この共同研究会では日本語の起源がどのように議論されてきたのか、日本言語学史にそって検証することを目的とする。

　次に、共同研究員の皆様のお名前と当時の所属をあげておく（敬称略）

研究代表者　　長田俊樹（総合地球環境学研究所）
幹事　　　　　井上章一（国際日本文化研究センター）

共同研究員　（アイウエオ順）
伊藤英人（東京大学）　　　　　　韓国語、中国語
風間伸次郎（東京外国語大学）　　ツングース言語学
狩俣繁久（琉球大学）　　　　　　琉球語
菊澤律子（国立民族学博物館）　　オーストロネシア言語学
児玉望（熊本大学）　　　　　　　ドラヴィダ言語学、アクセント史
斎藤成也（国立遺伝学研究所）　　人類進化学

千田俊太郎（京都大学）　　　　　　ニューギニア言語学、韓国語
永澤済（名古屋大学）　　　　　　　日本語史
マーク・ハドソン（静岡県富士山世界遺産　考古学
センター）
林範彦（神戸市外国語大学）　　　　チベット・ビルマ言語学
平子達也（駒澤大学）　　　　　　　日本語史
アンナ・ブガエワ（東京理科大学）　アイヌ語
福井玲（東京大学）　　　　　　　　韓国語
安田敏朗（一橋大学）　　　　　　　国語学史

海外共同研究員
トマ・ペラール（フランス社会科学高等研究院）
アレキサンダー・ヴォヴィン（フランス社会科学高等研究院）
ジョン・ホイットマン（コーネル大学）

　上記のうち、マーク・ハドソンとアレキサンダー・ヴォヴィンのお二人は多忙のため、共同研究会には一度も参加されなかった。また、途中から、杉山豊（京都産業大学）が共同研究員に加わった。
　共同研究会では、以下のような発表がおこなわれた。なお、共同研究員以外のゲストスピーカーには所属を追加した。

第1回研究会
4月23日・24日
共同研究会メンバーの自己紹介
長田俊樹「この共同研究会で何をやるのか」
安田敏朗「上田万年『日本語学の本源』をめぐって」
井上章一「明治時代の日本語起源論——アーリヤ起源説をめぐって」
斎藤成也「DNAからさぐる日本列島人」

第2回共同研究会
6月18日・19日
長田俊樹「はたして上田万年はどこまで西洋言語学を理解していたのか」
鈴木貞美（日文研）「日本近代の言文一致神話——言語学と国語学の問題をめぐって」
風間伸次郎「言語類型論から見た日本語——松本克己「環日本海仮説」の検討等

を中心に──」
平子達也「日本語諸方言アクセントの史的研究と「比較方法」──服部四郎と金田一春彦の論争から」

第3回共同研究会
8月30日・31日
長田俊樹「明治期の日本語系統論──日本の言葉はアリアン言葉なり」
松森晶子（日本女子大学）「琉球祖語アクセント再建に向けて──今、何を記述し、残しておくべきか」
五十嵐陽介（一橋大学）「琉球語を排除した「日本語」という単系統群は果たして成立するのか」
児玉望「核はなくなるのか──祖語アクセント再建仮説が説明してきたこととしなかったこと──」
狩俣繁久「日琉祖語はどのように語られてきたか」
トマ・ペラール「琉球諸語の下位分類」
上野善道（東京大学）　コメンテーター

第4回共同研究会
9月17日・18日
長田俊樹「戦後の日本語系統論──安田徳太郎のレプチャ語起源説を中心に」
福井玲「金沢庄三郎による日本語と韓国語の比較研究」
安田敏朗「小倉進平の朝鮮語研究」
伊藤英人「古代朝鮮半島諸言語に関する河野六郎説の整理」
杉山豊「アクセント史資料としての伝統声楽──朝鮮語の場合──」

第5回共同研究会
1月7日・8日
千田俊太郎「パプア諸語と日本語の源流」
林範彦「パーカーと西田龍雄──日本語の起源をチベット・ビルマ諸語に求めた2人の言語学者──」
永澤済「日本語史研究における実用文書資料の可能性──和化漢文の分析を例に──」
菊澤律子「書評　松本克己著『世界言語の中の日本語──日本語系統論の新たな地平』『世界言語への視座──歴史言語学と言語類型論』（いずれも三省堂）」
アンナ・ブガエワ「東北アジア言語の観点から見たアイヌ語の言語類型論的考察」

　これらの発表を元に、この論文集は成り立っている。ただし、福井論文や安田論文のように、発表時とテーマが変わったものもある。ところで、本論文集はいくつかのテーマに分かれている。編者が以下のように分類してみた。

(1) 日本語との系統関係が明らかである琉球語や日本語のアクセント史に関する論文（狩俣、児玉、平子）
(2) 日本語との関係が深いとみなされている朝鮮・韓国語との関係を述べた論文（伊藤、福井）
(3) 過去の日本語の起源論を扱った論文（千田、林、安田）
(4) アイヌ語を含む日本言語学史への様々なアプローチ（風間、斎藤、永澤、長田）

　「序文」や「まえがき」を読んで、本を購入するかどうかを決める方々のためにも、ここで編者がそれぞれの論文をまとめておく。

　琉球語を専門とする狩俣は九州＝琉球祖語*1が分岐して、琉球諸語が形成されていった過程を豊富なデータを用いて示し、九州からの人の移動が二度にわたることを考古学の証拠などをあわせて提示している。児玉論文と平子論文は奇しくも同じアクセント史を扱っているが、前者はポリワーノフを取り上げて、服部四郎と金田一春彦を比較しながら、言語学史を念頭に述べている。一方、後者は日本語の東西アクセントなど、アクセント研究の実践を中心に置きながら、服部と金田一、その後の上野善道の研究などを取り上げている。似たテーマへの視点の相違は興味ふかい。

　伊藤論文は河野六郎の研究について、具体的な語彙を例示しながら詳しく紹介するだけではなく、河野六郎以後の「濊倭同系説」の現在について、考古学を交えた学説を紹介しつつ、臆説に過ぎないとしながらも、大胆な仮説を提示している。

　福井論文は日韓両語の比較研究のうち、河野六郎が同源語とみなした語彙を丁寧に吟味し、それらが借用語であることを指摘している。日本語と朝鮮・韓国語の同系説の根幹をなす対応語が借用語であるとみなすことによる今後の研究に与える影響は計り知れない。

　伊藤、福井の両論文はその知識の深さと蓄積の膨大さを感じさせ、近年とみに批判対象となる人文学の伝統をみるようで、まだまだ人文学は棄てたものではないと確信させるに十分である。皮相なる人文学批判を駆逐してあまりあるとみる

---

*1 日本語と琉球語の祖語を日琉祖語と呼ぶことはかなり知られている。最近では、日本語の中でも九州諸語と琉球語が共通の祖先を持っているという考え方がかなり普及し、これを九州＝琉球祖語と呼ぶ。一橋大学の五十嵐氏や本論文集にも執筆している平子氏のご教示によると、この考え方はすでに服部四郎が『月刊言語』に連載した「日本祖語について」で表明されている。

のは私一人だけではあるまい。

千田論文は江実が提唱したパプア・ニューギニアの言語と日本語の関係を1970年代に活躍した村山七郎との論争などを詳述している。かつての日本語系統論のブームをかいま見ることができ、年配の世代には昔がよみがえってくるのではなかろうか。

林論文はチベット・ビルマ諸語と日本語の系統関係を論じている。京都大学が生んだ碩学、西田龍雄の説を痛烈に批判し、同じ京大門下生としては心苦しいところがあったと思うが、遠慮も忖度もなく、言語学的検証に終始した態度は立派である。

安田論文は1940年という第二次世界大戦中の日本語系統論を扱っている。「放埒」と「禁欲」をキーワードに、言語学科出身の研究者では生まれにくい視点で、中島利一郎や泉井久之助など、取り上げにくい人物を批判的に論じている。本論文集では異色の論文である。

風間論文はアイヌ語と隣接言語との類型論的な対照研究である。かつて、日文研の共同研究会『日本語系統論の現在』の成果論文集では日本語と北方諸言語との類型論的対照を試みたが、それをアイヌ語で行っている。ツングース語を中心に、北東アジア諸言語を調査した実績がここでも十二分に発揮されている。

遺伝学を専門とする斎藤は新学術領域「ゲノム配列を核としたヤポネシア人の起源と成立の解明」（領域略称名：ヤポネシアゲノム）を立ち上げたばかりで、言語学にも関心を寄せている。DNA分析による最新のデータを提示し、日本列島への三段階渡来モデルと日本語形成過程との整合性を模索している。DNA分析のデータをみていると、それに比して言語学の成果が遅々として進んでいないことがよくわかる。

永澤論文は日本言語学史の中であまり論じてこられなかった文体について、これまでもよく述べられてきた「文学における言文一致」だけではなく、「法曹界における言文一致」を扱っている。日本語の起源とは直接関連しないが、日本言語学史には重要な側面である。

長田論文は西洋の言語学史でもなく、国語学史でもない、日本言語学史の試みである。とくに、日本語系統論を中心に置いて学史をふりかえっている。系統論や起源論がネガティブキャンペーンになりやすく、その限界を指摘しつつ、今後の新たな展開に期待している。

　本論文集は共同研究会での発表に基づいていることはすでに述べた。ただし、すべての発表を論文としてまとめることができなかった。それはひとえに共同研究会代表者であり、編者である長田の力不足である。深く反省をするところである。

第1部

日本語の起源論から見た
日本言語学史

第 1 章

借用語を中心とした
古代の日韓の音韻の対応について

福井玲

1.1　はじめに

　古代の日本語と韓語の間の比較研究は江戸時代の日本の学者による若干の言及を除けば William G. Aston、白鳥庫吉、大矢透、中田薫、宮崎道三郎、金沢庄三郎らによって始められた。その後、よく知られた Samuel E. Martin の研究、そして、ここではそのすべてをあげることは省略するが、日韓両語をいわゆるアルタイ諸言語の中に位置づける研究など、今日に至るまで多くの研究者によって論じられている。

　その中で、古代の日本語と韓語の音韻の対応を明らかにしようとする研究において常に問題になるのは、共通の祖先に溯るがゆえに見られる対応と、借用による対応の区別が難しい点である。本稿は、この点に鑑み、作業仮説として、従来扱われてきた音韻の対応を表わすとされる語彙を借用語であると仮定し、借用語間に見られる音韻の対応という形で説明することを試みる。もちろん、それらがすべて借用語であるという保証はないし、また、逆に借用語としては説明できないことが明らかになれば、新たな研究の段階を迎えることが可能になるが、本稿の研究対象はそこまで及ぶものではない。

　このような仮定を設ける理由は 2 つある。1 つは、実際にこうした目的でこれまであげられている語彙の中に明らかに借用語が存在すること、そして、いくつかの研究で指摘された音韻の対応が、借用語であることがより明らかな語彙にも、そのまま当てはまる場合が多いことである。実例は第 3 節であげる。第 2 の理由は、借用語とは言っても規則的な対応が見られることにより、当時の両言語の音韻体系を考察するのに役に立つばかりでなく、借用語の借入時期に違いが見られ

る場合、それを反映した両言語の音変化を推定するのに役立つと考えられるからである。

1.2 古代の日韓の音韻の対応に関する先行研究

ここでは、古代の日韓の音韻の対応に関する先行研究として William G. Aston (1879)、白鳥庫吉 (1897)、金沢庄三郎 (1910)、大野晋 (1952)、河野六郎 (1959)、Samuel E. Martin (1966) を取り上げて音韻の対応がどのように扱われているかを概観したのち、これらの中で筆者としては、古代の日韓の音韻の対応を扱ったものとして河野六郎があげた 2 種類の母音の対応規則が最も信頼性が高いことを述べ、次節以下ではそれに基づいて論を進めることにする。

まず William G. Aston (1879) はこのテーマに関する先駆的な研究として著名なものである。音韻の対応としては、子音の対応をめぐってかなりの議論がなされているが、母音の対応についてはまとまった議論は行われていない。

次に、白鳥庫吉 (1897, 1970) には興味深い例もあげられているが、少々無理のある例も少なくない。ただし、対応語の一部について「韓語の頭首に母韻を加へて日本語と比較すべきもの」(白鳥庫吉 1970: 239) としており、何らかの規則性を見出そうとしている点は注目できる。ただし、これは白鳥庫吉に限らず、上にあげた他の著者の論考にも共通するが、語頭に加えられる母音が発音上の便宜のため添加される母音 (prothetic vowel) なのか、それとも何らかの形態論的な過程によるものなのかを明らかにする必要がある。そして、もし発音上の添加母音であるとすれば、それらの対応は根源的なものではなくむしろ借用によるものと考える方がいいのではないだろうか。ともあれ、このように日本語の側で語頭に母音を添加する形態論的なしくみが明らかにならない限り、これらの対応を認めるのは困難ではないかと思われる。

次に、金沢庄三郎 (1910) はある意味で 20 世紀初頭の研究としては最も有名なもので、第 1 章の「音韻の比較」の部分には 150 の音韻対応を示す語があげられている。しかし、ここではこの表題に反して音韻の対応規則は明示されていない。そのことは、「前書き」に見られるこの書の刊行意図、特に「著者が韓語の研究に志したるは、これと比較して我国語の淵源を科学的に究めんと欲するにありて、年来調査の結果は遠からずこれを日韓比較文法として発表すべし。本篇の目的とする所は稍これと趣を異にし、及ぶべく通俗的に日韓両国語の類似点を列挙して、其同系に属せる国語なることを示さんと欲するにあり。これ著者が刻下の事情に照して此種の知識が日韓両国人士間に必要闕くべからざるものにして、(後略)」

(下線は筆者) とあることに関係があるものと思われる。「刻下の事情」とは刊行年が 1910 年であることを考えれば当然日韓併合をさすものと思われ、それに関する政治的・社会的動きに呼応して言語学の専門家ではない一般の読者向けに書かれたものであり、厳密な音韻の対応規則を示すのはそのためには不必要と考えたのかもしれない[*1]。

　また、第 1 章の「音韻の比較」の冒頭部分では「声音の変遷には、厳密なる法則ありて、外形上何等の類似なき音が研究の結果共同の根本に帰着することあり。……且民族相触れ、文化相接する時は、必ず言語の貸借行はる。……されば借用語を識別すること必要なれど、或程度以上は此れまた至難の事に属す。加之、偶然に暗合せる如き場合も決して少からず。……言語の外形上の比較は、一見容易なるに似て、実は労多く功少きものなれば、これを第二位に置き、まづ主として、言語内部の組織を研究するを策の得たるものとすべきなり」として、音韻法則、借用語の峻別について述べるとともに、「言語内部の組織の研究」(本書後半の「語法の比較」をさす)が重要であることが述べられている。しかし、それに続いて、唐突に「専ら声音の法則のみを規矩として、語彙の比較を試みむ」として、150 語のリストを提示し、その中でいくつかについては詳しい説明を行なっている。しかしその解説の中でも詳しい音韻の対応は論じられず、第 1 章末尾の部分で、「韓語の h 音は國語にては必ず k 音となる」、「たなら (t, n, r) 同等」、「r 音語頭にたゝず」、「韓語 p 音は國語にては必ず h 音となる」という 4 箇条をあげておおざっぱなまとめを行なっているのみで、これはとても音韻法則といえるようなものではない。服部四郎 (1958, 1959) でも「音韻法則は断片的に問題となっているに過ぎない。単語或いは morphèmes の一致を証明するに当り首尾一貫して、音韻法則を基準とすることがない」(服部 1959: 36–38) と指摘されているとおりである。

　次に、大野晋 (1952) は、以上の諸研究よりはより多くの「対応」規則を示しているが、かなり融通無碍に「対応」を列挙するのみである。例えば日本語の母音 a は朝鮮語の母音 a とə に対応し、日本語の母音ö も朝鮮語の a とə に対応するとしているが、それらの分岐条件、あるいはそれぞれの対応が祖語における異なった母音に溯るといった考察はまったく行なわれていない。また、「朝鮮語の歯音および歯茎音で始まる語の語頭に、日本語では母音の添っている例」もあげられているが、先ほどの白鳥庫吉の例と同様、それがいかなる仕組みによるものかは言及さ

　[*1]なお、この前書きが重要であることは石川遼子 (2014) によって気づかされ、その他にも数多くの重要な情報を得ることができた。また筆者による書評 (福井玲 2015) も参照されたい。

れていない。

　次に Samuel E. Martin (1966) の研究は、祖形の再建など、手続きとしては上に
あげた諸研究より優れているが、可能な対応語の範囲を広げすぎているという印
象を受けるのは否定しがたい。また、用言語幹の対応語を他の研究者より数多く
あげている点にも特徴があり、彼自身述べているように両言語で（特に韓国語で
は）用言の借用は難しいことから*2、このことが両言語の系統関係を認めること
に繋がっていると思われるが、やはり、この場合も、音と意味の両面で、対応す
るとされる語例の範囲が広すぎるように思われる。

　最後に河野六郎 (1959) は、借用の場合と「借用とは思はれない」場合の両方を
扱い、対応規則としてはわずかに母音における２つの対応を示すのみではあるが、
筆者は、そこでの音韻の対応の扱いは他の研究者のものより穏当であり、また、借
用語とのかかわりを見るうえでも作業上の基礎として重要と考えるので、次節で
詳細に検討することにする。

1.3　河野六郎 (1959) による日韓の母音の対応規則

　前節で述べたように、古代の日本語と韓国語の音韻の対応に関して、従来の所
説の中である程度筆者が賛成できるものは河野六郎 (1959,『著作集１』に再録)
の「日本語と朝鮮語の二三の類似」であげられている２種類の母音の対応規則で
ある*3。

　但し、この論文の中心的な主題はそれではなく、中世韓国語で「山」を意味す
る moi *4が、日本書紀神代上に見られる「曾尸茂梨」が伝えるように古代韓語で
は mori であったこと*5、そしてそれ以外に日本書紀の多くの箇所に見られる山名

---

　*2Martin (1966: 197) では、'we should note that both Korean and Japanese usually restrict
borrowings to the category of noun' と述べており、また、Ramsey (1991: 197) でもこの Martin
の所説に賛意を表わしつつ、特に韓国語については 'the Korean inflectional system is almost
completely resistant to borrowing' と述べている。筆者もこうした説に賛成である。

　*3河野六郎による日本語と韓語の系統に関する見解についての詳細は本書第４章の伊藤英人氏論文
を参照されたい。

　*4より正確には語幹末に h を伴う moih (R) である。R は上声を示す。なお、これと並行してあげ
られている nai「川」も正確には naih (R) であるが、なぜか河野氏のいくつかの論考（上記論文の他、
河野六郎 1967, 1987 においても）ではこれらの語巻末の h とその由来についての記述がなされていな
い。

　*5「曾尸茂梨」の解釈については河野氏の立場は金沢庄三郎 (1929) とは明らかに異なるが、それに
関する詳しい説明は述べられていない。なお、岩波の古典文学大系の『日本書紀』の補注も金沢庄三
郎の意見をほぼそのまま継承している。筆者はこの部分の解釈については保留するが、そのこととは

の仮名表記に「ムレ」が見られること、それに対応すると思われる古代日本語の
モリ、ムレなどとの関係から考察を始めている。[*6] また、そこから発展して、中世
韓国語の moi の他にそれと語源的に関係があると考えられる moro （『龍飛御天
歌』巻 4:21 における椴山 phi-moro）や mɐre（筆者の転写では mʌrʌ）「山脊、棟、
宗」とそれらに対応すると考えられる「三諸山」という山名に含まれるモロ（『古
事記』において mörö、河野氏の表記）との関係についての考察が主題となってい
るが、2 つの母音対応規則はその論述の過程で導入されているものである。

　なお、筆者はそこで挙げられている全ての語例について賛成するものではない
ので、次にこれらの対応規則と、そのための語例を全てあげて検討していくこと
にする。

1.3.1　河野六郎の母音の対応規則 1

　河野六郎 (1959[1979: 559]) では、上でふれた mori「山」と、第 1 音節の母音に
関して、それと並行的な関係にある koma「熊」を考察しつつ、それに対応する日
本語の kuma は借用語であるとして、「古く日本人が朝鮮語の o を u で写したと
いふ可能性は一応考察に値する」としている。これは借用語としての対応である。
しかし、それに関連して「然しこの対応が借用とは思はれない一連の語間にも認
められるのは注目に値する」として、'Jap. u : Kor. o' という母音の対応規則を
提示し、次の 15 の語例を示している（番号は筆者による追加である。漢字は現行
の書体に改めるが、それ以外は原文通りに表記する）。

1. kura '谷'	kor '谷'
2. kusa '草'	koc > kkoc' '花'
3. kusi '串'	koc '串'
4. kufa-si '美'	kop-〜kof- '美'
5. kuro '畦'	kor, korang '畦間ノ溝'
6. kuda '管'	kot- '真直ナ'
7. kudira '鯨'	korai '鯨'
8. kuwa '鍬'	koangi '鍬'

別に中世韓国語の moih が河野氏のように *mori (*morih?) に遡るという点には同意できる。
　[*6] なお、モリとムレについて第 2 音節のリとレの交替は川を意味する語（中期朝鮮語 nai、日本書
紀の那利、ナレ）の場合でも見られるとし、さらに別の論文では（河野六郎 1987）では「*mori, *nari
の ri をレで写しているのは、韓語の語末の母音 i が弱くかつ緩く発音されて、日本人の耳にはレと聞
こえたのであろう」とその理由を説明している（なお、*mori, *nari は原文ではハングルで表記）。

    9. fuku, fugu '河豚'　　　　　pok '河豚'
   10. nuka-ru '泥ル'　　　　　　nok- '融ケル'
   11. nu, numa '沼'　　　　　　　non '水田'
   12. mu '身'　　　　　　　　　　mom '身'
   13. suka-su '賺ス'　　　　　　　sok- '欺カレル'
   14. uri '瓜'　　　　　　　　　　oi '瓜'
   15. tuti '土'　　　　　　　　　　tork '石'

以下、この 15 例について筆者の意見を述べる。

　1 について。日：kura を「谷」とするのは確実な用例は見られないようである。『時代別国語大辞典上代編』の「くらたに」の項目（p. 273）の解説によれば、これは万葉集 3941「鶯の鳴く久良多尓にうちはめて……」に現れる「久良」を「谷」とする本居宣長の説によるものとのことであるが、結論としては語義未詳とされている。

　2 について。この引き当ては音の面では問題ないが、意味の面では問題がある。「草」と「花」は意味的に近接していると言っても基礎的な語彙であり、その意味が入れ替わるのは説明が難しい。

　3 について。これは可能な引き当てではあるが、韓：koc (串) には「岬」を意味する用法がある点で異なる。日本語の「串」に当たる意味を持つ語は、中世語の用例あまり多くはないが、一応次のようなものが見られる[*7]。

> inʌn 南閻浮提 jei isje 因果 信 thi anihʌja cjuŋsʌiŋʌr <u>kocai</u> pskeije kupko namcin kjecipi turu anca mota mekɨmje masnarssje hʌten sarʌmini <1459 年刊 月印釋譜 23:79b> （これは南閻浮提において因果を信ぜず獣を串に刺して焼いて、男も女もみな座って食べておいしいと言っていた人である）
>
> 祖師 s 公案 ʌr hʌn <u>kocai</u> ta pskeimje 諸佛 s 微妙 hʌn 理 i nepi 圓滿 anihom epsirira <1517 年刊 孤雲寺版法語 12a> （祖師公案一串都穿諸仏妙理無不周円; 祖師の公案を 1 つの串にみな貫いて、諸仏の微妙なる理が広く円満ではないことがない）

　ちなみに、日本語の「串」の意味の語は現代語では kkoci, kkocɛŋi であるが、これは濃音化によって変化した語形で、複合語 kockam「串柿」の前部要素に濃音化する前の形が残っている程度である。その意味では、この引き当ては有効である

---

　*7 この 2 つの例文は、『李朝語辞典』においては koc ではなく、koci ＋ 処格助詞と分析されている。類例として kaci (枝) ＋ 処格助詞が kacai と表記された例が存在する（『龍飛御天歌』7）。

が、韓語の側で「岬」の意味で用いられる用法が日本語には皆無である点は若干気になる。

4 について。ここで韓語の語幹の交替形として kof- と表記されている語幹末子音は有声両唇摩擦音 [β] のことである。この対応は意味的にも問題なく、また用言語幹である点で注目すべきである。ただし、この他に 10, 13 も同じく用言語幹であるが、これら 3 つは、韓語の側では子音語幹、日本語の側は（仮想的な）子音語幹のあとに母音 -a- を介して派生されているように見えるという共通点がある。この共通性はあるいは借用における 1 つのパターンであった可能性も考えられる。

5 について。日本語の kuro は aze と同義と考えられるが、韓語の kor, korang は若干異なる。まず kor は普通「谷」の意味で使われる。また、korang は現代語では畝と畝の間の溝を指し、中世語では『訓蒙字会』に「畎 korang kjeng」とあるように漢字「畎」にあてられるが、これは本来田中の溝を指す語である。いずれにしても韓語では溝を指すのに対して、日本語の kuro, aze は田畑の区画を表わす点では共通するものの、溝ではなく逆に高くなった部分を指すという点で異なっている。

6 について。これは音の対応では問題ないが、一方は名詞、一方は形容詞であり、しかも、意味的に直ちにつながるとも思われない。

7 について。これは例えば *kodira > *korira > *korari > *korai のような、metathesis を含む音変化を想定することになろうか。

8 について。韓語の語形は koangi と表記されているが、中世語の実際の語形は kwangi である。これは韓語の側での -angi のような接尾辞が付いていると考えれば可能な対応である。

9 について。これは音の面でも意味の面でも問題ないが、似すぎているので却ってどちらかの側での借用語ではないかと疑われる。

10 について。用言語幹の対応例として注目すべき例ではあるが、この場合には意味的に若干問題がある。また、上で 4 について述べたように、活用の対応には一種の傾向が見られる。

11 について。これも意味的には若干問題がある。なお日本語の numa「沼」に対してはしばしば韓語の niph「沼」が対応語としてあげられるが、これは現代語の語形であって、中世語では例証されず、18 世紀初頭の資料に母音が異なる nup*8 なる語形が見られるのみである。

---

*8 この用例は単独形なので、語末子音が -p であったのか、あるいは現代語のように -pʰ であったのかは不明である。

藪 nup su 　　　<1700 年刊 靈藏寺版類合 04a>

12 について。韓語の語幹末子音 m が日本語で消失している理由が明らかにならないと、それほど説得力のある対応例には見えない。

13 について。これも 4, 10 と同じく用言の対応である点で注目すべきものであるが、上でも述べたように韓語の側では子音語幹なのに対し、日本語の側では（仮想的な）子音語幹のあとに母音 -a- を介しているという点でこれらと共通点が見られる。意味的にもさほど問題はないが、ボイスの点で日韓で入れ替わっている点は若干気になる。

14 について。韓語の oi は中世語では上声であって、もともとは 2 音節語であったと考えられ、その際に語中子音 r が脱落するのは他にも並行的な例が見られるところであり、これは音の面でも、意味の面でも問題ないと言える。

15 について。韓語の語形は tork とされているが、実際に中世語の語形は torh であって、tork はより古い語形として再建したものかもしれない。ただし、他の語形はいずれも中世語で実在する語形をあげているので、この項目でのみ再建形を提示するのは異例である。また、torh という中世語の形は上声であることから、もともと 2 音節語に由来し、*torak のような再建形を想定するのが普通である。いずれにしてもこの引き当ては第一音節の CV の部分しか対応しない上に、意味の面でも難があると言わざるをえない。

さて、このように見てくると、音と意味の両面で引き当てに無理がないと考えられるのは体言については 3, 8, 9, 14（あるいは 5, 7 も加えられるか？）あたりで、これらは動植物名、農耕に関する語彙が多いという特徴があり、その他の一般的な語彙はあまり含まれていないことから、筆者の立場としてはむしろ借用語である可能性の方が高いのではないかと思われる。また、用言の 3 つのうちでは 4, 13 はさほど問題ないと考えられるが、上で述べたように活用あるいは派生のタイプに共通点が見られるのでこれも借用の可能性があるかもしれない。

1.3.2　河野六郎の母音の対応規則 2

次に、河野六郎 (1959[1979: 559]) による 2 番目の母音対応規則をとりあげる。これに関連して河野氏は、上でも簡単にふれたように、mori と関わりのあると考えられる別の語として「三諸山」に見られるモロを取り上げている。一般的にこの地名は「御室（ミムロ）」と解釈されるが、有坂秀世の所説（有坂秀世 1932, 1957）によれば古事記におけるこの表記が mörö（いずれの母音も乙類）であって、その

点からこの語形が中世語の mɐrɐ (筆者の転写では mʌrʌ)「山脊、棟、宗」に対応するとするところから話が始まる。なお、古代韓語の mori、あるいは中世語の地名に残存する moro に含まれる母音 o と、後者の mɐrɐ (筆者の転写で mʌrʌ)「山脊、棟、宗」に含まれる母音は異なっているが、「この種の Ablaut は何らかの形態論的意味を持ってゐたものであらう」として、同じ語根からできた母音交替形であるとしている。

　さて、ともあれ、河野氏は韓語の mɐrɐ と日本語の「三諸山」に見られるモロとの関わりで第2の対応規則 'Jap. ö : Kor. ɐ [ʌ]' を導入し、次の4例をその対応例としてあげている（番号は筆者による追加、漢字は現行の書体に改めたが、それ以外は注記も含め河野氏の表記通りに示す）。

  1. töri '鳥'　　　　　　　　tɐrk '鶏'
  2. götö-si '如'　　　　　　　kɐt-h(ɐ)- '如' cf. Manj. gese
  3. mötö '本'　　　　　　　　mɐt- '嫡・伯'
  4. köfori (köföri?) '郡'　　　kɐfer > kour > kor '郡'

ここで最後の「郡」については「借用の可能性がある」としている (河野六郎 1959[1979: 561])。ということは、他の3つは借用ではなく、起源的な対応を示す例と考えているものと思われる。前と同様にここでも1つ1つについて筆者の意見を述べる。

　1について。これは日韓の比較で多くの論者が取り上げている例である。意味的には、韓語は鳥一般ではなく、鶏である点が問題ではあるが、日本語では『時代別国語大辞典上代編』の「とり」の項目の解説には「鳥。鳥類一般の総称であるとともに、特ににわとりを指す場合もあり、……」とあるように、不可能ではない。ただし、厳密には音の面では韓語の語幹末の k が日本語にどう反映しているかは不明である点は問題になりうる。

　2について。これもまた多くの論者が取り上げている。意味的にもさほど問題はないように思われる。韓語の語幹は kɐt- であり、それを用言化するために hɐ-「する」が接尾している*9。これと並行的に日本語でもゴト＋シという語構成になっている。なお語頭が濁音になっているのはこれがもっぱら付属語として用いられたからであろう。

　3について。これは意味的に若干問題がある。韓語の mɐt- はもっぱら親族名称

---

*9但し、中世語の表記例の中には kɐth-と1語化したものも見られるが、ここでは hɐ-を接尾させるのがより語源的な表記と見る。

について兄弟姉妹のうちの年長者を表わすもので、日本語のモトにはそのような意味は含まれないと思われる。

　4について。日本語の側のこの語形は「己保利」あるいは「己富利」などと記され、『時代別国語大辞典上代編』では「コホリは朝鮮語に由来するらしい」(p. 307)、「コの甲乙は留保する」(p. 308) と記されている。もともと「己」はコの乙類を表わす字であって、そのままでは köfori と転写されることになるが、河野六郎は後者のような表記に対して、「この富の字も若しホに甲乙の二類があったとすれば、乙類のホ即ち fö と読みうる字である」として、上の対応例で括弧内にköföri?と記している。これが韓語に由来することは筆者も賛成である。

　さて、以上の4例を通して考察すると筆者としては3は意味的な難点が大きいと思われ、残りの3例の対応は認めてよいと思われるが、4の例で分かる通り、やはり借用語において見られる音韻の対応と考えた方がよさそうである。

　以上、河野六郎による2種類の音韻の対応を見てきたが、筆者の結論は、どちらの場合もその多くが、借用語が見せる音韻の対応と見るべきであるということになる。これをふまえて、次節以降では関連する話題として、両言語について借用におけるアクセント、上で検討したものとは若干時期の異なると考えられる借用語の音韻対応と、それとの比較が両言語の音韻体系と音韻変化に示唆するもの、さらには上の2つの母音音韻対応規則では扱われていない他の母音の対応などについて論ずることにする。

1.4　借用におけるアクセントの対応

1.4.1　「熊」と「島」について

　この2語は、両言語の比較研究で多くの研究者によってとりあげられてきたが、河野氏も河野六郎 (1959, 1967, 1979, 1987) などにおいて頻繁に言及している。日韓の比較をすると「熊」の第1音節の母音は上で見たように音韻の対応規則1に該当するが、河野氏はこれを新井白石の説にも依拠しつつ借用語と考え[10]、上の「借用ではない」対応を示す語彙には含めていない。もう1つの「島」の方は借用であると断ずることはしていないが、「寺」についてテラ：tyǒr (筆者の表記ではtjer) という、より借用であることが明らかな例との並行性を論じつつ、「島」の方も借用語ではないかと暗示している (河野六郎 1967[1979: 566])。

---

[10]河野六郎 (1959[1979: 558]) では新井白石の説を引きながら「新井白石（東雅）も云ってゐる様に、動物のクマは朝鮮からの借用であるらしい」と述べている。

さて、この 2 語について筆者の考えを述べることにする。まず、これは偶然といってもいいが、日韓両語の語形の橋渡しをするとも解釈できる中間的な語形（ここでは MK より前の段階の語形を記録したものとみて OK としておく）が記録されている点でも注目される。

	OJ			OK			MK	
熊	kuma	(LL)	:	koma	(LH)	>	kom	(R)
島	sima	(LL)	:	sjema	(*LH)	>	sjem	(R)

ここで日本語はいずれも第 1 母音が狭母音、第 2 母音がaであり、さらに平安時代のアクセントはともに LL であるという共通点をもつ。韓語では、中世語はいずれも半狭母音を持ちmで終わるが、声調は上声 (R = LH) であって、より古い段階では LH というピッチをもつ 2 音節語であったことが予想される。はたせるかな、「熊」については『龍飛御天歌』(1447) に記録された地名（「熊津」koma-nʌrʌ (LHLL)）、「島」については平安時代に日本書紀に書き入れられた注記（「主嶋」ニリムセマなど）に基づいて、正しい予想であることが裏付けられるのである。

次に日韓両語の音韻の対応を見ると、第 1 音節の母音は日本語の側が狭母音、古代韓語が半狭母音という点で共通し、第 2 音節の母音は両言語でともにaである点で共通する。さらにアクセントも日本語ではともに LL、古代韓語はともに LH であってこの 2 語がそれぞれの言語で並行的な音的構造をもっていることがわかる。　さて、ここでこれらが韓語から日本語への借用語であったとすると、まず第 1 音節の母音については、日本語の側で借用に際して狭母音として受け入れたか、あるいは借用後に狭母音化を起こしたという可能性が考えられるほか、もう 1 つの可能性としては韓語においてもともと狭母音であったものが、後に半狭母音に変化したという可能性が考えられる。しかし、河野六郎は梁書百済伝に「号所治城固麻」とあることから百済では古くから koma と称したことになるとして (河野六郎 1959[1979: 559]) 後者の考えを否定している。

もう 1 つ、これは河野氏が扱っていない問題として借用語におけるアクセントを考えてみたい。韓語の側の LH というピッチは 2 音節語幹としていわばデフォルトのパターンであったと考えられるのに対し、日本語の側の LL はそれをそのまま写すのではなく、ある音環境における借用のパターンの 1 つだったと考えることはできないだろうか。

借用に際して、ある条件において低いピッチが見られるということは、日本語のアクセント研究のなかであまり考慮されたことがなかったように思われるが、次に、韓語の側で、類型論的観点からこれと関係があるかもしれない別の現象と、

さらにその日本語への反映を考えてみたい。

1.4.2 韓語における低いピッチの条件と日本語への反映

周知のように中世韓国語ではピッチが弁別的であったが、もともとからそうだったのではなく、アクセント型の分布や分節音との関係などから見て、母音の脱落、複子音や有気音などいわゆる複雑な子音の形成などによってあとから生じたのではないかという考え方が有力になっている (Ramsey1991, 2001, 福井玲 2013)。

こうしたことと関係して、中世語のアクセント型の例外になるものとして、次のような2つの場合があることが知られている Ramsey (1991, 2001)。

(1) 1音節名詞は去声 (H) になるのがデフォルトで、平声 (L) になるのは例外的である。例外となる要因としては、外来語であること、特定のセグメンタルな条件などが見られる。

(2) 2音節の語幹で、母音が2つとも最小母音 (minimal vowel)[11] であるもののピッチパターンは LL になる。

このうち、2番目のものは、河野氏の日韓の母音対応規則2に該当する語の中にもそれにあてはまるものが存在する。代表的なのは kefer (筆者の転写では kʌβʌr)「郡」で、この原則通り声調は LL である。それに対応する日本語の köföri (河野氏の解釈と表記) についてアクセントを伴う用例は多くないが、『類聚名義抄』に1例だけ見られる（草川昇 2000 による）。

郡　古保利　LLL　図書寮本 181-4

わずか1例とはいえ、名義抄の伝本の中でも信頼性の高い図書寮本に LLL という声点が記録されているのは重要である。ただし、類例が少なすぎて、この低い声調が何を意味するかについて現時点で確実な結論を下すのは困難であるが、「熊」と「島」について論じたように借用語のアクセントの1つの現れか、あるいは韓語の低いピッチをそのまま写したものなのか、いくつかの可能性が考えられよう。

ちなみに、河野氏の母音対応規則2にあたる他の語のアクセントは次のようになっている。

1. töri '鳥'　：　terk '鶏'

---

[11] これは Samuel Martin の用語で、中世語の母音体系における ʌ と ɨ をさす。弱母音と言い換えてもよい。

　日本語のアクセントは所謂金田一の類で第 1 類であり、例をあげるまでもなく『名義抄』などにおいては HH である。韓語 tɐrk (筆者の表記では tʌrk) は L であって、上の (1) であげた点からすると例外である。ただし、音節語で音的構造がよく似た hʌrk「土」も平声なので、これらの構造に特有のものかもしれない。

　2. götö-si '如'　：　ket-h(ɐ)- '如'

　韓語 ket- は常に去声 (H) を示す。日本語「ゴトシ」のアクセントは、『類聚名義抄』の観智院本に 2 例、高山寺本に 2 例声点を付けた例が数例見られ、いずれも (HLL) となっている (草川昇 2000 による。以下同様)。

　而　ゴトシ　　HLL　高山寺本 40 ウ 6
　如　ゴトシ　　HLL　高山寺本 51 オ 4
　若　ゴトシ　　HL-　観智院本 仏下末 15 ウ 7 / 28
　若　ゴトシ/ク HL-　観智院本 僧上 25 オ 4 / 47

　3. mötö '本'　：　met- '嫡・伯'

　この対応については、上で意味的な観点から疑義を述べたが、一応これもアクセントを記しておく。韓語 met- (筆者の表記では mʌt-) は平声 (L) である。日本語の「モト」は次のように観智院本、蓮成院本、高山寺本に声点を付けた用例が見られるが、LL と LH の 2 種類に分れる。

　モト　　LL　観智院本 12 例、蓮成院本 3 例、高山寺本 1 例
　モト　　LH　観智院本 3 例 (下、脚、底)

　なお、金田一春彦によるアクセントの史的類別では、「モト」は「現代の諸方言からはどの類に入れてよいか決しがたい語」とされている (金田一春彦 1974: 64-65)。また、観智院本において LL と LH のゆれが見られることについては、これが本来「平東」であった可能性も考えられるが、東京、京都など 3 類相当のアクセントを持つ地域が少なくないことから、LL というアクセントが主流であったろうと考えられる。

　以上、日韓で借用の可能性がある語で比較的古くから用いられているものをアクセントの面から見ると次のようなことが言える。まず、「熊」と「島」は音韻の面でもアクセントの面でも並行的なのが特徴で、日本語では両者ともに LL というアクセント型をもつ。この点は偶然と見なすのは困難であろう。そして、そのことから借用におけるアクセントの一つの現れとして低いピッチがあったのでは

ないかと考えられる。次に「郡」については、これまた日本語では LLL というアクセント型になっているが、これも借用に際してのアクセントの表れとみることもできようし、あるいはこの語は韓語の側でもともと低いピッチをもっていたので、それを写したものと見ることもできるかもしれない。

　また、通言語的な観点から今後課題にしうるのは、Ramsey (1991, 2001) のように中世韓国語において、アクセント上の例外としての低いピッチの要因の一つとして借用語であることがあげられている点である。ここまで論じてきたように日本語でも借用語と考えられるものに低いピッチをもつものが存在することは示せたが、韓語とは異なり日本語では例えば1拍名詞第3類、2拍名詞第3類のように平安時代に低いピッチを持っていた語は数の上でも多く、とても例外的なピッチをもつとは言えない。したがって日本語の場合には、これらが借用におけるアクセント付与の1つの類型とは言えても、それは例外的とは言えず、かえってデフォルトの場合であったかもしれないのである。ともあれ、これらの点は今後こうした問題を考える手がかりになるかもしれないというのが筆者の立場である。

1.5　その他の借用語について：借用の時期と音韻対応に関して

　本節では、これまでとは少し見方を変え、河野六郎が上の論文で対応例としてあげていない語彙について音韻の対応を見て行くことにする。

　　　　1. 日：kara-musi (苧)—韓：mosi (苧)

　日本語の「苧」はイラクサ科の多年草で、茎から繊維をとって、布を織るのに用いられた。kara- が接頭している点でも借用語らしく思われるが、上代語にもすでにこの形が見えることから、かなり古い時代に借用されたものと考えられる。そして、musi：mosi における第1音節母音 u：o は、上であげた河野六郎による日韓の母音対応規則1に合致する。なお、karamusi という語形については、最後の音節の si は一般的に無声音と考えられるが、『類聚名義抄』の観智院本では2箇所でカラムジ (LLLL) と濁音になっている（2箇所とも僧上 19 ウ 4）。しかし、上代語の例からして本来は清音であったろうと考えられる。musi の部分のアクセントは LL であるが、これはこの部分の本来のアクセントなのか、はたまた接頭辞 kara- が LL なので[*12]、その影響で語全体が LLLL となっているのかは判然とし

[*12]なお、カラムシのカラの部分の語源は他の説もあるが、『名義抄』などにおいて外来のものをさす

ない。

　　2.　日：sitoki (粢餅)—韓：stök (餅)

　小学館『古語大辞典』によれば「神前に供える餅」、「語源は「白淅（シロトギ）」の略（大言海）などといわれるが未詳」と記されている。上代語には見えないが、名義抄の 3 例のうち、第 3 音節に濁点をつけたものがあり（観智院本 法下 17 オ 4）、「シトギ」であったらしい。第 1、第 2 音節には声点が付けられておらずアクセントは不明である。和名抄では「之度岐」「志止支」などと表記されているが、十巻本和名抄の中で声点を伴うものには「之度岐 (LHH)」（京本巻 5: 32 オ）となっている。

　韓語の stek (H) は中世語で 15 世紀頃に推定される発音である。意味は、韓語では「餅」一般を指すのに対し、日本語では特殊な場合を指すので、日本語への借用語の可能性が高いのではないかと考えられる。音韻の対応の面では、日本語の方で上代語の用例が見られないことから、上で扱った河野六郎の音韻対応規則と直接の比較はできないが、仮に、日本語の「ト」の母音が乙類相当であったとするならば、それに対する韓語の母音が ʌ（河野氏の ɐ）ではなく e であるという点では、河野六郎の音韻対応規則よりも新しい時代の対応を示している可能性がある。

　　3.　日：totoki (蕏)—韓：tetek (蕏)

　これも語形が似すぎており、借用の可能性が高い。朝鮮語の tetek は「ツルニンジン」でこれはキキョウ科のつる性多年草である。日本語の「トトキ」は現在の諸方言では地域によって指すものが異なり「ツルニンジン／ツリガネニンジン／オキナグサ」などさまざまである。語形については和名抄で「為乃止止岐」あるいは「乎加度度岐」など、単独形の例は見えないが、「キノ」「ヲカ」という前置語を付けて複合語として用いられる例が見られる。これについては小倉進平 (1928[1944: 下 220–231])で詳しく扱われているが、小倉は「日本語が朝鮮語からこの語を借用したか、朝鮮語が日本語からこれを取り入れたか、はたまた両者が同一根源から同時に派生したものであるか不明であるが、両語がもともと同一語原から出発したものであることは殆んど疑ふべき余地がないと思ふ」と結論している。これもまた上代語の用例が見られないこと、そして上の項目と同じく o：e という対応を示すことから、河野六郎の音韻対応規則よりも新しい対応を示すものではないかと考えられる。

カラ（唐）のアクセントは LL であるので、苧のカラもそれと同じであると考える。

4. 日：taku (楮)—韓：tak (楮)

これらは日韓いずれも「こうぞ」を指す。これも語形が似すぎており、借用の可能性が高い。なお、『時代別国語大辞典上代編』によれば、「タクで織った布がタへであり、神事用のユフもその繊維で作る。いずれも白色」とある。[*13]

5. その他

以上の他にもいくつか借用語ではないかとしばしば指摘されるものがある。次の２つはともに「城」を表わす語として河野六郎氏もいろいろな論考において言及している。

日：ki_2 (城)—韓：kii (城)
日：sasi (城)—韓：cas (城)

まず、日本語の ki_2 に対しては、『三国史記』の旧百済地名に「城」にあたる部分の音を「己」で写しており、「己」の字音は中世語では kii (H) であることから、ここでは一応これを用いて対応を示すことにする。次に、日本語の sasi については、日本書紀古写本の注記にしか見られないことから借用語というよりはむしろ韓語をそのまま映した外国語表記と見るほうがよいと思われるが (cf. 尹幸瞬 1994)、ここでは借用の概念をやや広めに扱うことにする。なお、この sasi : cas はアイヌ語の cási ともしばしば比べられる[*14]。その点でこれらは借用語というよりはむしろ地域共通語とでも言うほうがいいのかもしれないが、その場合でも個々の語の歴史を微視的に見ていけば必ずある言語から別の言語への伝播すなわち借用が想定できるはずであり、本稿では借用という用語でまとめておくことにする。

この他にも、日：$kusiro_2$ (釧)—韓：kusir (珠)、日：nata (鉈)—韓：nat (鎌)、日：kasa (笠)—韓：kat (冠帽、笠)、日：pata(ke_2) (畑)—韓：path (畑)、日：tera (寺)—韓：tjer (寺) 等々、よく知られた語群があるが、これらは道具や農耕、仏教に関する語彙に偏っており、やはり借用であった可能性が大きいと考えられる。

[*13] なお、「シロタへ」のタへもこれである。日本語の「へ」には布の意味をもつ語はないと思われるので、朝鮮語の *takpoi に由来する借用語である可能性があるのではなかろうか (poi は「布」)。なお「タヘ」の「へ」は乙類である。

[*14] なお、これは本題からはそれるが、アイヌ語の cási は『アイヌ語沙流方言辞典』によれば語義は「柵、境の垣、家、とりで」となっており、また、語源は [< ci-as-i された・たてる・ところ] としている。もしこれが成り立つなら日：sasi, 韓：cas との関係は否定されうるかもしれないが、あるいはかえってアイヌ語の方がもとであったのかもしれない。

　ただし、これらも本来なら 1 つ 1 つさらなる吟味が必要である。例えば「鉈」と
「笠」は、日韓での意味のずれは別にしても、中世韓語ではそれぞれ nat と kat で
あって、後者の語末子音は日本語の kasa の第 2 子音と異なる。また、日本語では
前者のアクセントは名義抄などには見えないものの現代の諸方言を見ると 2 拍名
詞 1 類相当 (つまり HH)、後者は名義抄で LH と異なるのに対して、中世韓語では
どちらも去声 (H) であって、この点の説明が求められ、また日本語の第 2 音節の
母音 a が韓語の古い母音を保存しているものか、あるいは一種の挿入母音で、第 1
音節の母音と同じ母音を補う echo vowel なのかについても考察が必要である。も
う 1 つ、「寺」の例は有名であるが、これにも 1 つ問題点がある。日本語の tera と
中世韓語の tjer は上で見たように一見「島」の場合と並行しているようにも見え
るが、中世韓語の tjer は去声 (H) であって[*15]、「島」の場合の上声 (R) とは異な
る。もしこれが *tjera のような 2 音節語に遡るとしたら上声であってもおかしく
ないが、なぜ去声となっているのかは説明が必要である。なお、このような困難
さを克服するための 1 つの方法としては借入の時期、および借入の地域、経路の
違いをあげることはできるかもしれない。例えば、日本語の kasa は上代語にふつ
うに用いられるが、nata は上代語には見られず、最も早い例は日本書紀の北野本
(巻 27、天智 6 年 11 月) に加えられた平安末の訓に見られる程度であるといった
違いがあり、仮に借用語であるとすればその違いは流入時期の違いを反映してい
る可能性があろう。

　さて、本節で述べたところをまとめると次のようになる。1 の例からは、河野
六郎の母音対応規則 1 すなわち日 u : 韓 o に新しい例を追加することになる。ま
た、2 と 3 の例からは、河野六郎の母音対応規則 2 に関連して、それぞれの言語に
おける音変化を反映して、異なった時期において異なった対応が見られることに
なる (ここでは上代日本語の甲乙は下付きの 1、2 の数字で表わす。また、韓語の
音はその音価そのものではなくて、中世語のその文字で表わされる音に該当する
古代の音であるということに注意されたい)。

　　　　　時期 1　　日 o_2 : 韓 ʌ
　　　　　時期 2　　日 o_2 : 韓 e

ここから推定できることは、時期 1 の日本語の o_2 (乙類)、および、韓語では中
世語の ʌ に該当する母音はいずれも中舌母音だったのではないかということであ

る。また、時期2以降では、日本語の側では甲乙の区別はなくなるが、音声実質としては中舌母音に近かったのかもしれない。また韓語の側では、中世語の中舌母音 e がそれ以前の時期の前舌母音から変化して時期2で中舌母音になり、それと連動して中世語の ʌ に該当する母音は奥舌母音に変化していたと考えることができる。なおこの時期1の中世語の ʌ に該当する母音の音価は、伊藤智ゆき (2007: 267) の漢字音から推定した古代韓国語のこの母音の推定音価とも一致する。

　それぞれの時期がいつの時代に該当するのかは定かではないが、可能性としては大野透 (1977) による万葉仮名の時代区分を参照すると、時期1が推古期遺文に基づく「古層」に該当し、時期2がそれ以降ということになろうかと思われる。

1.6　その他の母音の対応

　ここまでは河野六郎による u : o, o₂ : ʌ という2つの母音の対応規則を中心に見てきた。ここではそれに関連して、他の母音の対応がどうなっていたかについて、資料の許す範囲で見てみることにしよう。もちろん筆者の立場としては借用語としての対応という意味である。なお、直前に述べたように、借用の時期については2つを区別したので、それに基づいて、まず古い時代について述べることにする。

　その前に、日本語の母音としては、筆者は服部四郎 (1976a, 1976b) の6母音説に立つが、ここでは比較の便宜のためにいわゆる甲乙のそれぞれの半母音的要素も含めた母音部分が韓語のどのような母音に該当するかについて示すことにする。なお、韓語は上でも述べたのと同じくその音価そのものではなくて、中世語におけるその母音に該当する古代語の母音である点に注意されたい。

　時期1については、まず、日 u : 韓 o、日 o₂ : 韓 ʌ という河野六郎の対応規則そのものがあげられる。また、日 a : 韓 a は上であげた他の借用語の例から明らかであろう。その他については今のところ推定の域を出ないが、まず、「城」を表わす ki₂ に対して kii が対応することにより、日 i₂ : 韓 ii という対応を示すことができる。河野六郎 (1993: 21) でも「百済語ではまた *kï という語が使われた。悦己縣を悦城縣と改め、結己郡を潔城郡と改めているように、己 (kii) を城に改めているのは、kii が '城' の百済語であったからである」と述べられている。なお、i₁ および甲乙の別のない i に対しては若干の問題がある。この2つに対しては韓 i が該当しそうであるが、上で扱った「島」の例を見ると、あるいは韓 je が対応するようにも見える。ここで、上で見たように「熊」と「島」の並行性を思い起こすと、熊の場合は韓語では古くから半狭母音 o であったと考えられるので、日本語ではそ

れを u で写したかあるいは借入後に日本語の側で独自に狭母音化を起こしたのか
もしれない。そうなると、さきほどの日 u：韓 o についても新たに考え直す余地
が生じる。

　その他の母音については、現時点では e_1 と e_2 は不明であり、o_1 もあまり参考
にすべきものがないが、河野六郎 (1993: 25–26) が『三国史記』の旧高句麗の地名
から日本語の「子」(ko_1) に関する例として、「童子忽＝仇斯波衣。童子を仇（朝
鮮音、呉音 ku）というのも面白い。斯 (si) は属格を示すものか」と述べている例
を参考にすると、ko_1 に対して ku が対応する可能性があり、一般化すれば日 o_1：
韓 u という対応を示すことができる。もっとも、これは韓語との借用関係を示す
ものではなく、日本語とより深い関係が想定できる高句麗語あるいは濊語に関わ
ると考えられる資料なのだが、ともかく参考までに記しておく。

　以上はすべて日本語の側から見た話であるが、逆に韓語の側からみると母音 e
と ɨ が日本語のどういう母音に対応するのかという問題が残される。まず、e は、
上で見たように「時期 2」では日本語の o_2 にあたると考えられるが、次期 1 では
どうであったのか、今のところ不明である。前舌母音でかつ je よりも低かったと
すれば最も近い母音は日本語では a かもしれない[*16]。次に、韓語の母音 ɨ は前節
で触れた「釧」の例、あるいはこれはまだ対応の細部が不明なので保留にしてい
るが、「水」の例 (日：mi_1du －韓：mir) なども参考に入れると i_1：ɨ という対応
が想定される。

　次に時期 2 について考察する。この時期はまず、前節で述べたように、日本語の
o_2 に対応するのは ʌ ではなく e になる。また、韓 je に対応する母音として、時期
1 では i, i_1 に対応する可能性をあげておいたが、それよりは新しいと考えられる
「寺」などの例を参考にするとこの時期の韓語 je は日本語の甲乙の区別のない e に
対応するが、甲乙の子音の区別のある音節では je という子音の音声的性質から考
えて e_1 に対応するものと考えられる。それ以外は基本的に時期 1 と同じである。

1.7　結論

　最後に本稿で論じたことを要約し、残された課題についてまとめる。

　まず、本稿ではこれまで考えられてきた古代の日韓の音韻の対応は、基本的に
借用語間に見られる音の対応とみる方がよいのではないかという仮説を前提にし

[*16]このように述べると、これもしばしば日韓の対応としてあげられる日：pati －韓：per (R) (とも
に「蜂」) のような例が想起されるが、筆者はいまだ確信が持てないのでこの例については保留にする。

て話を進めながら、最初に、河野六郎 (1959) で提示された日韓の音韻対応を示す語彙を検討した。その結果、対応を認めるのに問題があるものを除くと、残りは動植物名、農耕、行政区画などに関するものが多く、より一般的な語彙はほとんど見られないことが判明した。これらは他の一般的な語彙よりも文化的により借用されやすいものに偏っており、上の仮説に合致する。

次に、河野氏があげていない、他の日韓の対応を表わすとする語彙についても代表的なものを検討し、これらもやはり道具類、農耕、仏教に関するものなど、借用されやすいものに偏っていることを示した。

また、本稿では借用に際して、アクセントの上でも何らかの特徴が見られるのではないかという可能性を示した。具体的には「熊」、「島」、「郡」など、すべて低いピッチで発音されるのが借用語を受け入れる際の1つのありかただったのではないかという考えを示した。

さらに、借用の時期によって音韻の対応の仕方が異なっている可能性があり、それによって、それぞれの言語における音韻体系を推定する根拠になりうることを示した。特に河野六郎が提示した日 o_2：韓 Λ という母音の対応は、より古い時代のものであり、それより新しい時代には日 o_2：韓 e という対応に変化していたのではないかと推定した。また、そこから、韓語では中世語において奥舌母音であったと考えられる母音 Λ が、古い時代には中舌母音であったこと、そして、それとの対応を示す日本語 o_2 もやはり中舌母音であったことを示した。それより後の時代になると、日本語 o_2 に対応する母音が韓語では Λ から e に変化したことから、韓語においては古代から中世にかけて、前舌母音 e が中舌化し、中舌母音 Λ が奥舌化するという一種の母音推移が生じたと考えられることを示した。

次に今後の課題としては、河野六郎の対応語彙にも含まれるような用言をどう扱うべきかという問題が残されている。特にその語形成や活用などの形態論的な面に関してもある程度のパターンは見られるが、本稿ではまだ詳細な検討には至っていない。また、河野六郎の所論で扱われていない母音の間にどのような対応が見られるかについてもその一端を示したがすべてを明らかにするまでは至っていない。

最後に、日韓の借用語の音韻対応からは離れ、起源的な音韻の対応の可能性について若干述べてみたい。筆者は『三国史記』地理志の地名解釈から導き出される高句麗語（李基文）あるいは濊語（河野六郎）とされる語形のうちで日本語と似たものについて、「これらの資料は日本語の系統を考える上ではもっとも貴重なものと考えている」と述べたことがある（福井玲 2003: 222）。現在もこの考えには変わりはないが、実は本稿で扱ってきた「韓語」とは、その言語とは異なり、朝

鮮半島南部で使われていた、後の新羅や、百済の民衆の言語を指すもので、そうした言語と日本語との間では起源的な関係は今だ明らかになっておらず、それよりは借用語における音韻の対応と見る方が生産的であるというのが本稿の趣旨である。よって、本稿では高句麗語あるいは濊語とも言われる、より日本語と緊密な関係が推定される資料についてはなるべく言及を避けてきたが、そこに見られる音韻の対応と、本稿で扱った借用語としての音韻対応の間の類似点と違いも今後の課題となる。

参考文献

Aston, W. G. (1879) A comparative study of the Japanese and Korean languages. *The Journal of the Royal Asiatic Society of Great Britain and Ireland.* Vol. 11, Part 3, Article 13. pp. 317–364. London: Trübner & Co., Ludgate Hill.

Martin, Samuel E. (1966) Lexical evidence relating Korean to Japanese. *Language* 42.2: 185–251.

Ramsey, S. Robert (1991) Proto-Korean and the origin of Korean accent. In William G. Boltz and Michael C. Shapiro eds. *Studies in the Historical Phonology of Asian Languages.* pp. 215–38. Amsterdam and Philadelphia: John Benjamins.

Ramsey, S. Robert (2001) Tonogenesis in Korean. *Proceedings of the symposium: Cross-linguistic studies of tonal phenomena: Tonogenesis, Japanese Accentology, and Other Topics.* 3–17. ILCAA, Tokyo University of Foreign Studies.

有坂秀世 (1932)「古事記におけるモの仮名の用法について」『国語と国文学』昭和 7 年 11 月．（有坂秀世 1957『国語音韻史の研究』所収）

有坂秀世 (1957)『国語音韻史の研究』東京：三省堂．

石川遼子 (2014)『金沢庄三郎：地と民と語は相分つべからず』京都：ミネルヴァ書房．

伊藤智ゆき (2007)『朝鮮漢字音研究』東京：汲古書院．

小倉進平 (1928)「「ととき」名義考」『民族』4–1．

小倉進平 (1944)『朝鮮語方言の研究』東京：岩波書店．

尹幸瞬 (1994)「日本書紀諸古写本に見える「城」の訓法―「キ」と「サシ」を中心に―」『朝鮮学報』151: 155–171. 天理：朝鮮学会．

大野晋 (1952)「日本語と朝鮮語との語彙の比較についての小見」『国語と国文学』

29–5. 至文堂（大野晋編『日本語の系統』1980『現代のエスプリ別冊』66–79 所収）

大野透 (1977)『新訂 萬葉假名の研究』東京：高山本店.

金沢庄三郎 (1910)『日韓両国語同系論』東京：三省堂.

金沢庄三郎 (1929)『日鮮同祖論』東京：刀江書院.

河野六郎 (1959)「日本語と朝鮮語の二三の類似」八学会連合編『人文科学の諸問題——共同研究 稲』(『河野六郎著作集 1』557–562 所収)

河野六郎 (1967)「古代の日本語と朝鮮語」『ことばの宇宙』昭和 42 年 4 月号.（『河野六郎著作集 1』563–568 所収)

河野六郎 (1979)『河野六郎著作集 1』東京：平凡社.

河野六郎 (1987)「百済語の二重言語性」『朝鮮の古文化論讃——中吉先生喜寿記念論集』81–94. 東京：国書刊行会.

河野六郎 (1993)『三国志に記された東アジアの言語および民族に関する基礎的研究』平成 2・3・4 年度科学研究費補助金 一般研究 (B) 研究成果報告書. 東洋文庫.

金田一春彦 (1974)『日本語アクセントの史的研究 原理と方法』東京：塙書房.

白鳥庫吉 (1897)「日本語の古語と朝鮮語との比較」『国学院雑誌』4–4〜12. (白鳥庫吉 (1970: 149–251) 所収)

白鳥庫吉 (1970)『白鳥庫吉全集 第二巻 日本上代史研究 下』東京：岩波書店.

服部四郎 (1958)「日本語と琉球語・朝鮮語・アルタイ語との親族関係」『民俗学研究』13-2.（服部四郎『日本語の系統』20–63 所収)

服部四郎 (1959)『日本語の系統』東京：岩波書店.

服部四郎 (1976a)「上代日本語の母音体系と母音調和」『月刊言語』5–6: 2–14. 東京：大修館書店.

服部四郎 (1976b)「上代日本語の母音音素は六つであって八つではない」『月刊言語』5–12: 69–79. 東京：大修館書店.

服部四郎 (1978–1979)「日本祖語について」(1)〜(22)『月刊言語』東京：大修館書店.

福井玲 (2003)「古代朝鮮語についての若干の覚え書き」アレキサンダー・ボビン、長田俊樹共編『日本語系統論の現在』221–235. 京都：国際日本文化研究センター.

福井玲 (2015) 書評「石川遼子著『金沢庄三郎：地と民と語は相分つべからず』」『歴史言語学』4: 33–40. 日本歴史言語学会.

資料影印・索引
京都大学文学部国語学国文学研究室 (1968)　『諸本集成 倭名類聚抄　本文篇・索
　　引篇』京都：臨川書店.
草川昇編 (2000)『五本対照類聚名義抄和訓集成』(一)〜(四) 東京：汲古書院.
東京大学国語研究室 (1985)『倭名類聚抄京本・世俗字類抄二巻本』東京：汲古書院.

辞書
上代語辞典編修委員会編 (1967)『時代別国語大辞典上代編』東京：三省堂.
田村すず子 (1996)『アイヌ語沙流方言辞典』東京：草風館.
中田祝夫・和田利政・北原保雄編 (1983)　『小学館古語大辞典』東京：小学館.
劉昌惇 (1964, 19856)『李朝語辞典』ソウル：延世大学校出版部.
小学館国語辞典編集部 (2000–2002)『日本国語大辞典』(第 2 版) 東京：小学館.

第 2 章

1940 年代の日本語系統論
——「放埒」と「禁欲」のあいだ——

安田敏朗

2.1　はじめに

　日本における日本語系統論は、明治以降民族起源論とともに語られる傾向がある一方、言語研究者（本章では、国語学者、言語学者の総称として用いる）はそこから距離をおくことで純粋な「学問」として言語学（あるいは国語学）を自立させようとしていた、といっていいかもしれない。

　一般的にいって民族起源論はそのときどきのナショナリズムのあり方から影響をうけやすい。したがって、ほぼなんでもありの「放埒」な議論がなされることが多い。そこから距離をおこうとしていた言語研究者たちの議論は「放埒」と対比すれば、「禁欲」的なものといってもよいだろう。なんでもかんでも二分法にすればよいというわけではないが、本章では「放埒」と「禁欲」というふたつのことばを使って日本語系統論の語り方を整理し、「放埒」すぎてあまりかえみられてこなかった 1940 年代の議論をみていくことにしたい[*1]。

　明治以降の日本語系統論において、言語研究者の側は「禁欲」を保つに足る決定的な論拠をみいだせずにいた。民族起源論とは関係なく日本語の系統を十分に証明することができないでいたのである。そうしたなかで、1940 年代の前半の日本語系統論は、系統論自体を否定する議論や「大東亜共栄圏」を背景にした主張など「放埒」を極める一方で、言語研究者の側も一部分「禁欲」がゆらぎだす時期

[*1] 千野 (1974: 86) は、日本語系統論者をハムレット型（悲観的）とドンキホーテ型に分類し、前者は「印欧語の比較言語学に詳しい人」としている（長田俊樹氏のご教示による）。「禁欲」と「放埒」にそれぞれ該当するが、起源をもとめたいという欲望がありながらそれを抑えこむ「禁欲」という用語をここでは用いることにしたい。

であったといえる。また、1940 年代後半は、敗戦という社会変動を背景として、「禁欲」のゆらぎは継続する。

　こうした流れを、まずは日本語系統論の語り方を確認したあと、具体的な議論からみていくことにしたい。

2.2　日本語系統論の語り方——金田一京助と大野晋

2.2.1　金田一京助『国語史　系統篇』

　金田一京助『国語史　系統篇』が刀江書院から刊行されたのは 1938 年のことであった。言語学者・アイヌ語学者である金田一が、明治以降 1920 年代までの日本語系統論の代表的な論考（言語学に限らない）を、筋道をつけて紹介したもので、日本語系統論の語り方の特徴をみるには最適のテキストである。

　金田一は「前期」と「現代」と二分して説明しているが、明治期に相当する「前期」系統論の特徴は、以下のようになる。まずは、民族起源論との関連である。

> 国語の系統問題は、間接或は直接に、国民の系統問題へ関係をもつて来る故、日本語の系統論は、言語の問題ながら、ひとり言語だけの問題に終らずに、日本民族の起原へ関連して来るものであるから重大化するのである。(金田一 1938: 7-8)

その「重大化」する議論であるが、外国人および「専門外」からはじまったことが指摘される。

> 尤も最初はやはり、日本アジア協会の諸員など、来朝の欧米学者によつて幕が切り落とされ、引き続いて、まづ国語学者ならざる、専門外の人々から唱へ出されて、系統論の前期が展開する。(金田一 1938: 46-47)

「専門外」の人びとは言語学的な根拠なしに好き勝手なことを述べる。そもそも「言語学的」とはどういうことなのかが、明確でもなく共有されてもいなかったと思われるのだが、まさに「放埒」である。論者の望む「日本民族の起原」と言語とを簡単に結びつけられるのもそのためである。その結果生じるのは「百花繚乱」である。金田一はいう。

> 前期の系統論は、百花繚乱で、世界の殆んどあらゆる語族に向つて関係づけられ、その所説、凡そ十種を超える。第一支那語系説、第二南洋語系説、

　　　第三アイヌ語系説、第四ギリシア語系説、第五ペルシア語系説、第六アーリ
　　　ヤ語系説、第七印欧語系説、第八蒙古語同系説、第九ウラル・アルタイ語系
　　　説、第十朝鮮語同系説、第十一琉球語同系説等々である。(金田一 1938: 47)

　「アーリヤ語系説」は田口卯吉によるものがあるが、本書長田論文でも指摘され
ているように言語学の立場から反論をおこなったのが言語学者・新村出、藤岡勝
二たちであり、「禁欲」のなせるわざともいえる。また、こうした「百花繚乱」が
言語研究の深化を後押しした側面がないともいいきれない。ともあれ、こうした
系統論に対する金田一の批評は以下のとおり。

　　　然し何れにしても、未だ系統論としてやゝ科学的な形態を具へたウラル・ア
　　　ルタイ説にしても、証憑とする語彙の知識が不満足であつて、学者を十分
　　　納得せしむるに足らず。朝鮮説といへども、その単語の形が全く現代の形
　　　に止まり、歴史的に遡つた研究が示されない限り、その類似にはまだ満幅
　　　の信頼を置きかねる憾みを人々は抱いた。たゞ琉球語に於て、真実科学的
　　　な証明を吾々は見出すだけであるが、已にチェインバレン教授が言はれた
　　　様に、此は同系語といふよりは寧ろ日本の方言と見る方が適当であり、そ
　　　れ以外の真実の姉妹語といふものは、あれだけの学説を以てしても、遺憾
　　　ながら見出されないと云はなければならなかつた。〔……〕系統論が明治時
　　　代に、喧しく論議し尽されて、結局この問題の一段の進捗の為には、四隣の
　　　言語の一層詳細なる知識を必要とすることがわかつて、一時下火になつた
　　　(金田一 1938: 91-93)

　要するに、「前期」にあっては、専門の内外を問わず、日本語の「同系語」はみ
いだすことができなかった、しかしながら、系統論の議論には言語研究の深化が
必要ということがわかってくると、議論が「一時下火になった」、というのが金田
一の見解であった。
　次に「現代」として区分された1920年代以降についての特徴を金田一は以下の
ように述べる。

　　　〔……〕現代に入つて、委任統治となつた南洋方面に国民の関心を新にする
　　　ものがあつて以来、我々の文化や民族の南方起源説が、前代〔「前期」〕と趣
　　　を替へて色々な人から聞かれる様になり、これに促されて、国語の南方起
　　　源説、これに対して、更に西方大陸起源説もまた抬頭して、両々火花を散ら
　　　した。(金田一 1938: 93)

　第一次世界大戦の結果、ヴェルサイユ条約により、1922年赤道以北の旧ドイツ
領ニューギニアの地域を日本は委任統治するようになったことと、南方起源説の
流行が同期していることを指摘し、外国人ではラベルトン、ワイマント、日本人で
は松本信広、松岡静雄などの説、またフィンランド初代駐日大使であったラムス
テッドのアルタイ語系説、明治期からひきつづいては新村出の『国語系統論』(新
村 1935) などを紹介している。

　日本語系統論・起源論が、必ずしも学問的にのみ語られてきたわけではなく、逆
に民族論と結びつけられる形で「専門外」の人びとによって、また時どきの日本
のあり方とも連動しながら語られてきた、というのが金田一の議論である。

2.2.2　大野晋「日本語の系統論はどのやうに進められて来たか」

　こうした金田一の語り方をひきついだのが、国語学者・大野晋の1952年の文章
である。まずは大野のまとめ方をみてみる。明治期については、

> 〔……〕日本語の系統論はヨーロッパの諸学者によつて切り拓かれた。即ち
> ヨーロッパに於て盛に行はれたインド・ゲルマン比較言語学的方法を日本
> 語に適用するといふ試みが十九世紀後半には頻りに行はれたのである。
> 　しかるに、日清戦争に勝つて近代資本主義国家の仲間に入りかけた日本
> は、民族精神を強く振起し、国家主義の体制を整へつつあつた。そこで、日
> 本人種の起原、系統の問題が史学者、知識人の間に強く意識されるに至り、
> 言語学専門家以外の人々から日本語の系統に関する論議が提出され始めた。
> (大野 1952: 62)

　日清戦争云々の記述は、時代背景を金田一よりも強く意識したものといえる。
また、金田一のいう「現代」の系統論についてのまとめ方は以下のとおり。

> 〔……〕一九一〇年代の中頃をすぎると国語系統論は、国語学、言語学の中
> 心的な関心事から稍々外れて行くやうに感じられる。少くとも、表面には
> 現れる事が少くなつて行く。それは大正時代が、国語学言語学の一般に衰
> 微した時代であるからとも言へるが、又、厳密な意味での系統論が、極め
> て困難であることが次第に明らかに認識されるやうになつて来たといふ事
> 情も見逃してはならないと思はれる。〔……〕かくて国語学、言語学の主流
> は、各国語の史的方言的研究に身を打ち込み始めたといふことが出来よう。
> 朝鮮語学の小倉進平博士が、日本語と朝鮮語との関係を速断されず、慎重

に朝鮮語史、朝鮮語方言の研究に鍬を入れ、日本語学では橋本進吉博士が
古代日本語の音韻体系、及び日本語音韻史の研究に力を専ら傾注された如
きはその一例と言い得よう。〔……〕かやうに日本の国語学言語学の主流が
アルタイ語、朝鮮語との系統的関係を予想しつつそれぞれ専攻の言語の内
部に歴史的研究、方言的研究を進めてゐた時、一九二〇年代の中頃に、南方
の諸言語との同系を称へる説がいくつか現れた。(大野 1952: 65–66)

　具体的な言語に関する研究が深化すると「放埒」な系統論は一時下火になり、
1920 年代になると、南方の諸言語との関係を説く議論があらわれてきた、と。ま
た、大野は、この時期に、国語学者・橋本進吉が上代特殊仮名遣いから八母音説を
唱えたこと、それをふまえて同じく国語学者・有坂秀世、池上禎造が日本語には
かつて母音調和が存在していたことを論じた点をとりあげ、これだけで日本語が
アルタイ系とはいえないが「アルタイ系説の一つの障害が除去された」と、国語
学の研究の深化を示している (大野 1952: 67–68)。ただし、決定打があるわけで
はない。こうした語り方が金田一と同様であることはあきらかである。
　もちろんだれが議論しても同じであることはその論の信憑性を高めることには
なるのだが、大野が言及する論考も金田一の著作で紹介されたものとほとんど一
致し、金田一の『国語史　系統篇』も登場するのだが、あくまで資料のひとつとし
てであり、金田一の語り方が紹介されているわけではない（参照した旨明記がな
いのは問題であろう）。

2.2.3　「禁欲」のあり方

　確認をしておきたいのだが、言語研究者は、言語と民族（「人種」）とを直接的
に結びつけることには慎重であった。たとえば、上田万年は、「日本語学の本源」
(1895 年) という講演のなかで、「人種のことを論ずるは第一の希望たる言語を調
ぶる所の望みが充分立ちたる後に人種の方に論究すること言語学者の希望なり」
(安田敏朗 2016: 86) とその立場を明らかにし、金田一京助も前掲書のなかで「言
語は言語、人種は人種、別問題である」(金田一 1938: 8) と明言し、大野晋も前掲
論文のなかでは「文化の同一は必ずしも言語の同一を意味しない。種族の同一も
又、必ずしも言語の同一を意味しない」(大野 1952: 61) と述べてはいた。ただ、大
野の場合は『日本語の起源』(大野 1957) あたりからあやしくなる。大野のこの変
化については本書長田論文で触れられているので、ここでは指摘にとどめておく。
　ともあれ、大野晋の前掲論文で紹介される論考は、1938 年以降、1945 年までと

りあげられていない。そして 1946 年からは論文リストのようなものとなり、くわしい内容紹介はなされていない。1938 年から 1946 年までの論考が大野晋の文章にとりあげられないのは、なぜであろうか。大野が網羅しきれていないということもあるが、全体的に系統論が低調になったから、あるいは時代がそれを求めなかったから、ということも考えられる。

2.3 1940 年代前半の「放埒」と「禁欲」

2.3.1 白鳥清と日本諸学振興委員会

そのひとつの例を、中国古代法制史家・白鳥清に求めることができる。東洋史学者・白鳥庫吉の子息であり、当時学習院大学教授であった白鳥清は、1938 年の講演「日本民族の起源」のなかで、「比較言語学と云ふ学問は、民族起源を闡明するのに重大な役割を演ずる学問であると考へて居る者の一人である」(白鳥清 1939: 89) としたうえで、以下のように述べる。

> 〔……〕日本語の系統は、現在の処、周囲諸民族の間に求めることは出来なからうと存じます。恐らく永久に出来ないのではないかと考へられます。従つて日本民族との同系の民族として、日本語に類似する言葉を有する民族の存在を、日本の周囲に、否世界の何処にも肯定することは出来ない様に考へられます。
>
> 然らば、日本民族は、之を周囲諸民族間に系統を求めるよりは、此の日本の島が、民族として生活を始めて以来の島であつて、換言すれば日本民族の故郷は此の日本の島であり、日本民族は此の島の土着の民であると見る方が正しいのではなからうか。(白鳥清 1939: 89)

日本民族はどこからやってきたのかを証明するために日本語の起源が論じられていたという流れを、日本語の起源が判明しない以上日本民族はもともと「日本の島」にいたことになるから起源論は意味がない、と反転させた議論である。民族起源論と連関させないという言語研究者の立場が共有されていなかったということが指摘できるが、日本語の系統を周囲に求めることができないと白鳥が断定する根拠は、数詞が周辺言語と類似をみない、という点だけである (白鳥清 1939: 90–91)。しかし、白鳥の参照していない新村 (1916) では、高麗語と日本語との数詞の類似を指摘している (新村はそれでもって同系とすることには慎重であるべきだとしている)。白鳥は数詞の倍加法 (ひとつ→ふたつ、みっつ→むっつ、よっ

つ→やっつ、いわゆるヒフミの倍加説）が日本語周辺にはない、といっているの
だが、新村はさまざまな系統の言語での事例を出しつつも、これが決定的な意味
をもつわけではないことを指摘している。したがって、白鳥の断定の根拠は薄い
といわざるをえない。

　ちなみに、白鳥清の父、白鳥庫吉も、日本語系統論にはしばしば言及している。
『日本語の系統——特に数詞に就いて』（白鳥庫吉 1936）では、日本語の倍加法に
ふれるだけで、タイトルに反し系統について論じていない。そして、「日本人は黄
色人種の中の何れの民族系統に属するかといふ問題となると、人類学者も又考古
学者も之に対して、満足な解答を与へることは出来ない。されば遺憾ではあるが、
今日のところ之を言語学者の研究に委する外に途はない」といいつつ「従来我が
国では国語と外国語との比較研究が行はれてゐない」と断言する（白鳥庫吉 1936:
3, 4）。たしかに明治期の「百花繚乱」の時代にはとうてい「研究」とはいえない
ものが横行していたが、このばっさりと切り捨てるあたり、親子そっくりといえ
るかもしれない。

　ともあれ、日本語系統論の決定打のなさをいい、もとから日本人はここにいた
のだと主張する白鳥清であったが、以下のようにこの講演を結んでいくところを
みると、また別の意図を感じざるをえない。

　　　　私は、数詞、血液型の研究からして、日本民族は日本本土土着の民であっ
　　　たと言ふこと、悠久の昔から、上に皇室を戴き、此の皇室の慈愛に浴して居
　　　た民族、平和な故郷に成長した民族であると考へて居る者の一人でありま
　　　すが、此の民族的起源の悠久、民族的本源の深遠と云ふことは、其の民族
　　　を統治し給ふ皇室の悠久深遠と不離の関係にあるのでありまして、其処に
　　　日本民族の優秀性が発揮されるのであると信じて居ります。（白鳥清 1939:
　　　92）

　この結語をみると、「我が肇国は、皇祖天照大神が神勅を皇孫瓊瓊杵尊に授け給
うて、豊葦原の瑞穂の国に降臨せしめ給うたときに存する」（文部省 1937: 9–10）
とする 1937 年刊行の『国体の本義』を想起する。

　『国体の本義』とは、1920 年代から 1930 年代にかけての社会主義思想・共産主
義思想の流行により「弛緩」した青少年たちをきたえなおす「教学刷新」の流れ
のなかで編纂され中等学校の教育現場に配布されたものであったが、白鳥清がお
こなった講演の場にも注目してみたい。

　この講演は日本諸学振興委員会の歴史学会並同公開講演会（1938 年 6 月 30 日
〜7 月 2 日）でなされたものである。日本諸学振興委員会とは、1936 年 9 月に「国

体、日本精神ノ本義ニ基キ各種ノ学問ノ内容及方法ヲ研究批判シ我ガ国独自ノ学問文化ノ創造発展ニ貢献シ延テ教育ノ刷新ニ資スル為」に文部省に設置された組織であった（日本諸学振興委員会規程　第一条）。委員長を文部省教学局長とし、各学問分野の学者を常任委員とし、哲学、国語国文学、歴史学、教育学、芸術学、法学、自然科学の各部会を設置、臨時委員を任命し、各々の部会で研究発表、報告書を刊行している[2]。ひとことでいえば、「教育の刷新」の目的のもと、学問の体制への総動員の中心となる組織であった。もちろん、こうした場でなされた講演・研究報告がすべて国策迎合的なものだったといいたいわけではない。また、海外で日本語と同じことばを用い、なおかつ日本よりはやく開けていたところはないのだから日本人はもともとこの地に住んでいたのだ、という白鳥清のような主張は 19 世紀末に国学者・物集高見などもおこなっているので[3]、白鳥を異端視する必要もないのだが、『国体の本義』の主旨と共振していることは否定できない。

　こうしたことから考えると、1940 年代前半にかけて日本語系統論をおおっぴらに主張することは、日本民族の故地を日本以外に求めることになる点において、忌避すべきこと、別の意味で「禁欲」すべきことになったといえるかもしれない。

2.3.2　中島利一郎と「大東亜共栄圏」

　白鳥清が「天孫降臨」以来の「万世一系」という公定の歴史認識にのっとった主張をしていたのに対し、「大東亜共栄圏」建設という時局認識にのっとった主張をおこなっていたのが、中島利一郎であった。中島は、地名に関する著述などがある人物であるが、1941 年刊行の『東洋言語学の建設』（古今書院）で、以下のようなことを述べる。

　　　日本語の本質は島国的ではない。日本語は元来歴史的に大陸性のものであるのである。日本語を大陸の舞台の中に置いてこそ、そこに日本語の真実性、歴史性を攫むことが出来る。〔……〕日本語は、どこまでも朝鮮語、満洲語、蒙古語、土耳古語、匈牙利語、芬蘭語と共に、所謂ウラル・アルタ

イ語族を形成するものである。ソヴイエット露西亜聯邦を包囲するものは、是等のウラル・アルタイ語族の民族、国家ではないか。国際的防共政策は、国際的言語政策を有効適切に運用し、働かすことによつて、組立てられなければならぬ。(中島 1941a: 序、7–8)

　日本語が「ウラル・アルタイ語族」に属することが自明の前提で話がなされている。そこを軸に「国際的防共政策」を作成すべきである、とおそらくは「同一語族」による連帯をいいたいのであろうが、なにやらよくわからない。さらにすすんで、

　　　印度を従来の伝統的言語学の分類するが如く、之れを印度欧羅巴語族と見ることの、果たして印度語のもつ性質から是認すべきであるか、どうかも大なる疑問といはざるを得ぬ。〔……〕余はウラル・アルタイ語族といふ名称を廃して、印度アルタイ語族と改め称するの寧ろ事実に即するものなることを、新に提唱せんとするものである。(中島 1941a: 序、8)

と、具体的な事例を出すこともなく、インド・ヨーロッパ語族から「インド」を奪回し、「印度アルタイ語族」なる主張をおこなう。1939 年には「民族問題を考ふる時、一部南方民族の流入を認めながら、猶且つ日本民族の主流をなすものは、南方からでなく、北方から移入し来つたことを信ぜざるを得ないのである」(中島 1939: 54) と述べていたことからすると、主張の転回がある。つまりは、「大東亜共栄圏」構想とは地理的枠組みは一致しないものの、「語族」でのまとまりを再構成していこうとする意図に時局性を感じざるをえない。まさに「放埒」——しかしながら日本の周辺言語の「比較言語学的智識」が必要だと訴えている (中島 1941b: 19)[*4]——なのだが、こうした書物が、現在でもつづく地理学関連出版の老舗である古今書院から刊行されたことは、中島の論じ方が時局に乗ったものであることを示している。あるいは、この時期の日本語系統論はこうした論じ方をしなければ注目をあつめられなかった、といえなくもない[*5]。

[*4]しかしながら、具体的に中島 (1942) で検討される日本語とベトナム語語彙には、どうみても「比較言語学」的な処理がなされているとはいえない。

[*5]敗戦後、中島は「原始民族の原始語彙としての最初の言葉」としての「性語」に焦点をあてて、朝鮮語や満洲語、モンゴル語、マレー語などの語彙とならべて議論し、「日本民族の系統も、大体に於て北方的であり、其の南方的分子は極めて稀薄である」(中島 1957: 3) との主張をくりかえしている。

2.3.3 「放埒」と「禁欲」のあいだ

とはいうものの、大野が紹介していない期間に言語学者がなにも論じていない
わけではない。たとえば、のちに言語学者としてしられるようになる長田夏樹は
1943 年、23 歳のときに雑誌掲載された論文「上代日本語とアルタイ語族」を、「今
我々は、あらゆる外来文化の残滓をかなぐり捨てて、真に日本的な、明支浄支直支
<ruby>誠<rt>まことのこころ</rt></ruby>之心を把握する為に、上代日本語の研究をしなければならない」とやや気負っ
た断りをいれたうえで書きはじめている (長田 1943: 61)。母音調和やヨーロッパ
比較言語学を適用するには資料が不足していることなどがバランスよく指摘され
ている論文であるが、ここでは、南方とつながりを求める議論を「時流に乗つて」
いるものとし、「大和民族の根幹をなす天孫・出雲の二民族は明らかに北方の血を
引くものである事は、原日本語が、アルタイ祖語からの別れであることによつて
證し得る」と主張している (長田 1943: 65, 66)。この論文自体は東京外国語大学
の文芸部機関誌『炬火』に掲載 (「上代日本語覚書」『炬火』33 号、1941 年 12 月、
「上代日本語とアルタイ語族」『炬火』34 号、1942 年 9 月) されたものを『蒙古』
(善隣協会) にまとめて転載したものであり、一般の目にはさほどふれるものでは
なかったと思われる[6]。また、金田一京助は 1941 年に「国語系統論」という論文
を発表している。そこでは「アルタイ語族」が「国語の親近語」かもしれない、と
しているが、そう積極的に主張しているわけでもないのが中島と異なるところで
ある。日本語が「アルタイ語族」から分岐した「年代の悠久さ」、などとぼんやり
と語るのみである (金田一 1941: 108–109)。1938 年の『国語史 系統篇』でも同
様である。また、1944 年の「日本語」という論文では、起源について母音調和の
存在を根拠に「朝鮮語も、日本語も、アジア大陸のウラル・アルタイから出たもの
であることが、いよ〳〵確からしくなつて来たわけである」としつつも、日本語
が語彙などを盛んにとりいれて「膨張」してきたことに重点を置いて論じている
のが、時代状況を反映しているともいえる (金田一 1944: 93)。くりかえすが、言
語研究者は民族起源論とからめて論じることに「禁欲」的であったが、「専門外」
は、白鳥清であれ中島であれ、おかまいなしにそれぞれの形で、「放埒」に時局に
乗っていくことができた、ということである。

　言語研究者の「禁欲」と、それ以外の「放埒」との関係をうまく表現したのが、

---

　[6]掲載誌は「いずれもやや特殊なもの」で、「多くの人、特に言語学・国語学関係の研究者の目にふ
れることも少なく」とされている (これが長田 (1972) にまとめられた際に、蔵中進がつけた「補注」
より。21 頁)。

国語学者・亀井孝であった。もともとは 1943 年におこなわれた講演の記録であり、1949 年に発表された「日本語系統論の問題」*7のなかで亀井は以下のようにいう。

　　系統論は、狭義の言語学に属する問題ではなく、単に、もつとも多くを言語学のかちえた方法にまつところの、それ自身は、すぐれて、文化史の、つまり、先史文化の問題である。
　　　所詮、かゝる系統論の運命は、皮肉なものである。日本語の系統論といふことが文化史上問題となつてゐるあひだは、日本語の系統は、言語学的に確立してゐないのである。系統が確立すれば、もはや、比較言語学は、ひとりあるきを、はじめるのである。(亀井 1949b: 95)

　同じ文章で亀井は、ヨーロッパの比較言語学の手法をそのまま日本語系統論にあてはめていくことの困難さを述べ、「印欧語にみるやうな成果には、日本語系統論は、達しえないかもしれない」(亀井 1949b: 95) としつつも、「ウラル・アルタイ語」をふくむ「東洋語研究」の必要性を説いているのであるが、ここに指摘されているように、日本語の系統論は文化史とむすびつく形でしか存立できない、という認識は、言語研究者の「禁欲」は「放埒」にうちかつことができないといっているようでもある。あるいは、「放埒」をおさえこむ術を言語研究者はいまのところもちえていない、ともとれる。もう少し具体的には以下のように述べている。

　　とにかく、さかのぼるほど、不明な部分がでゝくる。しかも、不明なればこそ、これをきはめたいといふ、やるせないあこがれに、とりつかれゝばこそ、系譜の探求はたえないわけである。結局、科学の視野はひろがつたけれども、人間のたましひは、むかしのまゝなのである。系統論は、かの、高天原を、たゞちにもつて、地球上のいづこに擬すべきかと模索する議論のあへなさをも、じつは、わらへないのである。(亀井 1949a: 63)

　いくら「禁欲」しても「やるせないあこがれ」が生じる、それでは「高天原」を世界のどこかに求めていくような「放埒」な議論の「あへなさ」(＝どうしようも

　*7これを再録した『日本語系統論のみち　亀井孝論文集 2』(亀井 1973) のあとがきによれば、「いま記憶にしたがつてのべるならば、これは昭和十八年 (一九四三) の五月か六月のころであつたとおもう、出版社の三省堂が一般むけに公開の講演会をもよおしたことがあつて、そこへたのまれて一席はなしをした、そのときの手稿をととのえたものである。やや分量がかさんだので、くらい戦争のおわつたあとにも、しばらく日のめをみないままになつていたのを、ようやく活字にちりばめたのは、一九四九年のことであつた」とある (亀井 1973: 445)。

なさ）を批判できない、というわけである。現に、「高天原」ではないものの、天孫降臨した場所を調査し、「聖跡」としての指定を求める請願が国会に多数出され、政府は 1941 年 12 月に「肇国聖跡調査委員会」を組織するにいたる（1944 年 1 月一時休止、1946 年 4 月廃止）。「あへなさ」をともなうとはいえ、現実を動かす力がそこにはあったということはできる[*8]。

　そのようなこともあってか、1955 年のことになるが、安田徳太郎の以下のような批判をうけることになる。

> 〔……〕第一に、これまでの日本の国文学者はほんとうの科学者ではなかった。かれらはいわゆる国体の精華を発揮するという政治方針によって、日本の古代史や日本語の起源を神秘化し、あらゆるものに、科学のメスをあてるのを、わざと避けたのであった。
> 　第二に、有名な北方説としてのウラル・アルタイ語説にしても、これはあきらかに、日本の言語学者が軍部の北進政策と大陸侵攻のラッパ吹きとして、日鮮同祖論を学問的にうらづけるために、むりにこじつけたたわごとであった。(安田徳太郎 1955: 8)

　安田が想定する「日本の国文学者」や「日本の言語学者」がだれであるのかが不分明であり、その点は焦点がぼけてしまうが、「放埒」もふくんだ日本語系統論全体としては、こうしたくくられ方をされてもいたしかたないとはいえるだろう。ちなみに、安田徳太郎は、山本宣治を従兄にもつ医者で、小林多喜二の遺体を検視し、はたまたゾルゲ事件に連座した人物である (安田一郎 2001)。言語研究者ではない安田徳太郎だが、戦前の否定という意図もこめて「科学的」に、『万葉集』のことばがいま現在のレプチャ語として使用されている、ということをこの『日本人の歴史 1 万葉集の謎』で「放埒」に論じていくことになる。そして、大野晋が安田説への批判をこめて『日本語の起源』(大野 1957) を執筆したことは、本書長田論文で触れられているとおりである。

2.4　1940 年代後半の「放埒」と「禁欲」

2.4.1　「禁欲」の弛緩

　さて、敗戦直後の特徴は、佐佐木 (1978) で、てぎわよくまとめられている。

[*8]詳細は、森本 (2010) の第 12 章「戦時下の史跡保存」を参照。

　それによれば、1948 年に服部四郎が「日本語と琉球語・朝鮮語・アルタイ語との親族関係」(『民族学研究』13 巻 2 号) を発表するなど、「アルタイ語」との関係を説くものが依然として中心的であったのだが、1950 年から、泉井久之助が「南島諸語」を基層とし、そのうえに「フィノ・ウグール諸語」(フィンランド語やハンガリー語など) が刻印を加えて成立したのが日本語である、と主張しはじめる。この「フィノ・ウグール諸語」を「アルタイ諸語」に置きかえて、「南島諸語」との重層的成立を主張したのが、大野晋であり、村山七郎である、と続く。「1940 年代の日本語系統論」が本章のタイトルであるが、議論の都合上、泉井のこの主張もとりあげることにする。

　さて、こうした活況の理由を佐佐木は明示していない。しかし、『民族学研究』に掲載された座談会「日本民族＝文化の源流と日本国家の形成」で司会の石田英一郎が発した「終戦後、日本歴史の起源源流に関する研究のタブーが解除されて、俄然この方面における学問的な関心が高まつて来ました」(石田他 1949: 11)[*9]という構図は、日本語系統論についてもあてはまるであろう。

2.4.2　泉井久之助の論調──民族起源論との共振

　泉井久之助が、「南島諸語」を基層とし、そのうえに「フィノ・ウグール諸語」が刻印を加えたものが日本語になった、と発言したのは、1950 年 2 月 11 日におこなわれた座談会「日本語の系統について」の席上でであった (雑誌『国語学』掲載は 1951 年 2 月)。

　泉井久之助は天王寺に生まれ、第三高等学校を経て 1928 年京都帝国大学文学部言語学科を卒業 (指導教官は新村出)、大学院を経、京都帝国大学文学部講師 (1931 年)、同助教授 (1936 年)、同教授 (1947 年)。1938、39、41 年と日本の委任統治領の南洋群島に出張、1943 年には仏印に出張し、言語調査をおこなっている (堀井 1983: 14–15)。泉井の著書論文目録 (京都大学大学院人間・環境学研究科山口研究室編 1997, 1998) をみても、日本語系統論についての著述をはじめるのは 1950 年以降となっている。

　その泉井が、座談会で以下のように発言している。

> 　泉井　私はこんなふうに考えますがね。刻印を与えられた、その与えられた言語が主として南方のものであったろうとは思います。与えたものは北方系であっても、与えられた方は南方系ではなかったか……。

[*9]出席者はほかに岡正雄 (民族学)、八幡一郎 (先史学)、江上波夫 (東洋史学)。

　　服部〔四郎〕　どういう意味で？

　　泉井　幾らかそういうふうに語彙の上に残っているように思いますし、それからまあ語彙の方ですと松本〔信広。民族学〕さんは例を挙げられましたが、挙げられた例に疑問のあるものはあるとしても、おっしゃることのすべてが、そうとも申せませんし、相当南方のものが入っていると思います。音の方から申しますと、日本に入ってきた場合に北方言語は母音調和ですか、ああいう傾向をもっていたと思います。むしろ、だん〳〵母音調和の傾向が強くなっていく途上にあったのではないか。ところが、これをうけた方の側には、それがなかったものですから、ああいう傾向が下から解きくずされまして、しばらくたちますと、そういう母音調和の現象を知らないという現象が勝ってしまう、そこに基層の言語の習癖が浮び上ったのではないかと思いますが。

　　服部　Substratum〔基層〕というのですか？　たとえば日本語は開音節語だといいますね。そういう特徴はSubstratumに起因するというのですか？

　　泉井　その点は何ともいえません。私は元来日本語は必ず開音節の言語であったときめてかかることも出来ないと思いますし、またその歴史の中に次第に開音節化したかと考えられると思います。〔……〕前にお話に出ました民族学の座談会の中の石田〔英一郎〕さんの発言をみておりますと、一番初めにそういったもの〔開音節語〕があった、それが残っているのだろう。従ってあの人の考えでは、初にX系の言語があったという考えですね。X語というものには開音節の傾向がある、こういうふうにも言っておられますが、私はそこまで行かなくてもいいと思います。(金田一他 1951: 28)*10

　「民族学の座談会」とは、先にもふれた、『民族学研究』に掲載された座談会「日本民族＝文化の源流と日本国家の形成」である。そこで石田英一郎は、「純粋な母音（又はn）終りを特徴とする何かある言語基盤があって日本語の根幹を形成しているのではないかと想像しなければならないと思う。このX言語層が後来のアウストリッシュ語系、又、中国語、ヨーロッパ語の単語をすべて簡単な語彙構造化し又母音終りにしてしまうのだと考える外はない。即ち日本語の言語層位はこ

　　*10泉井は、「南方語」すべてが開音節であるとは考えていなかった。「開音節化の傾向があるものもあっても、歴史的には、それらも却って古くない」(金田一他 1951: 28)。また服部も「朝鮮語の方がむしろ母音を失った」(金田一他 1951: 28)と発言しており、開音節であることが「南方語」の特徴であるとはしていない。

の X 語、アウストリッシュ語、ウラール・アルタイ語というわけになる」(石田他
1949: 31–32) と述べている。そして、X 言語がどういったものか、探究したもの
の、よくわからなかった、と石田はつづける。

　石田が述べているのは、さまざまな要素によって重層的に言語が成立している、
ということである。これは、血縁、地縁、歴史、文化、言語などさまざまな「因
子」が「等象圏」をつくり、その境界線を「等象線」とし、さまざまな「等象圏」
の複合によって構成されるのが民族であるとする泉井の考え方にもなじみやすい
ものであった。泉井はこうしたさまざまな「等象線」が「或は平行し或は交錯し
つゝ無数に走つてゐる」のが民族の境界であり、「民族のフリンジは常に時間的に
浮動してゐる」ととらえていた (泉井 1944: 39–40)。重層的かつ流動的なイメー
ジであり、「等象圏」は拡大もし、縮小もするものであった。泉井が「言語はその
民族の内的な姿の一つである」(泉井 1944: 38) というとき、ヴィルヘルム・フォ
ン・フンボルトを論じた『フンボルト』(泉井 1938) の著者ならではという印象を
強くもつ。民族の「等象圏」の拡大によって以前に存在していた言語も重層化す
る、ということであろう。

　それでも泉井は、起源と系統をわけている。つまり、「系統ということになりま
すとその言語に全面的に刻印をあたえた言語要素に即して考えることになりま
し、そうして起源とか成立とかになりますというとその言語材を組成した様々の
複数の言語要素の重なり合いの状態を調べるということになるかと思います」(金
田一他 1951: 14) としているわけである。起源は複数あってもよいのだが、決定
的な「刻印」をあたえたただひとつのものを、系統とするということである。

　泉井はこの座談会を前後して以下のような講演や論文でこの主張をくりかえし
ていく。

①「日本語の起源とその成立」(1949 年 10 月 16 日、国語学会第 10 回公開講演会
　(京都))*11
②「日本語の系譜について」(1950 年 5 月 20 日、国立国語研究所公開講演会 (京
　都)) →同題にて『国語学』5 輯、1951 年 2 月に掲載。
③「日本語の系統について (序説)――日本語とフィノ・ウグール諸語」『国語学』
　9 輯、1952 年 5 月。
④「日本語と南島諸語――系統関係か、寄与関係か」『民族学研究』17 巻 2 号、
　1953 年 3 月。

---

*11 泉井 (1951) では、自身の国語学会の公開講演会のタイトルを「日本語の起源と系統」としてい
るが、ここでは国語学会 (1995: 555) におさめられた資料にしたがう。

⑤「日本語とはなにか」、中村道夫編『講座 日本語 2 日本語の構造』大月書店、
1955 年。

結論はどれも同じだが、④から引用しておく。

> 日本語と南島語は同系の言語ではない。日本語を構成すべく、その文法形
> 態を携えてこの島々に来た言語は、もともと大陸にあったものと思われる。
> むしろ、将来いわゆるこの日本語たるべくあった言語、日本語のはじめは、
> むしろ大陸の、しかも相当奥地において形成せられたにちがいない。それ
> がこの島々に来たとき、そこには主として西南日本よりそして恐らくは朝
> 鮮南部にわたって、南島系の言語が行われていたものと思われる。私はこ
> れに関して、別に遠くフィノ・ウグール諸語との比較によって、日本語の主
> 流となったウラル系（あるいはより少くアルタイ系）であったことを証明
> せんとしたことがある。何れにせよこの場合、古い言語は新しく来た言語
> によって置きかえられたけれども、その語彙要素の若干は、新しいものの
> 中に吸収せられたであろう。(泉井 1953: 125-126)

泉井のこうした議論は確証をもって語られているわけではないのだが、北方
説と南方説を合わせた、という安定感は生じた。もちろん、肝腎の系統が本当に
フィノ・ウゴール系、ウラル・アルタイ系なのか、といった議論に決着はついてい
ないのであるから、それ以前と本質的には何もかわっていない。しかし、それな
りの安定感が生じたのは、日本人の起源をさまざまな学問分野を総合して検討し
ていこうという流れに、この議論がうまく乗ることができたからではないかと思
われる。たとえば、九学会連合の調査など、学問分野をこえた「共同研究」が瞬間
的になされた時代の雰囲気もあったかもしれない。

「禁欲」のタガを外して、民族論に寄り添った議論がなされるようになった、と
いうことでもあるだろう。安定感というと曖昧な表現だが、『民族学研究』の座談
会では、有名になった江上波夫の「騎馬民族征服説」が唱えられた。それをふま
えて『国語学』での座談会で、南方系に北方系がかぶさったという泉井の説に関
して、金田一京助が「"民族学研究" の説を容れないことはないんですな」(金田一
他 1951: 30) と述べている。異分野の議論との接合が可能であれば、それなりの
「安定感」はかもしだされる（ただ、騎馬民族が言語に決定的な変化をもたらした
わけではないだろう、と金田一は補足している）。

このあたりについて、大野晋は 1973 年に以下のようにまとめている。

> さて戦後の日本語系統論については、二つの方向を指摘することが出

来る。一つは従来の正統的な比較言語学の方向を推進することである。〔……〕他の一つは、従来の日本語系統論、ことにアルタイ語系説が、多数の比較語彙表を作成できないでいるのは何故かという問題を考え、言語のみならず、人種研究・文化研究に手を伸ばして、その方面から日本語の問題を再検討してみようとする。従来の言語学では、言語と、文化と、人種とは無関係、別々であるという結論がほとんど無批判に受け入れられて来た。しかし、言語と文化と人種とは常に必ず別個なのではない。言語と文化とは、ことに語彙と文化史とは密接に結びついているのであり、人種と言語とが相重なる場合も決して皆無なのではない。(大野 1973: 317)

前者は「禁欲」をつづけること（「従来の言語学」）、後者は「禁欲」のタガを外すこと、と乱暴にまとめてみると、1940 年代後半以降、言語研究者も後者に傾いていく層が徐々に出てきたということになるだろうか（もちろん、「禁欲」のタガを外すことがすなわち「放埒」になるわけではない）。

2.5　おわりに

のちのことになるが泉井久之助はそれまでの系統論のあり方に懐疑的な発言を残している。たとえば、1976 年に以下のように述べている。

　　今も決定的な系統関係がわからない日本語のために、同系の言語を模索していわゆる「比較」を試みる場合、異同の表現様式、特異な対応のもとに潜む無形の一致の解明と発掘とが必要であり、重要ではあるまいか。〔……〕表現様式については上代以来の「かかり結び」の現象は、こうした解明につながる表現様式上の一つではあるまいか。しかし文の構成のタイプにおいて日本語に最も近い朝鮮語にもこの現象はない。語形については、まず、動詞の活用方式、特に変格活用方式の対応的な一致の発見が重要であろう。
　　しかし全体として見たところ、日本語の系統関係の方法論的に説得的な解明は、将来も容易に達成されることはない。(泉井 1976: 348)

たしかにそうかもしれない。しかしながら、みずからが 1940 年代末からなした議論を相対化する必要はなかったのであろうか。そういうことにはふれることなく、さらに泉井は以下のようにつづける。

　　ひとは日本語を玩具にしてはならない。
　　「比較」ばかりが日本語の問題ではない。

　　恣意的・反知性的・悖理的な「比較」によって大きく実害を蒙っているの
　　は、実は、われわれの学問であり、一般に学問的精神である。(泉井 1976:
　　349)

　1970 年代の「放埒」な日本語系統論のもりあがりを念頭においた苦言ともいっ
てよいだろうが、こうしたことをいうには、自身が日本語系統論に積極的に関与し
ていたことについて総括が必要ではなかっただろうか。しかしながら、この点は
弟子筋にあっても指摘はされない。たとえば、泉井の教えをうけた堀井令以知は、
遺著となった自伝のなかで、泉井の業績を「印欧語の研究」「南島（マライ・ポリ
ネシア）諸言語の比較言語学的研究」「一般言語学」「西洋古典その他」と分類す
る (堀井 2013: 76) ものの、そのなかで系統論に関して 1940 年代末以降に泉井が
積極的に発言していた点についてはふれていない。
　身も蓋もない議論になるが、「禁欲」を保つことは系統論に限らず一般的にいっ
てむずかしい。いくら「禁欲」しても実りある結論になかなかいたることができ
ないとなれば、なおさらである。かといってあまりにも「放埒」な議論につきあっ
ているほどヒマではない。実りある結論をひたすらに追い求めると同時に、「禁
欲」のタガをどのくらいゆるめていけばよいのか、というバランスの問題になっ
ていくのであろうか。
　根拠のない「日本万歳」の言説が強まってきている現在、本書斎藤論文での論
証にもかかわらず、一番受け入れられやすいのは、あるいは白鳥清流の、日本民
族は昔からこの島にいた、というものなのかもしれない。それは、本章でみてき
た「放埒」な議論とは異なるが、それはそれで、ため息が出るものでしかない。

参考文献

石田英一郎（司会）・岡正雄・八幡一郎・江上波夫 (1949) 「日本民族＝文化の源
　　流と日本国家の形成 (対談と討論)」『民族学研究』13 (3)、207–277.
泉井久之助 (1938) 『フンボルト』弘文堂.
—— (1944) 「大東亜言語政策の基調」『知性』7 (4)、38–41.
—— (1951) 「日本語の系譜について」『国語学』5、1–8.
—— (1952) 「日本語の系統について（序説）——日本語とフィノ・ウグール諸
　　語」『国語学』9、14–22.
—— (1953) 「日本語と南島諸語——系譜関係か、寄与関係か」『民族学研究』
　　17 (3)、115–126.

―― (1955)　「日本語とはなにか」中村道夫（編）『講座日本語 2　日本語の構造』、1–18、大月書店.

―― (1976)　「言語研究の歴史」『岩波講座　日本語 1　日本語と国語学』、275–349、岩波書店.

大野晋 (1952)　「日本語の系統論はどのやうに進められて来たか」『国語学』10、60–69.

―― (1957)　『日本語の起源』岩波新書.

―― (1973)　「解説」池田次郎・大野晋（編）『論集　日本文化の起源 5　日本人種論・言語学』、301–321、平凡社.

長田夏樹 (1943)　「上代日本語とアルタイ語族」『蒙古』10 (2)、61–81.

―― (1972)　『原始日本語研究――日本語系統論への試み』神戸学術出版.

亀井孝 (1949a)　「日本語系統論の問題（上）」『一橋論叢』21 (5・6)、58–86.

―― (1949b)　「日本語系統論の問題（下）」『一橋論叢』22 (2)、74–96.

―― (1973)　『日本語系統論のみち　亀井孝論文集 2』吉川弘文館.

京都大学大学院人間・環境学研究科山口研究室編 (1997)　「泉井久之助著書論文目録」『Dynamis:ことばと文化』1、150–164.

―― (1998)　「泉井久之助著書論文目録補遺」『Dynamis:ことばと文化』2、157–161.

金田一京助 (1938)　『国語史　系統篇』刀江書院.

―― (1941)　「国語系統論」『国語文化講座　第二巻　国語概論篇』、85–109、朝日新聞社.

―― (1944)　「日本語――起原と其の成長」『言霊をめぐりて』八洲書房.

金田一京助・松本信広・泉井久之助・服部四郎・亀井孝・河野六郎・金田一春彦 (1951)　「座談会　日本語の系統について」『国語学』5、9–36.

国語学会（編）(1995)　『国語学の五十年』武蔵野書院.

駒込武・川村肇・奈須恵子（編）(2011)　『戦時下学問の統制と動員――日本諸学振興委員会の研究』東京大学出版会.

佐佐木隆 (1978)　「日本語の系統論史」『岩波講座日本語 12　日本語の系統と歴史』、301–346、岩波書店.

白鳥清 (1939)　「日本民族の起源」教学局（編）『日本諸学振興委員会研究報告　第四篇（歴史学）』、84–92、文部省教学局.

白鳥庫吉 (1936)　『日本語の系統――特に数詞に就いて』岩波書店.

新村出 (1916)　「国語及び朝鮮語の数詞について」『芸文』7 (2, 4)、1–13, 3–27.

―― (1935)　『国語系統論　国語科学講座 21』明治書院.

千野栄一 (1974) 「ハムレットか、ドンキホーテか——日本語系統論のゆくえ」『月刊言語』3 (1)、84–89.

中島利一郎 (1939) 「民族と言語——日本民族インカ・エチオピア同系論を弁駁す」『大日』199、54–60.

—— (1941a) 『東洋言語学の建設』古今書院.

—— (1941b) 「日本語と東亜共栄圏」『書物展望』11 (7)、19.

—— (1942) 「言語学上より見たる仏印と日本との関係 (一) (二)」『書物展望』12 (1, 2)、16–19, 56, 8–14.

—— (1957) 『卑語考——日本性語志』雄山閣.

堀井令以知 (1983) 「泉井久之助先生 (1905〜1983)」『言語研究』84、9–16.

—— (2013) 『言語文化の深層をたずねて』ミネルヴァ書房.

物集髙見 (1891) 「日本語の起原および変遷のあらまし」『皇典講究所講演』6 (55)、12–25.

森本和男 (2010) 『文化財の社会史——近現代史と伝統文化の変遷』彩流社.

文部省 (編) (1937) 『国体の本義』文部省.

安田一郎 (2001) 「あとがきにかえて、安田徳太郎伝」『安田徳太郎選集　二十世紀を生きた人びと』、603–640、青土社.

安田徳太郎 (1955) 『日本人の歴史 1　万葉集の謎』光文社.

安田敏朗 (翻字・解説) (2016) 「資料　上田万年演説「日本語学の本源」」『言語社会』10、71–94.

第 3 章

日本語の起源とチベット・ビルマ諸語
——パーカーと西田龍雄の研究——

林範彦

3.1　はじめに

　20 世紀の日本の言語学において、日本語の起源はまさに中核的な研究課題の一つであった。アルタイ語説やオーストロネシア語説など数多くの説が出現したが、その中でチベット・ビルマ諸語に起源を求めた学者がいる。パーカーと西田龍雄である*1。本稿の目的はこの 2 人の研究を紹介し、その問題点と時代的背景について記述することにある。

　本稿は以下の手順で論述する。まず 2 節でチベット・ビルマ諸語について簡単な概説を施す。3 節ではパーカーの日本語とチベット・ビルマ諸語同源説を紹介する。4 節では西田龍雄の日本語とチベット・ビルマ諸語同源説を紹介する。5 節で他の日本語とチベット・ビルマ諸語の関係を論じる研究について若干のまとめを行う。6 節で本稿を締めくくる。

　なお、本稿ではすべての関係者を一律に敬称略としたことをお断りしておく。

3.2　チベット・ビルマ諸語について

　本節ではチベット・ビルマ諸語について概略を述べる。この言語群はその名の通り、おおむねチベット・ヒマラヤ地域を北限に、ビルマ地域を南限に分布する。東西には、東は中国の湖南省から、西はパキスタン北部まで分布する。

　図 3.1 は西田 (1989) からの転載である。西田 (1989) ではシナ・チベット語族

---

*1 このほかにもチベット・ビルマ諸語との関係性を考察した研究者がいるが、他の系統についてもあわせて論じている。これらの研究者については 5 節で概説する。

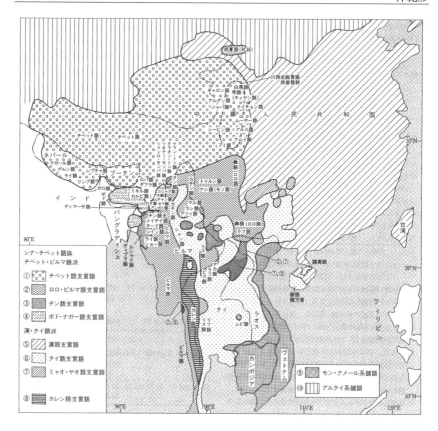

図 3.1　西田 (1989) におけるチベット・ビルマ諸語の分布概略

(Sino-Tibetan) という大語族の下にチベット・ビルマ語派 (Tibeto-Burman) と漢・タイ語派 (Sino-Tai) の 2 大区分が存在し、漢・タイ語派の下に漢語支 (Sinitic), タイ語支 (Tai), ミャオ・ヤオ語支 (Miao-Yao) の区分を設けている。これは中国の系統分類の考えと極めて近い。現在の欧米を中心とする研究者たちはシナ・チベット語族の下には漢語系とチベット・ビルマ語派を設けるものの、タイ系やミャオ・ヤオ系の言語は別の語族に属すると考えるのが一般的である。図 3.2 に代表的な下位語群の分類法として Matisoff (2003) から引用しておく。

　Matisoff (2003) の分類に従えば、チベット・ビルマ語派の下位区分として、カレ

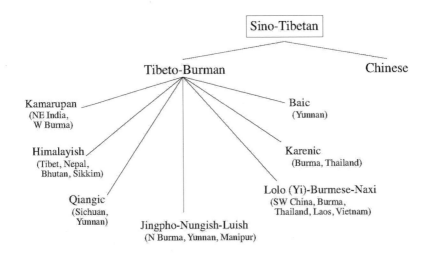

図 3.2　Matisoff (2003) におけるチベット・ビルマ諸語の系統概略

ン諸語 (Karenic), ペー諸語 (Baic), ロロ・ビルマ・ナシ諸語 (Lolo-Burmese-Naxi),
ジンポー・ヌン・ルイ諸語 (Jingpho-Nungish-Luish), チアン諸語 (Qiangic), ヒマ
ラヤ諸語 (Himalayish), カーマルーパン諸語 (Kamarupan)[*2]に分かれる。
　チベット・ビルマ語派の諸言語を言語類型論的に整理すると、おおむね SOV
型の基本語順を持ち、後置詞を有する[*3]。属格名詞句と関係節は主名詞に先行す
ることが多い[*4]。またヒマラヤ地域では形容詞は主名詞の前から、中国西南部か
ら東南アジア大陸部地域では主名詞の後ろから修飾することが多い (Dryer 2008)。
主格・対格型言語と能格・絶対格型言語の 2 種類が認められ、後者は特にヒマラ
ヤ地域を中心に分布している。
　いくつか、具体的な例を挙げておこう。

[*2]この名称と分類の適切性については議論があり、反対する研究者もいる (Burling 1999)。
　[*3]この語順の傾向に反する代表的な言語群がカレン諸語とペー（白）諸語である。前者はオースト
ロアジア語族のモン語あるいはタイ・カダイ語族の諸言語との、後者は漢語との言語接触が生じたと
考えられている (Thurgood 2017)。その結果、語順の変更が起きたと考えられよう。
　[*4]この点は日本語と非常に類似している。日本語も「私の本」や「昨日来た人」の下線部のように
属格名詞句や関係節がそれぞれの主名詞（「本」「人」）の前に置かれる。

[ビルマ語]

(3.1)　*căn᷈*　*ʔăsaʔ*　　*mă-sá=taʔ=pà=bú*
　　　　1SG.M　辛いもの　NEG-食べる＝できる＝[丁寧]＝NEG

　　　　「私は辛いものが食べられません。」(岡野 2007: 82)

[チベット語ラサ方言]（表記は原著に合わせて文語表記とした）

(3.2)　thub=bstan-gyis　blo=bzang-la　gzhus-song
　　　　トゥプテン-ERG　ロプサン-LOC　殴る-PERF

　　　　「トゥプテンはロプサンを殴った。」(DeLancey 2017: 399/1018; グロスと
　　　　全体訳は筆者)

　確かに、日本語もチベット・ビルマ諸語も SOV 型で、語義から考えると、類似した語順をとることが少なからず見つかる。ただ、のちに述べるように、言語の系統を論じる際はあくまで語形（音形）の規則的な対応関係が最も重視されるため、語順や意味が似ているという点でもって、言語の系統が同じであるということはできない[*5]。例えば、上記のビルマ語の例では sá が日本語の動詞「食べる」に、taʔ が「できる」に対応するが、音韻的にこの 2 者が相互に規則的な対応を見いだせないのである。実はこの語彙の規則的な音韻対応が他の諸言語との間でも十分に見出せないために、日本語の系統が不明のままとなっていると言える。

3.3　C. K. パーカーと日本語系統論の問題

　まずは、日本語の起源とチベット・ビルマ諸語を結びつけた C. K. パーカーの研究の内容とその問題点や時代背景について本節では述べる。

[*5]この点が特に歴史比較言語学では重視される。確かに系統関係の近い言語群では言語類型論的な特徴が近似することは多い。しかし逆に、「言語類型論的特徴が近似すれば言語系統も近い」とは言えない。例えば、インドで話されるムンダ語 (Osada 2008) と、モンゴル国で話されるモンゴル語は共に多音節的であり、SOV 語順で後置詞を用い、連体修飾語が名詞の前に置かれる。しかし、それをもって両言語が言語系統まで共有しているとは言えないのである。

3.3.1　C. K. パーカーと言語研究

C. K. パーカー (Charles Kenneth Parker) の人物像については不明な点が多い。訳書の序論を書いた原一郎によれば、1919 年に米国マサチューセッツ州のウィリアムズ大学を卒業後、中国福建省福州にある福建基督教大学*6にて 2 年間教鞭をとる。1921 年に来日し、大阪高等學校（および大阪外國語學校・浪速高等學校）の教壇に立つかたわら、日本語・日本民族の系統論の研究を行ったとされる。主著として *Cognates of Native Japanese Words* (1928 年) のほか、*A Dictionary of Japanese Compound Verbs* (1939 年) がある。

A Dictionary of Japanese Compound Verbs の中で、C. K. パーカーは日本語系統論を展開した。1939 年に丸善で出版された。そして、その直後に上海の東亜同文書院に在籍していた原一郎がその序論にあたる部分を『日本語・西藏＝緬甸語同系論』として 1940 年に翻訳・出版した (パーカー 1940)。本節ではこの訳書に基づいて、記述を進める。

3.3.2　C. K. パーカーの日本語系統論

『日本語・西藏＝緬甸語同系論』はあくまで日本語の複合動詞辞典の序論である。しかし、表面的には両者の内容は関連性が低いように見える。また「序論」にしては原著で 181 ページもある大部なもので、独立した単著として出版しうるのに、あえて「序論」としたことにはやはり不明な部分もある。当時の出版事情が大きく関係しているのかもしれない。

さて、訳者の原一郎によれば、この「序論」は 2 部構成となっている。第一部は「西洋紀元の始めに到る迄の揚子江＝馬來＝太平洋「方形地域」の諸種族とその文化」について、第二部は「西藏＝緬甸語と日本語との間に見出される著しい語彙的文法的類同性に着目し西藏＝緬甸語こそ日本語文法の根幹的部分を寄與した言語であるまいかと推測し、双方をその文法的構造の各方面から詳細に比較し説明づけることによつて、此の推測を立證しようと企てた」部分となっている。本書では第一部の最初の一章を「序説」として入れる。そして第二部の「モン＝クメル語その他に於る」同根語を除いた部分を本論として入れる。そしてこの除いた

---

*6Wikipedia によれば、1916 年に正式に開学し、「福建協和大学 (Fukien Christian University)」とも呼ばれた。1951 年に中国政府により「福州大学」と改称され、1972 年「福建師範大学」に合流し、現在に至る。(Wikipedia 2017 年 5 月 2 日アクセス)

部分と第一部の残りを合わせて「附録」としている。ここではこの「補説」と「本論」について紹介を試みる。

3.3.3　C. K. パーカーの分析と問題点

3.3.3.1　全体的な考え方
　まず、序説の一部分を原の訳から引用してみよう。

> 西藏＝緬甸諸族の諸言語の日本語に對する關係はアングロ・サクソン語の英語に對する關係と略同じであると言ふことが出來る。卽ちそれらの言語は日本語の構文法の形式に有力な影響を及ぼして居り、日本語の特有語法や語彙やの夥しい部分を供給してゐるのである。西藏＝緬甸語族に次いで、日本語に對する同根語や音韻的影響やの最も重要な源を成してゐるのは、今日モン＝クメル語群として知られてゐる、嘗ては非常に廣い地域に分布して居た南方アジアの語群である。若し將來これらの材料について總勘定が爲されるに到つた曉には、日本語の語彙に對するモン＝クメル語群の寄與は西藏＝緬甸語群のそれよりも大きかつたことが判明しさへするかも知れない。モン＝クメル語群の構文法は、多くの點に於て日本語のそれと異つてゐる。しかし配語法とか、種々な語形學的仕組とかの背後に、我々は此の語群の有つ一般的な心理が日本語のそれと根本的に同一なものであることを看取する。(パーカー同書、p.1)

　上記の序文において重要であるのは、パーカーが構文法を重視することで、日本語とチベット・ビルマ諸語（序文では「西藏＝緬甸語族」）の親縁性を読み取り、かつそれが英語とアングロ・サクソン語との関係とほぼ同じであると考えていることである。英語とアングロ・サクソン語の関係は極めて近いものであるため、日本語とチベット・ビルマ諸語も同じく近い関係にあると見ているところは興味深い。ただ一方で、その次にあるモン・クメール諸語（序文では「モン＝クメル語群」）が日本語に語彙や音韻的な影響を強く与えたと考え、しかもその影響力はチベット・ビルマ諸語よりも大きかったかもしれないことを想定している部分がある点は見逃せない。

　通例の比較言語学の手法は同源語彙の選定に始まり、その音韻対応の一定性でもって、所与の2言語の同源関係を立証する。上記の想定にもし立つならば、チベット・ビルマ諸語と同じレベルで日本語とモン・クメール諸語との比較研究を進めて、その同源の程度を分析する必要があろう。それにもかかわらず、チベッ

ト・ビルマ諸語との議論を主とし、モン・クメール諸語との関係の問題を付録と
したのは不明な点が多い[*7]。

3.3.3.2　具体的事例

　本小節では C. K. パーカーの分析について、その具体的事例の一部を紹介する。
パーカーの提示する順序と異なるが、ここでは名詞の比較、動詞の比較、接続詞
の比較について紹介する。

名詞の比較

　パーカーの「明日」の分析から、引用してみよう。

　(第十二章) 第十二節
　カリ＝ナガ語[*8]の asang と日本語の「アサ」
　共に「明日」を意味する。日本語には「明日」を意味する語が三つある。卽
ち、「アサ」「アス」「アシタ」である。「アサ」は又單に「朝」をも意味する。
此の語の語根は「サ」であつて「ケ・サ」(今朝)の中に現れてゐる。(「ケ」
の意味は「此の」である。例へば「ケ・フ」は「此の・日」で、その近代語
的發音は「ケ・フ」→「ケウ」→「キヨー」と變化した。)「アス」は、下記
の第二のアオ＝ナガ語[*9]形によつて示されるやうに、單に「アサ」の變異形
に過ぎない。「アシタ」は ta といふ古い方言的接尾辭である (第六章参照)。
　　カリ＝ナガ語の asang はアオ＝ナガ語 の asong、asung (此の u は、ク
ラーク[*10]によれば、英語の but の u の如く發音される)、西藏語の sang、
チェパン語[*11]の syang、等を含む一系列に屬する。すべてこれらの形は「明
日」を意味する。(パーカー同書、pp. 172-173)

　日本語の「アサ」は日本国語大辞典によると、「夜が明けてからしばらくの間」
の時間帯を古代では指していたようであり、確かに夕刻から見れば、その時間帯
は現代語では「明日」を指すこととなろう。一見もっともらしい分析に見える。
ただし、問題も多い。

[*7]なお、このような混同は後述する安田徳太郎などにもみられる。
[*8]本引用であげられるナガ語はインド北東部で話されている。
[*9]アオ＝ナガ語 (Ao Naga) はインド北東部ナガランド州で話されるチベット・ビルマ諸語の一つ
である。
[*10]Clark (1911) であると考えられる。
[*11]チェパン語 (Chepang) はやはりネパール中南部で話されるチベット・ビルマ諸語の一つである。

　この分析では「アサ」の語根は「サ」であるとする。では、「ア」の意味・機能は何なのか。また、もし語根「サ」が「朝」の意味を持つとすれば、それに対応するチベット・ビルマ諸語において、少なくともいくつかの言語では sa の形式で「朝」の意味を持つ場合や、kesang のような形式で「今朝」の意味を持つ場合が存在していてもおかしくない。しかし、本書ではそのような説明は見当たらない。

　また、日本語の「イ」（眠り）に関する分析も加えておこう。

> (第十二章) 第十四節
> 緬甸語の ip と日本語の「イ」
> 「イ」といふ日本語は「睡眠」を意味する名詞であつて、古典語では「爲ス」といふ動詞を添へて用ひられた。例へば、「寝は爲さむ」。ハンター[*12]は、緬甸語の ip といふ形の外に、カミ語[*13]の i、クミ語の i、リムブ語[*14]の ip-se、等すべて「寝る」を意味する形を擧げてゐる。ライ語の it（寝る）と上記の ip 系列との間にどんな關係があるのかは知らないが、私は此の it といふ形は記録する價値があると思ふ。何故ならば日本語の「イ」は恐らく p といふ語尾を落したものであり得ると共に t といふ語尾を落したものでもあり得るだらうからである。ロタ＝ナガ語の yīp-ālā「寝る」(ālā は接尾辭である。tsō-ālā「食ふ」等) の語基 yīp を考へると、ip 系列は語頭の y を落したものと思はれる。(パーカー同書、pp.174-175)

　後述する西田説でもこの語彙については取り上げられている。パーカーの説ではチベット・ビルマ諸語の多くで、日本語の「睡眠」に相当する i と対応する語形が見つかると考えている。一見すると、大変説得的に見えるだろう。

　しかし、パーカーの説明は残念ながら極めて不合理なものである。パーカーは、ビルマ語の ip, リムブ語の ip, ライ語の it を取り出す。そして、祖語の段階では *ipt のような語根末に -pt の子音連続を想定し、日本語はその二つの子音を脱落させて「イ」という語形を得た、と考えている。もしそうであれば、同様の子音脱落の他の例を数多く並行的に出さなければならない。パーカーの議論は実はほとんどこのような日本語との特殊な偶然の一致を取り出して、その例にしか当てはまらない「規則」のようなものを設定して説明しているのである。歴史言語学的

[*12] Hunter (1868) であると考えられる。

[*13] カミ語 (Khami) 語はクミ語 (Khumi) とともに、バングラデシュあるいはインド北東部で話されるチベット・ビルマ諸語の一つである。

[*14] 「リムブ語」は現在の日本では「リンブー語 (Limbu)」として知られ、ネパールで話される言語である。

には成り立たない説明が延々と続くのである。

動詞の比較

　動詞についてもパーカーの分析例を一つ挙げておこう。ルシェイ語[15]と日本語の存在動詞に関する比較である。

> 　ルシェイ語の ni は日本語の「ナリ」(「ニ・アリ」の合約) と同じ機能を有ち、om (「有る」「留まる」「存在する」「有つ」等) は日本語の「アル」(「有る」「存在する」「有つ」) のやうに使用される。例へば、
>
> | ルシェイ語 | He | mi | hi | | tunge | **ni** |
> |---|---|---|---|---|---|---|
> | (逐) | | this | man | this (＝は) | who | is |
> | 日本語 | 此の | 人 | は | | 誰 | **なりや** |
> | (逐) | | this | man | that | | who | being-is | ? |
>
> 口語で言へば此の日本文は「此の・人・は・誰・です・か」と成るだらう。(パーカー同書、pp. 179-180)

　確かに、日本語とチベット・ビルマ諸語は語順が近似している。ルシェイ語 (Lushei) の ni は日本語の「ナリ」の融合前の形式である「ニ・アリ」の「ニ」と対応するように考えているようである。しかし、そもそもルシェイ語の ni はすでにコピュラで、日本語の後置詞の「に」とは品詞も機能も対応しない。また、ルシェイ語の om は日本語の「アリ」とどのようにつながっているのか、全く不明である。

接続詞の比較

　パーカーの分析の具体例として最後に「接続詞」の比較を取り上げておこう。

> 　「助辭「モ」に關する日本語語法への西藏＝緬甸語に於る最も近い相似物はカチン語の mung に於いて見られる。下記の例を比較せられよ。

---

[15] 「ルシェイ語」は現在の日本では「ルシャイ語 (Lushai)」「ミゾ語 (Mizo)」として知られ、インド北東部のミゾラム州、ミャンマー北部のチン州などで話される。

一、	カチン語	mung	「... さへも」	「も亦」	
	日本語	mo	「... さへも」	「も亦」	
二、	カチン語	kǎdai	mung	「誰も」	
	日本語	dare	mo	「誰モ」	
三、	カチン語	kaloi	「何時」	kaloi mung	「いつも」
	日本語	itsu	「何時」	itu mo	「いつも」
四、	カチン語	ti	分詞的語尾。	ti mung	「... ても」
	日本語	te	分詞的語尾。	te mo	「... ても」
五、	カチン語	rai-ti-mung	「あつても」		
	日本語	ari-te-mo	「あつても」		
六、	カチン語	shāmayū	khrā-khrā	raingā-ti-mung	
		「食べ	度く	ても」	
	日本語	tabe	taku	te-mo	

　rai-ti-mung といふ句は極めて普通に用ひられるので、ハンソンの言ふ如く、それは『しばしば rai-ti-m と短縮され』る。言ひかへれば、語尾の ng が落ちるのである。此の形は、若し我々が或る程度の母音化を許すならば、我々に mu といふ形を與へるであらう。琉球語の ng といふ形（これは日本語の「モ」の様に使はれる）は、mukashi「昔」に對する ngashi, mukatte「向つて」に對する ngkati, mukade「蜈蚣」に對する ngkazi 等の形に於るやうに、日本語の mu と規則的に照應する。しかし或るカチン方言では mang といふ形も使はれる。」（パーカー同書、pp. 125-126）

　ここでいうカチン語はミャンマー（ビルマ）北部のカチン (Kachin) 州で話されるチベット・ビルマ諸語の一つである。民族概念としての「カチン」は極めて複合的なもので、カチン州に住む他のチベット・ビルマ諸語を話す民族[16]も含まれる。カチン語の母語話者による自称は「ジンポー」であることから、混同を避けるためにも「ジンポー語」[17]と呼ばれることも多い。

　このカチン語はチベット・ビルマ諸語内では比較的早期から研究されてきた。引用文中にあるハンソン (Ola Hanson) は 19 世紀末から 20 世紀初頭にかけてカ

---

　[16]例えば、同州に住むチベット・ビルマ系のロンウォー人・ラチッ人・ツァイワ人は互いに異なる言語を話す。しかし、民族概念的には「カチン」に包摂されることがある。
　[17]ジンポー語に関する記述は倉部慶太の論考が近年次々と発表されているので、そちらを参照されたい。全体的な概要については Kurabe (2017) を参照のこと。また借用語の問題については Kurabe (2018) が詳しい。

チン州で活動した宣教師であるが、カチン語の正書法を編み出し、そのカチン族
の風習を記述するなど、言語学的・人類学的な貢献も行なった人物である。ハン
ソンの正書法はカチン語の持つ声調を無視するなどの問題もあるが、母語話者に
現在でも使用されている。

　さて、パーカーの分析に戻ろう。パーカーは日本語の「あっても」に対応する
カチン語の rai-ti-mung に対して、よく用いられるため語尾の ng が脱落する、と
述べている。これはカチン語独自の音韻的な現象である。言語学で重視すべきこ
との一つとして、各言語で生じる現象が他の言語にもそのまま当てはまるとは限
らないことが挙げられる。カチン語で起こる ng の脱落は日本語あるいは日本語の
祖語に当たる日本祖語に起きたかどうかは独立した論証が必要で、その部分が欠
落している。

　また ng の音韻対応として並行例を挙げている箇所についてである。カチン語の
ng に対して日本語の mu が対応するとした場合、「昔」は muashi（むあし）とな
らねばならず、正しい日本語の形式がこのままでは導けない。これらの「並行例」
は、カチン語が日本語の祖語であるための論証手続きがなされない段階では、た
だの偶然の「一致」をこじつけたに過ぎないのである。

3.3.3.3　主たる学者による批判

　C. K. パーカーの説は太平洋戦争の混乱期に述べられたこともあったためか、専
門家による十分な検証がなされたようには見えない。むしろ、ほとんど顧みられ
たことがないと言った方が適当かもしれない。

　その中でも東京大学教授であった服部四郎は戦後間もなく日本語系統論を扱う
論考の中でパーカーの説に対する短評を著している。服部は学術誌『民族学研究』
（現『文化人類学』）で日本語と琉球語・朝鮮語・アルタイ語との比較研究を発表し
ている。その冒頭部で以下のようにパーカーの説を一蹴している。

> 　C. K. Parker 氏によって日本語とチベット＝ビルマ語との同系説が唱えら
> れたが、我々を納得させることはできない。（服部 1948 [1999: 37]）

　さらにその 4 年後の 1952 年、日本人類学会の編集による書籍『日本民族』にて
服部は以下のように述べている。

> 〔前略〕、C. K. Parker の日本語とチベット＝ビルマ語との比較 (Λ Dictionary
> of Japanese Compound Words, Tokyo, 1939) も、音韻法則を無視している
> から、親族関係の証明としてはすべて無効である。しかし、このように言

明することは、以上の諸氏が指摘された単語の類似がすべて真実の対応とは無関係であると断定することではない。それらの類似した単語の中には、関係諸言語間の借用語もあろうし、あるものはまた祖語における同一の単語（語根）に遡る蓋然性さえあるだろう。(服部 1952 [1999: 24-25])

いずれも比較言語学の基本である規則的な音韻対応を取り上げていないため、パーカーの説は論じるに値しないとの態度である。ただ、後者の文章では他の学者の比較研究同様、挙げられた例が全く無関係とまでは言えないとの説明が付されている。しかし、筆者の見るところ、パーカーの挙げた日本語とチベット・ビルマ諸語との間の対応関係は現時点でもやはり無関係であると考えざるをえない。歴史比較言語学の基本的な論証手続きを踏まえていない上に、チベット・ビルマ諸語と日本語との間の祖語からの分岐や言語接触は推定の範囲を大きく超えるものだからである。

近年になって、影山 (2013) がパーカーの研究を取り上げたことがある。以下に引用しておこう。

〔……〕この四辺形地域は、琉球、台湾からフィリピン、タイ、カンボジア、バングラデシュ、チベット、中国南部に至る東南アジアから南アジアの地域で、言語的にはチベット・ビルマ語派とモン・クメール語派を含む。Parkerの第一の意図は、日本語の系統をこれら諸言語と結び付けるというサブタイトル部分にあるようで、全 418 ページのうち、最初の 181 ページ分 (pp. I-CLXXXI) をこの系統問題に割いている。系統関係を示唆するにあたって、著者は日常語彙や助詞などの意味用法の共通点を挙げ、動詞 + 動詞型の複合動詞も、これら東南アジア・南アジア諸言語と日本語の共通性を示すために出している。しかしながら、現在の言語類型論の観点からすると、複合動詞の分布を言語の歴史的系統と結び付けることは難しい。(影山 2013: 431-432)

影山は日本語の語形成論、特に複合動詞の研究で著名な業績を持つ言語学者であり、パーカーの同書に対しても本体部分の複合動詞辞典に対する論評を行なっている。ただ、序論である問題の日本語系統論に対しても、類型論的観点から厳しい指摘を行なっている。言語類型論そのものは系統論とはそもそも直接的な関連はないのであるが、いかに贔屓目に見たところで、パーカーの日本語系統論に肯定的評価を与えることができないという点では変わらない。

3.3.4　時代的背景とパーカーの学説

　パーカーの日本語系統論がなぜこのような形で展開されたのかについては不明
な点が多い。上述したようにパーカーはチベット・ビルマ諸語のみならず、モン・
クメール諸語にも日本語が強く関係していると考えており、そのための付論まで
著している。

　パーカーが複合動詞の辞典に 181 ページもの日本語の系統論を「序論」として付
け加えているのは非常に不可解である。またユーラシア大陸部の中でも南方部に
焦点を当てた議論となっていることが興味深い。これはそれまでの金沢庄三郎や
小倉進平の日本語と朝鮮語の親縁性に関する議論とは異なっている点でも重要で
ある。

　もちろん資料の制約上ここからの議論は推測でしかない。ただし、パーカーが
中国での教育経験を踏まえた上で、当時日本（大阪）を拠点に研究活動していた
こと、および当時の日本の外交状況と、本書の出版が関連付けられるかもしれな
い。当時日本は満州国を発足させ、南洋を手中に収めるべく、大東亜共栄圏の概
念を打ち立てようとしているところであった。大東亜共栄圏構想は 1940 年の第 2
次近衛内閣の時に発表されるが、日本においては明治期から存在した南進論が根
底にあった上に、パーカーの説は見事に乗ったと見ることもできよう。またこれ
を訳した原一郎が汎アジア主義の先頭にあった上海の東亜同文書院に在籍しなが
ら、本来は長編の「序論」に過ぎなかったパーカーの日本語系統論を原著出版後
即座に邦訳したことは、時代の影響を感じさせずにはいられないものがある。

3.4　西田龍雄と日本語系統論の問題

3.4.1　西田龍雄と言語研究

　続いて、西田龍雄について見ていこう。西田は 1928 年大阪市に生まれる。大阪
外事専門学校支那語科を卒業後、京都大学文学部を卒業する。京都大学での卒業
論文は「古代西藏語、上古中国語、古代ビルマ語・カチン語における造語法並び
に音韻法構造の比較に就いて」であったことから、研究過程の当初からチベット・
ビルマ諸語に対する並々ならぬ関心を持っていたことがうかがえる。西田は生涯
を通じて、チベット・ビルマ諸語を主軸に東アジア地域の言語を幅広く研究して
きたが、その中心はやはり西夏語および西夏文字であった。表に西田が研究を公

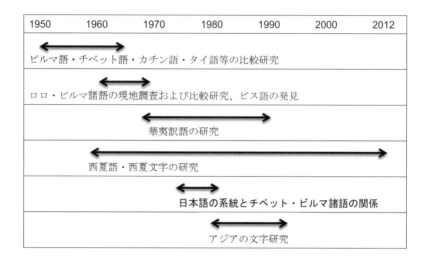

図 3.3 西田龍雄の研究史概略

開しはじめた 1950 年代初頭から晩年の 2012 年ごろまでの研究年表を整理してお
く*18。なお、西田の研究は多岐にわたり、しかもいかなる年代にもわたるものが
多い。この表では出版された論著の年代から重点的に取り組んだ分野と年代幅を
示している。

西田は日本言語学史の中で大きな足跡を残した言語学者として著名である。
1959 年に 31 歳で共同研究『居庸関』で日本学士院賞を、1968 年に『西夏語の研
究』により日本学士院賞・恩賜賞を受賞している。京都大学では 1972 年に教授に
昇任後、1978 年には文学部長、1986 年には附属図書館長となった。また 1979 年
には日本言語学会会長 (1981 年まで) となっている。京都大学退官後は学術情報
センター教授兼副所長を務めた後、1999 年に日本学士院会員となる。その後も瑞
宝重光章受章 (2003 年)、文化功労者 (2008 年) となり、2012 年 9 月 26 日京都府
宇治市で死去する。死去後、正四位に叙せられた。日本の数多くの言語学者のな

---

*18西田の研究略史については『東方学』(第百十九輯 2010 年) にまとめられた西田を含む座談会
や、没後すぐの追悼文 (『言語研究』2013 年) にも詳しい。なお、前者の座談会で司会を務めた庄垣内
正弘は西田の研究を以下の 4 つのポイントに整理している。[1] 西夏語・西夏文字の研究、[2] 漢蔵語
(シナ・チベット語) 研究、[3] 「華夷訳語」の研究、[4] 文字の研究。この整理でもわかるように、西
田の公式の業績群の中には日本語系統論は主たるもののうちに入らない。

かでも国家的に認められた数少ない言語学者[19]の一人である。

3.4.2　西田龍雄の日本語系統論

　西田の日本語系統論は西田 (1975, 1976a, 1976b, 1976c, 1977a, 1977b, 1977c, 1977d, 1977e, 1978, 1980) と 11 編に上るが、ここでは全体像が整理されている西田 (1978) を中心に見ていくこととする。

3.4.2.1　西田説の基本的態度

　まず、日本語系統論とチベット・ビルマ諸語の問題についての基本的態度を示す部分を引用してみよう。

　　　　いまわれわれが日本語とよんでいる言葉が、八世紀の上代日本語に到達するまでに、日本列島の内部で、あるいはその近隣で話された幾種類かの言葉から、多かれ少なかれ何らかの影響を受けて来たであろうことは、想像に難くはない。そして、それらの言語との接触を通じて、特定の語彙分野において、外部の単語を借り入れ、本来の語彙を放棄するような入れ替えが頻繁に起ったにしても、決して不自然ではない。それにもかかわらず、日本語の中核を占める部分は、チベット・ビルマ語系の言語と同じ祖形から来源しているという仮定に、私はたっている。しかし、この考えを正当づけるために、そのほかのいくつかの日本語系統説、たとえばアルタイ説とかマライ・ポリネシア説を取り出して批判したり、両者の優劣を比較して示す意図は、ここではまったくもってはいない。ただ、私が考えている日本語系統論、つまりチベット・ビルマ語系の言語と日本語が同系統であるという構想を、具体的に、やや詳細に述べてみた。もちろん、これは、一つの研究段階における意見であって、最終的な結論ではない。今後、なお多くの修正、補足が必要である。(西田 1978: 229)

　　　　私は、日本語の系統は、日本語を除いて成立しているある語族に、実際には多くの場合、その語族の専門家が試みた比較研究の成果に基いて設定した祖形に、日本語をつき合わせ、その枠を通じて、対応関係を探っていくような形では、解明されることはないであろうと、考えている。つまり、日

---

[19]戦後日本で文化功労者に選ばれた言語学者は西田を除くと、山田孝雄 (1953 年)、 金田一京助 (1954 年)、 新村出 (1956 年)、 市河三喜 (1959 年)、 服部四郎 (1971 年)、 辻直四郎 (1978 年)、 河野六郎 (1993 年)、 金田一春彦 (1997 年) の 8 名である (Wikipedia による)。

　　本語を既成立の祖語に結びつけ、日本語とその祖語の間に、さらに上位の
　　祖形を仮定するといったような形態では、解明はむつかしく、日本語がある語族の有力な成員として働きかけ、そこに一つの語族が成立するような
　　形態のもとで解明されることを、私はかねがね考えている。日本語が、チ
　　ベット・ビルマ諸語の中の古典語の一つとして、チベット語と並ぶ位置を
　　占め、日本語形が、チベット・ビルマ（蔵緬）語族の成立にある役割を果す
　　ような形を期待する。(西田 1978: 229-230)

　西田の基本的な姿勢は以下の 4 つに要約されるだろう。

(i) 他の説（アルタイ説やマライ・ポリネシア説など）を根底から否定しない。
(ii) 日本語形成論ではなく、あくまで「日本語系統論」として考えること
(iii) 日本語の基礎語彙がチベット・ビルマ諸語と同源であるという想定に立つ
　　こと
(iv) 日本語の系統を考える場合、同系であると想定される言語の有力なメンバー
　　として比較研究を試みるべきこと

　まず (i) の点であるが、すでに最初の引用文で見出せる非常に重要な姿勢である。のちに紹介するミラーや村山七郎のように、他のライバル学説を徹底的に攻撃する態度を取っていない。もちろん、西田の態度にはさまざまな解釈が可能だろう。しかし、全体として西田説は他の学説とは独立したスタンスであることを表明し、一般に対しても温和な印象を与える。
　次に (ii) も西田説に特徴的な点である。他のアルタイ説やオーストロネシア説、あるいはこれらを包摂する日本語混淆言語説[20]などは日本語がさまざまな系統の言語をソースとして形成されたという議論を展開しているため、具体的にどの言語が日本語の起源となるのか、あるいは共通の起源を日本語ともつのかという点は不明である。西田の議論の方向性はこれと一線を画す。日本語の系統を論じることがあくまで目的である。
　(iii) と (iv) は (ii) を前提としている。日本語の基礎語彙がチベット・ビルマ諸語のそれと同源であり、かつ日本語がチベット・ビルマ諸語の中に位置付けられるという想定のもとで比較研究を行うという点である。
　この特に (iii) と (iv) の点について、のちに他の学者の痛烈な批判を受けること

---

[20]後で言及する村山七郎は、日本語はオーストロネシア語にツングース語がかぶさってできたと考え、大野晋も日本にオーストロネシア語が広がった後にタミル語が到来し、その後朝鮮語と漢語が受け入れられたと考える。これらは日本語混淆言語説であると言える。詳しくは長田 (2005) を参照。

となるが、それは後述することとする。

3.4.2.2　西田説の具体的な分析例

それでは引き続いて、西田の日本語系統論が全体的にまとめられている西田 (1978) の中かから、具体的な分析例を引用し、その特徴を整理しておこう。

語幹形成法

日本語の語形は多音節的で、単音節は少ない。一方で、チベット・ビルマ諸語は多音節も多いが、単音節の語も数多く見つかる。

> まず、チベット・ビルマ語（蔵緬語）の形態素の語幹構成について、一つの仮説を示してみたい。
> 　意味の最小単位は、語根 C1V に拡張辞をつけて作られた C1VC2(C1C2 は共に複子音でもあり得た) の形式をとったと仮定する。この語幹形式には接頭辞と接尾辞が添接され得た。接頭辞・接尾辞は、いずれも母音を伴わない単純子音から成っていたが、中には一音節の形を取るのも少数あったと考えられる。(西田 1978: 244-245)

この説明に対して、西田は以下のような例を挙げている。チベット・ビルマ祖語の動詞語根として $\sqrt{mra}$ 「見る」を再建する。これはおそらくビルマ文語の mrang「見える」から ng を取って作ったものと考えられる。しかし、西田はこのビルマ文語形が *mra に -ng が接辞化されてできたものと考えている。その上、古代日本語の形式 *miru-ɸu は *mra から発展したものととらえているようである。もちろん、これには不可解な点がいくつもある。まず、「見る」と「見える」では動詞の自他の違いがあるが、これについてはどう考えるべきなのか。またビルマ文語に付加されたとする -ng という接尾辞はいかなる機能があるのか。後にみるように、西田はチベット・ビルマ祖語 -a に対して日本語の -u が対応すると考えているようだが、m と r の間にある母音 i についてはいかなるプロセスで挿入されたのか。これらの問題には全く触れずに議論を進めるのは極めて苦しいところである。

[21]　TB　　*pref. thum (-pa)
　　　　WrT　hdam-pa 〈摘む〉　　: OJ tum-ɸu 〈摘む〉
　　　　TB　　*a_2　　　　　　　　→WrT -a: OJ -u
〈摘む〉 TB *da にも、〈集む〉と同じように、接尾辞 -m をとる形がある。

あるいは、TB *du と TB *da には同じ語根 ROOT da をたてた方がよい
のかも知れない。この -m 接尾辞をもつ形式 TB *pref.dam には、チベット
語も日本語もはっきりと対応する形をもっている。その共通語幹は、日本
語の対応形から見て TB *da$_2$m としたい ([20])。(西田 1978: 247)

　西田はチベット・ビルマ比較言語学の基本的な方法としてパーカーとは異なり、
規則的な音韻対応の樹立を目指していることは明確である。上記文中でもチベッ
ト文語の母音 -a に対し、古代日本語 -u が対応すると考えている。しかし、その
比較材料は多くの現代語を用いて帰納されたチベット・ビルマ祖語ではなく、チ
ベット文語とビルマ文語である。そして、比較言語学的手法としては大変異例な
形で、日本語の対応例を入れて、チベット・ビルマ祖語の母音を再建している。こ
のことは西田の説の立て方の上ではある意味当然のこととなるが、後で紹介する
ように村山などの批判を浴びるポイントともなる。

音韻変化についての一例

西田 (1978) では以下のような対応を挙げて、短い説明を加えている。

[49]	〈胸〉	WrT brang:	WrB rang
	〈家〉	WrT khyim:	WrB ·im <*yim
	〈陰〉	WrT grib-ma:	WrB a-rip
	〈戦う〉	WrT hgran-pa:	WrB ran-

[50]	TB *myo-ba:	WrT myo-ba （酔う）:	OJ yo-ɸu
	TB *pref.phyo-ba:	WrT hphyo-ba （泳ぐ）:	OJ oyok-ɸu
	TB *khyim:	WrT khyim （家）:	OJ iɸe < *yipe
	TB *sdrag(-pa):	WrT sreg-pa （焼く）:	OJ yak-ɸu
	TB *brgyad:	WrT brgyad （八）:	OJ ya-tu
	TB *prud(-pa):	WrT prut- （ゆでる、沸かす）:	OJ yud-ɸu

第二の方向、すなわち、第一子音が脱落する現象は、(中略)、チベット文
語とビルマ文語との間にも認められる ([49])。
日本語とチベット語・ビルマ語の間にも、同じ現象が認められ ([50])、これ
らの例から、蔵緬語の子音結合の第二子音 r- には、日本語の y- が主として
対応したと推定できる。(西田 1978: 256–257)

　西田の説明から考えると、日本語の古い段階でも子音結合が豊富に存在したが、第一子音が脱落したと読める。しかし、これも体系立てるのは大変難しい。一例を取り出すと、「家」の例ではチベット・ビルマ祖語の段階で*khyim を立てているが、西田はいったん古代日本語の前段階の形式として*yipe となったと考えている。これはあきらかに日本語の「いへ」の形式から逆算して作られたものであり、チベット・ビルマ祖語の *-m が日本語で -p となった変化もあわせて想定しなければならない。つまり、日本語の形式を得るには、khy の子音の連続が脱落したうえに、m が最終的に φ まで変化するプロセスを説明する必要がある。このような ad hoc な（それぞれの例に合わせた例外的な）説明は残念ながらこの手の議論でよく見られるが、言語学的説明としては全く受け入れられない。日本語の「やつ」（八）の例も無理矢理な説明で、上の説明ではチベット・ビルマ祖語の *b-は確かに脱落することを考えても、子音連続の rgy-がどのプロセスで r-になったのかは十分な説明が必要である。

複合語の構成

　パーカーも比較した語彙を西田も取り上げている。以下では複合語の構成の一例として出された以下の例を引用しよう。

OJ i- 〈ねむり〉:	TB *ip-(-pa)	→WrB ·ip-saň 〈ねむる〉
OJ nu < *nu-φu 〈ねむる〉:	TB *nyal-(-pa)	→WrT nyal-ba
OJ i- 〈ねむり〉:	TB *ip-(-pa)	→ WrB ·ip-saň 〈ねむる〉
OJ i-më 〈夢〉:	TB *mak/ng	→WrB mak, WrT rmang

（西田 1978: 262）

　古代日本語の「ねむり」に相当する形式が i であることとビルマ文語の ip が類似していることを理由にやはりこの比較が出されている。ただ、重要なのは ip に対応する形式は主にビルマ系の言語に見られるが、西田が頼りにしている肝心のチベット語はそれと対応しない。それにもかかわらず、チベット・ビルマ祖語に ip-pa の形式を再建している。その -pa は西田の理論では日本語の動詞の終止形語尾に対応するように見える。しかし、ここではそうなっていない。日本語の「ねむる」は nu の形式を用いるからである。議論が一貫しない。
　ここでさらに問題なのは、「夢」の形式である。確かに、チベット・ビルマ諸語でも「夢」あるいは「夢を見る」意味で、動詞「眠る」との複合語を用いることは多い。ただ、古代日本語で i が yu になる変化、および mak が me になる変化を

説明できなければ、やはり「夢」の例も幻の対応であると断じざるをえない。

動詞の活用

　西田の分析は日本語の動詞の活用にもおよんでおり、パーカーと比べてより一層体系性を持たせようと留意している。以下の例を引用しよう。

　　[83] TB *pre.tang (-pa) 〈与える〉

基本形	WrT gtong-ba	: OJ ata-ɸu	終止形
	< *g-o-tang-ba		
完了形	btong-s-te	: OJ ataɸ-i-te	連用形 < a-ta-i-te
基本形	gtong-ba-(du)	: OJ ata-ɸu-ru	連体形
命令形	thong < *thang-s-o		
	btang-*s-o(-rogs)	: ata-ɸë-yö	

　　（西田 1978: 268）

　この例は古代日本語の「与ふ」とチベット文語の gtong-ba の対応を取り出し、比較している。日本語の動詞は周知の通り、連用形や連体形などに活用する。この日本語の活用の起源をチベット語の動詞の屈折体系と並べて考えようという試みである。上記の例を見ると、日本語は連用形「与ひて」、連体形「与ふる」、命令形「与へよ」と活用し、それぞれチベット文語の完了形、基本形、命令形に比較しうると捉えているようである。

　これも通常の歴史言語学的な分析では成り立たないであろう。確かにチベット文語では -s が完了を表す要素として捉えられるが、それがどうして日本語の連用形と対応し、かつ -i に音韻変化したのか、別途説明が必要である。命令形においてもチベット文語で -s が見られるが、日本語では -ɸë「へ」となっている。日本語連用形で見た対応規則であるチベット文語 s: 古代日本語 -i が成り立つなら、この命令形の説明は一方で不整合なものとなる。よって、この活用に対する議論も体系性を取り繕うためのこじつけであると言わざるをえない。

3.4.3　西田説に対する批判

　西田龍雄の日本語系統論に対する批判は非常に激烈なものであった。以下、ロイ・アンドリュー・ミラー、泉井久之助、村山七郎の批判を引用する。

3.4.3.1　ミラーの批判

　ロイ・アンドリュー・ミラー (1924-2014) はアメリカ合衆国ミネソタ州出身の言語学者である。太平洋戦争中に海軍に属し、そのころ日本語を習得し、1950 年代後半から 60 年代にかけて日本の国際基督教大学で教鞭をとるなど、日本との関係も深い。西田は同時期にチベット・ビルマ諸語の研究を行っていたミラーとも親交があったようである。実際ミラーは 1950 年代にチベット語方言や古代ビルマ語の研究論文を出版している。

　ミラーは日本語の起源の研究も行い、それは 1971 年に出版された *Japanese and the other Altaic languages.*, University of Chicago Press. (『日本語とアルタイ諸語：日本語の系統を探る』西田龍雄ほか訳、東京: 大修館書店) や、1980 年に出版された *Origins of the Japanese Language.*, Seattle and London: The University of Washington Press. (『日本語の起源』村山七郎・山本啓二・下内充 訳、東京: 筑摩書房) に結実されている。ミラーは日本語はチベット・ビルマ諸語ではなく、アルタイ諸語との関係を論じた。その立場から、ミラーは西田説に対して以下のような手厳しい批判を展開した。

　　　言語の発展のすべての必要段階を歴史時代またはそれよりわずかばかり前の時代に起ったと見ようとする日本の学者たちの傾向は潜在的に強く、いろいろな文献や推測にみられる。たとえば最近或る日本の学者は日本語とチベット・ビルマ語が同系だと主張した。ちょっと見たところでも、これは真実とは思えない。この説の方法論と議論のはこび方から見て、結論が正しいものとは思えない。しかし少なくともこの学者は大部分の学者と違って日本語が或る他の一言語または諸言語と系統関係があるかもしれないという可能性を考慮しており、それ以上に大切なことであるが、このような系統関係がやがて十分に説得力をもって証明されるかもしれないことを考慮しようとしている点は満点をつけてよい。(ミラー 1982: 218)

　　　非常にありそうもない日本語系統論を説く日本の学者たちの例は日本語文献には非常に多い。幸いなことに英語その他の西ヨーロッパの言語に訳されたものは少なく、日本以外ではあまりに知られていない。この方面でここ数年最も活躍したのは江実と西田龍雄である。〔中略〕西田龍雄は日本語がチベット・ビルマ語族と系統関係があると見ようとする。西田の仕

事はきわめて不注意に日本語の語形とその意味を挙げるのが目立ち、また
言語学における史的原理を完全に無視しているのが特色である。(ミラー
1982: 235-236)

上記引用で明確なように、西田説に対しては言語学的にも歴史学的にもまった
く認められないとミラーは結論している。確かに 3.4.2 節でみたように、西田の出
した対応関係は説得力に欠けるものが多かった。その点はライバル学説を唱える
研究者からは格好の標的となっているわけである。

ただ、ミラーの日本語とアルタイ語との比較研究 (例えばミラー 1981 [Miller
1971] など) も実は不思議な説明に満ちている。例えば、ミラーは現代日本語の
「鵜呑み (にする)」の形式を取り出し、ここにみられる u と nomi(古代日本語
nöm-u) が「同族目的」関係にある、と述べている。そのうえで、この最初の要素
である u は原始アルタイ語の*um-, モンゴル語の umdan 「飲み物」や満洲語の
omi-「飲む」と対応する、と考えている (ミラー 1981: 124-125)。一体なぜ「鵜」と
「飲む」を同族目的関係ととらえられ、しかも日本語の「鵜」が他の言語の「飲む」
と比較しうる要素であるのか、十分な説得力があるようには筆者には見えない。

3.4.3.2　泉井久之助の批判

西田説はかつての京都大学での同僚からの批判にもあっている。泉井久之助
(1905-1983) である。西田は泉井と 1958 年から約 10 年間同僚として過ごして
いる。

泉井は西田説に対して多くは語っていないが、以下のような記述を岩波講座『日
本語』(1976 年) で行っている。

〔……〕最近の日本では, 日本語の曖昧な理解と, チベット語詞の不徹底な分
析的認識のもとに, きわめて悖理的に, きわめて危険な方向に盲進する最も
奇矯で最も忌むべき点において, 従来のいずれをも凌駕するものさえあらわ
れて来たのを, 私は学問的責任の将来を考えて, 特に遺憾に思っている。
(泉井 1976: 344)

この批判では名前こそ挙げていないが、明らかに西田説について述べている。
しかも、こともあろうに、西田の専門であるチベット語の分析に対しても疑念を
表明している。泉井の批判は例も掲げず具体性に欠けるが、痛烈な印象を読者に
与えたことは間違いない。

ただ、泉井自身も泉井 (1952) で日本語とフィノ・ウグール諸語との同系性を検

討する論文を発表しており、その ad hoc な分析はやはり受け入れられないことは
記しておかねばならないだろう。

3.4.3.3　村山七郎の批判

　以上、ミラーと泉井の批判を簡単に紹介したが、最も具体的で詳細に西田説を
検討し、厳しい批判を加えたのは村山七郎 (1908-1995) である。村山は第二次世界
大戦中にベルリン大学でアルタイ比較言語学を学び、帰朝後はアルタイ諸語と日
本語との歴史的関係を積極的に主張してきたが、漂流民の言語研究やアイヌ語と
オーストロネシア諸語との関係についても業績を有する。

　村山は 1978 年に上梓した『日本語系統の探究』（大修館書店）の中で、西田
(1976a, b, c) に対して以下のような批判を繰り広げている。

> チ phag: ビ wak「豚」：日本語 bu-ta　「豚」があたるかもしれないと
> し, 琉球語 ?waa「豚」が「ビルマ語形とよく一致する」としています。ここ
> ではブタを OJ としていませんが, III p.80-81 のリスト (20) では OJ bu-ta
> 「豚」としています。ブタ「豚」という単語を上代語文献に見つけることは
> できませんから, 誤りです。ブタ「豚」というのは, わりあい新しく日本語
> において発生した語形と見られます。チ, ビ a: OJ u という対応規則の証
> 明材料にはなりません。ビルマ語 wak「豚」が琉球語（首里方言）の ?waa
> と「よく一致する」と言いますが, 見せかけの類似です。なぜかと言えば,
> 首里方言の ?waa の ? はかつて, w- の前に母音が存在したことを示すから
> です。[中略] 首里方言で「豚」は ?waa ですから, かつて母音はじまりのこ
> とであることがわかります。(村山 1978: 130)

> 八重山列島の白保方言 (石垣島), 波照間方言では uwa であり, 石垣島, 竹富
> 島, 鳩間島方言では ō<*uwa であります。この点から見て, 首里方言はかつ
> て ?uwa であったことがわかります。u の消滅が a を aa に変えたのです。
> 首里の古い形 ?uwa はビルマの wak「豚」と「よく一致する」と言えるので
> しょうか。恣意的に日本語を切断する仕方によって ?uwa の wa だけをとり
> 出してビルマの wak と比較するようなことは, ふつう比較言語学者はいた
> しません。(村山 1978: 131)

　西田説は確かに日本語および琉球語の内的変化に関する理解が不足していたた
めに、村山の具体的な日本語史からの批判には弱い。

　比較言語学では見かけの類似だけでは議論の俎上に上らない。当該の音が検討すべき別の言語の音といくつもの例で対応しなければならない。そして、それぞれの言語の内部の変化を丁寧に踏まえたうえで、音韻対応の関係を探らねばならない。上記の「豚」の例ではこの一例のみの比較を行い、そのうえで、琉球語独自の変化を無視した対応を考えた点で西田の説はミスを犯したと言えよう。

　西田説の比較言語学の手法に対する村山の以下の指摘は容赦がない。

> 〔……〕ヒッタイト語は印欧語族の言語であることが確実だからこそ，印欧祖形の再構に「有力な成員として働きかけ」ることができたのです。台湾原住民の言語は南島語族の言語であることが確実ですから，それは南島祖語形の再構に「有力な成員として働きかける」ことができるのです。もし，ヒッタイトの印欧語族所属性が，また台湾原住民言語の南島語族所属性が不確実ならば，それらは祖形再構に「有力な成員として働きかける」ことはできないのです。チベット・ビルマ語族への日本語の所属性は何ら確実でないのですから，それをチベット・ビルマ祖語復元のために「有力な成員」として利用する，というのははじめから問題となりません。それは無理な試みです。日本語資料のみから出発して，接頭辞を考え出し，チベット語のステムの先につけて，（チベット・ビルマ）共通祖形とするようなことは不合理です。(村山 1978: 188)

　ただ、この批判は実は皮肉にも村山自身の日本語系統論にも跳ね返る。村山も全く何の根拠もなく、アルタイ語起源説を導入しており、西田と同様に「決め打ち」なのである。村山の批判は威勢よく見えるが、実際には「返り討ち」にあっているところが一般の読者にはわかりづらい。

3.4.4　西田説のまとめ

　西田龍雄は東洋言語学において数々の優れた業績を残した言語学者である。インターネットで世界中の言語の情報が見られる現在と違って、西田の時代はまさに離散的に存在したデータについて丁寧に文献を渉猟して整理し、一個の体系を作り上げなければならなかった。当時の状況を考えれば、西田のチベット・ビルマ諸語の研究はやはり他の追随を許さない業績を生み出したと認めねばならない。

　一方で、すでに大家として著名であった西田がなぜ日本語の系統をチベット・ビルマ諸語と結び付けようとしたのか。西田にこの分野に対する「野心」や「功名心」があったかどうかは今となってはわからない。ただ、筆者から見れば、研

究意欲の最も旺盛な 40 歳代後半に日本語の起源の論争が盛り上がり、チベット・ビルマ諸語研究者の代表として、何らかの分析を示さなければならないという義務感にかられたからではないかと想像する[*21]。そして、ミラーたちがここまで徹底的に西田の日本語系統論を酷評する必要があったのは、西田のチベット・ビルマ諸語研究がそれだけ正当なものであると評価されていたことの裏返しからではないかと考えられる。

3.5　その他の言説について

　以上、パーカーと西田の日本語系統論について述べてきた。ここで、その他の言説についてごく簡単に言及しておく。チベット・ビルマ諸語とのかかわりを早くから取り上げていたのは安田徳太郎 (1898-1983) である。医師であった安田は戦前産児制限運動などにかかわった。また戦中にはゾルゲ事件で検挙され、懲役 2 年執行猶予 5 年の判決を受けた経歴ももつ[*22]。戦前からフロイトの翻訳でも活躍する一方で、戦後はさらに日本語の起源の問題にも取り組み、『日本人の起源』（光文社、1952 年）や『万葉集の謎』（光文社、1955 年）、『天孫族』（光文社、1956 年）などの著作を発表する。ここでの議論、特に後者では日本語とレプチャ語[*23]との同系関係について論じている。安田の文章はおしなべて明快でわかりやすい。その上、言語的類似と文化の側面を巧みにつなぎ合わせ、これまでと違った新しい説について興味を強く引くような形で書いてあるので、一般読者への影響は少なくなかったものと見受けられる。事実上記の著作はベストセラーとなった。ただし、パーカーと同様に、チベット語やビルマ語、レプチャ語などの例に

[*21]西田の没後すぐに出た追悼文中で、門下生の一人であった庄垣内正弘はこのように述べている。
　「1970 年代は日本語の系統に関する各種の本が出版されてブームとなっていた。ちょっと遊んでみようかという態度では無く，日本語とチベット・ビルマ語との同系の証明にかなり真剣に取り組まれたことを知っている。十篇におよぶ論文の執筆には随分時間を掛けられた。しかしブームをリードするまでには至らなかったし，逆に批判も浴びた。当初の意気込みは腰砕けに終わったと言えるかもしれない。」(庄垣内 2013: 122)
　庄垣内の評価は西田の功名心をうかがわせるものである。ただし、筆者は当時の状況を客観的に考えて、アジアの諸言語を扱う言語学者として西田が一言を述べねばならない、また、述べる限りにおいては真摯に対象に取り組まざるをえなかった雰囲気があったのではないかと推測する。西田の失敗は日本語系統論において無理な推定を予想外に多く取り入れてしまったがために、かえって本業であるチベット・ビルマ比較言語学の方法論にも疑念を抱かれかねないところにあったと考えられる。
[*22]安田の生涯については没後了息である安田一郎が編集した安田 (2001) に詳しい。レプチャ語関係の論文は入っていないが、自伝的な文章を多く含む。
[*23]ネパールとブータン及び中国チベット自治区に挟まれたインド北東部シッキム州 (Sikkim) で話される言語である。1975 年までシッキム王国として独立していた。

ついて表面的な類似性のみを取り上げて比較しているため、言語学的には何の意味も持たなかった[24]。なお、安田の言説の詳細については本書所収の長田論文を参照されたい。

　安田や西田、あるいは村山のような独自の仮説とある種の「職人芸」的な技法で日本語の起源や系統を論ずるのではなく、逆に基礎語彙をあらゆる系統のデータから集めて、統計学的に日本語の起源に迫ろうとしたのは安本美典 (1934-) である。安本は心理学を専攻していたが、一般には日本古代史（邪馬台国研究）や言語関係の著作でも知られている。

　安本の基本的な考え方は系統論ではなく、やはり形成論であり、どの程度の言語が日本語の中に流れ込んでいるのかを考えている (安本 1995: 128)。そのため、とりわけチベット・ビルマ諸語を中心に見ているわけではないが、著作の中では相当なページ数を割いて検討している。

　安本の結論はこうである。「古極東アジア語」を設定し、その話者が日本語・アイヌ語・朝鮮語を各地で独自に発展させ、そののち、縄文期にインドネシア系、クメール系の言語の影響を受け、紀元前 3〜4 世紀にビルマ系江南語の流入を受け、紀元後から現在に至るまで中国語の影響を多分に受けて、現在の日本語ができたと考えている。

　安本の論証の方法も非常に明快で、用いた言語データや典拠も著書の中で多量に公開している。ただし、言語学者たちの賛同は現時点で得られていない。それは歴史言語学が経験的に知り得ている規則的な音韻対応や自然な音韻変化に対する分析がほぼなく、やはり表面的な一致を中心に取り上げてしまったからであろう。ただし、日本語が単一の系統から現れたのではなく、様々な系統の言語の要素を包摂する形で形成していったという考え方は、一部の言語学者（崎山 2017 など）の中にもあり、受け入れられうるかもしれない。

　このほか、言語類型論的な観点から日本語の系統に迫った松本克己や、日本語の系統を整理した木田章義も日本語とチベット・ビルマ諸語の関係について若干の言及があるが (木田 2015[25], 松本 2015)、いずれも日本語とチベット・ビルマ系

---

　[24]のちに安田の方法論については服部四郎により手厳しい批判を受けて退けられている。「『万葉集の謎』および『天孫族』について安田博士のレプチャ語と日本語との比較研究を見ると、こういう「音韻法則」が全然見出されていない。だから、博士の研究は、そのすべてが無意味であるというのでは決してないが、レプチャ語と日本語とが同系であることの証明としては無効である、といわなければならない。」(服部 1999 [1956]: 114)

　[25]木田 (2015) の整理は、同じ国語学畑だった大野晋のタミル語説に寛容な評価を下している。この点については言語学者たちの賛同が得られないかもしれない。

の関係は否定されると考えている。

　昨今の傾向として、ゲノム解析など目覚ましい遺伝学の研究成果を応用して、日本語の系統の問題に決着をつけようとすることがよく見られる。松本 (2015) もその一つである。しかし、これは純粋な言語学の立場からは残念ながら受け入れられないだろう。人間は言語を「乗り換える」ことがよく起こるからである。ここが文化接触の問題を解く際の難しいポイントで、遺伝学の成果と言語の系統の解決がにわかに結びつかないという悲しいアポリア[*26]といえよう。

3.6　おわりに

　本稿では日本語の起源をチベット・ビルマ諸語に求めた二人の学者、パーカーと西田龍雄の学説とその評価について紹介し、その時代的意義について検討した。また最後には日本語とチベット・ビルマ諸語との関係に言及した学者、安田徳太郎や安本美典などの説明にも触れた。各学説を整理した木田のもの以外は、パーカー・西田をはじめ、いずれも十分な説得力を持って受け入れられていない。日本語の起源を単一のものに求めるにせよ、複合的な形成を考慮するにせよ、それだけ問題は謎めいたロマンをはらんでいるのである。

参考文献

Burling, Robbins (1999) On "Kamarupan." *Linguistics of the Tibeto-Burman Area.* 22.2: 169–171.

Clark, Edward Winter (1911) *Ao-Naga Dictionary.* Calcatta: Government at the Baptist Mission Press.

[*26] 吉田 (2015) は松本克己の講演に対するコメントで次のような意見を出している。
　「前の段落で示した松本先生のマクロの視点からの構想は、単なる思いつきではなく、裏づけとなる根拠が示されています。そしてその根拠は、うえでふれた新しい方法論である言語類型地理論と遺伝子系統地理論の立場から引き出されるのです。このうち遺伝子系統地理論からの根拠については、最新の研究成果を取り入れたうえで綿密な分析を松本先生は試みられておられますが、それにコメントすることができるだけの分子生物学に関する知識を残念ながらわたしはもっておりません。ただ、**古代世界にあっては、民族間の征服・被征服によって言語が吸収・同化・消滅する場合が数多くあったことが予想されますので、遺伝子の系統と言語の系統の地理的分布は必ずしも一致するとは限らないと言うことにとどめておきたいと思います。**」(吉田 2015:148-149, 太字は筆者)
　比較言語学の祖語から言語が分岐するモデルは非常に明快であるが、言語接触が数多く繰り返されてきた歴史を解明するには限界がある。この点をふまえると、遺伝学の成果を取り入れるのはその閉塞感を打破する有効な方法とも受け取れよう。しかし、残念ながら未だ成功しているとは言えない。

DeLancey, Scott (2017) Lhasa Tibetan. In Graham Thurgood and Randy J. LaPolla (eds.), *The Sino-Tibetan Languages.* (Second Edition) [Kindle version] pp. 385–403/1018. London and New York: Routledge.

Dryer, Matthew (2008) Word order in Tibeto-Burman languages. *Linguistics of the Tibeto-Burman Area.* 31: 1–83.

Hunter, Sir William Wilson (1868) *A Comparative Dictionary of the Languages of India and High Asia: With a Dissertation. Based on the Hodgson Lists, Official Records, and Mss.* London: Trübner and Company.

Kurabe, Keita (2017) Jinghpaw. In Graham Thurgood and Randy J. LaPolla (eds.), *The Sino-Tibetan Languages* (Second Edition). [Kindle version] pp. 993–1010/1018. London and New York: Routledge.

――― (2018) A Classified Lexicon of Jinghpaw Loanwords in Kachin Languages 『アジア・アフリカの言語と言語学』(*Asian and African languages and linguistics*) (12) , pp.99–131.

Matisoff, James A. (2003) *Handbook of Proto-Tibeto-Burman.* Berkeley: University of California Press.

Miller, Roy A. (1971) *Japanese and the Other Altaic Languages.* Chicago and London: The University of Chicago Press.（ロイ・アンドリュー・ミラー 1981.『日本語とアルタイ諸語』 西田龍雄 監訳、東京: 大修館書店 ）

Osada, Toshiki (2008) Mundari. In Gregory D.S. Anderson (ed.) *The Munda Languages.* (Routledge Language Family Series 3.) pp.99–164. Abington: Routledge.

Parker, Charles K. (1939) *A Dictionary of Japanese Compound Verbs.* Tokyo: Maruzen.

Thurgood, Graham (1939) Sino-Tibetan: genetic and areal subgroups. In Graham Thurgood and Randy J. LaPolla (eds.), *The Sino-Tibetan Languages.* (Second Edition) [Kindle version] pp.2–38/1018. London and New York: Routledge.

泉井久之助 (1952) 「日本語の系統について（序説）―日本語とフィノ・ウグール諸語―」『国語学』9. pp.12–22.

――― (1976)「言語研究の歴史」『岩波講座 日本語』第 1 巻 pp.275–349. 東京: 岩波書店.

岡野賢二 (2007) 『現代ビルマ（ミャンマー）語文法』 東京: 国際語学社.

長田俊樹 (2005) 「日本語の混淆言語説」井波律子・井上章一（編）『表現にお

ける越境と混淆』(国際日本文化研究センター共同研究報告、日文研叢書 36)
pp.169–182. 京都: 国際日本文化研究センター.

——— (2019)「日本言語学史序説 ——— 日本語の起源はどのように論じられてき
たか」(本書所収)

影山太郎 (2013)「紹介記事　見過ごされていた外国語文献 Charles Kenneth
Parker: *A Dictionary of Japanese Compound Verbs* (Maruzen Co., 1939)」影
山太郎 (編)『複合動詞研究の最先端　謎の解明に向けて』pp.431–436. 東京:
ひつじ書房.

木田章義 (2015)「日本語起源論の整理」京都大学文学研究科 (編)『日本語の起
源と古代日本語』pp.3–93. 京都: 臨川書店.

崎山理 (2017)『日本語「形成」論』東京: 三省堂.

庄垣内正弘　(2013)「西田龍雄先生の学問研究」『言語研究』143: 120–123.

西田龍雄 (1975)「中国江南地域の非漢民族とその言語」国分直一 (編)『倭と倭
人の世界』pp.139–167. 毎日新聞社.

——— (1976a)「日本語の系統を求めて（上）」『月刊言語』1976 年 6 月号.
pp.74–86.

——— (1976b)「日本語の系統を求めて (中)」『月刊言語』1976 年 7 月号. pp.64–76.

——— (1976c)「日本語の系統を求めて (下)」『月刊言語』1976 年 8 月号. pp.74–88.

——— (1977a)「日本語の起源」『中央公論』1977 年 3 月号. pp. 274–283.

——— (1977b)「日本語の系統を求めて（続）」『月刊言語』1977 年 5 月号.
pp.84–92.

——— (1977c)「続・日本語の系統を求めて（上）」『月刊言語』1977 年 10 月号.
pp.76–86.

——— (1977d)「続・日本語の系統を求めて（中）」『月刊言語』1977 年 11 月号.
pp.80–89.

——— (1977e)「続・日本語の系統を求めて（下）」『月刊言語』1977 年 12 月号.
pp.78–87.

——— (1978)「チベット・ビルマ語と日本語」『岩波講座 日本語 12 日本語の系
統と歴史』pp.227–300. 東京: 岩波書店.

——— (1980)「チベット語・ビルマ語と日本語」大野晋 (編)『現代のエスプリ
別冊 日本語の系統』pp.110–135.　東京: 至文堂.

　　　　(1989)「チベット・ビルマ語派」亀井孝・河野六郎・千野栄一 (編)『言
語学大辞典 (中)』pp.791–822.　東京: 三省堂.

パーカー, C. K. (1940)『日本語・西藏＝緬甸語同系論』(原一郎 訳) 上海: 東亜

同文書院支那研究部.

服部四郎 (1948) 「日本語と琉球語・朝鮮語・アルタイ語との親族関係」『民族學研究』13 (2). pp.109–131. （服部四郎 1999. 『日本語の系統』 pp.35–85. 東京: 岩波書店. 所収）

——— (1952) 「日本語の系統 (1) —研究の方法—」日本人類学会（編） 『日本民族』（服部四郎 1999. 『日本語の系統』 pp.9–34. 東京: 岩波書店. 所収）

松本克己 (2015) 「私の日本語系統論—言語類型地理論から遺伝子系統地理論へ—」京都大 学文学研究科（編）『日本語の起源と古代日本語』 pp.95-141. 京都: 臨川書店.

ミラー, ロイ・アンドリュー 1982. 『日本語の起源』(村山七郎・山本啓二・下内充訳) 東京: 筑摩書房. (Miller, Roy A. 1980. *Origins of the Japanese Language.* Seattle and London: The University of Washington Press.)

村山七郎 (1978) 『日本語系統の探究』 東京: 大修館書店.

安田徳太郎 (1952) 『人間の歴史 (2) 日本人の起源』東京: 光文社.

——— (1955) 『日本人の歴史 1 万葉集の謎』東京: 光文社.

——— (1956) 『日本人の歴史 2 天孫族』東京: 光文社.

——— (2001) 『安田徳太郎選集 二十世紀を生きた人びと』東京: 青土社.

安本美典 (1995) 『言語の科学—日本語の起源をたずねる』 （行動計量学シリーズ） 東京: 朝倉書店.

吉田和彦 (2015) 「松本克己先生の「私の日本語系統論」に対するコメント」京都大学文学研究科 (編)『日本語の起源と古代日本語』 pp.143–153. 京都: 臨川書店.

第 4 章

古代朝鮮半島諸言語に関する河野六郎説の整理と濊倭同系の可能性[*1]

伊藤英人

4.1　本稿の目的

　河野六郎博士 (1912–1998) は、日本語及び朝鮮語の系統論に対して極めて慎重な態度を堅持された。[*2]

　没後、『東方學』第百二十輯に載せられた梅田博之・大江孝男・辻星児・坂井健一・古屋昭弘 (2009) は河野六郎の経歴、業績一覧と共に思い出を語る座談会を載せるが、そこに見られる次のような態度が堅持されたと言ってよい。

> （辻：）その後、私は大学院に入りましたが、やはり日本語の起源にも興味がありましたので、河野先生にそのことをお話しして、その関係で朝鮮語をやってみたいと申し上げました。すると河野先生は「日本語の起源はおもしろいけれども、それより前に解明すべきことがたくさんある。例えば朝鮮語にしても中期語[*3]もよくわかっていないのだし、古代の日本語にしてもまだわからないことが山ほどあるのだ。それを解明してこそ初めて日本語の起源にまともに立ち向かえるのだ。起源のような先のことよりも、まず目の前にあることをきちんとやりなさい。朝鮮語をやるならまず中期朝鮮語をきちんとやりなさい」と言われました。(梅田博之他 2009：10)

　事実、河野六郎の著作中に朝鮮語系統論に関する詳細な専論は存在せず、系統

[*1]本稿は「日本語の起源はどのように論じられてきたか：日本言語学史の光と影」第 4 回共同研究会 2016 年 9 月 18 日 (於：日文研共同研究室) を改稿したものである。
　[*2]以下、本稿では敬称、敬語を使用しない。
　[*3]中期語・中期朝鮮語とは、15 世紀中葉から 16 世紀末までの朝鮮語を指す。

論とくに日韓両語の系統的関係については概説その他で禁欲的に語られるに留まる。このため河野論文が日韓両語の系統論史の中で大きく言及されることはない。しかし、方言学その他をテーマとする諸論文の中には朝鮮語の系統についての具体的な言及がそこかしこに散見される。その所説には時代を追って変化が見られ、晩年に提示された「濊倭同系説」に帰結する。以下では朝鮮語に関する概説的な著述に見られる河野の系統論に対する言及を見渡したあと、方言学その他論文に主に注の形で示された朝鮮半島の諸言語や周辺言語に関する具体的な所論を取り出してその整理を試み、「濊倭同系説」に至る所説の変化を精確に跡付けてみたい。

4.2 朝鮮語の系統に関する言及

4.2.1 概論的記述

　河野六郎 (1955/ I ：4-5)*4は「朝鮮語と朝鮮民族の歴史、文化及び国民性」*5において「紀元3世紀頃の半島には少なくとも四つの民族が各地に蟠踞していた」としつつ次の4つの民族分布を示している。① 中国の漢民族：楽浪郡から南部朝鮮の慶尚道、②貊族：南満州から江原道、③倭人：半島の南端、④韓族：概略濊貊の南、倭人の北、大体後世の忠清・全羅・慶尚の三道、の如くである。①について「漢民族の朝鮮移住は非常に古くから行はれてゐて」、「南部朝鮮の慶尚道の地あたりにも古い習慣と言語を守つてゐる集団もあつたと伝へられる」、②について「この民族は夫余・高句麗・沃沮・濊貊などの国を作つて」おり、「この貊族は普通トゥングース族の一派とせられ、後世の女真人の前身であると考へられてゐる。なほこの貊族に征服せられた原住民に濊族といふものがあつたといふ人もゐる」、③について「即ち日本民族の有力な構成要素であ」り、この「種族はアジア大陸から朝鮮半島を南下したらしく、その一部は紀元三世紀頃にはまだ半島の南端に居住してゐた。壬ママ那の日本府はこの地盤の上に立つたものらしい」と述べている。④の韓族については詳細に述べているが整理すれば以下の如くである。韓族は多くの部族に分かれていたが、馬韓、辰韓、弁韓に統合され、馬韓の王が盟主となっていたが、馬韓に移住してきた貊族の一派が強力となって百済を建国する。辰韓では「その一部族斯盧が力を得て」新羅を建国する。弁韓はすなわち加羅であり、日本の勢力を利用したが新羅に併呑された。新羅による半島統一後は

---

*4以下各論文は「試攷」、「古事記に」、「百済語」等の略称及び河野六郎著作集 (1及び2、1979年刊行、3、1980年刊行) 所収の巻次と頁を (初出年/ I Ⅱ Ⅲ：pp.) のように示すことにする。
*5以下の引用では仮名遣いはそのままに、漢字は旧字体を通行の常用漢字体に改めた。

「民族的変化は認められない」ため、「新羅―高麗―李朝の三王朝に亙つて朝鮮民族が形成せられ、その言語である朝鮮語はその源に遡れば新羅語であり、更には斯盧語ともいふべきものであつて、古代韓族の言語の一方言に過ぎなかつたものが、多くの同族若しくは異種族の言語要素を包摂して出来上がつたものなのである」としている。

さらに同論文Ⅲ部「朝鮮語の変遷」では、「朝鮮民族は韓・貊・漢・倭等各種の要素の合成から形成されたものであり、その言語も種々雑多な系統の要素を包摂して出来上がつた言語である。然しその根幹は斯盧の言語で、これが周囲の言語の影響を多大に被つて新羅語となつたものが今日の朝鮮語の基礎をなすものである」(ibid.65) と述べている。

朝鮮語が辰韓の斯盧語を基礎とすること、その形成にはさらに「貊・漢・倭等」の言語要素が影響を与えていること、倭語は朝鮮半島を南下し日本列島へと移つたが3世紀時点では朝鮮半島南端にも居住していたこと、貊語はトゥングース語系と「考へられて」いること等々が確認される。

1955年のこの論文は、朝鮮語の「形成」が複雑であり、その形成には濊貊語や倭語が関与しているとの見解が示されている。一方で上記引用に続けて「この斯盧語なるものが韓族の言語の一分派であるか否かも判明しないが、それがアルタイ語系の言語であつたらしいことは今日の朝鮮語の根本的性格が他のアルタイ語と一致することによつて想像される。その点日本語も同様であつて、この両言語をアルタイ語族の中に属せしめんとする傾向は今日ますます有力になりつつある」と述べている。[*6]

以上から、少なくとも朝鮮語の形成に参与した言語として、後の日本語や満州語と朝鮮語の言語要素を比較言語学的に研究する根拠が与えられる。そしてそうした試みはつとに戦前の研究から個別的に行われてきたことを以下に見ていきたいが、その前に、河野の朝鮮語と周辺言語の関係に関する概説的な言及をさらに見ておくことにしよう。

河野六郎 (1971/Ⅰ：79-85) は著作集では「朝鮮語の系統と歴史」と解題され収められた。そこでは「参考文献」として「金沢庄三郎、日韓両国語同系論、1910」を挙げつつもその冒頭で「朝鮮語の系統も日本語や中国語の場合と同様不明である。日本語の起源が論ぜられるとき、必ず朝鮮語との親近関係が論ぜられるが、常に証拠不十分で却下されるのが落ちである。それは親近関係を支持するに足りる、基礎語彙間の音韻対応の規則性が発見されないからである。といって、同系

---

*6Ramstedt (1949, 1953) などを踏まえての言及であろうか。

を否定し去るには文や語の構造の形式的な面があまりによく類似している。つまり、構造形式の一致にも拘らず、それを埋める資料の乖離の故に、同系とも同系でないともいえないというのが現状である。ただ、朝鮮語の場合、近頃はアルタイ語族成立の可能性を信奉する学者の間では朝鮮語をアルタイ語族の一派と見做そうとする傾向が見られる。古くは、G. Ramstedt が、最近では N. Poppe がその主なる主張者である。しかし、この両者にしても朝鮮語のアルタイ語族説において果たす役割は微々たるものであって、我々を十分に納得させるほどの論拠はみられない」[7]と述べている。

　こうした見解は戦前に遡る。河野六郎 (1944/ Ⅰ：537-556) は、その「序言」(ibid.538) で次のように述べている。

> 朝鮮語が如何なる系統の言語であるかといふ事は今日尚五里霧中に在る。国語との関係は金沢庄三郎博士を始めとして色々な学者によつてその同系が唱へられて居り、又事実其の可能性は多分にあると思はれるのであるが、翻つて朝鮮語と北方諸言語との関係に就いてはウラル・アルタイ語族乃至はアルタイ語族の名の下に其の一般的性格及び個々の単語の類似が指摘されてゐる程度で、朝鮮語がウラル・アルタイ語族或はアルタイ語族に属するといふ仮定は未だ何ら確然たる基礎の上に立つてゐるものではない。第一ウラル・アルタイ語族と称せられるものは印度欧羅巴語族とかセミテイツク語族の様な意味での語族と同価値ではない。之を一の語族と称する主要なる根拠はヴインクラー (Heinrich Winckler) の主張する如く内的形式の類似に在るのであつて、むしろ言語の性格の或る型をウラル・アルタイ的であると称する方が無難である。(ibid.538-539)

戦後の他の言及を見てみよう。

> 地理的にも歴史的にも密接な関係を持ち、然かも文法的構造に於いて著しい類似を持ちながら、日本語と朝鮮語が共通の基語から派生したものであるといふ事は、金沢庄三郎博士を始め諸先輩の努力にも拘らず今日尚立証せられてゐない。河野六郎 (1949/ Ⅰ：563-568)

> 従来上代の日本語に関して朝鮮語が説かれる場合、往々にして、百済も新羅も、更に高句麗も、恰も同じ言語を話していたかの如くに取り扱い、甚しきは現代の朝鮮語を引用するに至る場合がある。(河野六郎 1957/Ⅲ：1-53)

---

[7]Poppe (1960) がアルタイ比較言語学の対応例として挙げる朝鮮語の例は 82 語である。

この (筆者注：日韓比較研究の) 方面の研究を開拓されたのは白鳥庫吉博士であった。博士は日本書紀や中国の史書に現れる古代朝鮮の言語の研究を行われたが、博士の研究はウラル・アルタイ的視野の下に行われ、その考証は広汎に亘って、肯綮に当たっている点も少なくない。しかし厳密に言って比較言語学的とはいえない。この点に関しては金沢博士の「日韓両国語同系論」(1910 年) は材料にアナクロニズムを含むことはあるが、ともかくも比較言語学の方法を導入した試論である。この著作は同時に英訳が発表された為、いち早くヨーロッパの学会に紹介され、例えば、シュミットの著述などに取り入れられている。その後、小倉先生も二三、比較言語学的考察を試みられたが、結局は両言語間の系統関係は現在なお不明である。なお、金沢先生は終始同系を疑われず、すべてこの角度から考えて居られるが、先生の「日鮮同祖論」の内容は実証的な研究が多く、中には余人の気がつかなかった解釈を提示されている。(河野六郎 1963/Ⅰ：577-589)

朝鮮語の規定をなすものがいかなるものであるかは今日依然として判明していないが (中略) その中にあってかなり強烈な刻印を押したのがいわゆる「アルタイ語」であることはほぼ確実といってよいかもしれない。もっともその「アルタイ語」そのものも未だに確固たる地盤を獲得できず、学者間に賛否両論のある状態であって、俄かに朝鮮語学を「アルタイ語」学の一派として打ち立てるには程遠い観がある。(河野六郎 1964-1967, 1979/Ⅱ：296-512)

　以上を要するに、一貫して見いだされる見解は以下の如くであろう。①朝鮮語の系統、日本語との系統的関係は不明である、②アルタイ語族仮説に対してはその可能性を認めつつも常に懐疑的である、③朝鮮語は辰韓の斯盧語＞新羅語の系統を引く言語である。④ 3 世紀の朝鮮半島には倭語を含む、後の朝鮮語とは系統を異にする諸言語が話されていた。⑤朝鮮語はそれらの言語の影響をも受けつつ形成された言語である。

　以下では、問題となる斯盧語と韓語、倭語、濊語などの関係についての所説の変遷を河野六郎 (1945/Ⅰ：100-373) 及び河野六郎 (1957, 1980/Ⅲ: 1-53)、河野六郎 (1987)、河野六郎 (1993) を中心に見ていくこととする。最後に、河野六郎 (1964-1967, 1979, Ⅱ：295-512) で示された古代朝鮮語における母音推移の問題、1993 年以降の出土資料の問題から河野六郎 (1993) で提示された問題に若干の卑見を加え、更に濊倭語が同系であったと仮定した場合言語学的に何が説明し得るのかを考察したい。

4.2.2　「朝鮮方言学試攷」において言及された三国時代以来の諸言語に遡る要素

河野六郎 (1945/Ⅰ：100-373) すなわち「朝鮮方言学試攷―「鋏」語考」は、周知の如く方言学と文献による言語史研究の綜合、言語地理学の古典的名著であり、その論は多岐に亘りかつ相互連関的であって、その要を得た紹介すら筆者の能力を大きく超えるものである。ここでは、「試攷」において、主に注の形式で言及されている幾つかの例を通して、三国時代以来の朝鮮半島諸言語に関して述べている部分を整理することのみを行う。

4.2.2.1　「男」

河野六郎 (1945/Ⅰ：288) は「男児」を表す語の分布図に基き以下のように述べる。済州島を除く朝鮮半島南部に məsɯmai 系が、中部以北に sanaiai 系が分布する。[*8]15 世紀朝鮮語の「男児」は sɯnahɐi であり[*9]、『鶏林類事』は「士日進<small>寺儘反</small>」である。河野六郎 (1945/Ⅰ：290) は『鶏林類事』の高麗語形及び第 1 音節の分布状況から*sin~*sen を再建する。第二要素 ai が「児」を意味することは既に「子」語の分布と共に前に述べられている。故に sanaiai 系が「*sin~*sen ＋児」の語構成を持つことが述べられる。また咸鏡南道永興及び安辺、それに隣接する平安南道陽徳のみに分布する sanadʑyi 系の第二要素が先住民たる女真人の語に由来することを満洲語の jui を傍証として挙げて論ずる。平安南北道に分布する sɔn+ (h) almi の第二要素を以下のように論ずる。満洲語の「人」は niyalma であるが、他のツングース語では「多くの場合 ni 或はそれに類する形である」(ibid.291) とグルーベを引きつつ論じ、満洲語の niyalma が「人＋児」の指小形であるとし、同様に女真語の「児」の借用語との複合語形であるとする。「即ち嘗て此の地に蟠居してゐた女真族の言語が朝鮮語に採り入れられて残されたもの」(ibid.291) であるとする。後者の議論の当否を筆者は判断し得ないが、jui に関しては満洲語にその語形が存すること、西北の山蔘採集者の忌み言葉に女真語が残されていることがつとに小倉進平以来知られていることであるため、説得的な行論である。さらに『日本書紀』(以下『紀』) の古訓で「王子」がセシムと訓ぜられる有名な事実を引

きつつ、また欽明紀七年条所引百済本紀部分の古訓「小シム」と併せ、セが*sin〜〜*sen に相当することを論じている。これは百済の支配階級の言語が扶余系でありオリコケなどの百済王族語と共に出現する例であるため*sin〜*sen が北部の言語の系統の語であるとする。[*10]

　一方、新羅の故地には「全く別系統の語である」məsumai 系が分布しているとし、この語が南部で「男児」を意味する語として今日に至るのは「其の淵源する所が久しいから」であるとする。また、高麗が新羅の辺境から興りその方言に扶余系の語を持っていたため、開城を都とする高麗朝では首都の言語にその座を占めるに至り、西北境、東北境の開拓と共に平安咸鏡道に広がり、高麗期の新付たる済州島にもこの語が「男児」として広がっていった。məsum の語も中央語で採用されたものの、それは南道のような「男児」でなく、「それはもはや士ではなく憐れにも雇男風情に成り下がつて了つたのである」としている。[*11]

4.2.2.2　「女」

　河野六郎 (1945/ Ⅰ: 297) に所掲の「女児」を表す語の分布図を基に以下のように述べる。kjɔʤip-系、emin-系、kasin-系の 3 種が確認される。kjɔʤip-系が半島全体に分布するが、特に中部地方に広く分布する。重要な点は「他系統の形と混在する地域例へば西北地方や南部地方では多くの場合土着の系統の形を卑称とし、この kjɔʤip-系を上品乃至普通の語としてゐるのはこの kjɔʤip-系の形が土着の形の上に新たに加つた事を示すものである」(ibid.298) と述べている。語彙資料の注釈 (ibid.373) に「京畿道水原では [kiːʤibɛ:] なる語は卑称で、普通は [jɔʤa-ai] とし、平安北道龍岩浦では [eminɛ:] が卑称で、普通は [kiːʤiba:] と称するとの記述がある。[*12]

　これに対して emin-系は黄海道を主とし、平安南北道、咸鏡南北道に分布する。これは全半島的に分布する「母」ɔmi と関係なくはないものの、その分布地域から見て、emin-は女真語系の語形であると考えられるとしつつ満洲語 eme の例を挙げる。一方、kasin-系は明確に南部に偏して分布し、15 世紀語 kas(妻) と関係があるのは明らかであるが、更に古代に遡るとして『紀』古訓「妃ハシカシ」(斎明紀六年)、「母夫人ホリクシ」(天智紀七年) の百済語「カシ」、「クシ」に比定する。ただし、本稿でも後述する如く、これは百済語といっても支配者なる扶余族の語

ではなく旧馬韓語の系統、すなわち百済民衆語の系統の語であること、王族語における「妃」は中国資料の「於陸」、『紀』の古訓「オルク」であることを明言している。咸鏡道にこの語が見出されるのは該書の各所に言及される南部から六鎮等への移住によって説明が可能であるとされる。さらに『紀』の古訓「妃ハシカシ」の「ハシ」についてこれが「同船ハシフネ」(皇極紀元年、欽明紀十四年の注)「モロキフネ」、同船 (＝胴船) の王念孫広雅疏注から「脆イ、軽イ、弱々シイ」の意と解している。

結論として、kasin-系、emin-が済州に見られず、kjɔʥip-系のみが用いられていることは、高麗時代以来 kjɔʥip-系が中央の形であり、各地に広く分布することから、上述「男児」の*sin〜*sen 系同様、kjɔʥip-系は扶余系の語であると結論付けている。以下に男女の語を整理すれば次の如くである。

(4.1) 「男」
　　　扶余語系の語形：*sin〜*sen
　　　新羅語系語形：məsɯm

(4.2) 「女」
　　　扶余語系の語形：kjɔʥip
　　　女真語系の語形：emin
　　　馬韓語系の語形：kasin

4.2.2.3 「川」

現代朝鮮語諸方言の「川」を表す語は① nai 系統、② kai 系統、③ kor 系統、④ kər 系統、⑤ tor 系統に分けられる。

はじめに、語彙一覧による分布と注記 (ibid.335-340) について見る。全体的に nai 系統は黄海以南に広く、kai 系統は中部以北に広く、kor 系統及び kər 系統は南部に、tor 系統は半島全体に散じて分布している。[13]咸鏡北道に mur(水) を以て「川」の義に用いる処があると注記に見える (ibid. 339)。

---

[13]tor 系と古代語との関連については言及されていないようである。『三国史記』巻四十四の「栴檀梁　城門名　加羅語謂門為梁云」、『三国遺事』巻一「沙琢漸琢等　羅人方言読琢為道　故今亦或作沙梁　梁又読道」、『訓蒙字会』「tor riaŋ 水橋也　又水堰也」などから加羅語に「門」、後代の朝鮮語に「水門」の意の「梁 to(r)」があり、辰韓にも「梁 to」のあったことは知られており、梁柱東 (1942)『朝鮮古歌研究』もこのことに触れている。

「川」語に関する「試攷」本文の記述について見る。kor は普通「畝溝」の義だが「最も注意すべきは慶尚南道巨済で [koraŋ] を「小川」の意に用ゐることである」(ibid.195) とし、原義を「川」と見る。「川＋川」＞「川」の例として [kɛtʃʼɔn] が (kai ＋漢語「川」)[*14]と kai+kor を位置づけ、後者の語中軟口蓋音弱化消失の分布からこの語の広まりを跡付ける。kor 系統及び kər 系統を 15 世紀語 kɐrəm(浦、川、湖) と関連付けた上、nai 系との比較から古代語資料との次のような関係を想定する。

(4.3)　①kɐrəm と kai < kari、kara は同源語である。②加羅語で「江」、特に洛東江を kara と称しこれが国名と成った (前間説の「浦上八国＝kɐrəm」を修正)。更にこれを新羅語が借用した。③これに対して慶州盆地を中心とする新羅語では「川」を nai < nari〜nare〜nʌl(神功「阿利那礼」、雄略紀「久麻那利」) とし、nara(国) もこれに由来する。[*15]「津」を表す 15 世紀語 nɐrə もこの系統である。④上の①及び③から古代語に Ablaut による派生が存在した可能性がある。⑤kɐrəm は前間説の kʌrʌ ＋ m でなく、語根 kʌl ＋ euphonic vowel ＋ m と見るべきである。[*16]

　Ablaut については後述する。以上を「男女」語に倣って整理すれば下記の如くである。

(4.4)　「川」
　　　加羅 (洛東江) 系の語形：kʌl-〜kal-
　　　新羅 (慶州盆地) 系の語形：nʌl-〜nari

4.2.2.4　「山」

「山」を表す語については狭義の韓語内部の語形についてのみの言及である。所謂「高句麗地名」の「山＝達」は今日の朝鮮語諸方言にその反照形を持たないた

[*14]「浦 kai pho 字」同様「川」の古訓に kai があったためとする (ibid.194)。

[*15]「国号加羅が元来「川」(洛東江) であったのと同様、「川」といふ語を或る一定の川に臨んだ一定の都城の名とし、それより「国」なる意に転じたのではあるまいか。尚百済の都熊津又は熊川 (koma-nari 或は koma-nara?) と称したことはこの推測を支へるものである。」更に好太王碑文の「古模耶羅」が「古模那羅」の誤記であれば「この地名から nara の存在が推定し得るやうに見える」とする。(ibid.234)

[*16]「或は又 kara:kari:kʌl-が或る動詞語幹√ kal-〜kʌl-(cf. 国語 na-garu sa-karu) から派生したものかも知れぬ」(ibid.236) と、日本語との比較に言及している。

めである。「試攷」では「山」の語形を論じながら、他の語における LH ＞ R の変化、日本語との比較が共に言及されている。

今日の朝鮮語では「山」は漢語 san であるが、15 世紀語では moih である。「-i に終はる複合母音形を有する数個の語は嘗て子音を仲介する二音節語であったことが知られる」(ibid.237) として次の例を挙げている。

(4.5) ①「犬」kahi(LH) ＞ kai(R)、②「猫」koni(LH) ＞ koi(R)、③「世」nuri(LH) ＞ nui(R)、④「山」mori(LH) ＞ moi(R)、⑤「川」nari(LH) ＞ nai(R)、⑥「川」kari?(LH) ＞ kai(H)、⑦「瓜」ori(LH) ＞ oi(R) cf. 国語 uri、⑧「蟹」kəni(LH) ＞ kəi(R) cf. 国語 kani*[17]

LH ＞ R の変化は「-i に終はる複合母音形を有する数個の語」に留まらない。河野六郎 (1949/ Ⅰ：563-568) は「熊 koma(LH) ＞ kom(R)」、「主 nirim(LH) ＞ nim(R)」といった有名な語について言及している。なお、「川 kai」は H であり、RH ではないことも言及される。

「山」語についての議論は以下の通りである。つとに今西龍が「曾尸茂利」を「金ノ山」とし後に「金ノ村」と改めたことについて「前説が正しい」とする。「通伝の建牟羅の牟羅 [mu-ra] は「城」の義であるが、元来「山」を意味したものなるべく、三国志東夷伝の馬韓国名の牟盧、好太王碑に見える韓城名に付加された牟盧も又同語である。又好太王碑に見える韓城名には模羅とあるが、此は [mora] であつて、魏志の莫盧も又同じであらう。又この「山」は日本書紀に於てはムレ (例へば神功紀四十九年に辟支山とあるをヘキノムレと訓んでゐる) と訓まれてゐる。即ち「山」を古く mora、mura、mure、mori 等と云つたことが知られるが、この諸方言の中 mori のみが残り、これより moi が生じたものであらう」(ibid.233-234) という。

この「山」ないし「城」については章を改めて論じたい。

4.2.2.5 「朝鮮方言学試攷」における「原始朝鮮語」成立論

「試攷」は「鋏」語に含まれる音韻史上の関鍵の諸問題を豊富な方言資料と文献資料を駆使して十分に論じ来り論じ去った論考である。問題の「鋏」の「高麗」中央語の語形は*kʌsigai と再建される。これは満州語 hasaha と比較され、共通祖語形 k'ʌ-si-k'ai が再建される。同論文「結論」部分では同じ音韻対応をもつ朝鮮語—満州語の比較例が 12 語示される (ibid.244-245) が、これについては後述する。そ

---

*[17] ⑦⑧の「瓜」ori(LH)、「蟹」kəni(LH) は文証されない。

して「私個人の観測としては、朝鮮語とそれに隣接してゐた満州語とが嘗て共通の母胎を有してゐたといふ可能性が充分にある様に思はれる」とする。

「結論」後段では朝鮮語成立における朝鮮半島南北について、漢四郡滅亡後、高句麗となった北部は、当の高句麗語もそれを引き継いだ渤海も何の言語資料も留めず史上から消え去り、この言語と同系に属する濊語も同じ運命を辿り、その後この地は女真族の蟠居するところとなったため、「此の半島北半の地は (中略) 言語的には空白である。それが現在の朝鮮語の成立に寄与した貢献はあまり多くないと思はれる」(ibid.260) と断ずる。

「現代の朝鮮語にとつて重要なのはむしろ南部朝鮮であ」り、そこには韓族が住んでいた。この韓族の言語は馬韓、弁韓、辰韓の「方言」に区分された。その後馬韓の地に建国された百済は被支配者は馬韓語を用いたが支配者は扶余系言語を用いた。上述「女」の kasin-系についての言及はこの部分にないが、本文中で「馬韓語系」とされている。また新羅語の基幹となった斯盧語についても「韓語でなかつたと言ひ得るやうに思はれる」(ibid.262) とする。すなわち、「韓語」と「斯盧語＞新羅語」は異なる言語であるとされるのである。その理由として三国史記地理誌の地名に見られる数詞を挙げる。新村出以来「高句麗語」とされる日本語と類似した数詞について少なくとも「三＝密〜推 (訓 mir-)」は比自火郡 (昌寧) の地名に見られるため、「三＝ mil 又は mit は韓語と考へなければならぬ」(ibid.262) 一方で、新羅語純粋の数詞「三」は「悉直国＞三陟」の「悉 siet ＝ sei」でありこれが今日の朝鮮語に繋がるとする。故に「韓の地に残された数個の数詞は現代朝鮮語のそれと全く違つてゐて、むしろ国語の夫れに近い」とされる。

続けて、「東部に移動した濊族の一派が南下したのがこの斯盧族」であり、この言語は「周囲の韓族との関係に依り韓語的色彩を濃厚に持」つに至る。「斯盧より新羅となつて韓族を併合しつつ強大になるにつれ (韓語化は) 益々激しく」なり、統一後、新羅滅亡までに朝鮮半島全体は「全く新羅語化して了つたに相違な」いものの「新羅の支配に入つた百済や加羅の故地、或いは高句麗の旧領域、濊族の原住地には其等種族の substratum が存して、各種方言も多種多様であつたに違ひない」とする。なお、この「旧方言の状況」は新羅統一からすでに千数百年を経ているため、「旧状を残してゐるといふ事はありさうにもない」(ibid.264) とされている。

高麗の王建は開城付近の人間であるため、新羅から高麗にかけて言語上の急激な変化、すなわち慶州を中心とした新羅語から見れば僻陬の方言が中央語になり、その後の李朝を通してこの状況が動かなかった。現在の南北方言の差はこれに起因するとされる。済州島は高麗時代に耽羅郡となり、その後の三別抄、元による

直轄化、牧人哈赤の反乱とその平定などの中央語化が進む。済州島方言に半島に
存しない語が往々にして存するのは古耽羅語の名残が含まれているからと推定す
る。また鮮初の女真人討伐と南部から東北辺への移民と方言分布についても言及
がなされている。

　三国時代以来の朝鮮語の成立についての論を整理すれば次のようである。

(4.6)　①扶余系高句麗語、百済支配層語、濊語、渤海語→消滅 (substratum)
　　　　②濊系斯盧語＞新羅語：韓語化
　　　　③加羅、百済の新羅語化
　　　　④統一新羅による全半島新羅語化
　　　　⑤高麗の成立による中西部方言の中央語化と済州島を含む全土への普及

　このことから「試攷」は、朝鮮語の成立と済州島を含む半島全域への普及を麗
初と見ていることが分かる。また上述のように斯盧語＞新羅語における韓語化の
程度については触れていないが、日本語と類似する数詞を本来の韓語と見、後の
朝鮮語に繋がる数詞を新羅語と見做している。結論として示された「暫定的」に
示された系統樹の上位部分では、南部に「日本語系」、北部に「ツングース語系」
が描かれる。「日本語系」には下位分類として「韓語」と「日本語」が含まれるが、
「ツングース語系」には下位分類として「扶余語系」の他に、上代でなく三国時
代として示されている靺鞨語及びその後身である女真語、渤海語があるが、これ
らの朝鮮語方言への繋がりは点線となっている (ibid.272)。結論から見る限り「試
攷」は日本語と朝鮮語、及び朝鮮語とツングース語比較言語学への出発点的性格
を有するものであることが知られる。「日本語系」と「ツングース語系」の上位概
念としての何らかの「語系」は設定されていない。日本語系のうち、日韓に共通す
る語として本文で示されているのは「三 mit〜mil」の他に次のようなものがある。

(4.7)　　*a-gʌ-i(孩) の*gʌ　　　　　　　　：　コ (子) (ibid.190)

　　　　hʌ-i(日) の*hʌ　　　　　　　　　：　コ (暦のコ)〜カ (カガナベテのカ、

　　　　　　　　　　　　　　　　　　　　　　イツカ、フツカのカ) (ibid.190)

　　　　agu(l)- t'ak(済州島：顎) agu(l)-　：　アゴ〜アギ (顎) (ibid.138)

　　　　kʌl(粉)　　　　　　　　　　　　　：　kona(粉) (ibid.210)

　　　　√ kal-〜kʌl-(川)　　　　　　　　：　na-garu(流) sa-karu(離) (ibid.236)

　　　　ori(瓜)　　　　　　　　　　　　　：　uri(瓜) (ibid.238)

　　　　kəni(蟹)　　　　　　　　　　　　：　kani(蟹) (ibid.238)

　　　　se(男)　　　　　　　　　　　　　：　セ (背、君) (ibid.294)

　一方、ツングース語系、実際には満州との比較例は上述「鋏」の他に次のような
ものがある。朝鮮語、満州語の順に変えて示す (ibid.244-245)。[18]

(4.8)　kus-(kusi、kusu、kuʒi etc.)(馬槽)　：　huju(馬槽)

　　　　kʌl-(替る)　　　　　　　　　　　：　hala-mbi(交代する)

　　　　kalbi(肋骨)　　　　　　　　　　：　halba(肩甲骨)

　　　　kai(種類)　　　　　　　　　　　：　haci-n(種類)

　　　　kaʤi(茄子)　　　　　　　　　　：　hasi(茄子)

　　　　karɛ＜*kal-gɛ(一種の鋤)　　　　：　hal-ba(犁の烨)

　　　　kɯrɯmme(影)　　　　　　　　　：　helme-n(影)

　　　　kɔdu-(収める、捲く)　　　　　 ：　hete-mbi(捲く)

　　　　kjɔt'(側) 又 kjɔdɯrɛŋi(腋)　　　：　hetu(横)

　　　　kʌlβ-(連ねる、並べる)　　　　　：　holbo-mbi(連ねる)

　　　　kul-tuk、kul-muk(煙突)　　　　 ：　hula-n(煙突)

　　　　kʌl(粉)　　　　　　　　　　　　：　halu(細粉)

　朝鮮語と満州語の「共通祖語が南ツングース原語であるか否かは判らない。然
しツングース系なることは疑無いであらう」(ibid.246) とする。ここでいう「共通
祖語」は、結論の系統樹の実線のつながりからは「ツングース語系」である「扶余
語系」としか解釈され得ない。その場合、こうした語は扶余語系である濊貊語か
ら斯盧語を経て新羅語へと継承されたものであると解されることになる[19]。扶
余系の語形とされる*sin~*sen(男)、kjɔʤip(女) 等がその例となろうが、これらの
語のツングース諸語における反照形は示されない。同様に馬韓語系の語形とされ
る kasin(女) 等の日本語における反照形などは示されない。

　上述のように「日本語系」と「ツングース語系」の上位概念は言及されないが、
「石」*tolk-~tolg-を蒙古語 *tïlaɣun、トルコ語 tašに「関係せしめるのも決して暴
言ではない」(ibid.223) としつつ、[to:l] の長音を Ersatzdehnung として説明して
いる。また、結論の「鋏」語について蒙古語 xaici ＜ *xasi-を再建している。この
部分で「試攷」は「アルタイ比較言語学」に関わりを持っていると言える。

　「朝鮮方言学試攷」の結論部分から、「日本語系」の「韓語」の中に位置しつつも
「ツングース語系」の「濊貊語」と実線でつながる「斯盧語」の位置付けが、系統

---

[18]河野六郎 (1944, 1979/ Ⅰ：536) では、「kɐz(辺)：xɐʃɐn(界)」、「mɐʁɐɯ(心)：ɯuʃi-len(心)、muji-ɯ(心)」、「aze(弟)：aji-(小さい)」などの韓満比較例が挙げられている。

[19]個々の語例に靺鞨語からつながるものがあるのかは論文からは知り得ない。なお、「粉」は日本
語、満州語の双方に関連する語とされている。

論上の最大の問題となるであろうことが見えてくる。そしてそれはいわゆる「高句麗語数詞」の問題とも絡むものであることが本文の記述等から予想される。[20]「斯盧語」が濊族とされたり、濊貊とされることから「濊」、「貊」、「扶余」の関係がいわゆる「百済王族語」の問題も含めて考究を俟たれる問題として 1945 年時点で残されていることも確認される。

4.2.3 「古事記に於ける漢字使用」、「百済語の二重言語性」において言及された古代諸言語に関する所説

「古事記に於ける漢字使用」(河野六郎 1957/Ⅲ: 1-53)、「百済語の二重言語性」(河野六郎 1987) では古代朝鮮半島に分布した諸言語について比較的詳しく論じられており、その所説には「試攷」のそれと異なる部分が見られる。

河野六郎 (1957/Ⅲ:24-25) には朝鮮半島に分布した漢語について言及がある。『三国志』(西晋・陳寿 233-297 年撰) 魏書巻三十「烏丸鮮卑東夷伝」の「韓」伝の「辰韓在馬韓之東。其耆老伝世、自言古之亡人避秦役来適韓国。馬韓割其東界之地与之。有城柵。其言語不与馬韓同。名国為邦、弓為弧、賊為寇、行酒為行觴、相呼為徒、有似秦人、非但燕斉名物也。[21]」を引いて次のように述べている。

> この記事に見える者は秦の頃、本土に居られなくなった流民が、漂泊の旅を重ねて韓族の地に流れ着いたものらしく、その言語も当時の中国語と違って秦代の言語を伝えていた様である。例えば国を邦というが如きは、漢高祖劉邦の名を忌んだ以前の用法として知られている。この記事を書いた人の意見として、「有似秦人、非但燕斉名物也。」と云っているのは恐らく正しい。ここに「燕斉名物」というのは燕すなわち河北と、斉すなわち山東の方言の謂いであって、これはすなわち楽浪郡の方言を指しているのである。(ibid.25)

「古事記に」の 3 世紀朝鮮半島の漢語に関する記述はほぼこれに尽きるが、理解のためにこれを敷衍したい。以下は伊藤英人 (2013) からの再録である。

> 漢人の視野に朝鮮半島が入ったのは、周代のことである。『詩経』「商頌・長發」:「相土烈烈 海外有截」の「海外」は朝鮮半島北西部と看做すのが通

---

[20]いわゆる「高句麗語」数詞を含む地名が高句麗の故地のみならず伽耶 (加羅) の地名にも現れることの解釈が問題となる。
[21]常用漢字体を使用する。句読法は高校国語科漢文の方式に従う。

説である。紀年の確実な「朝鮮」の記載は『史記』(BC91 頃成書)「蘇秦列伝」の BC334 年の以下の記録である。「(蘇秦) 去遊燕、歳余而得見。説燕文侯曰、燕東有朝鮮遼東、北有林胡楼煩。」合従連衡で張儀と共に知られる蘇秦が燕の文侯に「あなたの国は東に朝鮮、遼東を持っている」と説いている。『後漢書』(5 世紀初成書)「東夷列伝」は「漢初大乱　燕斉趙人往避地者数万口　而燕人衛満撃破準　而自王朝鮮」とする。秦末漢初の動乱時に河北、山東、遼東の漢人数万家族が朝鮮に難を逃れたこと、燕王盧綰の部下の燕人衛満が伝説的な箕子朝鮮の末裔箕準を滅ぼし朝鮮王となったことを伝える。同じ内容を成書年代の古い『史記』「朝鮮列伝」は次のように記す。「(衛満) 亡命　聚党千余人　魋結蛮夷服　而東走出塞　渡浿水　居秦故地上下鄣　稍役真番朝鮮蛮夷及燕斉之亡命者王之　都王險」。以上は、紀元前 195 年の出来事の記述である。盧綰が漢に叛乱を起こしたことで身の危険を感じた衛満は朝鮮風の服装をして鴨緑江を渡り、箕子朝鮮の 40 代王とされる箕準に取り入った後、秦末漢初の動乱時に燕、斉、趙から亡命していた漢人を引き入れ箕子朝鮮国を乗っ取り平壌に首都をおいた。武田幸男 (1997) はこうして成立した「衛氏朝鮮」の主要メンバーに「王」、「韓」の 2 つの姓が見え、また姓を持たない現地の首長と思しき者があるところから「衛氏朝鮮」の実体を在地の属国を含んだ連合国家と看做している。(中略) 武田幸男 (1997) は「朝鮮は (中略) 遅くとも紀元前 3～4 世紀には実在していた」(ibid. 264) としつつ「紀元前 10 世紀のころから後、山東地方の斉に根拠をもつ「箕」族集団が，殷周の権威のもとで燕に服属しながら、朝鮮の西部に接する遼寧地方で活動」しており (ibid. 264)、中でも箕子を先祖とする伝承を持つ「韓」姓の東来と朝鮮半島北西部への定着に言及している。(伊藤英人 2013: 55–56)

　前漢の全盛期を迎えた武帝の治世下、衛氏朝鮮国は滅ぼされ朝鮮半島北部は漢帝国の直轄地となる。『史記』「孝武本紀」前 109 年条にある「伐朝鮮」がそれで、翌前 108 年に楽浪、真番、臨屯の三郡を置き、さらに翌年の前 107 年に玄菟郡が設置される。楽浪郡は 313 年まで、楽浪郡の南に後に設置された帯方郡は 314 年まで「中国の内地」として存続する。住民の構成は燕、斉人を中心としたであろうが、郡は常に中国本土との人的交流を持ち、漢代以降改新された中国本土の言語の影響を蒙っていたはずである。韓の地に流入した漢人は衛氏朝鮮滅亡に伴って、戦国時代以来燕の影響下にあった平壌を中心とした地域にいた旧燕、斉系の人々が、韓の地に南遷した人々と考えざるを得ず、このため、「国＞邦」の避諱に

従っていないと河野は解釈しているのである。森博通 (2011) も「名国為邦が決定
的である」と、同様の見解を示している。[*22]

　「試攷」では「日本語系」である「韓語」の例とされた日本語に類似したいわゆ
る「高句麗地名」は「古事記に」では「倭人の痕跡」と捉え直された。

(4.9)　　三峴県　　一云　密波兮　　江原道揚口　cf. ミ

　　　　　五谷県　　一云　于次呑忽　黄海道瑞興　cf. イツ

　　　　　五谷県　　一云　于次呑忽　黄海道瑞興　cf. タニ

　　　　　七重県　　一云　難隠別　　京畿道積城　cf. ナナ

　　　　　七重県　　一云　難隠別　　京畿道積城　cf. ヘ

　　　　　十谷城県　一云　徳頓忽　　黄海道谷城　cf. トヲ

　　　　　十谷城県　一云　徳頓忽　　黄海道谷城　cf. タニ

そして次のように述べる。

> 若しこれらの地名がそこに嘗て居住した民族の言語を反映したとすれば、倭
> 人の痕跡は南部に限らず、古くは中部にまで及んでいることになろう。こ
> れは考え様では倭人の北方からの南下の迹であるかも知れない。(ibid.27)

南部の倭人の痕跡については次のように述べる。

> 東夷伝は韓について、在帯方之南、東西以海為限、南与倭接と言い、弁辰
> の条にも、其涜盧国与倭接界とある。若しこれを素直に読めば、倭人が半
> 島の南端に居たことになる。更に弁辰の一国に弥烏邪馬国というのがある
> が、どうやらミアヤマ又はミワヤマと読めそうで、少なくともその後半部
> は「山」であるに違いない。若しそうだとすると弁辰の間にも倭人の集団
> があったのかも知れない。(ibid.26)

　3 世紀の同時代資料の東夷伝と『三国史記』(1145 年成書) 三十五巻を中心に記
録された新羅景徳王代 (757 年前後) 地名改正による資料から倭人を朝鮮半島中部

[*22]漢の揚雄 (BC53～AD18) によって著された『輶軒使者絶代語釈別国方言』(略称:『方言』) は漢
帝国を約 14 の地域に分かち東は朝鮮、南は南楚 (湖南省) に及ぶ各地方言の類義語 669 項目に言及し
ている。「朝鮮」の挙例は 27 次に及び、諸方言の中でも多く言及されている。劉君恵 (1992) は同書の
詳細な検討を通して漢代の方言区分を試み、「朝鮮方言」を「北燕朝鮮方言」という大方言の下位方言
と看做している。そして北燕朝鮮方言は燕、斉一帯の方言と歴史的に密接な関係を持ちつつも前漢時
代にはすでに比較的孤立した方言になっていたとする。またこの方言の最古層は殷代の畿内方言と類
似しつつも、一方でこの地域の原住民の語彙を含んでいる可能性についても触れている (ibid. 224)。

から南部に居住した集団とし、日本語と類似した地名構成形態素を「倭人の痕跡」
と捉え直していることが見て取れる。*23

　「古事記に」から 30 年を経て書かれた「百済語」では新たな見解が示される。百
済の民衆語を「韓系」とする点は「試攷」と変化がないが、「王族語」を「貊族」の
言語とする。所拠資料は『周書』異域伝と『紀』の古訓である。民衆語と王族語の
例として示された語を対比して示せば以下の如くである。*24

(4.10)　意味　民衆語　　　　　　　王族語
　　　　王　　kɐn kiči*25　　　　　ïo-lâ-ɣa*26
　　　　王后　ハシカシ　　　　　　ヲリク・オルク
　　　　王子　セシム・サシム　　　トモ (世子マカリトモ)
　　　　都　　kevɐr　　　　　　　　慰礼
　　　　邑　　pŭri*27　　　　　　　キ乙

　　注目すべきは「試攷」で「扶余語でならねばならぬ」とされ、国語「セ背・君」
とも親縁関係がある」とされたセ (sin-~sen-) がここでは民衆語、すなわち韓系の
語と改められていることである。

　　百済語以外の韓語の例について『紀』の古訓等から次の例を挙げる。

(4.11)　意味　語形　　　　　　　　15 世紀語等
　　　　主　　ニリム　　　　　　　nim
　　　　島　　セマ　　　　　　　　siəm
　　　　山　　ムレ・モリ　　　　　moi
　　　　熊　　クマ・コマ・コム　　koma~kom
　　　　川　　ナリ・ナレ　　　　　*nari
　　　　帯　　シトロ　　　　　　　*s(i)tŭri
　　　　南　　アリヒシ　　　　　　*arps-

---

*23 「古事記に」の 2 年前に書かれた河野六郎 (1955/Ⅰ:4-5) に見える「壬ママ那の日本府はこの地
盤の上に立つたものらしい」の記述は「古事記に」にはない。「古くは中部にまで及んでいた」の「古
く」を 3 世紀と捉えているためか。

*24 表記は原文のままである。

*25 「百済語の原形」として再建された語形。「新羅や殻の官名によく見える旱岐 (*han ki) もあるい
はその方言形かもしれない」とする。

*26 「於羅瑕」の中占晉。『紀』は「オリコケ」、「於羅瑕」の呉音は「オラケ」。音形全体としては類
似するが、分析できないとする。

*27 「百済旧領」の「夫里」。新羅語は pŭr。

下	アルシ・アロシ	arai
上	オコシ	uh
海	ハトリ	*patɐr

　「熊」を「コマ〜クマ」としたのは、「当時の韓語の発音では母音 o が円唇性が強く、日本人には u とも o とも聞こえたためであろう」とし、mori と nari の ri をレで写しているのは、韓語の語末の ri の i が弱くかつ緩く発音されて、日本人の耳にはレと聞こえたのであろう」(ibid.83) としている。母音 o と u の問題は後述する。

　何よりも重要な点は、上述の伽耶の数詞「密 (三)」などが、1945 年には「日本語系である韓語」から「倭人の痕跡」へとその位置付けが変えられたこと、そして「扶余語系」とされていた斯盧語＞新羅語が「韓語」とされたことの 2 点である。

4.2.4　「三国志に記された東アジアの言語および民族に関する基礎的研究」で示された「濊倭同系説」

　河野六郎 (1993)「三国志に」は、研究代表者河野六郎、言語・音韻班研究分担者に亀井孝、古屋昭弘、民族・歴史班研究分担者に武田幸男、協力者に志部昭平等諸氏により進められた研究である。3 世紀東アジア民族言語分布の基礎資料である『三国志』(西晋・陳寿 233-297 年撰) 魏書巻三十「烏丸鮮卑東夷伝」の本文批判のため、「通行本」(殿版・百衲本・中華書局本) と『太平御覧』との校勘を行った後、歴史言語学的観点から考察を加えた研究である。

　「三国志に」において河野は 1944 年論文以来、見解を更新してきた 3 世紀朝鮮半島の言語分布及び日本語との関係について一応の結論を出していると思われる。

　「三国志に」は、3 世紀東アジアの民族として次の諸民族を挙げる。① 漢人、② 東胡 (鮮卑と同系、中国東北部)、③ 貊族 (夫余・高句麗・沃沮・濊の 4 つの下位グループに分かれる、中国東北部から朝鮮半島、濊は朝鮮半島東海岸)、④ 韓族 (朝鮮半島南部)、⑤ 倭人 (日本列島、および朝鮮半島最南部)、⑥ 州胡 (済州島、言語は韓と異なる)、⑦ 挹婁 (沿海州からシベリア、言語は夫余、句麗と異なる)。

　朝鮮半島と日本列島の諸言語に関わるのは、①、③、④、⑤である。これらのうち、具体的な語形について言及があるものは①、③、④、⑤の 4 言語である。

　①の漢人の言語については 1957 年の「古事記に」で述べられたことと一致する。次の言及を加えている。「言語地理学の教える所によれば、言語の古い特徴は

波動的に国の周辺に残されるものである。なお、上の文に引き続き*28、名楽浪人
為阿残、東方人名我為阿、謂楽浪人本其残余人と言っているが、この伝承は辰韓に
流亡してきた漢人がもとは楽浪郡に居住していたことを伝えているのであろう」
(ibid.13) としている。

　③の貊族については、高句麗語には「溝漊者句麗名城也」とある他 3 世紀の言
語の語形を示すものはなくその言語の系統について「何の手がかりにもならない」
とする。*29その上で濊について『三国志』「夫余」条の記述から次のような諸点を
指摘する。

(4.12)　①夫余の土地には濊人が原住していたが外から貊族の夫余がそこに侵入
　　　　し濊人を支配し、「濊王」の称を受け継いだ。

　　　②『三国志』「夫余」条から沃沮の地にも濊人が居住していた。

　　　③濊族が貊族以前に原住した (貊族と) 別の民族であった可能性がある。

　　　④貊族*30が中国西北辺から匈奴の圧力により東方へ移動した際に、この
　　　　移動の波に巻き込まれて、旧満州地方に移っていった。

　　　⑤貊族の夫余に追われ漸次半島を南下し、その過程で貊族と混住するよう
　　　　になったため「濊貊」と称されるようになった。

　　　⑥注目すべき事実は朝鮮語において「倭」と「濊」が混同されることであ
　　　　る。中期朝鮮語では「倭」の訓を iei と訓んだが、これは「濊」の字音
　　　　である。

　「韓族」について、「斯盧語＞新羅語」は百済民衆語と同じ「韓語」とされた。州
胡について「今の済州島に韓族と別の言語を話す民族が居た」とする。

---

*28 「上の文」とは上掲の「非但燕斉之名物也」。
*29 伊藤英人 (2013) で次の指摘を行った。a. 溝漊者句麗名城也 高句麗語で「城」を「溝漊*koo-
g'roo」という。b. 句麗呼相似爲位 高句麗語で「似ていること」を「位*Gwrɯbs」という。 河野六
郎 (1993) は上例中 a を唯一例とするが、Beckwith (2004) は上記 2 例に言及している。「城」の高句
麗語は後代資料では「忽」と記される。河野六郎 (1993) は「溝漊」＞「忽」に対して、*koro〜*kolo
＞*kor を Beckwith (2004) は *kuru(Archaic Koguryo) ＞*kuər(Old Koguryo) を再建している。
これらは後代の朝鮮語に比定し得る反照形を持たない。後者の「位」について Beckwith (2004) は
Archaic Koguryo の語として *wi: "to resemble, look like" No Japanese cognate has yet been
identified としている。河野六郎 (1993) は後代の高句麗語を含め、扶余系高句麗語を「系統不明」と
する。Beckwith (2004) は「日－高句麗同系」論者であり、*kuru を日本語「蔵」kura 等と同源とす
る。
*30 貊と同語の「貉亡各反」は形声声符から本来*klâk で「句麗*kəu-liäk」と同じものを指したが、
句麗が貊族の一種であることからそのまま貉の字音としたとする。(ibid.14)

　倭人については、「古事記に」と同じく「滄盧国」とミワヤマの例を挙げ、「古くは倭人は半島に居住していたが、のち、次第に日本列島に移住したと思われる。その際、半島の南に残留したものもいたのかも知れない」(ibid.18) とする。

　また、「三国志に」はいわゆる言語の「混合」をはっきりと否定している。「一般に、一つの言語には他の言語から語彙を借用することはあっても、他の言語と混合して雑種の言語を作るということはない。基礎が蒙古語ならば、蒙古語、ツングース語ならば、ツングース語であって、その間の子というものはない。」(ibid.14)[*31]

　続けて「三国志に」は『三国史記』地名から「集落 community」を表す新羅語、百済語、高句麗語の要素を取り上げ、次のように分析する。

(4.13)　①新羅語の「集落」　　　　　　　　　　*puɯr(伐)

　　　　②韓語百済方言 (民衆語) の「集落」　　*puri(夫里)

　　　　③『三国志』に見える 3 世紀の「集落」　*piri(卑離)

　　　　④百済支配階級語の「集落」　　　　　　*kï(己) 日本語に借用「キ乙城」

　　　　⑤高句麗語の「集落」　　　　　　　　　*kor(忽)

　また「斯盧」＞「新羅」の名称について次のように述べる。

(4.14)　①3 世紀「斯盧」の字音 *sie-lâ

　　　　②「盧」*lâ＞*lo の字音変化により「斯羅」と表記を改める

　　　　③「斯羅」を美化して「新羅」とする

　　　　④日本語のシラギは sira-gi すなわち斯羅に百済語*kïがついた百済語による新羅の呼称である。[*32]

　　　　⑤「徐羅伐、徐耶伐」は①の*sie-lâに新羅語の*puɯr がついたものであり、新羅語形*syəra-puɯr を表す。

　　　　⑥「徐羅伐、徐耶伐」はまた「徐伐とも書かれ」、*syə-puɯr を経て syəur「都すなわちソウル」に発展した。

[*31]河野がそれ以前に混合について言及したことはないが「試攷」においては斯盧語が韓語の影響を受けたこと、扶余系の substratum の影響への言及などがあり、取りようによってはあたかも「混合」について述べているかのように受け取られかねない。「試攷」の実例からは語彙レベルでの「影響」であることは確実だが、「三国志に」では明確に言語混合を否定している。

[*32]シラキのキは乙類であることが木簡資料その他から判明している。

更に (4.9) で示した「一、三、五、七、十、谷、重」以外の日本語と類似する高句麗地名構成要素として次の例を挙げる。

(4.15)　漢字　表記　　　　　日本語
　　　　口　　古次〜忽次 *33　クチ
　　　　穴　　甲比　　　　　カヒ (峡)
　　　　兎　　烏斯含　　　　ウサギ
　　　　深　　伏斯　　　　　フカ・シ
　　　　童子　仇　　　　　　コ

　1957 年「古事記に」、1987 年「百済語」では「倭人の痕跡」とされたこれらの語は、1993 年の「三国志に」では「濊」語であるとされた。濊族は本来中国の河北地方に居住していたが、貊族の東漸の波に合流して現在の江原道に居住するに至った。「韓伝」によると韓族と接触し、南の倭人とともに韓族の地の鉄を求め、交易の手段としていた。この濊族を指す iei がのち中期朝鮮語で日本人を意味する語として使われた。

　以上が「三国志に」で述べられた古代朝鮮半島の民族・言語に関する記述である。*34

　「三国志に」は河野の日韓両言語の関係についての最終的な見解を示した論考であると考えられる。以下ではそのうちの幾つかの問題について筆者の私見を述べたい。

4.3　河野説中の二つの語に対する私見

4.3.1　母音推移の問題

　河野六郎は「朝鮮漢字音の研究」(1964-1967, 1979/ II ：295-519) で、朝鮮語史における次のような母音推移について述べている。

---

*33 牙音と喉音の混同も倭語とこれら地名の原語の音韻的類似の証左とされる。

*34 この他、「三国志に」では朝鮮半島の言語に関して、「寺」の百済語形*tera、「山」の古形*mori等々についての言及が見られる。

(4.16)　　原始・古代 *35　　　中期 (15 世紀)

i　　　　　　　　i

ï*36　　　　　　　i

e　　　　　　　　ɯ

ä*37　　　　　　　ə

ə　　　　　　　　ɐ

u　　　　　　　　o

ü*38　　　　　　　u

　これらはよく知られるように通開一東冬韻合流後の主母音、山咸開三四等主母音の朝鮮漢字音における反映などから導き出された結論で、個々の母音の推移や音価について異見はあるものの、朝鮮語史研究において概ね受け入れられている説と言える。このことを踏まえていくつかの語に関して考えてみたい。

　中期朝鮮語 u と上代日本語の o(甲) の対応関係、ɐ と上代日本語 ö(乙) の系統論的対応関係については 河野六郎「朝鮮語と日本語の二三の類似 (1949, 1979/Ⅰ : 557-562) が「漢字音」に先立って触れている。示された対応例のいくつかを示す。

(4.17)　Jap. u　　　　Kor. o

kura 谷　　　　kor 谷

kusa 草　　　　koc 花

kusi 串　　　　koc 串

kufa-si 美　　　kop〜kof 美

fuku 河豚　　　pok 河豚

kudira 鯨　　　korai 鯨

suka-su 賺す　　sok- 欺かれる

(4.18)　Jap. ö　　　　Kor. ɐ

töri 鳥　　　　tɐrk 鶏

götö-si 如し　　kɐt-h(ɐ) 如し cf. MANJ. gese

---

*35 河野六郎 (1954, 1979/Ⅱ : 257) では「原始朝鮮語」、「漢字音」では「古代朝鮮語の間に起こった大変動」(ibid.512) としている。なお、河野の「古代語」の下限は 14 世紀である。

　*36「漢字音」で「尊敬法接辞-si-が中期語で陽母音を取る」のは「*ïの名残であろう」とする (ibid.511)。なお、*e ＞*ɯ(「漢字音」では ï) の変化の時期は明言されていない。

　*37「三国志に」では*e とされている。(ibid.28)

　*38「唐代長安」に「ここには ü と書いたが、その正確な音価は判らない」とある。(ibid.257)

4.3.2　「山」と「城」

　1945 年の「試攷」では韓語の「山」について「 即ち「山」を古く mora、mura、mure、mori 等と云つたことが知られるが、この諸方言の中 mori のみが残り、これより moi が生じたものであらう」(ibid.233-234) と述べている。一方、1993 年の「三国志に」においても「山」の「古形」を*mori としている。しかし、これらが韓語すなわち古代朝鮮語であるなら「漢字音」の所説に従い、*muri を再建し、それを倭人がムレ、モリなどと聞いたとすべきであろう。事実、李基文 (1975: 85) は*murih を再建している。しかし問題はそう単純ではない。「二三の類似」は琉球語おもろのモリ、三諸山のモロまでを考慮に入れて、原始日本語の「モリ」を「神ノ鎮マリマス、木ノ繁茂セル山」として朝鮮語の mori~moro~mere(山脊) と比較する。 この mori 及び moro と mere(山脊) の交替は、*nari(川) と nere(津) の交替と同じく「何らかの形態論的意味」を持った一種の Ablaut と看做している。*39 日本語との比較の観点を入れると古代語形*muri との関係がどうなるのかは、その後日韓系統論を進めなかった河野諸論文からは明らかでない。
　ここで提起したいのは「牟羅」は常に「山」の意味か、という問題である。
　上述のように、「試攷」は「通伝の建牟羅の牟羅 [mu-ra] は「城」の義であるが、元来「山」を意味したものなるべく、三国志東夷伝の馬韓国名の牟盧、好太王碑に見える韓城名に付加された牟盧も又同語である。又好太王碑に見える韓城名には模羅とあるが、此は [mora] であつて、魏志の莫盧も又同じであらう。又この「山」は日本書紀に於てはムレ (例へば神功紀四十九年に辟支山とあるをヘキノムレと訓んでゐる) と訓まれてゐる。即ち「山」を古く mora、mura、mure、mori 等と云つたことが知られるが、この諸方言の中 mori のみが残り、これより moi が生じたものであらう」(ibid.233-234) という。
　しかし、南豊鉉 (2003) によれば、1988 年発見の「蔚州鳳坪新羅碑」(524 年) の「居伐牟羅」の例、『梁書』(7 世紀成書)「新羅伝」に新羅では「城」を「建牟羅」というとする記録その他多くの「牟羅」の例を挙げて、これらが「城」もしくは「塞」に相当する語であることを明らかにした。その上でまた済州島（耽牟羅＞耽羅）を含む古代韓国南部で「牟羅」が「城や防衛の要塞のための集落」を意味する語として用いられたとの結論を導き出している。伊藤英人 (2013) はこの「牟羅」

---

　*39 「試攷」では他に「川 *kari~*kerem」の Ablaut について触れている。この他に、seih(三)~saher(三日)、neih(四)~naher(四日) など朝鮮語史における母音交替現象は未解明の問題である。

を倭語と見なし、次のような主張をした。

(4.19) ①この語は *mura と再構されるが、韓語としては解釈され得ず、wosu(統治する)：wosa(長)、nafu（綯う）：nafa(縄)、turu(連れる)：tura(列)、tamu(廻める)：tama（玉）のような、用言語幹末母音の-u〜-a 交替による「muru(群れる)」の「情態言」と解し得る。

②しかしながら『類聚名義抄』の村 (Ⅱ類) のアクセント (HL) と「牟羅」の古韓音の声調の推定調値 (平平：LL) と合わない。

　もし『三国志』韓伝に頻出する「牟盧」が後代の「牟羅」の遡及形であったなら、倭王権が朝鮮半島に影響を及ぼす遥か以前の 3 世紀に、倭語集団が朝鮮半島南部に存在した証左となると考えられる。*[40]この倭語集団を、河野の言うような「南下」と必ずしも関係付けて考える必要はない。朝鮮半島南部から弥生系出土物が確認されていることを勘案すれば、九州から倭人が対岸に渡って活動していたことの痕跡と看做し得る。4 世紀末以降について言えば、「渡平海北九十五国」し、新羅の城下に倭兵が満ちるほどの影響を朝鮮半島南部に与えたと広開土王碑文では語られる倭人の*[41]、「城塞」に関する語を、借用語として韓系諸族が採用したと考えることは可能であろう。*[42]

---

*[40]「試攷」の言うように広開土王碑文の「模羅」までを「牟盧」と同一語と考えた場合、第 1 音節主母音の音価は一層不明となる。ここでは『三国志』韓伝の「牟盧」に限るが、3 世紀の同時代対音資料の「牟」の主母音をどう考えるべきか。また中古音以降については尤明三ʐの介音消失、模韻合流の問題もある。東夷伝韓条の「牟盧」からは上古音幽部の主母音を勘案して*mora が再建され得る。『紀』景行四十年条の「叢雲」に「茂牟玖毛」の表記があり、上代語に*mora〜*mura の交替があったことが知られる。なお、筆者は、古代における倭韓言語接触による借用語が、「倭→韓」の一方向のみでなく、「倭→韓」の借用も行われたと考える。従来、韓倭同系語或いは「韓→倭」の借用語と看做されがちの「島　sima:siə:m(15 世紀朝鮮語)」も siə:m が朝鮮語内部に同根語を持たないこと、反対に倭（日本）語には「占む」の情態言として「標野」のような単語家族を持つことを考えれば、倭 (日本) 語からの借用語と看做す方が自然ではないかと考える (伊藤英人 2018a: 115 参照)。*sima ＞*sjɛma(breaking of *i) ＞*sjɛ:m(apocope, 代償延長) ＞ sjə:m(母音推移、15 世紀語) ＞ sə:m(ソウル老年層) ＞ sʌm(ソウル若年層)。こうした韓倭借用語の問題については稿を改めて論じたい。
*[41]周知の如く、広開土王の業績を強調するための誇張である可能性を含めての記述であるとしても倭語話者の朝鮮半島における活動自体は確実なことである（権仁瀚 2016 参照）。
*[42]「城」「邑」「村」など集落を表す「*キʐ」「卑離＞夫里＞伐」「サシ」「牟盧＞牟羅」「スキ〜スク-」「忽」「郡・評 köfori, kɐvɐr」等を含む地名の、不確実さを含むとはいえ、比定され得る候補地の考古学発掘調査から判明する集落城塞の通時的な形態の変遷、倭系出土物の有無等を綜合的に見ていく必要がある。「スク」とグスクの関連は後攷に俟つ。

4.3.3　「徐耶伐、徐羅伐」、「徐伐」と「ソウル」

「三国志に」は次のように述べる。

> 徐耶伐はまた徐羅伐とも書かれ、更に徐伐とも書かれる。徐耶伐はまた徐
> 羅伐は *syə-ra+pɯr を表わし（中略）徐伐 *syə-pɯr は後、syə-ur「都」（す
> なわちソウル）に発展した。(ibid.20)

　文中の「徐耶伐」は『三国史記』の表記である。上の文章を素直に読めば、*syə-ra+pɯr を表す「徐耶伐、徐羅伐」と書かれ、それを「徐伐」とも表記することによって「文字発音の」徐伐 *syə-pɯr の語が発生し、それが syə-ur に繋がったと理解され得る。

　しかし、漢字表記と表記される語の関係、15 世紀語とのアクセント (長音) の対応を考慮すると、次のような音韻変化を考えた方が妥当である。[43]3 世紀の「*斯盧城」を表す語として *sira-piri を措定する。[44]文証されないが「夫里」の例から百済民衆語の韓語形 *sira-pɯri が得られる (pi > pɯ は円唇同化)。新羅語における apocope は周知の事実であるので、祖型から新羅語を経て現代語に至る音韻変化として以下の変化を仮定し得る。

(4.20)　*sirapiri ＞*sjɛraper(breaking of *i, apocope「徐羅伐」) ＞*sjɛ:per(代償延
　　　　長、syncope「徐伐」[45]) ＞*sjə:βɯr(母音推移、lenition「15 世紀語 siəvɯr
　　　　都」) ＞ səur(短母音化、円唇同化「現代語 ソウル、都」)

4.4　濊倭同系説について[46]

4.4.1　「高句麗地名」とは

　濊倭同系説の検証はすなわち高句麗地名の性格をどう見るかに掛かっている。いわゆる「高句麗地名」とは『三国史記』巻第三十五及び巻第三十七に記された

---

[43]以下の議論は伊藤英人 (2013) を修正したものである。

[44]『三国志』の「卑離」の「離」を「三国志に」が*ri とするのに従う。上古音を考慮すれば ra が期待される。「倭人伝」の「卑奴母離」の「離」も同断である。

[45]*V₁rV₂ ＞ V₁V₂ の音韻変化で V₂＝a の例が見当たらないことなどが問題となる。

[46]以下 4.4 の記述は伊藤英人 (2019a) の記述と重なる。伊藤 (2019a) は個々の語について音韻再建形を建て詳論している。

「本高句麗」三州の諸地名及び巻第三十七所載の「鴨渌水以北」諸城の二種類の諸
地名の総称である。「本高句麗」の三州について『三国史記』は次のように述べる。

> 始与高句麗・百済地錯犬牙、或相和親或相寇鈔。後与大唐侵滅二邦、平其土
> 地、遂置九州。本国界内置三州。王城東北当唐恩浦路曰尚州、王城南曰良
> 州、西曰康州。於百済国界置三州。百済故城北熊津口曰熊州、次西南曰全
> 州、次南曰武州。於高句麗南界置三州。従西第一曰漢州、次東曰朔州、又次
> 曰溟州。(巻三十四)

すなわち、「漢州＝京畿、忠北東部、黄海道」「朔州＝江原西部、咸南南部」「溟
州＝江原東部、慶北東北部」を指す。周知の如く、統一新羅は今日の朝鮮半島の
全てを領有したのではなく、上記三州以北は渤海の領域に属した。

盧泰敦 (2012: 249) が「景徳王十六 (757) 年の地名改正があったときの事実を記
述したものを母体として、その後の新羅末までにあった変動の状況を加えた、新
羅時代に整理された資料に依拠して編纂されたものである」と述べるように「高
句麗、百済と新羅の三国の旧領を新羅が統一した」という新羅王権の観念的な名
称であり、全国を九州に分け、各三州ずつを旧三国に比定したものであるに過ぎ
ない。各地域の三国時代の実際の帰属は極めて複雑であり、「高句麗地名」が歴史
的な高句麗そのものの地名であると考えることは出来ない。本稿で括弧付き「高
句麗地名」の呼称を用いる所以である。

巻第三十七所載の鴨渌水以北諸城は、資料系統の異なる諸地名である。これら
は総章二 (669) 年、唐将李勣が都督府及び州郡を置くことが出来るものを泉 (/淵)
男生と協議し原案を作成し奏上した地名であり、唐側の原資料に由来するものと
考えられるが、新旧の二重表記を含む点で同様の史料価値を持つ。

4.4.2　二重表記の主体

「漢州＝京畿、忠北東部、黄海道」「朔州＝江原西部、咸南南部」「溟州＝江原東
部、慶北東北部」及び鴨緑江以北の諸城名からなる「高句麗地名」に日本語に類似
する語が含まれることは、日本語に類似した言語がかつて朝鮮半島に存在した事
実の反映と看做すことが出来る。Janhunen (2003) や Vovin (2017) をはじめとす
る近年の諸研究でもこれらを para-Japonic 及び Peninsular-Japonic 等の呼称で呼
んでいる。本稿では、暫定的に「大陸倭語」の仮称を用いる。

はじめに確認すべきは、757 年の景徳王による地名改定が、先行する何らかの資
料に基づくものであったとして、音借字による表音表記的な旧地名を同意の漢字

に置き換えることが可能だったのは、旧地名の語を用いる民族で、かつ、漢字を習得していた民族であったと考えざるを得ないという点である。

すなわち、①「大陸倭語の話し手が全て日本列島に移り住み、地名だけを残していた」②「大陸倭語の話し手が朝鮮半島に残っていたとしても、その言語が無文字社会で、支配民族がその言語を解しようとしなかった」とした場合、こうした二重表記は起こらなかったはずだと考えられるからである。福井玲 (2013: 179) はこれについて、「北海道のアイヌ語起源の地名」も「アイヌ語の意味とはかけはなれた、単に音を日本語の漢字の音なり訓で表しただけのものがほとんど」であると述べている。「○○内」「○○別」などの地名は確かに音訳地名であるが、表記者たる和人がアイヌ語の意味を理解して名付けたものでないことは明らかである。[*47]

もうひとつ確認しておくべきは東夷伝倭人条の記述から、既に 3 世紀の日本列島では後の日本語へと繋がる言語が確実に話されていたと推定される事実である。

以上から、757 年に記録された「高句麗地名」の言語的性格を考える際に、「三国時代以来漢字を使用して来た民族による名付けである」ことを前提に二重表記の主体の性格を考える必要がある。以下に先行研究の諸説を見つつ考察を加える。

なお、Vovin (2017) が述べるように、新羅、百済、伽耶の地名にも大陸倭語要素が認められるため、大陸倭語の分布の全体像を解明するためにはそれらを含めた検討が必要となる。[*48]

4.4.3　「高句麗地名」濊語説

「高句麗地名」が濊語である可能性については馬淵和夫他 (1979) も述べており、また兪昌均 (1999) は「濊」の言語学的検討を通して、「濊」が「斯羅」「韓」「倭」「高句麗」へと分化した可能性について述べている。[*49]

朝鮮半島で最も早く漢字文化を受容した民族は濊人であった。李成市 (2015)、田中史生 (2016) が述べるように、1990 年代に発見され、2000 年代に公開された平壌貞柏洞 364 号墳出土の初元四 (BC45) 年の楽浪郡県別戸口簿と『論語』竹簡

[*47]各時代の中国辺疆、ベトナムの地名の漢字地名の在り方を参照する必要があろう。

[*48]したがって、日本列島の「谷タニ」などとの現時点での言語地図の作成、列島倭語地名との地理的分布の議論は行うべきでないと考える。

[*49]兪昌均 (1999) は「濊」の語に*gsar〜*gasar を再建し、それが*gar 系と*sar 系に二分されたとする。*gar 系が「貉、句麗」に、*gwar 系が「濊」に、*gan 系が「韓」に、*・jar/・jwar 系が「倭」に、*sar 系が「斯盧、斯羅」に分化したとする。更に、夫余の「迦葉原」、奈良の「橿原」、高千穂の「槵触」との関連にも言及している。

は、紀元前 1 世紀の朝鮮半島における漢字使用を伝える資料である。板榔墓という墓制の特徴から衛満朝鮮以来の現地出身の楽浪郡府属吏を墓主と推定され、戸籍には BC45 年の戸籍数と前年度からの増減が記され、前漢の地方支配の文書行政システムが楽浪郡にもそのまま適用されていたことが知られる。BC45 年には平壌の「現地系＝濊系」人士が『論語』（中国内地製）を学んで属吏となり、漢字を使用していたことが知られる訳である。

　紀元前後の楽浪に存在した現地系民族として確実に存在が確認できる民族は濊人である。平壌楽浪古墳群から発掘された銀印には「夫租薉君」の印記があり、武田幸男 (1997) は、夫沮 (＝沃沮) すなわち咸鏡道一帯から遠い平壌の地に埋葬されるほどに濊人が楽浪郡との関係を深めていた事実を指摘している。濊に関する文献史学からの研究には、李成市 (1997)、李成市 (2000)、吉本道雅 (2009) があるが、それらによれば、濊人は生業として、漁労、海産物の遠隔地への輸送・運搬・販売に従事した。『説文解字』には「楽浪番国」に算出する海産物が多く記載されている。また、BC2 世紀から中国姓・中国式姓名 (例：南閭 BC128) を使用し、同姓不婚の習俗を持ち、天文に通じていた。[*50]

　濊人の活動時期と活動地域について見ると、BC128 年には穢の南閭が漢に 28 万人を連れて投降し蒼海郡設置に繋がった。武田幸男 (1997：264–273) が述べるように、蒼海郡治は咸南咸興か永興に比定され、紀元前 2 世紀に、中国名を持った濊人が咸鏡南道で活動していたことが知られる。漢代には上述の如く楽浪郡治すなわち平壌での活動が見られる。東夷伝韓条[*51]に「桓霊之末、韓濊彊盛、郡県不能制、民多流入韓国。」の記載が見られるよう濊条に韓人と共闘して中国の郡県支配に抵抗した事実が確認される。

　何よりも無視すべきでない事実は、同書濊条に「自単単大嶺以西属楽浪郡、自領以東七県、都尉主之。皆以濊為民。」という記載のあることである。これを素直に読めば、楽浪郡の「民」も濊人であったことになる。同書韓条には「国出鉄、韓・濊・倭皆従取之。」に見られるように弁辰、すなわち半島最南端で韓、倭と接触していた事実が確認される。魏晋代史料としては迎日郡 (浦項) 出土とされる銅印に「晋善卒穢佰長」が出土している。[*52]浦項は慶北最南端である。以上から濊人の活動範囲が西南部を除く朝鮮半島の広い範囲に及ぶことが分かる。「濊人」としての

　[*50]百済本紀には漢城百済と「靺鞨」との戦闘が数多く記され、戦闘の地も正に「高句麗地名」の地域である。「冬十月、靺鞨掩至、王帥兵逆戦七重河、虜獲酋長素牟送馬韓。」(巻二十三　百済本紀始祖十八 (BC1) 年条) の素牟は中国式姓名ではない。

　[*51]『魏書』烏桓鮮卑東夷伝の表記は以下「東夷伝」とし、条名を挙げるに留める。

　[*52]この銅印は「駝鈕」であり、倭への「蛇鈕」ではない。

活動の終焉は 548 年の高句麗による百済侵攻時に「濊人」が動員された記事を最後とする。[53]

　　　高句麗与濊人攻百済独山城、百済請救、王遣将軍朱玲領勁卒三千撃之、殺獲
　　　甚多。　　　　　　　　　　　　　　（巻四新羅本紀真興王九 (548) 年九月条[54]）

　吉本道雅 (2009：35–36) は「近年の考古学的知見をも勘案すれば、江陵など江原道南部への新羅の文化的影響は夙に四世紀後半に認められるが、六世紀半ばには、「濊人」はなお高句麗の指揮下に百済・新羅と交戦しえたのであり、江原道全域が新羅の支配化に入るのは、それ以降のことである」と述べている。実際には統一新羅以降も濊人は「靺鞨国民」の名で存在し続けた[55]。吉本道雅 (2009) は、①「濊貊」は 1 語であり、広く夫余、高句麗から東濊を含む地域の汎称だった、②「濊貊」から「貊」を去った「濊」が「東濊＝朝鮮半島日本海岸住民」を指すようになるのは魏晋代以降、楽浪帯方二郡で「民」すなわち漢人同様に扱われた現地人及び郡吏が蔑称たる「貊」を忌避したことによるとする。また、白鳥庫吉以来主張されてきた「濊貊民族」の移動とその過程での分化という仮説は、夫余が吉林西団山文化、東濊は原三国時代の考古学的文化に包摂されるものであり、歴史時代以降のひとつの「濊貊民族」の「移動・分化」も、考古学的には否定されざるを得ない（吉本道雅 2009）とされる。河野六郎 (1993) が白鳥説によって唱えた歴史時代以降の濊貊の移動分化説は、これによって否定されることになる。すなわち、有史以降の濊の東渡南下はなかったと考えるべきである。

　以上のことから、紀元前 2 世紀から統一新羅以降を含む長い時期に亙って、咸鏡、江原、慶北を中心とする日本海岸を中心としつつも半島の広い範囲で濊人が活動していた事実が確認される。濊人が紀元前から漢字を使っていた状況証拠は多いが、濊人が書いたことが確実な文字資料は現在まで出土していない。また「濊語」の語も一語も判明していない。王権の庇護を受け、「民」と同等に扱われる程に漢文化を濃厚に受容した少数民族が自らの言語の地名を漢字表記し、それを後代に残す可能性があるか否か、検討が必要である。[56]なお、濊語は 8 世紀以降の靺

---

　[53]503 年に百済王斯麻 (武寧王) の命により大和の工房に派遣され銅鏡 (隅田八幡人物画像鏡) を作成し、即位前の継体に贈った際の派遣技術者「濊人今州利」が日本列島において確認される濊人の活動の痕跡である。

　[54]以下、『三国史記』の表記は略し、巻数、王年月条等のみを示す。

　[55]巻第四十蜀官志・武官条に出る。「靺鞨国民」が濊人を指すことについては李成市 (1997:25) 参照。

　[56]地名表記は王権側の文書行政と不可分であるためである。伊藤英人 (2016) で述べたように、他民族に先行して漢字使用を開始し、半島各地を移動していた濊人の漢字表記を三国の王権が受容した

鞨人の言語として渤海側で使われていたと考えられる。

4.4.4 「高句麗地名」高句麗語説

多くの論者が「高句麗地名」を高句麗語の地名であると考えてきた。Beckwith (2004) は高句麗語を日本語の大陸における姉妹語であるとし、両者の祖語である Common Japanese-Koguryoic を措定、再建している。[*57]

周知の如く、高句麗の時代区分は首都の変遷によって「前期：卒本時代：紀元前後 〜AD3 世紀初」「中期：国内時代：3 世紀初 〜427 年」「後期：平壌時代：427 年〜668 年 (滅亡)」に三分される (田中俊明 2008)。高句麗の支配層が単一言語集団であったか否かも不明だが、高句麗語が南下の結果として朝鮮半島の言語となったものであるという事実をまず確認する必要がある。高句麗が楽浪郡を接収するのは 313 年である。「高句麗地名」の中心をなす漢州、特に尉礼 (漢城) 地域を高句麗が支配するのは 475 年からであり、その後実質的にこの地域を支配したのは 76 年間のみであった。[*58]

しかし、この時期の高句麗による支配は地名においてその後に深い刻印を残した。新羅接収以後の時期の出土資料から旧高句麗の行政単位名が継続して使用された証拠が確認される。1990 年発見のソウル市衿川区始興洞・安養市境界の虎山山城の Han-umur 遺蹟第二井戸から「仍伐内力只乃末」銘文の青銅匙 (新羅時代) が発見されており、巻三十五「穀壌県本高句麗仍伐奴県」の旧名と一致する。京畿抱川郡郡内面の半月山城出土の「馬忽」と刻まれた新羅時代の銘文瓦が見つかっており、これは「堅城郡本高句麗馬忽郡」巻三十五に対応する。[*59]高句麗がこれらの地域に漢字の名を与えたと考えられる 475 年〜551 年は、後述の如く、高句麗における文字使用が正に本格化していた時期に相当する。「馬忽」の「忽」は「城」に「改正」された「高句麗地名」語の「城」に相当するが、もしも東夷伝高句麗条の「城＝溝漊 *koro」が 5 世紀までに*koro>*kor(apocope) の音韻変化を経て「忽」と表記されていたとすれば、「城」を意味する「忽」は、「高句麗語」の語であるこ

と考えれば「高句麗地名」に代表される大陸倭語要素を濊語と看做すことは十分に可能であろう。中国辺疆の漢字民族である広西の壮族地域等の漢字圏における地名漢字表記の諸相との比較検討が要請される。

[*57]Pellard (2005) による日本語史、言語学からの批判がある。Vovin (2017: 8) は「高句麗地名」の語を pseudo-Koguryŏ と呼んでいる。

[*58]551 年に羅済同盟で漢城を奪還するが新羅に奪われ、その後は新羅領となる。

[*59]盧泰敦 (2012: 24–26) 参照。

とになり、その蓋然性は高いと言わざるを得ない。*60

　高句麗の漢字使用とそこから伺われる高句麗語の類型的特徴について見てみよう。高句麗で漢字使用が本格化するのは 313 年の楽浪郡滅亡の 100 年後からである。373 年には太学を設置して王族、貴族に五経の教育が行われた。414 年の広開土王碑文、また牟頭婁塚墓誌や 2012 年発見の集安高句麗碑は正格漢文で書かれている。*61

　427 年の平壌遷都後、約半世紀を経た 5 世紀後半、現在の忠州地方を領有した高句麗は新付新羅人に命令する内容を持つ石碑を同地に建立したが、これは漢字圏最初の変則漢文の例となった。中原高句麗碑*62には次のような例が見える。

　　「太位諸位上下衣服来受教」
　　太位と諸位の上下は衣服を来て受けとれと (王が) 教した*63

[（主語ａが）[主語ｂが　目的語を　動詞ｂして　動詞ｂせよ] と動詞ａする] という構文は完全にアルタイ型の統語構造をなしており、これは中国語文では全くあり得ない、非中国語を表記した漢字文である。*64このことから、「高句麗語」がアルタイ型の文法を持つ言語であったことが推定される。同様の統語構造は「高句麗地名」からも伺える。

　　王逢県＞遇王県（京畿高陽郡知道面幸州）
　　道臨県＞臨道県（江原通川郡臨南面）
　　津臨県＞臨津県 (京畿坡州郡臨津面)

　地名改正により、OV>VO へと、すなわち中国語型への修正がなされている。こうした例から、特に中原高句麗からは高句麗が漢字を自言語流に「カスタマイズ」して使用していたことが伺える。中原高句麗碑の書者は、少なくとも書者の「頭の中では」高句麗訓と漢字の対応を行いつつ漢字文を書いたはずであり、訓の

　60後述するように「高句麗漢字音」における-t>*-r の音韻変化を認めるか否かが問題となるが、行政単位名に支配者の言語が使用されることは自然である。
　*61広開土王碑文中の破格的表現が正格漢文の範囲からはずれるものでないことについては権仁瀚 (2016: 239)、伊藤英人 (2018b: 32) 参照。
　*62行政単位改称により、現在は「忠州高句麗碑」と呼ばれるが旧称を用いる。
　*63南豊鉉 (2014: 69)、南豊鉉 (2000/2009) 参照。
　*64同じくアルタイ型言語の王権を含む五胡十六国、鮮卑系の北魏にはこうした変則漢文は存在しない。伊藤英人 (2018c) は高句麗のこうした変則漢文を「確信犯的中国語侵犯」とし、高句麗型華夷思想の所産と看做した。こうした変則漢文の書写の過程で少なくとも「脳内訓」が生じていたと考えられる。

胚胎は5世紀の高句麗ではないかと考えられる。字訓、字音の成立時期の問題は百済及び新羅におけるそれと共に深く講究すべき問題である。

　濊人とは異なり、高句麗人名は基本的に滅亡まで中国化することはなかった。*65 なお、「高句麗語」は渤海の言語として8世紀以降も話し手が存在し続けたと考えられる。*66

4.4.5　「高句麗地名」百済語説

　都守熙 (2005a; 2005b) は「高句麗地名」の多くを前期百済語と看做す。*67 前期百済とは漢城百済のことである。首都による百済の時代区分を田中俊明 (2008) に従って示せば次の通りである。

　　　前期　漢城時代　?〜 475 年
　　　中期　熊津時代　475 年 (実質 477 年) 〜538 年
　　　後期　泗批時代　538 年 〜 660 年 (滅亡)

　漢城百済は、少なくとも3世紀末〜4世紀初頭に漢城地域を中心に成立しており、その建国神話を高句麗と扶余出自に求めている。*68

---

*65 王姓の「高」は北燕王の高氏に由来する (井上秀雄・鄭早苗 1988 II: 24)。井上秀雄 (鄭早苗 1988 II: 24) はまた扶余王の解夫妻の注釈として「解は太陽を」意味するとする。確かに「解」の MK の字音は hʌiR であり「太陽」は MK では hʌiH で、両者の音相は類似する。しかし「解」の音韻地位は「蟹摂蟹韻二等開口上声見母 佳買切」であり、MK に引き寄せて「太陽」と解してよいかは慎重を期すべきである。

*66 810 年に渤海使節の首領高多仏が脱走し、越前に留まり、その後越中に移されて史生羽栗馬長と習語生等に渤海語を教授した (『日本後紀』弘仁元年五月条)。高姓であるところから、高多仏の教授した「渤海語」は高句麗語であった可能性が高い。高多仏はその後その功により帰化し高庭高雄を名乗った。平安期の日本では渤海を「高麗」と呼び高句麗の継承国家と看做していた。福井県史編纂委員会 (1993: 345) は「このときも越前の官人のなかに、渤海語を解するか、もしくは漢字による筆談の可能であった人物がいたに違いない。意志の疎通のまったく不可能な状態で、使節団からの脱走がありえたとは考えられないからである。」とするが、平安初期の越前と渤海の頻繁な交流を勘案すれば越前の官人中に渤海語を解する者があった可能性は否定できない。いずれにせよ広義の「夫余系」言語との言語接触の貴重な記録である。

*67 Janhunen (2003) も百済語と日琉語を近いと看做す。"The language of Paykcey was Para-Japonic."(ibid. 482)

*68 この始祖伝説は日本の百済系氏族にも共有された。「皇太后。其百済遠祖都慕王者。河伯之女感日精而所生。」『続日本紀』延暦八 (789) 年十二月附載。『新撰姓氏録』には「都慕王」を祖とする六氏族があるとされる。瀬間正之 (2018: 134–138) 参照。

「我是皇天之子、母河伯女郎、鄒牟王。」「広開土王碑文」414 年

「始祖東明聖王、姓高氏、諱朱蒙 [一云鄒牟、衆解]。」高句麗本紀始祖東明
聖王

「百済始祖温祚王、其父、鄒牟。」「謁始祖東明王廟。」百済本紀始祖温祚王

しかし扶余建国神話は『論衡』に初出があり[69]、高句麗が扶余神話を取り込ん
だのは「扶余支配の正当性の根拠」(瀬間正之 2018: 138) を示すためとも考えられ
ている。溝口睦子 (2009) が述べるように神話は政治的理由その他により借用、剽
窃が可能である。歴史的には百済は漢城を中心とした地域で王権を確立し後に馬
韓諸国を併呑していったと考えられている。神話について更に一歩踏み込んで述
べるならば、百済建国神話には中国江南との関わりを仄めかす次のような記載も
ある。

「或云、朱蒙到卒本、娶越郡女、生二子。」百済本紀始祖温祚王[70]

百済は『三国史記』の説く所に拠れば高句麗の太学設置と同時期の近肖古王代に
漢字の使用を開始したことになっている。[71]百済出土木簡には倭国のそれと似た
音借字が使用され、高句麗及び新羅とは異なる独自の漢字文化を持っていたこと
が知られる。[72]様々な記録から百済が魏晋代には帯方郡との深い関わりを通じて
漢字文化を高句麗とは別途に獲得しており、南朝とも深く関わっていたこと[73]は
呉音の日本伝来のみならず、いわゆる古韓音との関わりの研究において見逃せな
い事実である。李成市 (2000: 52–61) は百済人が新羅人とは異なり、中国語の口頭
運用能力もあったことに言及している。

問題の高句麗三州地名に関して、475 年の漢城陥落まで長くその地を支配し、か
つそれまでに漢字使用を行っていた百済支配者の言語が漢州等の「高句麗地名」

---

[69]「因都王夫余，故北夷有夫余国焉。東明之母初妊時，見気従天下。」『論衡』吉験。

[70]「二子」は百済始祖沸流・温祚のこと。井上秀雄・鄭早苗 (1988: 272) は「中国浙江省紹興地方
か」とする。

[71]「百済開国已来、未有以文字記事。至是、得博士高興、始有書記。」百済本紀近肖古王条。

[72]百済 297 号木簡「□城下部対徳疏加鹵」の「鹵」字が稲荷山鉄剣銘「獲加多支鹵」と字形を同じ
くする。武寧王陵 (527 年) の「斯麻王」も一種の音借字表記であることは周知の如くである。503 年
に武寧王が即位前の継体のために大和で鋳造させた隅田八幡人物画像鏡銘にも「斯麻」「意柴沙加」の
音借字が見られる。日本国字と考えられてきた「畠」が 2006 年発見の 7 世紀初頭「全南羅州伏岩里出
土木簡」「畠一形得六十二石」に発見されたように日本の漢字文化との深い関係を持つ。

[73]百済滅亡時まで中国沿海に始祖伝承を持つ百済貴族が存在した。「公諱素士、字素、楚国琅也人
也。(簡略) 七代祖崇、自淮泗浮於遼陽、遂為熊州人也。」『大唐古云麾将軍左衛将軍上柱国来遠郡開国
公祢府君墓誌銘並序』拝根興 (2012: 303)

の言語である可能性は極めて高いと考えられる。

　姓氏については、BC2 世紀以来の濊や 8 世紀以降の新羅のような中国式姓名への改称はなく固有語名を使用した。

　百済の王族、貴族は唐に連行されるか、日本へ亡命し、大陸倭語と関連すると思われる百済王族語は百済滅亡後程なくして消滅したものと思われる。*74韓系の百済民衆語は同じく韓系の新羅語の方言として中世韓語の形成に参加したものと思われる。

4.4.6　地名改正時までの新羅の漢字使用

　韓語系言語集団と考えられる新羅では 6 世紀初頭から漢字使用迎日冷水碑 (503) に見られるように王権が漢字の使用を開始した。高句麗の漢字文化は高句麗、百済と異なり、高句麗から二次的に受け入れたものであり、李成市 (2000: 52–61) に述べられるように中国語の口頭運用能力はこれを欠いていた。金文京 (2010) は統一新羅時代の慧超 (704–787)『往五天竺国伝』に本来なら「有髪女・留髪女」となるべき語が「女人在頭」という変則漢文で書かれた事実から、新羅では訓読で漢文を読んでいたことを述べている。新羅ではつとに 6 世紀には漢文訓読が成立していたと考えられている。*75漢字音については山臻摂入声韻尾の流音化が三国時代に起っていたかが最も重要な問題となる。「集落」を表す語の 3 世紀から三国時代にかけての音韻変化を考える際、高句麗語の「溝漊＜忽」、韓語の「卑離＜伐～火～烑」をどう考えるかと不可分の関係を持つが、「火＝伐」の音通から判断すれば 6 世紀には新羅字音で舌内入声の流音化が生じていたと判断せざるを得ない。*76

---

*74朝鮮半島住民の唐への連行、徙民については拝根興 (2012) 参照。

　*75南豊鉉 (2014:72-73) 参照。出土資料からは「集落」を示す「火」と「伐」が同一形態素*per を表したことから知り得る。権仁瀚 (2018) は更に進んで 2017 年公開の咸安城山山城 17 次発掘調査分出土木簡 (6 世紀中後期) の分析から荷駄木簡の「○○負」＝「○○発」現代韓語 pari(荷駄) から「負」は訓表記、「発」は音借字とするが、果たしてそうであろうか？荷駄木簡の「負」字を荷駄の発送者と取れば「発」を義で解する可能性も皆無ではないとのご教示を橋本繁氏から頂戴した (橋本繁氏 p.c.2019 年 2 月 6 日 10 時 30 分)。なお慎重を期すべきか。

　*76527 年の蔚州鳳坪里新羅碑の「居伐牟羅」の「伐」が出土資料から確認できる。韓国国字「烑」の諧声符が「本」であるなら、-n 韻尾の流音化も考慮に入れる必要がある。

4.5 「高句麗地名」の倭語と韓語

伊藤英人 (2019b) で、筆者は「高句麗地名」に確実な倭語要素として次の 18 語を再建した。[77] 8 世紀のこれらの倭語要素を「大陸倭語」と称した。

(4.21)　「三：密：*mir」「五：弓/于次：*ytʃ」「七：難隠：*nanən」「十：徳：*tək」「谷：頓〜旦〜呑：*tan〜*tən」「兎：烏斯含：*usigam」「蒜/蒜：買尸：*mer」「口：忽次〜古次〜串：*kurtʃi〜*kutʃi」「深：伏：*puk-」「鉛：乃勿：*namur」「池：内米：*nami」「木：肹〜斤乙：*ker」「穴：甲比〜押：*kapi」「入：伊：*i-」「首：次若：*tʃinjak」「心：居尸：*kər」「川〜水〜井：買：*me」「重：別：*pɛr」

伊藤英人 (2019b) で、筆者は「高句麗地名」に確実な韓語要素として次の 15 語を再建した。

(4.22)　「犁：加尸：*kar-」「文：斤尸：*ker」「牛：首：*sju」「横：於斯：*ɛs」「黒：今勿：*kɛmer」「曲：屈：kyber」「城：火：*per」「巌〜峴〜忽：波衣〜波兮〜巴衣：*pakwei〜*pahwei」「海：波旦：*patər」「三：悉：*sək」「馬：滅〜滅烏：*məru〜*mər」「清：沙熱：*sanər-」「鄰：伊伐支〜伊火兮：*iperki」「松：夫蘇〜扶蘇：*puts」

性急に倭語と結び付けず「高句麗語」あるいは「百済王族語」である可能性を考慮しつつ検討すべき以下の語がある。

(4.23)　「熊＝功木」「玉＝古斯」「忽＝城」「達＝山・高」「仇斯＝童子」「奴・内・惱・弩＝壌」「沙伏・沙非＝赤」「於乙＝泉」「廻＝足」「岬・押＝岳」「骨＝黄」「烏斯・烏生＝猪」「加知＝東」「要隠＝楊」

性急に韓語と結び付けず「高句麗語」あるいは「百済王族語」である可能性を考慮しつつ検討すべき以下の語がある。

(4.24)　「首＝新」「也尸＝狌」「也次＝母」

詳細は別稿に譲るが「高句麗地名」の倭語と韓語の分布は図 4.1 の通りである。

---

[77] 括弧内は「訓表記：借字表記：8 世紀語形再建形」である。「〜」は複数表記を、「/」は「正徳本/『新増東国輿地勝覧』」の表記を意味する。

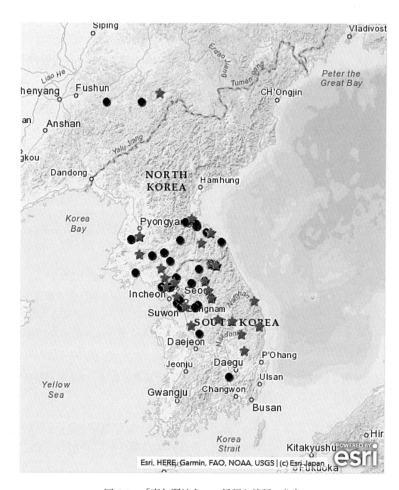

図 4.1 「高句麗地名」の倭語と韓語の分布

【図版注】

　言語地図作成：黒澤朋子氏
　●大陸倭語
　☆古代韓語
　鴨緑江以北の 3 地点は「不明」であり、地図上の地点表示は意味を持たない。

筆者の「高句麗地名」に対する仮説は以下の通りである。

4.6　仮説

(4.25)　①絶対年代は不明ながら、紀元前のある時期に朝鮮半島を南下し、倭語話者は日本列島に移住した。一方、大陸側に残存した倭語話者は、韓語等との言語接触を通して音韻的改新を経つつ、8 世紀半ばまで大陸倭語として本来の言語を保持していた。

②鴨緑江以北地域を含む朝鮮半島で、韓語と倭語はモザイク状の分布を示していた。

③大陸倭語は 8 世紀日本語東国方言と似た音韻変化を示す。

①の傍証として『隋書』の以下の記述が参考となる。

「其人雑有新羅・高麗・倭等。亦有中国人。」百済条
「其人雑有華夏・高麗・百済之属。」新羅条
「又至竹斯国。又東至秦王国。其人同於華夏。」倭国条

7 世紀初頭の朝鮮半島、日本列島の諸国が多民族、多言語が入り混じる地域であったことが分かる。

①の例として、次のような語末母音消失/apocope の例を挙げ得る。

(4.26)　「蒜/韮 *mera > *mer」「谷 *tani〜*təni > *tan〜*tən」「五 *itu > *ytʃ」「深 *puka > *puk」。

③「高句麗語」における*t の破擦音化は夙に村山七郎 (1962) が指摘している。筆者の再建形で示せば以下の例である。

(4.27)　「五 *itu > *ytʃ」「首/角 *tunyak > *tʃinjak」　「口 *kurti >*kurtʃi 〜 *kutʃi」。

8 世紀東国方言の破擦音化では、*amotʃitʃi = omotiti(父母) の*t >*tʃ の例が知られるが、大陸倭語と上代東国方言のこれらは偶然の並行的改新であろうか。筆者は、5 世紀末以降長野県南部から関東にかけて造営された積石塚古墳、東国における馬 (牧) などに見られる高句麗文化の普及及び対朝鮮外交における上毛野氏

の活動などから推して、上代東国方言と大陸倭語における破擦音化が全く無関係であると看做すのは難しいのではないかと考える。

上述の如く、濊人は日本海岸を根拠地とするがその分布は単単大山嶺 (狼林山脈) の東西に及んだ。濊語と倭語を共に中国東海岸沿岸から東へと移動した、海民・内陸水系民の、同系言語を話す民族であったと仮定した場合、どのようなことが考えられるだろうか。海民と内陸水系民は周知の如く相互排除的ではない。[*78]濊は上述の如く内陸水系民として製塩・漁労・水産加工品流通に関与した。

周振鶴・游汝傑 (2015: 198–199) は山東半島から朝鮮にかけて「不」の字を最初に持つ地名が散在する事実を指摘しつつ次のように述べている。

> 西晋以前には「不」の字を含む地名があった。すなわち、不而 (楽浪郡、魏の時代に不耐に改めた)・不其 (琅邪郡)・不夜 (東莱郡)・不韋 (益州) である。山名には不狼山 (前漢時代の鹼邑県)・不咸山 (西晋時代の高句麗) があった。河川の名には不津江 (南中志) があった。古代漢語の「不」は虚字であり、漢語の地名には虚字は用いないから、「不」の字の付く地名は恐らく漢語に由来するものではないであろう。(中略) 山東と朝鮮は古くから交通の往来があり、そのルートの一つは東北を経由する陸路で、もう一つは直接海路を通してであった。ある人は『詩経・商頌・長発』の中の「相土烈烈、海外有截」とは、商の勢力範囲が渤海以東の朝鮮の地まで及んでいたことを表していると述べているが (中略)、東北・朝鮮・山東の沿海の地名にある種の共通点があるのは当然なことなのである。(中略) 上述の楽浪郡の不而県は不耐濊という少数民族から名を取ったものであり、不其・不夜・不韋も濊

[*78]濊の本拠地となった朝鮮半島東海岸は水田適地ではない。このため、水田漁業の特徴であるナレズシは今日の咸鏡道、江原道では粟飯の乳酸菌発酵による。石毛直道・ケネス=ラドル (1990) は、米飯以外のナレズシが台湾と朝鮮半島東海岸のみに分布することに触れつつ、朝鮮半島東海岸の現存ナレズシ (sikhai) がかつて朝鮮半島中央部に存在したことに触れている。一方、太白山脈以東のナレズシついて、黄慧性・石毛直道 (1988/1998/2005: 261–262) は稲作とは別に中国から北回りの別のナレズシの道の可能性を示唆している。しかし今日、濊の故地である咸鏡・江原両道にのみナレズシが現存することは、これが飲食文化という根の深い層における濊文化の影響である可能性を完全には排除し得ない。ナレズシは東北ユーラシアではなく広義の百越系文化の要素であり、中国沿岸から東渡した文化の名残と看做す可能性は否定し去れないと考える。また、『説文解字』に見られる「鮸、鮸魚也。出薉邪頭国（中略）魵、魵魚也。出薉邪頭国。」(魚部)、「鼊、水虫也。薉貉之民食之。」(黽部) 等の食品について、それらの朝鮮飲食文化史との関連も考察されるべきである。なお、薉邪頭國は『漢書』地理志の「楽浪郡邪頭昧県」に当たる。一方、穀醬の一つである「豉」は、朝鮮半島における固有語名は知り得ないものの、『新唐書』に渤海の名産とされるように南下した文化要素である。伊藤英人 (2008: 281–282) 参照。

　　族系の氏族の名称である可能性が非常に高い。*79

　同書は「夫・無」などの「斉頭式」すなわち接頭辞を持つ百越系地名とのつながりの中で上記「不」字に始まる地名に触れている。*80

　濊倭語が仮に百越に連なる単音節孤立語型の言語であったとした場合、韓語話者との言語接触を通して altaicization を経験したと考えられる。「高句麗地名」における上掲地図の倭語と韓語のモザイク状の分布は先史時代に朝鮮半島で起こった言語接触の 8 世紀における残照を示していると考えられる。

　濊倭同系説の検証、「高句麗地名」中の「高句麗語」要素の抽出、大陸倭語が声調言語であったとした可能性を勘案しての各語形の声調の再建と列島倭語との比較などが今後の課題となる。

引用文献

　本稿で引用参照した河野論文 (ローマ数字は著作集の巻次)、括弧内は略称

河野六郎 (1944)「満洲国黒河地方に於ける満洲語の一特質—朝鮮語及び満洲語の比較研究の一報告—」京城帝国大学文学会編『学叢』第三号、I

河野六郎 (1945)『朝鮮方言学試攷—「鋏」語考—』京城帝国大学文学会論纂第 11 輯、東都書籍、I（「試攷」）

河野六郎 (1949)「朝鮮語と日本語の二三の類似」八学会連合編『人文科学の諸問題—共同研究　稲』、I（「二三の類似」）

河野六郎 (1954)「唐代長安音における微母に就いて」東京教育大学『中国文化研究会会報』第 4 期第 1 誌、II、（「唐代長安」）

河野六郎 (1955)「朝鮮語」服部四郎・市河三喜編『世界言語概説下巻』研究社、I

河野六郎 (1957)「古事記に於ける漢字使用」『古事記大成 (言語文字編)』平凡社、III（「古事記に」）

河野六郎 (1964–1967)「朝鮮漢字音の研究」『朝鮮学報』31-44、II、（「漢字音」）

河野六郎 (1971)「中国語・朝鮮語」服部四郎『言語の系統と歴史』岩波書店、1「朝鮮語の系統と歴史」

---

*79 同書では触れられていないが、『魏書』東夷伝中には「韓」条に「不弥国・不雲国・速盧不斯国・不斯噴邪国 (以上馬韓) 不斯国 (辰韓)」が「倭人」条に「不弥国・不呼国」がある。不而県 (不耐) は永興に、不斯国は昌寧に比定される。

*80 この時期の「不」は唐代以降のように入声でなく、平声であったと考えられるが (辻星児 1997)、「不」の言語学的比定は現時点で不可能である。

河野六郎 (1979)『河野六郎著作集』1・2、平凡社

河野六郎 (1980)『河野六郎著作集』3、平凡社

河野六郎 (1987)「百済語の二重言語性」『朝鮮の古文化論讚―中吉先生喜寿記念論文集―』中吉先生の喜寿を記念する会編、国書刊行会

河野六郎 (1993)「三国志に記された東アジアの言語および民族に関する基礎的研究」平成 2・3・4 年度科学研究費補助金一般研究 (B) 研究成果報告書、東洋文庫

参考文献

拝根興 (2012) 『唐代高麗百済移民研究 以西安洛陽出土墓志中心』中国社会科学出版社.

Beckwith, C. (2004) *Koguryo: The Language of Japan's Continental Relatives.* Leiden: Brill.

伊藤英人 (2018b) 「韓中言語接觸의 觀點에서 본 韓國漢字文」『語文研究』180, 2018 冬号、27–62.

―――― (2018c) 「韓半島書記史에 있어서의 漢字」、80–112,『韓国語教育の現状と課題』平成 29 年度科研費報告書、研究課題番号 17K02942、研究代表：金珉秀.

Janhunen, J. (2003) *A Framework for the Study of Japanese Language Origins.* URL: http://publications.nichibun.ac.jp/region/d/NSH/series/niso/2003-12-26-1/s001/s025/pdf/article.pdf.

權仁瀚 (2016) 『廣開土王碑新研究』博文社.

―――― (2018) 「新出土 咸安木簡에 對한 言語文化史的研究」『木簡과 文字』21、99–134.

劉君恵 (1992) 『揚雄方言研究』巴蜀出版社.

南豊鉉 (2000/2009) 「中原高句麗碑의 解讀과 吏讀的性格」『高句麗研究』高句麗研究會、南豊鉉 (2009) pp.166–189.

―――― (2003) 「居伐牟羅와 耽牟羅」『耽羅文化』23、213–224、南豊鉉 (2009) 所収.

―――― (2009) 『古代韓国語研究』시간의 물레.

―――― (2014) 「韓國의 借字表記法과 發達의 日本의 訓點의 起源について」藤本幸夫（編）『日韓漢文訓読研究』、67–94、勉誠出版.

Pellard, T. (2005) Review: Christopher I. Beckwith (2004) Koguryo, the Language of Japan's Continental Relatives: An Introduction to the Historical-

Comparative Study of the Japanese-Koguryoic Languages with a Preliminary Description of Archaic Northeastern Middle Chinese. *Korean Studies* 29, 167–170, DOI: http://dx.doi.org/10.1353/ks.2006.0008.

Poppe, N. (1960) *Vergleichende Grammatik der altaischen Sprachen.* Wiesbaden: Otto Harrassowitz.

Ramstedt, G. J. (1949) *Studies in Korean Etymology.* Helsinki: Suomalais-ugrilainen seura.

―― (1953) *Studies in Korean Etymology II.* Helsinki: Suomalais-ugrilainen seura.

都守熙 (2005a) 『百濟語研究』제이앤씨.

―― (2005b) 『百濟語語彙研究』제이앤씨.

Vovin, A. (2017) Origins of Japanese Language, Oxford Research Encyclopedia of Linguistics. Online publication date: sep.2017, URL: http://linguistics.oxfordre.com.

梁柱東 (1942) 『朝鮮古歌研究』博文書館.

兪昌均 (1999) 「濊」『文字에 숨겨진 民族의 淵源』集文堂.

石毛直道・ケネス＝ラドル (1990) 『魚醬とナレズシの研究』岩波書店.

伊藤英人 (2008) 「飲食からの接近」野間秀樹 (編) 『韓国語教育論講座』4、263–296、くろしお出版.

―― (2013) 「朝鮮半島における言語接触―中国圧への対処としての対抗中国化―」『語学研究所論集』18、55–93.

―― (2016) 「古代朝鮮半島諸言語に関する河野六郎説の整理」、「日本語の起源はどのように論じられてきたか：日本言語学史の光と影」第 4 回共同研究会 2016 年 9 月 18 日, 国際日本文化研究センター.

―― (2018a) 「古代・前期中世朝鮮語の諸相―漢字文化の受容と自言語表記の試み」『東洋文化研究』20、105–129.

―― (2019a) 「「高句麗地名」中の倭語と韓語」『専修人文論集』105、総 41 頁.

―― (2019b) 「いわゆる「高句麗地名」をどう考えるか」、ヤポネシアゲノム・言語班 2018 年度第二回研究集会提出論文 2019 年 2 月 24 日　与那国町観光協会会議室.

井上秀雄・鄭早苗訳注 (1988) 『三国史記』平凡社.

梅田博之・大江孝男・辻星児・坂井健一・古屋煕宏 (2009) 「先學を語る―河野六郎博士」『東方學』第百二十輯別刷、177–210.

金文京 (2010) 『漢文と東アジア―訓読の文化圏』岩波書店.

周振鶴・游汝傑 (2015)『方言と中国文化』光生館、内田慶市・沈国威監訳.

瀬間正之 (2018)「高句麗・百済・伽耶の建国神話と日本」『東洋文化研究』20、
　　131–153.

武田幸男 (1997)「朝鮮の古代から新羅・渤海へ」礪波護・武田幸男（編）『隋唐帝
　　国と古代朝鮮』、249–420、中央公論社.

田中俊明 (2008)「朝鮮三国王都の変遷」、URL：http://publications.nichibun.ac.
　　jp/region/d/NSH/series/niso/2008-12-26/s001/s025/pdf/article.pdf.

田中史生 (2016)「漢字文化と渡来人」小倉慈司（編）『古代東アジアと文字文化』
　　同成社.

辻星児 (1997)「"不"の字音について―中國・日本・朝鮮字音―」『東洋學報』79
　　(3)、326–342.

盧泰敦著・橋本繁訳 (2012)『古代朝鮮　三国統一戦争史』岩波書店、（原著노태
　　돈『삼국통일전쟁사』서울대학교출판부, 2009 년）.

黄慧性・石毛直道 (1988/1998/2005)『韓国の食』平凡社.

福井玲 (2013)『韓国語音韻史の探求』三省堂.

福井県史編纂委員会 (1993)「福井県史通史編」、URL：http://www.archives.pref.
　　fukui.jp/fukui/07/kenshi/tuushiindex.html.

馬淵和夫・李寅泳・大橋康子 (1979)「『三国史記』記載の「高句麗」地名より見た
　　古代高句麗語の考察」『文藝言語研究. 言語篇』4、1–47.

溝口睦子 (2009)『アマテラスの誕生―古代王権の源流をさぐる』岩波新書、岩波
　　書店.

村山七郎 (1962)「日本語および高句麗語の数詞–日本語系統問題に寄せて–」『国
　　語学』48、1–11.

森博通 (2011)『日本書紀成立の真実―書き換えの主導者は誰か』中央公論社.

吉本道雅 (2009)「濊貊考」『京都大学文学部紀要』48、1–53.

李基文 (1975)『韓国語の歴史』大修館書店、藤本幸夫訳（『國語史概説』改訂版
　　1972 年）.

李成市 (1997)「穢族の生業とその民族的性格」武田幸男（編）『朝鮮社会の史的
　　展開と東アジア』、3–25、山川出版社.

―― (2000)『東アジア文化圏の形成』山川出版.

―― (2015)「平壌楽浪地区出土『論語』竹簡の歴史的性格」『国立歴史民俗学
　　博物館研究報告』194、201–219.

辞典類

『時代別国語大辞典　上代編』三省堂 1967 年

『우리말 큰사전 옛말과 이두』한글학회 어문각 1992 년

宋基中『古代国語語彙表記漢字의 字別用例研究』서울大學校出版部 2004 年

이은규『古代韓国語借字表記用例辭典』제이앤씨 2006 年

漢語大詞典編纂處編 (2007)《漢語大詞典》上・中・下、上海辭書出版社

第5章

パプア諸語と日本語の源流

千田俊太郎

5.1 はじめに

太平洋の諸言語を、大きく三分し、1. 南島 (オーストロネシア) 語族、2. オーストラリア原住民諸語、3. それ以外として取り扱うことが便宜上行なわれている。この最後の「それ以外」はニューギニア島を中心に分布し、パプア諸語と呼ばれることが多い。「パプア」はもとハルマヘラやその東の島嶼群を指す地名に端を発し[*1]、「ニューギニア」と同義の島の名前として用いられたのち、ニューギニア島の西半 (インドネシア) のほとんどを占める「パプア州」や、ニューギニア島の東半と周辺島嶼部からなる国の名前「パプア・ニューギニア」(並列複合語を起源とする) などの地名を残して、今日ではニューギニア島全体を指すことはなくなった。英語では形容詞 Papuan が「ニューギニア土着の」の意を表すケースが残っており、日本語でも主に複合語前部要素としてこれを訳す慣例がある。パプア諸語 (Papuan languages) もその一つである。

パプア諸語に関する最も初期の記録は19世紀の初めに遡るが、その頃は「パプア諸語」という概念はなかった。ニューギニア地域の言語的多様性が認識され始めたのは19世紀の後半であり、特に世紀の変わり目の時代に活躍したシドニー・レイ (1858–1939) が精力的に調査したことでその言語状況が徐々に明らかにされていった (Anceaux 1953; Hooley 1964; Laycock and Voorhoeve 1971; Haddon 1939)。現在用いられている意味の「パプア諸語」を定義したのもレイである。彼は「英領ニューギニアと隣接島嶼部が、二つの大きく異なるタイプの言語を話す種族の出会ったところであることを、言語的な根拠のみから示す試みを行う。一つは土着 (aboriginal) で、もう一つは外来の (intrusive) ものである。」(Ray 1893;

[*1] 「パプア」が「縮れ毛」を意味するという、いまだ巷間に流布する言説の形成については Sollewijn-Gelpke (1993) が詳しい。

754) とし、生え抜きの「パプア語」と、外から入った「メラネシア語」(メラネシア地域の南島語) という人間の移動に関わる言語グループを「言語的な根拠のみによって」定義した[*2]。彼は更に続けて、Papuan「パプア人」という用語は、同様に、ニューギニア本島の、肌色が濃く縮れ毛の人々のこととして使用すると言っている。このように、「パプア諸語」の名称が与えられて以来、パプア諸語研究においては人間と言語の混同があった。

　パプア諸語は常に南島諸語との対比によって特徴付けられてきた。Ray (1893: 759–760) は例えば、ニューギニアのメラネシア系諸言語の代名詞が、他のメラネシア諸語のものとよく一致するのに対し、パプア諸語は一致しないという。前者が南島語族という一つの語族に属すると見られるのに対し、後者がそうではないという考えの根拠になる事実の一つであり、南島諸語なかでもメラネシア諸語との対比による特徴付けしかなしえないのがパプア諸語なのである。そこには系統と類型との混同につながりかねない特徴付けもあった。例えば Ray (1893: 759–760) は代名詞の中でも所有概念の表現に、メラネシア諸語とパプア諸語の「根本的な違い」がはっきりと見られるとして、次の対比を行っている。ニューギニアのメラネシア諸語においては (他のメラネシア諸語と同様) 身体部位や間柄を表す名詞には所有者 (人称・数) 接尾辞がつけられる主要部標示がなされ、ほかの名詞については所有者 (人称・数) 接尾辞がついた名詞的な所有類別詞 (食物・一般の 2 種が典型) を介する所有構文が用いられる。それに対し、パプア諸語では所有者代名詞が (接尾辞によって示される) 所有格の形をとるのが一般的だというのである。パプア諸語が非南島性というこの地域における系統的な逸脱によって規定されることから、非南島的な共通特徴を予測する論理の飛躍である。事実、自身がこの発言に前後して紹介するパプア諸語の一つの所有構文は主要部標示型であり、所有物名詞に不変の被所有接尾辞 (所有者の人称・数によって変化しない接尾辞) がつく。また、その後記述が進められたニューギニア内陸部のパプア諸語には、メラネシア諸語と同様、身体部位や間柄を表す名詞に所有者 (人称・数) 接尾辞がつけられる構文を取るものもある。例えばドム語の構文がそうである。接尾辞の音形は南島系ではないが、構文の類型の一部は南島諸語にたまたま一致するケースである。メラネシア・パプアの対立構図にはもう一つの深刻な問題も潜んでいる。早くにコドリトンなどによって指摘されたように、メラネシア諸語には南島諸語に普通は見られる規則的な音韻対応が見出しづらいというのである (Ray 1893: 758–759)。メラネシアにおける「南島諸語」の系統的帰属が疑わしいとい

[*2]Ray (1893: 756) は更に、混合語に対して「メラノ・パプアン」という用語を提案している。

うことは、パプア諸語の定義の基盤であるメラネシア諸語がいかなるまとまりを
なすのか明らかでないということである。このように、さまざまな問題を抱えつ
つ、南島諸語対パプア諸語の分類は始まった。この頃は、メラネシアの少数言語
の研究の多くは二次資料によるものだった。レイが探険隊に加わって現地調査す
るのはパプア諸語という概念を生み出してから 5 年ほどを経た 1898 年のことであ
る。その報告書は 10 年近くの間、完成されなかった。

　パプア諸語の分布が英領ニューギニアに限られないことが確認されたのは 20
世紀に入ってからである。ドイツ領ニューギニア、カイザーヴィルヘルムスラ
ントの諸言語について、パプア諸語と南島系メラネシア諸語の区別が適用でき
ることを指摘したのが南島語族の名付け親でもあるオーストリアのシュミット
(1868–1954) であった (Ray 1927)。ニューギニア地域の諸言語に多大な関心を寄
せ、レイを「パプア諸語の発見者」として評価して、その研究成果の公開を待ち
侘びていたシュミットは、出版直後にレイの探険報告書の書評を書いている (cf.
Schmidt 1907)。主に二次資料を大量に読破した彼は、当時のパプア諸語の一線の
研究者であった。1920 年にシュミットは植民地辞典の項目「パプア諸語」を執筆
しており (Schmidt 1920)、そこには「一般的特徴と南島諸語との違い」というセ
クションがある。見出しからも分かるように、パプア諸語の類型特徴は、やはり
南島諸語との対比によって捉えられている。繰り返しになるが、このような対比
の構図はパプア諸語の定義の背景、すでに知られていたメラネシア諸語と、それ
らに見られる特徴を持たない諸言語を区別したいという動機からして免れ得ない
ものであった。その中でシュミットは「パプア諸語と南島諸語との根本的な違い
は属格の配置にある。前者は前置、後者は後置である」としている。

　シュミットの賞賛したレイの探険報告書にはトアリピ語の文法が含まれている。
これは出版されたトアリピ語文法として初めてのものであるが、資料は全て J. H.
Holmes 師の記録によっていることが明かされており、また、それまで歴代の宣
教師が書き留めたりまとめたりしたトアリピ語資料についての説明がある。当時
はトアリピ語の話者の自発的な発話の書き起こしは存在せず、まとまった言語テ
キストは讃美歌、新約聖書の抜萃など、全てキリスト教関連資料であった (Ray
1907a: 333, 345–346)。世界の多くの地域でそうであるように、ニューギニア地域
でも、個別の言語記述は宣教師によってそれぞれの地域で行なわれ、学者が時々そ
れらの資料を入手しては研究する、という具合に言語研究は展開したわけである。

　その後のパプア諸語研究も、宣教師による個別の言語の記述と言語学者によ
る種々の分類 (類型的特徴付けや系統仮説) が続く。宣教師の団体のなかでも
1950 年代半ばにパプアニューギニア支部が設置された SIL (Summer Institute of

Linguistics) はニューギニア諸言語の記述に大きく貢献してきた (Foley 1986: 13)。本稿で取り上げるもう一つのパプア語である、ウサルファ語の研究も、まさに SIL 所属の宣教師が手掛けている。

　ウサルファ語を研究したダーリン・ビーは 1932 年、アメリカ生まれで、1958 年にニューギニアにわたった。その時、SIL のニューギニア拠点、ウカルンパは家 6 軒からなるこじんまりしたものだったという。最初の仕事は女性ばかりによる大工仕事。当時のウサルファ人はトク・ピシンを話せなかったため、モノリンガル・アプローチで言語を習得した。1960 年代に休暇でアメリカに帰った際にも言語の研究を続け、インディアナ大学で修士、Ph.D. を取得した。1966 年にはニューギニアにもどる。1972 年にはニュージーランドで SIL の夏期講座の校長を務めたが、ニューギニアでラエ（レイ）からウカルンパにもどる飛行機が事故で爆発し非業の死を遂げている。短いウサルファ語の記述文法は彼女の死後に出版された (1973)。

　ところで、「パプア諸語」という名称の不適切さを一貫して指摘し続けた言語学者にカペルがいる。この用語に言及する際には常に引用符を忘れず、「パプア」が「非メラネシア」(つまり非南島系) を意味するにすぎないことを強調 (Capell 1933: 419–420)、後にはパプアという名称を廃して非南島 (non-Austronesian、略して NAN) と呼ぶようになる (cf. Capell 1969: 21)。非南島諸語の名称はカペルの現役時代にはそれなりに使われたが、地域的な限定が全く示唆されないこの用語への反撥もあり (cf. Lynch 1998: 61)、今日では再び「パプア諸語」という呼び方が復権している (cf. Wurm 1982; Foley 1986)。

5.2　江実による日本語の源流説まで

　江 (1974a) は自分の研究には「三つの歴史的に重要な背景」があるとする。一つ目は松本信広の「日本語とオーストロアジア語」、二つ目は P. W. シュミットの松本へのコメント中の「成層論」、三つめは岡正雄による日本語の最古層が「ハルマヘラ語或はパプア語」だという説である。本節ではまずこの三つについて紹介し、さらにもう一つ、藤岡勝二と服部四郎の系統の「さぐり」の入れ方が影響を与えたということを指摘する。

　松本信広は歴史学者・民族学者だが、日本言語学会の創立メンバーであり、逝去するまで言語学会の評議員を務めた (佐藤 2009)。博士学位論文 (Matsumoto 1928) は、日本語とオーストロアジア語との間には重要な語彙の相似が見られ、音対応も規則的であるので、両者には、「本源的の親縁関係」がある可能性があると

いう指摘をしている。後の発言を辿ると、本人としてはこの指摘は積極的な可能性の指摘というより、単語の比較にとどまるものであり、本格的な系統論は今後の比較形態論的な研究に俟ちたいという気持ちが強かったらしい (松本 1948; 金田一他 1951)。しかし、当時の学界では「近年に於ける日南言語の比較研究の盛況」(新村 1930: 12–13) として受け止められた。

　フランス語で書かれた松本論文は海外でも読まれた。なかでもシュミットは、ウィーン大学で 1930 年に開かれた第 6 回ドイツ東洋学会で松本論文に扱われた問題について「オーストロアジア語と日本語との関係」という講演を行なっている (岡 1930)。講演を目の当たりにした岡正雄は、同胞松本が敬意をもって言及されるのが「聴いて居て大変愉快」だったとし、その原稿を入手、日本の『民族学』誌に送る。『民族学』にはドイツ語原文とその和訳が載せられた。和訳は議論の対象である説を主張した、松本信広の手によるものであった。

　シュミット講演の概要は次のようである。松本論文を読み「両語に一致の非常に多いのに喫驚」し「良好な印象」を得た。しかし、オーストリック語は日本語と「本原的親縁関係」でも「単なる借用」関係でもない可能性がある。すなわち、日本語は「幾多の要素の混成から成立して」おり、オーストリック語は「日本語の重要なる混成要素を形成して」いる可能性がある。この仮説では、最古層の言語が「日本語の純然たる母音 (及び n の) 終音」、「非常に単純化された語の構造形式」、「ある割合の語彙」、「名詞の第二格を前におく式」をもたらしたが、どの言語群と関係付けられるかは分からない。第二の言語は、オーストロアジア (及び共通オーストリック) であり、「多くの身体部分名称、動物名称、植物名称」、「その中にも稲、竹、園、並びに自然の部分を表現する語」、「動詞、形容詞」が取り込まれ、「母権的、鍬使用文化階段を示して」いる。そのあとに (ウラル) アルタイ系と南島系が相継いで入った、と考えられる。

　シュミット講演を日本に伝えた岡正雄は、後に新しい日本民族文化起源論の提唱者として知られるようになる。その論の具体的内容が初めて示されたのは 1948 年 5 月に開かれ 1949 年に記録が『民族学研究』に掲載された「日本民族＝文化の源流と日本国家の形成」という座談会である (佐々木 2009)。座談会の中で、岡はシュミットの日本語混成語説を紹介し、日本語の最古層をなすはずの正体不明の言語「X 語」の探索に興味を示し、「とにかく北ハルマヘラ語がこの母音終りをやる、しかもゲニティフが前に来る。パプア語にもこの特徴があるようだ。日本の周辺を見て、この母音終りを特徴とする言語は見当らない。どうしてもこの北ハルマヘラ語のことが気になるのだが、いつもたれか専門の言語学者に一度やってもらいたいものだ」(石田他 1949: 32) としている。座談会が書籍の形で出版され

た際には、自ら付けたと思われる註に「北ハルマヘラのティドール語その他、お
よびパプア語」は「母韻終りと属格前置を特徴としている」(石田他 1958: 249, 註
45) と北ハルマヘラの諸言語の中でもティドレ語 (Tidore) を名指ししている。

　岡の言う通り、ティドレ語は音節構造 (C)V(N) で (van Staden 2000: 63)、所有
者は所有物に前置される (van Staden 2000: 21)。念のため言語学的な立場からの
コメントをしておくと、一般に類型特徴をもって系統関係を推定する方法は認め
られていない。この二つの類型特徴によって日本語との歴史的な関係の暗示と見
ることは無理である。音節構造が最大 CVC であるような言語は世界にいくらで
もあるし、初頭子音よりも末子音の種類が限られることも非常によくみられる特
徴である。また、所有者と所有物に関わる語順は基本的に所有者前置か後置の二
つのどちらかでしかない。二つのうち同じ一つを取ったのが「似ている」という
のは言い過ぎである。また細かく見れば、所有表現が日本語に似ているとも言い
にくい。ティドレ語の所有構成は主要部標示で所有者が無標である一方、所有物
に所有者人称・数接頭辞が付される (van Staden 2000: 250) のである。この特徴
は、上述したように、パプア諸語と対照的に南島諸語がもつとレイが考えたもの
に一部あてはまる。

　岡正雄はティドレ語についてどんな情報源を使用したかについて明らかにして
いないが、たしかに所有者が前置される「逆順属格」は北ハルマヘラ＝テルナテ・
グループに属する言語の特徴とされることが多かった (Watuseke 1991; Voorhoeve
1988)。しかし、それは、それより西に分布する、比較的よく知られていた南島諸
語が所有者後置であるのに対比的だからであり、世界の言語の中で、あるいはアジ
ア・太平洋地域において特殊な言語特徴だからではない。それどころか、ニュー
ギニア地域では南島諸語にも所有者前置の傾向が強いのだから、系統とは関係な
く見られる地域特徴なのである[*3]。いずれにせよ、岡正雄の日本と日本語の「源
流」に対する考え方は、ここで紹介したシュミット講演の影響を直接受けており、
また彼の学説の決定版とされる「日本文化の基礎構造」(1958) で展開された、日
本の民族文化が五つの《種族文化複合》によって構成されているという主張とも、
密接に関係があることは確かである。

　以上に見た、松本、シュミット、岡の各説について、江実は明示的に自分の主
張の背景としているが、もう一つの背景要素がある。類型特徴を基盤とした、系
統的な「さぐり」入れである。初めのものは藤岡 (1908) で、ウラル・アルタイ諸

[*3] ここでいう「所有者前置」は、当然、語以上の構成素の順序についていう。時に語と接辞の区別
を曖昧にしたまま接頭辞か接尾辞かについて語順を云為する議論があり、混乱に輪をかけている。

語が多く共有する言語特徴を14箇条示している。日本語はこのうち母音調和を除く13の特徴を共有しており、「インド・ゲルマン」ではなくウラル・アルタイへの帰属をまず考えるべきだというのが論旨であり、当時提出された日本語インド・ゲルマン説への反駁を主な目的としている。「文法的性がない」、「冠詞がない」など、言語特徴というよりインド・ゲルマン的特徴の欠如に言及していることにも注意しなければならない。なお、藤岡の挙げる英語やドイツ語の冠詞の例は、祖語から受け継がれたものではなく後に発達したものであるから、系統論の問題に対して系統と関連しない類型特徴の話題を織り交ぜて論じていることになる。そのような問題があるにもかかわらず、その後日本語に母音調和があったことが示され、14箇条全てが日本語に当て嵌まることになると、日本語がアルタイ系に帰属することが証明される期待は俄然高まった。

　40年以上の歳月を経て、座談会の中で服部四郎は藤岡が「単語だとか文法的要素の対応を問題にされているのではなく、言語の構造の類似を指摘」したことに注目すべきだとし、これが「同系説を主張するのではなく、さぐりを入れる」方式なので「見当」としては今日的にも正しいが、日本語とウラル・アルタイ語に限らず「南の方や、その他あらゆる方向にさぐりを入れたらよかった」と評した。座談会の中で泉井久之助なども同調する雰囲気であった (金田一他 1951)。服部四郎はさらに、服部 (1957) でこのような方法を「水深測量」的な研究と位置付け、音韻・文法のみならず基礎語彙についても水深測量的な研究が無意味でないとし、日本の周辺の18言語の基礎語彙 (スワデシュ・リスト 100 項目) のうち日本語に似ている語彙を拾い上げる作業をしている。本稿の目的から重要な点は次の三つである。1. 藤岡のウラル・アルタイ共通類型は、「孤立した一二の特徴に限られるのではなく、r が語頭に立たない、母音調和がある。単語の形が二音節以上であることが多い、接尾辞・接尾附属語を多く用いる、語順が似ている、等々の特徴が、いわば束になって認められるという点で、注目に値する」と、服部は諸言語に共通する「特徴の束」の価値を認めていること。2. 日本語の底層に「北ハルマヘラ語やパプア語」があった可能性についての言説が「水深測量」的な研究の例として挙げられており、岡正雄の発言が意識されていること。3. 日本語系統論の文脈で恐らく初めて具体的なパプア諸語に言及し、Hanke (1909) に拠って「ボグー語」を扱い、スワデシュ・リスト (100 項目) のうち「日本語に少しでも似ている語彙」を 12 項目提示 (1, 2, 6, 13, 25, 35, 41, 50, 66, 74, 76, 82) したこと。なお岡正雄がティドレ語を名指ししたのは座談会記録が書籍化された 1958 年で、服部がボグー語を扱った次の年である。

　服部は、「どの言語も例外なしに、日本語との間に、5乃至10項目程度の類似を

示すと言ってよい。」(服部 1957: 82) とし、この研究によって「日本語列島から
一歩外へ踏み出せば、直ちに大きな断崖の上に立つということが明らかになった」
と結論付ける。結論は健全に見えるが、服部の「水深測量」は系統関係が未知の
言語間の類似した語彙の数を同源語の数と見做した場合に「仮りに日本語と親族
関係を有するとしても、それは非常に遠い関係だということを意味する」と論を
運んでおり、泉井 (1960) や村山 (1981) はこの点を厳しく批判している。言語年
代論は本来、系統関係が保証された言語間の確実な同源語の数から分裂年代を求
める方法だからである。

5.3　江実の日本語源流さぐり

　江実 (1904–1989) は「蒙古源流」を研究の出発点としたアルタイ諸語研究者と
して知られる (志部 1989)。自ら振り返って「半生を通じ、就職、転学科、転大学
のおすすめをいろいろおうけ」したというほど引く手数多の活躍をし (江 1986)、
1970 年に岡山大学を退職してからは 18 年計画で蒙古文の「蒙古源流」八写本の研
究に没頭していたところ、研究成果の完成の目前、退職 19 年目の 3 月に逝去した。
ここで扱うのは江の退職後のもう一つの顔、「日本におけるパプア諸語研究のパイ
オニア」としての活動であり (紙村 2015)、現在でもかすかに人の記憶に残ってい
るようである (cf. 木田 2015)。江のパプア諸語研究はトアリピ語、ウサルファ語、
パプア湾沿岸諸語と進むが、前二者については日本語と共有される類型的諸特徴
を指摘している点で同趣旨の話をしており、最後の諸言語については語彙比較研
究をしている点が異なる。本節では江の「日本語源流さぐり」について、江が取
り組んだ順に紹介し、その取り組みのそばに大野晋が存在したことを指摘する。

5.3.1　トアリピ語

　江 (1974c: 13) によると、江のパプア諸語研究は、1972 年、大阪外国語大学の朝
鮮語学科とモンゴル語学科との共催の研究会を皮切に表舞台に現れたようである。
「ニューギニアの言語のなかに、日本語と文法的に一致をしめすものがあるのでは
なかろうか」という江の発言を聞いた今西錦司から発表を薦められて (江 1974a)、
翌年、梅棹忠夫研究室を中心とした研究サークルでも発表、更に、春に東京外国
語大学の AA 研で話をした際には自分の発表に対して大野晋から、「統辞論に終始
したが、語彙のほうはどうなっているのか、動詞の受け身はどうなっているのか、
などということについて、鋭い質問」を受けたという。その秋には日本言語学会

68 回大会で「ニューギニアの NAN 語について」という題の発表をしたことが言
語研究の発表要旨によって知ることができる (江 1974b)。日本言語学会のウェブ
ページによるとこの大会 (昭和 48 年 10 月 20 日シンポジウム、10 月 21 日研究発
表) 初日のシンポジウム題目は「日本語の起源」(泉井久之助・江上波夫・大野晋・
大林太良・崎山理・村山七郎、司会: 岸本通夫) であり、二日目の研究発表 (全 7
件) には藤原明「―アルタイ諸語、高句麗語、朝鮮語採用による― 日本語とウラ
ル諸語の人体各部比較語彙」、長田夏樹「日朝共通基語比定のための対応形の選択
について」が含まれ、この時期に日本語の起源研究が隆盛を極めたことが分かる。
　言語学会における江の発表形態は通常の口頭発表ではなかったという目撃情報
がある。発表予定の江がなぜか姿を見せず、司会者が閉会の辞を述べたあとに現
われたので、発表は「講演」ということにして残った参加者たちが聞くことになっ
たというのである (村山 1981)。その中にやはり大野晋の姿があったということは
注目に値する。のちに、江と大野は緊密な連携をするようになるからである。
　江実がニューギニアに言語の現地調査に入ったかどうかはよく分からない。菅
野 (n.d.) によると、江実が「パプア・ニューギニアまでお出かけになったお話し」
を聞いたとのことだが、少なくとも江実のパプア諸語に関する発言は全て出版さ
れた資料によるものである。発表要旨や村山 (1981) によると、言語学会発表は
Capell (1969) の示したトアリピ語の二つの例文を挙げて類型特徴を 8 点指摘した
にすぎないようである。同趣旨の文章に江 (1974a) があり、より多く文章化され
ている。追加の指摘が 2 点あるほか、Capell と Wurm によるパプア諸語概観が追
加されている。計 10 点のトアリピ語についての指摘 (「＋」で示したのが後の追
加 2 点) は音韻的には 1.) 各語詞は総て母音で終る、2.) 重子音で語頭位が始まる
ことはない、3.) ＋ r, ŋ で語詞の頭位がはじまることはない (但し Toaripi 語の v
音の音価は不明)、統語的には 4.) 後置詞、5.) 属格前置、6.) 形容詞前置、7.) 連
体形、8.) 主語・目的語・述語の語順、9.) 強調詞の存在、10.) ＋カペルの類型論
による支配中立型 (名詞も動詞も形態的に単純) というものである。このうち 10
はカペルの分類そのままであり、独自の研究ではない。1、5 はシュミット・岡の
日本語底層特徴に、2、3、4、6、8 は藤岡勝二のウラル・アルタイ共通類型に (ほ
ぼ) 該当する項目があり、すでに指摘されていた日本語の言語特徴について、当て
嵌まるかどうかを検討したものと見られる。7 と 9 は独自の観察であるが、この 2
点についてはどのような指摘がしたいのか、江の説明を見ても具体的なことが分
からない。
　江の指摘から分かることは、明らかに Ray (1907a)、Brown (1972) などのトア
リピ語の文法記述を参照していないということである。江は Capell (1969) から

引いた、粗い語釈しかついていない二つの例文を、言語類型についてのカペルの解説をたよりに独自に分析したのだと思われる。例えば、上記 6(形容詞前置) は「forova「草」は oti「園」の前に置おかれていて、「園」を形容する働きをする」(江 1974b) というが、既存の記述が、トアリピ語の形容詞のほとんどが被修飾語に後続する (Ray 1907a: 334; Capell 1969: 24; Brown 1972: 286) とするのに反する。そもそも挙げられた例には形容詞が存在しない。Brown (1968) によれば forova は「仕事」を表す名詞で、oti は「場所」を表す名詞、名詞が名詞を修飾する構造が全体として「畑」を表すものである。のちに江はこの勘違いに自分で気づいたようである。江 (1974c) ではトアリピ語の語順について紹介する際に Capell (1969: 24) からの例を引いているが、形容詞語順について言及せず、次の節で紹介するように、形容詞前置の語順をもつウサルファ語を中心的に取り上げている。ちなみにパプア諸語の形容詞語順について、江と同様に形容詞前置であるものと誤解をする者が多いという。誤解の原因は、ウサルファ語などの一部の高地のよく研究された言語に見られるためか、主要部後置という理屈が先立つためだろう。実際にはニューギニアのほとんどの言語が、トアリピ語のように動詞が文の最後に来て形容詞が名詞に後置される組み合せを取る (Donohue 2010: 87–89)。

　ブラウンの 302 ページからなるトアリピ・英語辞書を開くと r 始まりの語が 3 ページ分 (Brown 1968: 240–242) あり、r はじまりの語彙がないという指摘が明らかな誤りであることが分かる。そもそも村山 (1981: 14) がすでに指摘しているようにカペルの挙げる別の例文の中に r 始まりの単語が見える。なお、同じ辞書の中で l 始まりの語は 22 ページ (pp.132–153) にわたる見出し項目を持つ。

　ところで、江が示した例文の出典は Capell (1969: 24) で、そこではトアリピ語を含めて四つの言語について二つの表現「園の木々の実」「園の中央の木の実」が例示されている。このような対照が可能になるのはそれらが聖書からの引用だからである。事実、江の長い方の例文はトアリピ語聖書の創世記 3:3 に完全に同じ文句が含まれている。カペルの研究はキリスト教系翻訳テキストを主にデータにするタイプの研究であり、今では少し時代を感じさせる。いずれにせよ、江の話は、シュミット・岡と藤岡・服部に刺戟を受けて、日本語とトアリピ語に共通する類型特徴を挙げ、言語間の類似を印象付ける試みであった。

　言語の類型的特徴には、世界の言語に高い頻度で現れるものや、系統とは関係なく別の類型的特徴と強い相関を示すことがあることが分かっている。グリーンバーグに始まる語順の類型論は特に有名である。江の挙げた類型特徴のうち、3 種類の語順: 4.) 後置詞 (接置詞の語順)、5.) 属格前置 (所有者・所有物の語順)、

8.) 主語・目的語・述語は、それぞれ世界の言語に見られる頻度も高いし、組み合せで現れる頻度も非常に高い。実際、WALS(Dryer and Haspelmath 2013) の言語類型のデータベースには接置詞の語順、所有者・所有物の語順、主語・目的語・述語の語順について全部で 905 の言語の語順組み合せデータが入っているが、そのうち最も多いのが日本語・トアリピ語型で、306 の言語が共有する語順組み合せだということが分かる。そのため、これらの特徴の共有は、日本語とトアリピ語の特別な関係を示唆するものとはいえない。なお、先にも指摘したように、形容詞語順については江には誤解があり、日本語とトアリピ語の形容詞関連の語順は同じだとは言えない。

　江は、発表要旨の追記に「最古の原住民のピグミーの言語或はトアリピ語以上に重要視すべき Usarufa 語等に言い及ばず残惜の念がある」としている。ウサルファ語はトランス＝ニューギニア仮説を受け入れるならトアリピ語と系統関係があることになるが、基本的に両言語は系統的にも地理的にも遠い。

5.3.2　ウサルファ語

　江は、学会発表で扱えなかったウサルファ語の問題にすぐに取り掛かったようだ。江 (1974c, 1978) はウサルファ語の例文 19 とマカルブ語の例文一つを観察して日本語と共通の類型的特徴を述べたものである。江自身のまとめをそのまま引用すると、「(I) 音韻論＝語頭位音、語末位音。(II) 形態論＝(1) 動詞－(a) 法(直接、命令、否定、仮定、疑問。(b) 時称 (過去、未来、完了。中止形。(2) ノーメン－(a) 名詞 (名詞分類と数詞。(b) 強調詞。(III) 統辞論＝語順、属格の前置、形容詞の前置、後置詞」ということになるが、見ての通り、トアリピ語についての指摘と非常によく似ている。カペルの類型論が消え、その代わりに動詞の形態論が加わったところが違いになっている。その上で、「この状態は散発的な、個々の特徴の関連というよりは、むしろ太い特徴群の束としての関連といってよいでしょう」(江 1974c: 17) という。ここに服部の「特徴の束」発言の影響を見て取ることができる。のちに発表された江 (1980: 141–142) にも同様のまとめがある。

　江がウサルファ語に目を向けたのは、日本語との類型論的な類似という点ではそれほどおかしくない。というのも、トアリピ語とは違い、ウサルファ語は、この地域では珍しく形容詞前置の言語であるなど、より日本語に近い特徴をもっており、またパプア諸語の中では比較的よく研究されているカイナントゥ語族 (Foley 1986: 236) に所属し、他のパプア諸語に比べてはっきりした情報が得やすいからである。動詞の形態に主節か従属節か、また平叙、疑問、命令などの発語内行為

が示される点もたしかに日本語や他のアルタイ諸語と似ている。ただし、世界の言語の中で際だった特殊な類似とは言えない。

　語順についてのみ確認しておこう。WALS で接置詞の語順、所有者・所有物の語順、形容詞の語順、主語・目的語・述語の語順の組み合せを見ると、これらの語順について 850 の言語についてのデータが入っており、日本語と同じ語順を取るものにそのうち 117 の言語がある。このデータベースでは世界で 3 番目によくある組み合せの語順である。形容詞語順は他の語順と相関が弱いので (Dryer 1988) 順位は下がっているが、頻度の高い組み合せの語順であり、これらの語順が一致することは言語間の特別な関係を示唆するものではない。

　江のウサルファ語のデータ出典は Voegelin and Voegelin (1965) の「5.2 Usarufa」であり、他人のデータによって世界の言語を紹介する一連の記事の一つである。二次資料から三次資料を作るような態度は研究者として問題があるし、情報提供者の Darlene Bee を執筆者名として挙げており、引用の仕方にも問題がある。なお、一次資料提供者であるビーが執筆し没後に出版された論文 (Bee 1973a) の存在には、少なくともこの時には気付いていなかったものと思われる。

　江には「特徴の束」による研究について、若干の後ろめたさがあったのかもしれない。具体的な語彙を取り上げずに系統を論じることについて、江は「NAN の諸言語は、語彙が無限にといってもよいように異なって」(p.24) いて、「いわゆる共通基礎語彙などというようなものをとらえることができない」(p.39) ので、研究が「語彙あるいは形態素の比較によらずに統辞論に集中」(p.41) せざるを得ない、と弁明している。江のこのような発言は、初期のパプア諸語研究の中にその芽があったように思われる。レイによってこの地域に「南島系でない」諸言語があるということが示されて以来、南島系に対して「パプア諸語」の「特徴」はその多様性にあるという言説が繰り返されてきたからである。その中に江の発言を位置付けるとすれば、ある「特徴」をもつ「パプア諸語」という概念が実体化されていく過程の一局面と言うこともできそうである。語彙に見られる多様性をいわばパプア諸語の特徴と捉え、特に一致を見なくてもよいことにする江の方針では、比較言語学の一歩目である音対応の同定にいつまでたっても至らない。語彙の不一致の問題について、江は臆測をふくらませ、オーストラリアの原住民と同様に、ニューギニア「NAN 諸語」の話者の文化でも死ぬとその人の名前 (本来一般名詞) がタブーになっており語彙がどんどん置き換わった可能性があるのではないかと補足している。

　同系の諸言語に祖語から継承されたと考えられる類型特徴がひろく見られるということは、もちろんある。例えば南島諸語の人称代名詞の体系に、一人称非単

数の除外 (聞き手を含まない) と包括 (聞き手を含む) の区別がよく保存されている
ことなどが知られている。しかし、逆に類型特徴を共有している言語が同系であ
る可能性は高くはない。一人称の除外と包括の区別のない言語が南島諸語でない
ということではないし (キリバス語等)、除外と包括の区別があればどんな言語で
も南島諸語だということでもないのである。モトゥナ語 (Onishi 2012: 128) やド
ム語 (Tida 2006) など多くのパプア諸語が一人称に除外と包括の区別をもつ。

5.3.3　パプア湾沿岸

　村山 (1981: 16) によると、江は 1974 年 1 月から 1979 年 1 月の間、毎日新聞に
「日本語のルーツに新説」と題する記事が載るまでニューギニアの言語と日本語と
の系統関係について沈黙を続けたことになるようだ。記事によると江は、「パプア
湾沿岸の言葉と上代日本語 (万葉、記紀などの言葉を基礎にしたもの) が言語学上
定められている基礎語とされている百語のうち、五十語も一致することをつきと
めた」(毎日新聞 1979-01-13)。「江博士は四十七年、同湾沿岸に日本語と文法的に
同じ言語があるのを確認、発表しており、今回の発見は両言語間の関係をさらに
補強するものとしている」。以前「特徴の束」の研究しかしていなかった江実が、
語彙研究を始めたわけである。二つの言語があったとして、それらの 100 の基礎
語のうち 50 語も一致するなら、驚くべき発見である (村山 1981: 22)。しかし、記
事に実際に示された例は 20 のみであった。3 月には二日に分けて「日本語のルー
ツ 注目されるパプア湾岸語 (上、下)」の記事が毎日新聞に載り、二つの論文 (江
1979, 1980) が提出される[*4]。
　さて、この記事で「両言語」とする言語のうち一つは日本語だから、もう一つ
はパプア湾沿岸の特定の言語、あるいは特定の言語グループを指すものと普通は
受け止めるであろう。しかし、江は特定の言語・グループの話をしているのでは
ない。「パプア湾沿岸諸語」というグループはないのである。江の扱った諸言語の
データは、当時のパプア湾地区 (現湾州) と隣接地域に分布する、さまざまな言語
についての論文集 (Franklin 1973) からとられている。一つの言語・言語グループ
のデータによったのではないのである。この本では言語のグループを A から J ま
でに便宜的に分けている。かつて江が注目したトアリピ語は H(Toaripi-Eleman)
に分類されており、I は「分類なし」unclassified、J は「雑」miscellaneous である。

[*4]江 (1979) には「パプア・ニューギニア諸語」、江 (1980) には「西部パプア・ニューギニアの西
イリアン地区」という、他に見られない不思議な用語を使っている。

つまり、系統的に多様な諸言語であることが明示されているわけである。そして、巻末付録として言語の分類順に、スワデシュの 100 語リストに沿った基礎語彙が、70 言語ほどについて示されている。

その 70 言語の語彙リストについて江が行った作業は、「言語地理学の訓練を経た者」として「諸語形をまずじっくりみつめ、さらに史的文献があれば、できるだけそれと対比」することだったという (毎日新聞 1979-03-13)。もっとも、史的文献などというものはパプア諸語の名付け親であるレイの探険報告ぐらいしかない。江によると「縁日の金魚すくいのときとおなじで、目についた金魚をとろうと、肩などに力をいれすぎますとすぐ網の目からのがしてしまい、紙がやぶれてすくえなくなる」ため、「肩の力をぬく「金魚すくいの原理」」によらなくてはならない。こうして江は日本語と類似する語彙を、諸言語から 50 ほどすくい上げた。そして、パプア諸語研究のパイオニアであるレイを批判する。「他の人の調査資料によっている」らしいことと、「言語地理学的に調べたものではない」のがその理由で、その結果「金魚を網の目からのがした」というのである。たしかに、トアリピ語文法を含め、レイの探険報告の多くは、すでに現地入りしていた宣教師の記録の収集に基づくものである。しかし、江も一次資料を提示しておらず、フランクリンの編んだ本を利用している。レイが網の目からのがした金魚の比喩もよく分からない。日本語との類似を見逃したということであろうか。

語彙の類似を説明するための江の仮説はパプア諸語と日本語の直接の関係をいうものではなかった。毎日新聞記事では「原言語」が「インド東部あるいは、マレー半島あたり」で発生、「北回り」で日本に、「南回り」でパプアニューギニアに伝わった結果だという考えが示されている。日本とパプアニューギニアの関係は「原言語」の故地を通じてつながりをもつ、間接的なものだというのである。

新聞記事の内容は二つの論文にまとめられた。一つは 6 頁 (江 1979)、もう一つは総 81 頁 (江 1980) で、細かなデータの異同を別にすれば主旨は同じである。後者の分量が多いのは、主に語彙リスト資料を 53 頁分紹介していることによる。その内訳は多様で、満州語、モンゴル語彙、チュルク語彙、上代日本語とアルタイ語彙との対照表、ドラヴィダ語彙 (江は「ドラヴィディア」という用語を使っている)、オーストロネシア語彙、パプア湾沿岸語彙、基礎語彙対照表 (一)、スワデシュ基礎語彙 200 語と印欧語語根等、「水」midu に関するパプア湾沿岸諸言語の諸語形と、日本の周辺をひろく全般的に見ている。朝鮮語やアイヌ語が含まれないのが不思議なくらいである*5。このように、本文中には資料や引用、先行研究

---

*5 江実は田村他 (1979) の自身の担当部分 (pp.43–49) でアイヌとニューギニアの文化的類似とし

のまとめなどがあるばかりで、新しい考え方を示す部分は少ない。大野晋による
江論文 (江 1980) の解説によると、江の挙げた語例の多くは「昨日今日、安易に単
語を求めて羅列したのではなく、慎重な著者が五十年の研究をふまえて、求める
べきはその最古の語形にさかのぼり、確かめるべきは最も確実な資料に確かめて
得られた」ものだという。江 (1980) はパプア湾沿岸諸語について最も力点をおい
ており、江自身の以前の研究と合わせると、「パプア湾岸諸語」は、他の言語には
見られないほど「文法、音韻、語彙の言語の中心的な三特質の点で、上代日本語と
同時に一致の状態をしめす」(p.199) としている。

　両論文とも、大野晋とのこれまで以上の連携とドラヴィダ系諸言語への言及、
そして村山七郎への対抗意識が示されており、この点が新聞記事と異なる。大野
晋との関係は上代日本語・ドラヴィダ諸語・オーストロネシア諸語・パプア湾沿
岸諸語の四者の基礎語彙対照作業に見られる。ここでは江実が「言語学の立場か
ら」リストした語彙について、大野晋が「国語学の立場から」相関があると判定す
るという協働を行っている。大野の作業は「酷暑のおりから短時間に」(江 1980:
196) 行われたということである。

　さて、江 (1980) に示された、上代日本語とパプア湾沿岸諸語の「相関語彙」に
は第一種 (33 項目) と第二種 (42 項目) の二つがある。第一種は「相関性の考えら
れる語彙」が 22 件、「やや相関性の考えられる語彙」が 11 件あるとしている。第
二種の方が「大野博士の判定による」ものとされ、○印が 17 項目に付されている。
本文中で第一種をもとに第二種を作成したように書かれているが、異同が大きく、
別の方針で作られた異なる結果としか思えない。これらを新聞記事の 20 項目と比
べるとこれとも大きな異同がある。江 (1979) で示された一覧はこのうち第二種に
相当するが、2 項目多く、44 項目ある。また同時期に出た研究会報告の資料 (田村
他 1979) では新聞記事語彙によく似た 20 項目のリストがあるが、うち 5 項目が異
なる。これらを合わせ、重なりを除くと計 64 項目のパプア湾岸諸語語彙について
日本語語彙との類似を指摘したことになる。この「相関語彙」を三種類の別のま
とめ方で例示した理由ははっきりとは分からないが、一部は村山からの批判に対
応するためだったかもしれない。

　大野晋はこの頃すでに日本語タミル語起源説を唱え始めているが、江実の研究
に終始好意的である。パプア諸語と日本語の関係がドラヴィダを介した間接的な
ものであれば矛盾しないということだろうか。大野の「判定」によると、上代日

て、(前) 頭部を利用して物の運搬する仕方について指摘したことがあるが、言語的類似については言
及が見付からない。

本語と共有する語彙の数はパプア諸語よりもドラヴィダ諸語の方が多く、倍近く
ある。このような結果であれば、江もむしろドラヴィダ諸語に関心を寄せてもよ
さそうだが、大野の役割分担がタミル語、江の役割分担はあくまで「パプア」のよ
うで、江は大野と手を組んで「日本語の親縁関係の難問」を解決したいという (江
1980: 199)。そして、これら三者の間に「同時に共通すると思われる語彙」が 12
語あるとして、「三言語に同時に共通する相関をしめす語彙がみとめられる際、三
言語にわたって同時に借用があるといえる場合は少ない」(江 1980: 196–197) と
いう主張を展開した。

5.4　江の研究が巻き起こした議論

　江の研究に初めて公の場で反応を示したのは大野晋だったようである。朝日新
聞 (1973-11-03) の署名記事「日本語の起源論 私見」では二つの新たな知見に注目
している。一つは「李基文氏の」高句麗語研究、もう一つが江実のトアリピ語の
「発見」である。江に対する、ありうる方法論批判に予防線を張ったものか、イン
ド・ヨーロッパ語では系統研究に「証拠力がない」とされる語順は「本当に証拠力
がないか」と疑問を呈している。

　江の一連の研究を注視して何度も批判の文章を書いたのは村山七郎である。実
は江の研究は出鼻から村山にくじかれている。言語学会講演のあと、その考えを
初めて文章化したのが『月刊言語』記事 (江 1974a) であるが、同じ号のすぐ前に
掲載された村山論文 (村山 1974) が、江の遅刻の様子から内容まで詳述し、痛烈に
批判しているのである。ほとんどの読者が、江の文章の前にその批判を読まされ
たことになる。なお、村山論文は「南島語起源説について」と題された 8 ページ
の文章であるが、初めの 2 ページ弱が江実批判、次の 1 ページ弱が大野晋批判に
あてられている。大野が村山の高句麗語研究の成果を李基文の手によるもののよ
うに紹介している点を、村山は「南島語」から完全に脱線してまで批判している。
村山はこの時点で江と大野のチームワークに気付いて、二人の発言に警戒してい
たのであろう。

　村山の江の研究の批判の骨子は次の 3 点である。1. パプア諸語の中にアルタイ
諸語と統語類型論的に類似を示すものがあることはすでに Capell (1962) によって
知られている事実であり、2. 数百あるパプア諸語の中にさらにアルタイ諸語に似
た特徴をもつ言語があっても驚くべきことではない。3. このような類型的類似は
言語系統問題の決め手にはならない。これらの指摘に加え、不適切な引用の仕方
についても非難している。

　江実はこれにすぐに反応し、「類型学は比較言語学を扶ける」(江 1974d) と題して、祖語の再構にあっては類型論が役に立つことをヤーコブソンを引きつつ論じる。しかし江は祖語の再構をするどころか音対応さえ示していないのだから、この抗弁はあたらない。また、ヤーコブソンは「特徴の束」で系統関係を示すことができるとは言っていない。村山による江批判は、のちのちまで江の心に引っかかっていたようである。5年後の江 (1979) でも「「文法的一致、語順などは系統論には大して役にたたない」という人がいます。しかし、よく注意してみますと、こうした人の中には、たとえば日本語とオーストロネシア語とは関係があると説こうとしている人がいます。さきに見ましたようにオーストロネシア語の文法の主要体系は日本語と全くことなっています。したがって文法体系、とくに語順などは鬼門なので、とにかく自己に不利な語順などは落してしまえということになったのでしょうか。これは怖ろしい考えです」と、名前は出していないものの明らかに村山への敵意をむき出しにしている。

　逆に、江実に対しても、名指しをしない批判があった。崎山理は、トアリピ語と日本語との関係について、次のように慎重にコメントしている。「その膠着語的特徴によってトアリピ語は、日本語に対して朝鮮語、ウラル・アルタイ系諸言語、チベット語、ビルマ語などと同じ関係に立つ言語だということになる。そして、それらいずれの言語とも系統的関係の証明に成功していないという点でも、また共通することにならざるをえない」(崎山 1978: 134)。当然のことではあるが、類型論的特徴が系統関係とは別問題であるという考え方が共有されている。

　江の「特徴の束」研究の第二弾、ウサルファ語研究 (江 1974c) についても、大野晋はすぐに支援の態度をしめしている。すぐどころか出版自体は一月前の大野 (1974) にウサルファ語の特徴を7項目挙げているのである。そして「これらの言語の発見は、江実博士の功績であって、パプアの諸言語、ひいてはオーストラリア諸言語と日本語との比較研究は、新たな目をもって見直されなければならなくなりつつある」と「発見」の功を称え、「志があれば、大陸に向って、また、南太平洋の島々に向ってさらに新しい探索に踏み出さなければならない」とこの書を結んでいる。ここで、ニューギニアに加えてオーストラリアに言及した根拠は示されていない。司馬遼太郎との対談のなかでは大野晋はほとんど熱狂したようにウサルファ語と日本語との類似について語り、日本人が行けば研究はたやすい、「ぜひ行く必要がある」などと発言している。

　ところで、大野の伝える江の研究成果は少しづつ変形を加えられている。例えば大野 (1974) で示されたウサルファ語の特徴は江のまとめとは少し異なる。また、同書で「王様の死去に伴い、王様の名と同音で始まる語はすべてタブーとなっ

て、別の語に言い換えをする」というのは、江がオーストラリアの原住民の習慣と
して臆測を膨らませた仮説を土台にして、メラネシアやオーストラリアでは伝統
的に存在しない「王様」というとんでもない尾鰭を付け加えたものであることは、
紙村 (2015) が指摘する通りである。司馬との対談中、ウサルファ語の話者が「百
万人ぐらいいる」とかこの言語の「文例が三十ぐらいしかわかってない」という
のに至っては明らかな誤りである。ニューギニアには百万人もの話者を抱える土
着の言語は存在しない。Wurm (1982: 121) はウサルファ語の話者を 1400 人ほど
としている。また、Bee (1973a) は多くの例文を提示しているし、同じ本でテキス
トも発表されている (Bee 1973b)。大野はなぜ誤った情報を追加したのだろうか。

　更に、大野 (1980: 69–70) では日本語の特徴を 7 箇条にまとめた上で、「ニュー
ギニアの高地に住むパプアの言語の中には、右の条件を満たす言語がある。たと
えばウサルファ語のごときは、音節の構造でも、語順でも日本語と一致する」とい
う。そして、ウサルファ語については江の研究が語彙比較に及んでいないにも拘
らず、「基本語の中には、日本語と類似する語形を持つものがある」とやはり誤っ
た情報を加えている。

　すでに述べた通り、江実の「パプア湾沿岸諸語」との語彙比較研究は 1979 年に
始まる。新聞記事には岡正雄からのコメントが寄せられており、「パプアニューギ
ニアに日本語とよく似た言語があることを、まだ、だれも言っていないし、単語
でそっくりなものがあるとしたら、民族間の関連の研究に重要な役割を果たすも
のだ」と期待を寄せている。一方で、村山七郎は、江の語彙比較研究についても、
著書『日本語の起源をめぐる論争』の 70 ページ以上をあてて批判している。例え
ば毎日新聞 1 月の記事については 1. 記事に言われたように「最初の語音の一致」
を問題にしているなら「同源の証明力はゼロ」であること、2. キワイ諸語との関
係を突き止めたように書いてあるが、「パプア湾沿岸の言葉」のリストは雑多な言
語から示されていることなどを、非常に具体的に指摘、批判している。その後は
江実からの反論もなかった。日本の源流を辿る作業から蒙古源流のライフワーク
に立ち返ったのであろうか。

　江の研究が一定の注目を浴びる中、1979 年、国立民族学博物館では 10 年計画の
「日本民族文化の源流の比較研究」のプロジェクト (代表 佐々木高明) が発足した
(佐々木 2009)。そのプロジェクトでは、かつて日本語や日本文化の系統にかかわ
る問題に関して北ハルマヘラ諸語が言及されたことがある (岡正雄のことだと考
えられる) のを踏まえて、北ハルマヘラで言語調査を行っている。その成果の一つ
として「系統論の基本となる祖形の再構成を目指した基本語彙の調査と分析の報
告」をしたのが和田 (1983) である。ところが、その本論では日本語には一切触れ

ていない。和田祐一の北ハルマヘラ調査のほかの成果 (和田 1979; Wada 1980) では、日本語との関係を論じることはおろか、調査の背景に日本の「源流」に関する問題意識があったことにも触れていない。日本語とパプア諸語とに関する一連のやり取りはこうして幕を閉じた。和田はのちに、崎山理が民博で「日本語の形成」(1986 年) を計画した際にも、初めは参加を固辞したと伝えられる (崎山 2009)。社会全体の雰囲気が日本語の起源論から遠ざかっていった。

5.5　終わりに

　江実のパプア諸語研究は、大野晋のタミル語研究の道筋を作ったように思われる。江と大野の研究上の協力関係は、大野のタミル語研究にあっても、「江 実博<ruby>士<rt>ごうみのる</rt></ruby>は、パプア諸語の研究と並んでドラヴィダ語を研究されるさ中に、私に、デリー大学助教授バランバル女史の日本語・タミール語比較文法の論文を貸与され、また、テルグ語のテープの購入を勧められるなど誘掖されるところが大きかった」(大野 1980: 354–355) という通り、直接的なものであった。

　一方、江実の立論に陰で寄与していたのが、藤岡に淵源を持つ服部の「特徴の束」や「水深測量」の考え方である。江実の議論をさらに元気付けたのはパプア諸語研究そのものだったかもしれない。パプア諸語の名付け親であるレイ (Ray 1907b: 287–288) をはじめとして、シュミット (Schmidt 1920)、ワーム (Wurm 1954: 467–469)、カペル (Capell 1969: 31–33, 65–66)、フォーリー (Foley 1998) など主要な論客はパプア諸語の特徴を項目立てて紹介している。パプア諸語は一つのグループではないにも拘らず、名前がついた途端に実体化され、その特徴探しが始まる。見付かるのは、多くの言語に当て嵌まる一式の類型特徴群である。初期にはその中に「代名詞の不一致」、「語彙の不一致」という項目が紛れ込んでいた。このような「不一致」はパプア諸語が南島諸語ではないニューギニアと周辺地域の諸言語という定義をもつ以上、ほとんど定義を換言したものだと言える。勿論個々の言語の属性とは言えないし、特徴の一つとしてあげるべき種類の項目ではないが、パプア諸語という呼称はむしろ、そのようなものだということを強調しておきたい。

　パプア諸語研究においてはその間、1960 年を前後して大規模な現地調査と、スワデシュの語彙統計学の応用によるグルーピング仮説がワームにより提出される (Wurm 1960)。同系かどうかが保証されていない諸言語の、同源かどうか分からない類似語彙から「同系だったとしたら」どの程度近い関係にあるかを探る、服部の水深測量と基本的に同じ精神の流れが同時期にパプア諸語研究にも存在した

わけである。この際、ワームは語彙のみならず構造特徴を比較し、グルーピング
の参考にしたことを明言している。その後、Greenberg (1971) で初めてパプア諸
語が全体として一つの系統に属するという仮説が提出されたのを頂点として、「パ
プア諸語」の実体化にはブレーキがかかる。そもそも定義からしてニューギニア
の「周辺地域」を広くとれば非南島諸語である日本語まで入ってきておかしくな
いのがパプア諸語である。日本語がパプア諸語の一つとされても良いし、パプア
諸語の一つであることにはなんの意味もない。

　実は、パプア諸語と日本語の類型的特徴が類似すると直感するのは江実ばかり
ではない (cf. 紙村 2015)。しかし、それは同系性を仮定しなければ説明し得ない
ような、偶然とは思われない語彙の音形の対応を伴っていない。また、類型的に
見ても、数百あるパプア諸語ではあるが、大勢は平凡な特徴を多くもち、その点で
日本語と共通するだけではないだろうか。ヨーロッパのように世界でも特異な特
徴を共有する言語がひろがっている地域 (Dahl 1990; Haspelmath 2001; Cysouw
2011) があるが、日本ではそのような地域の言語が世界の言語の代表格のように
思われているふしがある。「比較言語学は、相互の関連の不明なデータの集積から
何かを発見する手法として発展してきたわけではない」(中川 2003)、「言語の同系
仮説は言語学研究の目標ではなく、はじまりに過ぎない」(児玉、本書第 8 章) と
いった言語学者の声はいつ滲透するだろうか。世界には多くの孤立語が存在する
が、人の目は群小の孤立語にはそそがれにくい。それに対し、日本語は琉球諸語
との同系性が確立されており、語族内にそれなりの多様性を抱えているというこ
とが、きちんと認識されていないように思われる。パプア諸語を歪んだ目で見る
要因が、現在も通用している日本人の言語観にあるとすれば、江実のパプア諸語
研究を笑ってすませるわけにはいかない。

新聞記事他

Anonymous (n.d.) 'Darlene Laverne Bee' (Bee 1973a の私家版抜き刷りの前付)
菅野裕臣 (n.d.) 「志部君の思い出」(百孫朝鮮語学談義 － 菅野裕臣の乱文乱
　　筆、最終アクセス 2017-01-05) http://www.han-lab.gr.jp/~kanno/cgi-bin/hr.
　　cgi?misc/shibumem.html
　　もと「『故志部昭平先生の業績と思い出』、朝鮮語研究会、1994 年 8 月 所収」と
　　のこと。
朝日新聞 1973-11-02 東京夕刊 7 頁「日本語の起源論 私見」(大野晋寄稿)
毎日新聞 1979-01-13 東京朝刊 3 頁「日本語のルーツに新説 江博士が確認」

毎日新聞 1979-03-12 東京夕刊 5 頁 1 段目「日本語のルーツ 注目されるパプア湾
　岸語 (上)」(江実寄稿)
毎日新聞 1979-03-13 東京夕刊 4 頁 1 段目「日本語のルーツ 注目されるパプア湾
　岸語 (下)」(江実寄稿)
毎日新聞 1989-03-21 東京朝刊 31 頁 (訃報欄、江実)

参考文献

Anceaux, J. (1953) New Guinea: Keystone of Oceanic linguistics. *Bijdragen tot de Taal-, Land- en Volkenkunde* 109(4), 298–299.

Bee, Darlene (1973a) Usarufa: A Descriptive Grammar. In McKaughan, H. ed. *The Languages of the Eastern Family of the East New Guinea Highland Stock.* 1 of Anthropological Studies in the Eastern Highlands of New Guinea, 225-323, Seattle: University of Washington Press.

―――― (1973b) Usarufa text: Two brothers get wives. In McKaughan, H. ed. *The Languages of the Eastern Family of the East New Guinea Highland Stock.* 1 of Anthropological Studies in the Eastern Highlands of New Guinea, 390–400, Seattle: University of Washington Press.

Brown, H. A. (1968) *A dictionary of Toaripi.* Oceania Linguistic Monographs 11, Sydney: University of Sydney, (Part 1 and 2 in separate volumes).

―――― (1972) The Elema languages : a comparative study of Toaripi, Orokolo and their related dialects. Ph.D. dissertation, University of London.

Capell, A. (1969) *A Survey of New Guinea Languages.* Sydney: Sydney University Press.

Capell, Arthur (1933) The structure of the Oceanic languages. *Oceania* 3(4), 418–434.

―――― (1962) Oceanic linguistics today. *Current Anthropology* 3(4), 371–428.

Cysouw, Michael (2011) Quantitative explorations of the world-wide distribution of rare characteristics, or: the exceptionality of northwestern European languages. In Simon, Horst and Heike Wiese eds. *Expecting the Unexpected.* 411–431, Berlin: De Gruyter Mouton.

Dahl, Osten (1990) Standard Average European as an exotic language. In Bechert, Johannes, Giuliano Bernini, and Claude Buridant eds. *Toward a typology of*

European languages: Empirical approaches to language typology. 8, 3–8, Berlin / New York: Walter de Gruyter.

Donohue, Mark (2010) The Papuanness of Papua New Guinea's Eastern Highlands. In Billings, Loren and Nelleke Goudswaard eds. *Piakandatu ami Dr. Howard P. McKaughan.* 87–93, Manila: Linguistic Society of the Philippines and SIL Philippines.

Dryer, Matthew S. (1988) Object-verb order and adjective-nown order: dispelling a myth. *Lingua* 74, 185–217.

Dryer, Matthew S. and Martin Haspelmath eds. (2013) *WALS Online.* Leipzig: Max Planck Institute for Evolutionary Anthropology, URL: http://wals.info/, (Available online at http://wals.info, Accessed on 2018-05-31.).

Foley, William A. (1986) *The Papuan languages of New Guinea.* Cambridge: Cambridge University Press.

—— (1998) Toward understanding Papuan languages. In Miedema, Jelle, Cecilia Odé, and Rien A.C. Dam eds. *Perspectives on the Bird's Head of Irian Jaya, Indonesia: Proceedings of the Conference Leiden, 13–17 October 1997.* 503–518, Amsterdam: Rodopi.

Franklin, Karl ed. (1973) *The linguistic situation in the Gulf District and adjacent areas, Papua New Guinea.* The Australian National University: Pacific Linguistics.

Greenberg, J. H. (1971) The Indo-Pacific hypothesis. In Sebeok, Thomas A. ed. *Current Trends in Linguistics.* 807–871, The Hague: Mouton.

Haddon, A. C. (1939) Sydney H. Ray: 28th May, 1858–1st January, 1939 (Obituary). *Man* 39, 58–61.

Hanke, A. (1909) *Grammatik und Vokabularium der Bongu-Sprache.* Berlin: Reimer.

Haspelmath, Martin (2001) The European linguistic area: Standard Average European. In Haspelmath, Martin, Ekkehard König, Wulf Oesterreicher, and Raible Wofgang eds. *Language Typology and Language Universals.* 2, 1492–1510, Berlin / New York: Walter de Gruyter.

Hooley, Bruce A. (1964) A brief history of New Guinea linguistics. *Oceania* 35(1), 26–44.

Laycock, Donald C. and C. L. Voorhoeve (1971) History of research in Papuan languages. In Sebeok, Thomas A. ed. *Current Trends in Linguistics.* 509–540,

The Hague: Mouton.

Lynch, John (1998) *Pacific Languages: An Introduction.* Honolulu: University of Hawai'i Press.

Matsumoto, Nobuhiro (1928) *Le japonais et les langues autroasiatiques.* Paris: Paul Geuthner.

Onishi, Masayuki (2012) *A grammar of Motuna.* Outstanding grammars from Australia 9, München: Lincom Europa.

Ray, Sidney H. (1893) The languages of British New Guinea. *Transactions of the Ninth International Congress of Orientalists held in London 1892* II, 15–39.

——— (1907a) Grammar of the Toaripi Language Spoken at the Eastern End of the Gulf of Papua. In Ray, Sidney H. ed. *Reports of the Cambridge Anthropological Expedition to Torres Straits, vol. III, Linguistics.* 333–346, Cambridge: Cambridge University Press.

——— (1907b) *Reports of the Cambridge Anthropological Expedition to Torres Straits, vol. III, Linguistics.* Cambridge: Cambridge University Press.

——— (1927) The Papuan Languages. In anonymous ed. *Festschrift Meinhof.* 377–385, Hamburg: J. J. Augustin.

Schmidt, P. W. (1907) Review: *Reports of the Cambridge Anthropological Expedition to Torres Straits. Vol. III., Linguistics.* by Sidney H. Ray, Cambridge : University Press, 1907. Pp. viii + 528. *Man* 7, 186–189.

Schmidt, Wilhelm (1920) Papuasprachen. In Schnee, H. ed. *Deutsches Kolonial-Lexikon.* III, 17–20, Leipzig: Quelle & Meyer.

Sollewijn-Gelpke, J. H. F. (1993) On the origin of the name Papua. *Bijdragen Tot de Taal-, Land- en Volkenkunde* 149, 318–332.

van Staden, Miriam (2000) Tidore: A Linguistic Description of a Language of the North Moluccas. Ph.D. dissertation, Leiden University.

Tida, Syuntarô (2006) A Grammar of the Dom Language. Ph.D. dissertation, Kyoto University.

Voegelin, C. F. and F. M. Voegelin (1965) Languages of the world: Indo-Pacific fascicle five. *Anthropological Linguistics* 7(9), 1–114.

Voorhoeve, C.L. (1988) The languages of the North Halmaheran stock. In Smith, G., T. Dutton, C.L. Voorhoeve, S. Schooling, J. Schooling, R. Conrad, R. Lewis, S.A. Wurm, and T. Barnum eds. *Papers in New Guinea Linguistics No. 26.* 181-209, The Australian National University: Pacific Linguistics.

Wada, Yuiti (1980) Correspondence of consonants in North Halmahera languages and the conservation of archaic sounds in Galela. In Ishige, N. ed. *The Galela of Halmahera*. 497–529, Osaka: National Museum of Ethnology.

Watuseke, F.S. (1991) The Ternate language. In Brown, W., P. Fields, L. Jarvinen, L. Jones, D. Laycock, J. Roberts, D. Shelden, H. Shelden, H. Steinhauer, F. Watuseke, and C. Whitehead eds. *Papers in Papuan Linguistics No. 1*. 223–244, The Australian National University: Pacific Linguistics, (translated, edited and with a foreword and postcript by C. L. Voorhoeve).

Wurm, S. A. (1954) Notes on the Structural Affinities of Non-Melanesian (Papuan) Languages. In Hankel, J., A Hohenwart-Gerlachstein, and A. Slawik eds. *Die Wiener Schule der Volkerkunde, Festschrift anläßlich des 25-jährigen Bestandes des Institutes für Völkerkunde der Universität Wien (1929-1954)*. 467–472, Horn-Wien: Ferdinand Berger.

—— (1960) The changing linguistic picture of New Guinea. *Oceania* 31(2), 121–136.

—— (1982) *Papuan Languages of Oceania*. Ars Linguistica 7, Tübingen: Gunter Narr.

石田英一郎（司会）・岡正雄・八幡一郎・江上波夫 (1949) 「日本民族＝文化の源流と日本國家の形成 (對談と討論)」『民族學研究』13 (3)、207–277.

石田英一郎・江上波夫・岡正雄・八幡一郎 (1958) 『日本民族の起源: 対談と討論』、東京: 平凡社.

泉井久之助 (1960) 「数理といわゆる言語年代論の有効性について」『計量国語学』13、1–17.

大野晋 (1974) 『日本語をさかのぼる』、東京: 岩波書店.

—— (1980) 『日本語の成立』日本語の世界 1、東京: 中央公論社.

岡正雄 (1930) 「ウィーン通信」『民俗學』2 (10)、36–38、(「寄合咄」中の一項目).

紙村徹 (2015) 「日本におけるパプア諸語の研究史の覚書」『Language and Linguistics in Oceania』7、19–28.

木田章義 (2015) 「日本語起源論の整理」京都大学文学研究科（編）『日本語の起源と古代日本語』、第 1 章、3–93、京都: 臨川書店.

金田一京助・松本信広・泉井久之助・服部四郎・亀井孝・河野六郎・金田一春彦 (1951) 「座談会　日本語の系統について」『国語学』5、9–36.

江実 (1974a) 「アルタイ言語学とオセアニア言語学との接触: 日本語の起源を中心にして」『月刊言語』3 (1)、19–26、(1974 年 1 月号).

——（1974b）「ニューギニアの NAN 語について」『言語研究』65、84–85、（大会研究発表要旨）.

——（1974c）「日本語はどこから来たか: 北と南から見た日本語」東アジアの古代文化を考える会（編）『日本文化の源流』、11–42、東京: 新人物往来社.

——（1974d）「類型学は比較言語学を扶ける」『月刊言語』3 (3)、40–41、（1974年 3 月号）.

——（1978）「日本語はどこから来たか: 北と南から見た日本語」大野晋・祖父江孝男（編）『現代のエスプリ臨時増刊号 日本人の原点 1 形質・考古・神話・言語』、272–304、東京: 至文堂.

——（1979）「日本語の源流を求めて」『日本文化』4、24–29.

——（1980）「パプア語と日本語との比較研究: 基礎語彙による」大野晋（編）『日本語の系統』、137–217、東京: 至文堂.

——（1986）「私の歩んだ道——蒙古文の〈蒙古源流〉の八写本を追って——」『日本語学』4、92–102.

崎山理 (1978)「南方諸語との系統的関係」大野晋・柴田武（編）『日本語の系統と歴史』、第 3 章、99–150、東京: 岩波書店.

——（2009）「和田祐一民博名誉教授を偲ぶ」『月刊みんぱく』2009 年 12 月号、14.

佐々木高明 (2009)「戦後の日本民族文化起源論」『国立民族学博物館研究報告』34 (2)、221–228.

佐藤喜之 (2009)「明治・大正の言語学 その 9 伊波普猷の松本信広宛書簡」『学苑』821、102–109.

志部昭平 (1989)「故江實先生」『言語研究』96、171–173.

新村出 (1930)『東亞語源志』、東京: 岡書院.

田村すゞ子・江實・佐々木利和・谷澤尚一 (1979)「北方言語・文化研究会成果報告 (3)」『早稲田大学語学教育研究所紀要』19、43–57、（江実担当部分は 43–49）.

中川裕 (2003)「日本語とアイヌ語の史的関係について」アレキサンダー ボビン・長田俊樹（編）『日本語系統論の現在』、209–220、京都: 国際日本文化研究センター.

服部四郎 (1957)「日本語の系統」武田祐吉（編）『古事記大成 3 言語文字編』、1–95、東京: 平凡社.

藤岡勝二 (1908)「日本語の位置」『國學院雜誌』14 (8, 10, 11)、755–763, 988–997, 1104–1112.

松本信廣 (1948)「日本語と南方語との關係」『民族學研究』13 (2)、99–108.

村山七郎 (1974) 「南島語起源説について」『月刊言語』3 (1)、11–18、(1974 年 1 月号).

―― (1981) 『日本語の起源をめぐる論争』、東京: 三一書房.

和田祐一 (1979)「ガレラ語における方向指示の接辞形式」『言語研究』75、103–106、(大会研究発表要旨).

―― (1983) 「北ハルマヘラ諸語の子音対応とガレラ語の示す古音」『国立民族学博物館研究報告』7 (3)、423–471.

第Ⅱ部

日本語の比較言語学研究

第6章

日本語アクセントの史的研究と比較方法[*1]

平子達也

6.1　はじめに

　複数の言語 (方言) 間の系統関係を明らかにしようとするとき、また、その共通の祖先の言語にあたる祖語を再建しようとするとき、専ら用いられるのが「比較方法」である。しかし、日本語諸方言の場合、中央方言の重大な干渉・侵食を経験し、現在までに「比較方法」によって顕著な成果が得られているのは上代日本語と琉球列島の諸言語との比較によるものだけのようである。そのような中にあって、アクセントだけは、本土方言に対象を限ったとしても「比較方法」による成果の積み重ねがかなりあると言える。つまり、アクセントから日本語諸方言の系統 (系譜) 関係を考え、そして、その祖形 (祖体系) を再建することができるのであって、実際に幾つかの案も提示されている (徳川 1962; 上野 1988; de Boer 2010)。

　一方で、アクセントの歴史的研究には困難な面もある。最も大きな問題は、アクセント変化の自然性に関する問題である。諸方言アクセントの対応関係にもとづいて、その祖形および祖体系を再建しようとしても、どのような変化が起こりやすいのかが分からなければ、具体的な祖形を再建しようがない。これまでにも、

[*1]本稿は、「日本語諸方言アクセントの史的研究と「比較方法」—服部四郎と金田一春彦の論争から」と題して、国際日本文化研究センター共同研究会 「日本語の起源はどのように論じられてきたか—日本言語学史の光と影」 第2回共同研究会 (2016年6月19日於国際日本文化研究センター) で、筆者が口頭発表を行った内容に、加筆・修正を加えたものである。研究会にお誘い下さった長田俊樹先生はじめ、発表の際に種々の貴重なコメントを下さった皆様に感謝申し上げる。また、上野善道先生、長田先生には、草稿の段階で、たくさんのコメントをいただいた。記して感謝申し上げる。特に上野先生には、服部四郎と S. R. ラムゼイ氏との関係など言語学史に関わる事柄や、徳川理論についての理解に関してなど、多くのことをご教示賜った。謹んで感謝申し上げる。本稿における誤りは全て筆者の責任によるものである。

「自然なアクセント変化とはどのようなものか」ということが論じられてはきた
が、それらの多くは音声学的あるいは音韻論的な知見にもとづくものというより
は、むしろ経験則によるものであると言って良い[*2]。この点は、アクセント史研
究者にとっての今後の課題であり、本稿の中で多少述べるところがある。

　さて、日本語アクセントの歴史的研究は、文献資料を用いた研究と方言調査に基
づく研究とが両々相俟って、発展してきた。文献も方言も等しく扱う対象となっ
てきたために、国語学者 (日本語学者) はもちろんのこと、言語学者も方言学者も
古くから日本語アクセントの歴史的研究に関心を持ってきた。

　日本語アクセントの歴史的研究に、比較方法を適応し、諸方言間の規則的な対
応を見いだすという試みは、日本語アクセント研究の早い段階で既に見られたこ
とで、E. D. ポリワーノフの研究などにもそれは見られる。しかし、国内の研究者
で日本語アクセントの歴史的研究に比較方法を適用したものとして最も早いのは
服部四郎 (1908-95) の研究である。その意味で、服部は、日本語アクセント史研究
及び日本列島の諸言語を対象とした比較言語学的研究の先駆者として位置づけら
れる。

　その服部の研究に強い影響を受け、日本語アクセント史研究の発展に大きく貢
献したのが金田一春彦 (1913-2004) である。金田一は、服部 (及びポリワーノフ)
が見いだした、諸方言間におけるアクセントの規則的な対応関係を、より具体的
な形でまとめた。それが、「類」あるいは「アクセント語類」と呼ばれるものであ
る。「類」は、「現代諸方言と文献資料における単語アクセントの対応に基づいて
祖体系に立てられるアクセントの対立グループ」(上野 2006: 3) と定義され、ま
た、それぞれの「類」に所属する語彙は「類別語彙」と呼ばれ、現在広く認知され
ている。

　服部も、金田一も、「比較方法」を用いて、日本語アクセントの歴史的研究を
行っていた。しかしながら、両者が達した結論は大きく異なる。特に、「東西両ア
クセント」の歴史的関係に関する考えや平安時代語アクセントの歴史的位置づけ
に関する考えに、両者の相違が見て取れる。ただ、両者の相違の根本は、その結
論にあるのではなく、その方法論、つまり、「比較方法」というものについての考
え方の違いにあったと思われる。本稿では、服部と金田一の間の「論争」を一つ
の学史として振り返るとともに、「比較方法」という言語史研究において中心とな
る方法論そのもののあり方について、今一度考えてみたい[*3]。

[*2] ただし、金田一 (1947) とそれに対する服部四郎の講評がある。本書児玉論文も参照。

[*3] 本稿の内容の一部、特に学史的事柄を扱った部分については、本書所収の児玉氏の論文の一部と

6.2　「東西両アクセント」の歴史的関係について

　日本語諸方言のアクセントを、大きく「東京式アクセント」(乙種アクセント)と「京阪式アクセント」(甲種アクセント) とに二分する伝統がある。周知のごとく、必ずしも「東京式アクセント」と「京阪式アクセント」という分類だけで日本語諸方言のアクセントの分類が済むものではない。しかし、両アクセントの歴史的関係は、日本語アクセントの歴史的研究において、最も古くから論じられてきた問題である。

　本節では、「東京式アクセント」と「京阪式アクセント」、つまり、「東西両アクセント」の歴史的関係についての服部四郎と金田一春彦の主張を概観し、また、両者の主張の相違点をまとめる。

6.2.1　東京式アクセントと京阪式アクセントの違いは何か

　服部と金田一の主張についてまとめる前に、「東京式アクセント」と「京阪式アクセント」、つまり、「東西両アクセント」の違いについて、まとめておく。

　まず、東京式アクセントのアクセント体系は、ピッチの下がり目 (下げ核) の有無と位置だけが弁別的な体系 (n 拍の語には n+1 のアクセントの型がある) である。以下では、その代表例として東京方言のアクセントをあげる ([はピッチの上がり目、] はピッチの下がり目を表す)。

表 6.1　東京方言アクセント (東京式アクセント)

エ-[ガ (柄が)	ハ [シ-ガ (端が)	コ [ドモ-ガ (子供が)	ア [メリカ-ガ (アメリカが)
[エ]-ガ (絵が)	[ハ]-シ-ガ (箸が)	[オ] ヤコ-ガ (親子が)	[コ] スモス-ガ (コスモスが)
	ハ [シ]-ガ (橋が)	イ [ト] コ-ガ (従姉妹が)	ウ [グ] イス-ガ (ウグイスが)
		オ [トコ]-ガ (男が)	ア [オゾ] ラ-ガ (青空が)
			イ [モート]-ガ (妹が)

　一方、京阪式アクセントは、下げ核の有無と位置に加えて、語が「高く始まるか」「低く始まるか」(「式 (始起)」あるいは「語声調」の違い) が弁別的な体系で

重なるところがある。ただ、本稿では、その議論の焦点を服部四郎と金田一春彦の間の論争に絞るとともに、主な考察の観点として「比較方法」というもののあり方を扱う点、児玉論文と、その対象と考察の視点が異なる。

ある。以下の例は、京都方言のものである。

表 6.2 京阪式アクセント

[トォ-ガ (戸が)	[ミズ-ガ (水が)	[コドモ-ガ (子供が)	[アメリカ-ガ (アメリカが)
[ハ] ァ-ガ (歯が)	[ヤ] マ-ガ (山が)	[イ] ノチ-ガ (命が)	[コ] スモス-ガ (コスモスが)
		[キミ] ラ-ガ (君らが)	[キミ] タチ-ガ (君たちが)
			[アヤベ] シ-ガ (綾部市が)
メェ-[ガ (目が)	フネ-[ガ (船が)	スズメ-[ガ (雀が)	オハナシ-[ガ (御話が)
サ [ル]-ガ (猿が)	ハ [タ] ケ-ガ (畑が)	タ [チ] バナ-ガ (橘が)	
			サン [サ] ロ-ガ (三叉路が)

　共時的なアクセント体系における東京式アクセントと京阪式アクセントとの間に見られる違いは、「式 (あるいは語声調)」があるかないかという点であるということになるが、一方で、具体的な語アクセントの対応関係は、以下のようにまとめられる。

1. ピッチの上がり目が、東京式の方が一拍後ろにずれている (一拍1類、二拍1類など)。
2. ピッチの下がり目も、東京式の方が一拍後ろにずれている (二拍2・3類など)。
3. 京阪式で初頭が低いとき、東京式では「頭高型」になっている (一拍3類、二拍4類など)。

表 6.3 京阪式アクセントと東京式アクセントの対応

	京阪式	東京式
一拍1類	[蚊ァガ	蚊 [ガ
一拍2類	[名] ァガ	[名] ガ
一拍3類	目ェ [ガ	[目] ガ
二拍1類	[ミズガ (水が)	ミ [ズガ (水が)
二拍2・3類	[ヤ] マガ (山が)	ヤ [マ] ガ (山が)
二拍4類	フネ [ガ (船が)	[フ] ネガ (船が)
二拍5類	サ [ル] ガ (猿が)	[サ] ルガ (猿が)

問題は、上記のような東西両アクセントの共時的なアクセント体系の違い、また、語アクセントの対応関係が、歴史的にどのように説明されるべきであるか、ということである。以下、東西両アクセントの歴史的関係に関する服部四郎と金田一春彦の主張を見る。ここでは、議論の都合上、金田一の主張から見ていく。

6.2.2 東西両アクセントの歴史的関係に関する金田一春彦の考え

金田一春彦は、「東京方言を代表とする「東京式アクセント」は、京都方言を代表とする「京阪式アクセント」から生じた」と主張する (金田一 1954[1975] など)。金田一が想定する京阪式アクセントから東京式アクセントへの変化は以下のようなものである。

表 6.4 金田一の想定する京阪式から東京式への変化

類	語例	京阪式		状態 A		状態 B		東京式
II-1	酒、水	[○○-○	>	○[○-○	=	○[○-○	=	○[○-○
II-2/3	音、紙	[○]○-○	>	○[○]-○	=	○[○]-○	=	○[○]-○
II-4	舟、息	○○-[○	>	○○-○	>	[○]○-○	=	[○]○-○
II-5	雨、猿	○[○]-○	>	○○-[○]	>	[○]○-[○]	>	[○]○-○

東西両アクセントの歴史的関係に関する金田一の主張、つまり、「東京式アクセントは京阪式アクセントが変化して生じた」という考えは、日本語アクセント史研究において、従来「通説」あるいは「定説」とまで呼ばれている。

また、金田一は、平安時代京都方言のアクセント体系が、琉球列島の諸言語・諸方言を含めた日本語諸方言のアクセントの祖体系であるとし、諸方言のアクセントが分岐した時代 (分岐年代) は (少なくとも本土に関しては) 奈良時代・平安時代以降であると主張する。金田一は以下のように述べている (金田一 1980)。

> 今日の本土諸方言のアクセントのちがいは、漢字音が輸入されて以後のことである (中略)「味噌」の方は諸方言に規則的な型の対応を見せますが、「茶」の方はそうではない。アクセントから見た日本祖語の時代は、味噌の普及よりは新しく、茶の普及よりは古かったのではないかということになります。

つまり、金田一は、(文献資料に反映された平安時代京都方言を含めた) 諸方言間において、字音語のアクセントが和語のアクセントと同じような規則的対応を

示すことにもとづき、諸方言アクセントの分岐年代を平安時代以降と想定してい
るのである。このような借用語の音対応から、複数の方言 (言語) が分岐した年代
を想定することは一般的なものであるが、問題がないわけではない (後述)。

6.2.3　東西両アクセントの歴史的関係に関する服部四郎の考え

服部 (1978-79) によれば、東京大学入学当時 (昭和 3 年 4 月) の差し当たりの目
標として、(A) 日本語の系統を明らかにすること、(B) 音声言語としての日本語の
歴史を明らかにすること、(C) 日本語の諸方言のアクセントの分布状態を明らか
にすること、の三つがあったという。

このうち (C) については、服部はその研究生涯の最初期から積極的に取り組み、
幾つか論文を刊行している。その一つである服部 (1933) では、「国語諸方言のア
クセントに関する研究の、国語学への貢献」として、日本語アクセントの研究は
四つの問題に対して貢献しうると述べる。即ち、(1) 方言境界線の問題、(2) 方言
の系統の問題、(3) 琉球語の系統の問題、(4) 語源の問題の四つである。このうち、
本稿のテーマに特に関係するのは (2) と (3) の問題であるが、ここでは主に (2) に
ついて、服部の考えをまとめておきたい。(3) の点については、3 節で触れるとこ
ろがある。

6.2.3.1　方言の新古から系統論・系譜論へ

(2) 方言の系統の問題について、服部 (1933) では、「アクセントの上から見て、
四国方言と中国方言とは截然と区別すべき」であり、「従来の如く、近畿以西の本
州方言をまとめて「本州西部方言」と呼ぶことは、妥当ではない」と述べている。
この「近畿以西の本州方言をまとめて「本州西部方言」と呼ぶことは、妥当では
ない」ということは、現在の方言研究においては当然のこととされるが、当時の
研究水準では十分に認知されていなかった。実際、東条 (1927) では、近畿・瀬戸
内海・土佐・雲伯、4 地域の方言を「本州西部方言」としてひとまとまりにして
いる。これに対して服部は、日本語諸方言をアクセントによって大きく「甲種方
言」と「乙種方言」に分ける。ここで服部が言う「甲種方言」とは京阪式アクセン
トを持つ方言のことであり、「乙種方言」とは東京式アクセントを持つ方言のこと
である。

服部 (1933: 65) は、「近畿方言」と「四国方言」を「甲種方言」、「東方方言」と
「中国方言」を「乙種方言」に分属させた上で、「甲種方言と乙種方言のアクセン
トの相違が生じたのは (中略) 非常に古い事で、それが之等諸方言に於ける方言

的差異として最初の顕著なものであつた」と述べる。つまり服部は、アクセント
によって方言の系統関係を描こうとしていたのである。

　さらに、服部は、「当時に於いては、両方言 (甲種、乙種) は何かの原因によっ
て隔離され乍らも、各々は一続きの地域に行はれて比較的統一ある状態を保つて
ゐた」(同) と述べるとともに、「【甲乙】いづれがより古形に近いかは容易に判断
できないが (中略) 甲方言の方が古いとの説に傾いてゐる」(同 61) とし、京阪
式アクセントの方が東京式アクセントよりも「古い」という可能性を指摘してい
る (【 】内は筆者による補い。以下同じ)。ただし、「仮りに乙種方言のアクセン
トの方が改新を蒙つたものとすれば、民族移動なる事実を想像しなければならな
い (中略) 本州方言内に於けるアクセントの分布状態は、むしろ乙方言のアクセ
ントを古いと考へるに有利の様ではある」としている。つまり、後に S. R. ラムゼ
イ (Ramsey 1979 など) が主張する「アクセントの周圏的分布を周圏論的に解釈す
る」という可能性についても、この時点では排除していないのである[4]。

　いずれにしても、ここまでの服部の考え方は、結局、甲種アクセント (京阪式ア
クセント) と乙種アクセント (東京式アクセント) の新古だけを論じたものであり、
比較方法を用いた系統論・系譜論[5]ではない。しかし、服部 (1937) に至って、服
部は大きく考えを転換することになる。

　服部 (1937) の「本文」は、金田一春彦の「諸方言比較より観たる平安朝のアクセ
ント」(國學院大學方言研究会講演会、1937 年 5 月 10 日。その内容は金田一 1937
として公刊) に対して「感激の余り」に「即席の講演」を行ったものの記録である
という。この「本文」の内容が語られた段階、つまり、1937 年 5 月 10 日の段階で
は、「甲種アクセントから如何にして乙種アクセントが生じたか」ばかりを論じて
いたと、服部は回顧している。

　ここでは、服部 (1937) の「本文」の内容に深くは立ち入らないが、実際に「本
文」における服部の主張は、先に述べた金田一説 (通説) とほとんど変わらない。

---

[4]なお、上野善道氏からの私信によれば、後に、服部四郎は S. R. ラムゼイ氏にも直接会っている
という。上野氏によれば、服部は「ラムゼイが論文を持って挨拶に来たので、その場でそれを丁寧に
読んで説明をし、これは認められないと批判したら、がっかりして帰った」と言っていたという (2017
年 1 月 8 日付の上野氏からの電子メール)。

[5]上野 (1985) では、「系統」と「系譜」を以下のように使い分けているが、本稿では両者を区別し
ないで用いることにする。「本稿では、「系譜」という用語を「系統」と次のように区別して用いてみ
た。「系統」は「同系関係」と同意で、その有無のみ、つまり「同系」であるか否かの二者択一が問題
となる。それに対して、「系統」を同じくする諸方言が相互にどのように史的関係にあるのかを、主と
して樹形図説的立場に立ちながらとらえた場合に「系譜」という。同一の「系統」内の、具体的な内部
関係をさす。」

しかし、服部は、「この仮説【＝京阪式アクセントの方が東京式アクセントよりも「古い」とする仮説】は、アクセントの地理的分布状態に於てかなり大きい障碍に出喰はすのであります」(服部 1937: 49) と述べ、自身の仮説 (つまり、通説) には問題があることを既に「本文」の段階で指摘していることは、注意すべきである。

さて、上記の「この仮説は」で始まる一文 (服部 1937: 49) には注が付されている。この注は 5 頁を超えるもので、「注」としてはやや長い。その注の中で服部は「この点が気になつてその晩寝付かれずに居る中に私の考へは大変化を起し、それに起因した興奮が一晩中熟睡を妨げたのであつた」と述べた上で、東西両アクセントの歴史的関係について「本文」とは全く異なる主張を展開することになる。

即ち、服部は、「乙種方言と甲種方言とは、云はゞ原始日本語より左右に袖を分つた」ものであり、東西両アクセントは、一方が古く、他方がそこから変化したというものではないと主張する。即ち、東西両アクセントは、両者に共通する (そして、両者とは別の) 祖体系から、異なる方向に変化したものである、とする。服部は、この「新説」は、「原始日本語【＝日本祖語】より各方言への展開の説明に無理がより少な」く、「現今に於けるアクセントの地理的分布が遥かに容易に説明」できるとし、そこに大きな利点があると主張する。

これ以降、服部は、「甲種」と「乙種」のどちらが古いのかという議論はせず、「乙種方言と甲種方言とは、云はゞ原始日本語より左右に袖を分つた」という考え方を維持することになる。

6.3　服部四郎と金田一春彦の議論：そのはじまり

ここまで見たことから明らかなように、服部と金田一の主張には大きな違いがあるが、その違いについて、両者の間では誌面上で幾らか議論がなされている。特に、服部の金田一に対する反論・批判は非常に激しいものであるのだが、そもそも服部と金田一の議論が始まるのは、服部 (1976) による金田一批判からである。当初の服部の金田一に対する批判のポイントは、主に (1) アクセントから見た琉球列島の諸方言・諸言語 (以下、琉球諸方言) の位置づけに関する問題、(2) 東西両アクセントの歴史的関係に関する問題、の 2 点であった。

6.3.1　琉球諸方言のアクセントの位置づけに関する問題

服部 (1976) では、種々の音韻対応にもとづいて、琉球諸方言は奈良時代以前の本土方言 (中央語) と分岐したことを主張する。その上で、以下のように述べる。

　　アクセントに関しては、金田一春彦氏に詳しい比較研究がある。しかし
　　ながら、「アクセントから見た琉球語諸方言の系統」【『東京外国語大学論集』
　　7: 59 -80, 1960 年 】を一読したところ、率直に言ってがっかりした。

　さらに、服部 (1978-79) では、琉球諸方言のアクセントが現代大分方言のアクセ
ントから分岐・成立したとする金田一説に対して、琉球諸方言と本土方言のアク
セント対応のあり方を提示したうえで、「金田一春彦説は根底から崩壊し去る」と
し、金田一の説を全否定する。

　この服部からの批判を受けて、金田一 (1980) は、アクセントから見た琉球諸方
言の位置づけに関する問題については、一旦自説を取り下げる。しかし、後に金
田一 (1984) において、「私は、本土諸方言のアクセントは大体奈良朝アクセント体
系から別れ出たものと見る。そうして沖縄諸方言のアクセントも、奈良朝アクセ
ントから分派したものではないかという気持ちに駆られている」とし、琉球諸方
言も含めた日本列島の諸方言のアクセントは、平安時代語あるいは奈良時代語の
アクセントから分岐・成立したとする自説を「復活」させる。

　この金田一の再反論に対して、この後、服部は直接的に意見をしてはいないが、
やはり金田一の考えを認めなかったに違いない。おそらく、既に「根底から崩壊
し去」ったものとして、一顧だにする価値もないと考えていたのだろう。あるい
は、後にも述べるように、服部は、当初より金田一と自らとが考える「比較方法」
というものについての理解に深刻な行き違いがあるものと考えており、服部の金
田一批判が、徐々にその点に重点が置かれるようになったことも関係しているか
もしれない。

6.3.2　東西両アクセントの歴史的関係について

　東西両アクセントの歴史的関係に関する金田一の説が、当時既に「通説」ある
いは「定説」とまでされていたことは既に述べた。特に、このことについて詳し
く論じているのは、金田一 (1954[1975]) である。この金田一の主張に対して、服
部は以下のように述べる (服部 1976)。

　　同氏【= 金田一春彦】の「東西両アクセントの違いができるまで」【= 金
　　田一 1954[1975]】もやはり無理で、そういう可能性があるということを言
　　い得たまでで、そうに違いないという証明にはなっていない。十二世紀の
　　院政時代のアクセントが祖形で、それから東京式のアクセントができたと
　　いうのだが、同じ変化が奈良県南部の十津川にも、中国地方にも、四国の西

南部にも別々に起こった、と言わなければならないわけで、それだけでも
無理だと感ぜられるが、九州、琉球の諸方言をも考慮に入れると、一そう無
理なことが明らかとなる。

さらに、服部 (1978-79) でも、金田一説が「定説」とも呼ばれることを念頭に置
きながら、「「定説」をご破算にして、根本的にやり直す必要があると思う」と述
べている。

上記の服部の批判に対して金田一 (1980) では、諸方言における漢語のアクセン
ト対応について論じつつ、自説を保持する姿勢をとる。ここに、両者の意見の対
立が一層明確になるのである。

なお、時間軸としては前後するが、諸方言間の漢語アクセントの対応関係から、
方言アクセントの分岐年代について推定を行った金田一 (1980) の議論に関連する
ことが、服部 (1978-79) で述べられている。即ち、服部は、漢語を含めた借用語の
アクセント対応が、方言アクセントの分岐年代推定には役立たない可能性がある
ことを指摘しているのである。

> ……或る時代の或る方言にとって、外来語を受け入れやすいアクセントの
> 型があるようである。数詞の「イチ、ロク、ハチ」なども（中略）東京、京
> 都、鹿児島の3方言で「第二類」に属するかのようなアクセント対応関係
> を示すけれども、これらを日本祖語にさかのぼる単語とするわけには行か
> ない。

管見の限り、金田一が上記の服部の指摘に対して直接に意見を述べたことはな
いようである。ただ、上記の服部の引用部とほぼ同趣旨のことを主張した ES 生
(1983) に対して、「特殊な例をもとにして一般を推論するやり方」（金田一 1985:
91) だと批判している[6]。このことから考えると、金田一は、上記の服部の指摘に
ついて、妥当なものではないと考えていたのではないだろうか。

6.4 比較方法の適用のあり方をめぐって

前節で見たように、服部の金田一批判とそれに対する金田一の反論とによって、
特に東西両アクセントの歴史的関係に関する服部と金田一の意見の対立はより明
確となった。しかし、その後の両者の議論を追っていくと、両者の対立の要因は、

---

[6]ただし、ES 生が扱ったのは、漢語ではなく「ラジオ」などの近代以降の外来語のアクセントであ
る点には注意が必要である。

結論としての東西両アクセントの歴史的関係に関する見解の相違にあるのではなく、むしろ、そこで用いられる「比較方法」に関する理解のあり方の差異にあるように思われてくる。

6.4.1 「祖形再構の作業原則」

服部の記述によれば、服部をして、金田一が「比較方法」を理解していないと言わしめた大きな要因の一つは、金田一他 (1966) に見られる「日本語の「名義抄」で○○○型の語彙のアクセントは、もっと古い時代に（中略）というような型に発音されていたことがあったと想像するのがいいということになるかもしれない」といった書き方にあるようである。

おそらく、服部は、比較方法に基づけば従来の「祖形」で説明が付かない形式が発見された時にその祖形を修正することは必然なのであって、金田一の言うような「……と想像するのがいいということになるかもしれない」などということはありえない、と考えたのであろう。

また、金田一は、上記の引用部に続けて「もっともこういうことは、もっと多くの方言について考察したあとで考えるべきことである」と述べている。しかし、そもそも「祖語」「祖形」とは、その時点において最も妥当と思われる反証可能な仮説なのである。後に、新しい事実が発見され、その祖形が妥当でないと証明されたときには、また新たに相応しい祖形を再建すれば良いのであって、祖形の修正を「もっと多くの方言について考察したあと」まで待つ必要はないというのが、服部の考えであったと思われる。

このことは、服部が、比較方法による「祖形再構の作業原則*7」として、「その祖形から現在までに知られているすべての方言の実在形への通時的変化が無理なく説明できる」ことを掲げていることからも明らかである (服部 1985)。この「作業原則」は、歴史比較言語学の分野においては基本的なことではあるものの、心に留めておきたいことでもある。

6.4.2 「比較方法的考え方」とは

さて、服部が金田一を認めなかった理由の一つに上で述べたようなことがあったとして、筆者は、もう一つ、また異なる理由によって、服部が金田一を認めて

---

*7服部が reconstruction の訳語として「再建」を使わず、「再構」を使っていたことについては、上野 (2018b) を参照。

いなかったのではないかと考えている。それが、服部の言う「比較方法的考え方」
に関するものである。

6.4.2.1　「比較方法的考え方」と祖語の位置づけ

　服部は、研究を開始した当初には「日本語のアクセントの史的研究に言語学で
言う「比較方法」を適用することは考えていなかった」(服部 1985) と言う。また、
既に述べたとおり、東西両アクセントの歴史的関係を論じる際、服部は、当初「甲
種アクセントから如何にして乙種アクセントが生じたか」ばかりを論じていた。
後に、服部は甲種アクセントと乙種アクセントとは「云はゞ原始日本語より左右
に袖を分つた」ものと考えるようになる。

　これに対して、金田一は、一貫して「甲種アクセントから如何にして乙種アク
セントが生じたか」を考えていた。少なくとも服部の目にはそのように映ったよ
うで、それこそが、服部をして、金田一が比較方法を理解していない、と批判せし
めた理由だと考えられる。服部は、以下のように述べる。

　　　私は、諸方言のアクセントの研究を金田一春彦君にバトンタッチしたつ
　　もりであったのに、研究は意外な方向に進んでしまった。それは、金田一
　　君が比較方法を理解されない——と言って悪ければ、私と同じような理解
　　の仕方をされないためであった。

さらに、続けて

　　　平たく言えば、金田一君は、A アクセント体系から B アクセント体系へ
　　の変化ばかりを考えて来られた。これに対し、私は、A、B、二つの体系があ
　　る場合に、それらの祖形として X アクセント体系を再構することを考える。

と言う。これに対して金田一 (1986) は、

　　　私も秋永氏があげられるような論文で甲乙両種方言の祖形として X アク
　　セント体系を考えている。もし、強いて行き方のちがいを言うならば、「金
　　田一は、別の X アクセント体系を建てることに臆病で、とかく AB 両アク
　　セント体系のどっちが古いと考えることが多い」と言って頂きたかった。

と反論している。しかし、服部は「たまに祖形 X を立ててみることがあっても、
それだけで「比較方法」全体を理解していることにはならない」(服部 1987) とし、
やはり、金田一を批判する。筆者は、この引用文中に見られる「たまに」という表
現に、服部の真意があると考える。

即ち、「比較方法的考え方」においては、二つの体系 A と B との共通の祖体系を再建するのであれば、その体系は、常に A と B とは異なる体系 X である。特殊なケースとして、X=A ということもあるが、その場合であっても、それは「AB 両アクセント体系のどっちが古いと考え」た結果ではなくて、祖体系 X から AB 両アクセント体系の分岐・成立が無理なく説明できるように考察した結果なのである (上野 2018a も参照)。結論として、同じ祖形・祖体系が再建されることになっても、(まず)AB 両体系の新古を考えようとする金田一の「比較方法」は、服部の比較方法と大きく異なる。つまり、祖語・祖形というものを、どのように位置づけるか、そして、そこからの分岐をどのように捉えるかについての考え方が、服部と金田一とでは、まるで異なるのである。

「祖形再構の作業原則」に関する理解に加え、こうした「比較方法的考え方」についての相違があったことも、服部が金田一を批判した一つの大きな要因だと考えられる。

6.4.2.2　「比較方法的考え方」と「徳川理論」

一方で、服部 (1985) では、以下のようにも述べている。

　　　A 体系と B 体系とが通時的に連続している二つの時代の体系である場合には、

　　　　　　　A 体系　　→　　B 体系

　　という通時的変化が起こったのだから、地理的に連続している二つの地域にそれぞれ A 体系と B 体系とが行われている場合には、

　　　　　　　A 体系　　→　　B 体系

　　という通時的変化が起こった公算は大きい。

しかし、上述のとおり、二つの体系 A と B とがあれば、その祖体系としては、常に両者とは異なる X が想定されるべきである。よって、この服部の書き方は、誤解を招くものであり (上野 2018a)、服部自身の考えとも矛盾するところがある。筆者は、服部がこのような表現を用いた背景には、服部が「徳川理論」と呼ぶ徳川宗賢の一連の研究 (徳川 1962; 1981) で示される説があるものと考える。

複数の方言アクセントを比較し、それらの系譜を論じる際、徳川理論においては地理的隣接性をも考慮に入れることがある。一方、服部の志向する、比較方法によって祖形を再建し、そこから各方言形への変化を考える方法をとる場合には、

各方言の地理的分布は考慮されない。つまり、比較方法は、地理的分布云々に左右されず、適用され得る一方で、徳川理論は、「過去において隣接していなかった地方に行われていた二つのアクセント体系が、色々の原因によって現在は隣接して行われるようになった場合」には適用できない (服部 1985)。「理論的に言えば」(服部 1985)、徳川理論が適用できる範囲には限界があるのである。

ただ、我々が注意しなければならないのは、徳川 (1962, 1981) で、徳川自身が対象としているのは、アクセントの「類の統合」だけであるということである。徳川自身は、各方言アクセントの具体的な音調型については基本的には言及していないし、祖体系における具体的な音調型の再建も行なっていない。無論、歴史変化として扱われているのは「類の統合」のみであり、音調型の変化については扱っていない。

服部が、どれだけこのことを意識していたかは分からない。ただ、後に述べる上野善道へのコメントなどを見るにつけ、服部は、隣接する方言の比較から祖形再建のヒントを得ることに対して、必ずしも肯定的な考えを持っていなかったようである。祖形再建にあたって、地理的分布、特に「隣接性」を考慮に入れる「徳川理論」では不十分であるとの考えがあったのだろう。

筆者は、服部が、先に示した引用部に見える表現を敢えて用いたのは、仮に「徳川理論」を、具体的な音調型の変化や祖体系における音調型の再建にまで適用したとして、そこには自ずと限界が生じうるはずだということを言わんとしたためではなかったかと考える。当該の引用部は、徳川理論を紹介する文脈の中にある。

ただ、そもそも徳川理論が、具体的な音調型の再建に適用されていない以上、服部の批判が必ずしも的を射ていたとは言えないかもしれない。

確かに、徳川理論が適用される場合、A 体系と B 体系とが、その分岐以来現在に至るまで地理的に連続していたことが保証されなければならない。本節冒頭で引用した服部の主張のうち前半 (A 体系と B 体系とが〜) に示されているのは、徳川理論が適用可能な場合 (の一つ) であるが、それは実は非常に特殊なケースでもある。しかしながら、実は、徳川のように「類の統合」だけに議論を限定するのであれば、「A 体系と B 体系とが、その分岐以来現在に至るまで地理的に連続していた」か否かは、ほとんど問題にならないということは、徳川 (1981: 236) などでも述べられているのである。一度統合した二つの類が再び元の通りに分裂することはない故に、「類の統合」は基本的に一方向に決まるものであり、二つの方言アクセントを比較して、その祖体系として複数の可能性が生じることは稀である。

なお、「地理的分布」に関連して、服部は、以下のようにも述べている (服部 1987)。

　　私が、日本祖語のアクセントとして、近畿式アクセントの高平型に対し
　　て或種の下降型を再構せざるを得ないだろうと考えていたのは、鹿児島方
　　言や方々の琉球諸方言に色々の下降型が現れるからであった。これこそ比
　　較方法的考え方である。なぜなら、隣接せず互いに離れた方言の比較によっ
　　て祖形をたてようとするからである。

　この記述だけを読むと、隣接する方言の比較によって祖形をたてるのは「比較
方法的考え方」ではない、ということになりそうである。しかし、服部は必ずし
もそのように考えていたわけではないだろう。これもまた、地理的連続性を考慮
する徳川理論と、地理的分布に制限をされない比較方法の違いを強調しようとし
たために、このような書き方になったのではないだろうか。

6.4.2.3　結局「比較方法的考え方」とは何なのか

　前節末の服部 (1987) から引用した一節は、服部の弟子である上野善道が、「【金
田一説では】本土諸方言のアクセントの祖形の第一類の実質として「高平調」を
たてていたのを一種の下降調にたて換えた」(服部 1987) ことに対する服部のコメ
ントの一部である。

　さて、上記の引用部の前で服部は、上野が「観音寺市 (伊吹島の対岸) に、伊吹
島の高平型に対応する一種の下降型がある」のを発見したのをきっかけに「本土
アクセントの祖形の修正を思いついた」ことに対して、それは「比較方法的考え
方」の (直接的な) 結果ではなく、「徳川理論の一種の効用である」と批判してい
る。しかし、筆者としては、この上野に対する服部の批判は当たらないと考える。
上野 (1988) も以下のように述べている。

　　　祖形は、知られている限りのデータをもっとも合理的に説明する仮説と
　　して立てるものである。ある「類」の祖形として、現実のどこかの方言と同
　　じ形を立てようと、どの方言にもない形を立てようと、そのこと自体は理
　　論的に問題にならない。まして、どのようなきっかけでそれを思い付いた
　　かは無関係である。

　筆者としても、上野の主張、特にどのような祖形を再建するのかを思いついた
「きっかけ」は「無関係である」との主張に賛同する。

　筆者のような者が言うことではないが、上野が「下降式仮説」に至ったのは、や
はり「比較方法的考え方」を持っていたからに違いない。その意味で「比較方法的
考え方」とは、服部の言うような「隣接せず互いに離れた方言の比較によって祖

形をたてようとする」考え方ではないと考える。

　服部は、金田一春彦を批判する文脈において、「日本祖語のアクセントを想定し
つつ、厳密な比較方法――金田一氏はそれを十分理解しているかどうか危ぶまれ
てきたが――によって根本的にやり直さなければならないと信ずる」と述べてい
るが (服部 1985)、筆者は、この服部の言葉にこそ「比較方法的考え方」が現れて
いると考える。つまり、「比較方法的考え方」とは、常に「(日本) 祖語 (のアクセ
ント)」を想定し、それとの関係の中で、実証される諸方言 (そこには文献資料に
反映されたものも含まれる) を位置づけようとするものだと考えるのである。

　つまり、隣接する方言の比較を積み上げていく「ボトムアップ」の考え方はも
ちろん必要であるが、「比較方法的考え方」とは、そこに「トップダウン」の視点
をも加えた考え方であり、その「トップダウン」的視点を持つことこそ、祖形再
建とそこからの各方言への変化を再建する際においては最も重要だと、服部は考
えていたのではなかろうか。

　ただ、この「トップダウン」的視点を持つことは、実は非常に難しい。特に、諸
方言間の変異の幅が大きいアクセントに関して言えば、その変化の自然性につい
ての議論が習熟していないこともあり、分節音の再建に比べて、困難が多い。そ
の困難を解決するのに、服部が重要視したのが、言語地理学的事実に基づく考察
であったと考えられる。

6.4.3　比較方法と言語地理学

　既に述べたように、比較方法を用いて、祖形を再建しようとする場合、基本的に
地理的分布を考慮する必要はない。つまり、純粋に言語形式の比較のみによって
祖形の再建は行われる。一方で、服部は、言語史研究において言語地理学的研究
が有効かつ必要であることについて、しばしば触れている。例えば、服部 (1987)
では、以下のように述べている。

> 　本土諸方言の第一類名詞のアクセントの祖形として、高平調の代わりに
> ある種の下降調を立てる上野善道君の新説が、特別に私の注意を引いたの
> であった。
> 　しかしながら、それがどういう下降調であったかについては、私にはま
> だ成案がない。実は「比較方法」の作業原則の一部分について、特に「第一
> 類」と「第二類」に関する言語地理学的事実に基づいて検討する必要がある
> と考えているからである。

　ここで服部が、言語地理学的事実に基づく考察によって明らかにしようとして
いたのは、「下降調」の具体的な音声実質についてである。つまり、祖体系におけ
る「下降調」として真鍋島方言などに見られる「下降式」音調を想定すべきなの
か、あるいは、東京方言の「下げ核」に類する急激な下降を想定すべきなのか、急
激な下降だとして、それは、語のどの位置にあったのか、あるいは、拍内下降だっ
た可能性はなかったのか、などということである。

　さて、服部は、祖形の具体的な音価を再建するのに、言語地理学的事実を参照
しようとしているが、それは、アクセントの歴史的変化において、どのような変
化が自然であるかということが、明確な裏づけを持って示されていなかったこと
が背景としてあったからではないだろうか[*8]。

　分節音レベルでの変化であれば、その地理的変異の分布状況によらず、自然な変
化というのは明らかであり、祖形に何を立てるべきかが分かりやすい場合が多い。
例えば、祖語の*x に対して、[p] の対応する方言と [ɸ] の対応する方言とがあった
とすれば、それらの方言が如何なる分布を示していようとも、(借用などの要因を
排除すれば)*p > ɸ という変化が起こった蓋然性が高く、その逆の蓋然性は低い
と言える。一方で、アクセントの歴史的変化については、どのような変化が自然
であるか、ということについて、研究者間で見解が一致しないところもある。

　もちろん、上野 (2017) が述べるように、世代差・世代別変化をもとに考えるこ
ともできよう。しかし、既に話者数が僅少な方言である場合には世代差の観察は
難しい。また、標準語化に代表されるような他方言・他言語との接触による変化
が起こっている場合、観察された世代差は当該方言の内的変化によるものではな
い可能性もある[*9]。過去に起こった全ての変化が、世代別変化として再び観察さ
れるとも限らない。しかし、そういった世代別変化として実際に確認されない場

　[*8]なお、ここに言う「言語地理学的事実」として基本となるのは、おそらくは柴田 (1969: 28-37)
で述べられている「隣接性の原則」と「周辺分布の原則」に関わるものであろう。ただ、服部が具体的
にどのようなことを考えていたかは、筆者には定見がない。なお、上野 (2019: 82-84) も参考のこと。
　[*9]この「当該方言の内的変化」が既に観察できなくなりつつあるという点から言えば、全ての方
言がやはり危機に瀕していると言える (2016 年 7 月 2 日に東京外国語大学アジア・アフリカ言語文
化研究所で行われた国際シンポジウム Japanese and Korean accent の席上における上野善道氏と
の個人的なやり取りによる)。なお、Uwano(2012) などでも触れられているように、しばしば問題と
なる progressive shift(右方移動：ピッチの上昇あるいは下降位置が、語の後方へと移動する変化) と
regressive shift(左方移動：上昇・下降が語の前方へと移動する変化) については、どちらも現実に世
代差として観察されうるが、前者が変化の条件のない体系的変化として観察されるのに対し、後者は
限られた環境でしか起こらないもので、しかも、その変化によってアクセント型の合流を引き起こす
場合に限られるという。この事実からしても、アクセント変化の再建の場においても、右方移動がよ
り起こりやすいものとして扱われるべきであろう。

合でも、言語地理学的事実から、ありうる変化の可能性を絞ることはできる。少なくとも、どういった方向の変化が蓋然性が高いかは分かる。これは、殊に、その変化の自然性がしばしば問題となるアクセントの歴史的研究において有効なものと考えられる。

上述の第一類と第二類に関して言えば、両類が統合し、無核型となっている外輪式アクセントの方言が、日本列島の比較的周縁部に分布していることなどをもとにして、どのようなアクセントを祖形として再建するのが妥当であるのかを考えることになる。地理的に連続していない地域に分布する方言において、第一類と第二類とが統合し、無核型（平板型）になっているという言語地理学的事実は、両類ともに無核型に変化しやすい型であったということを示唆する一方で、祖体系において互いに明確に区別されるべき型であったということをも示唆する。また、西南部九州諸方言においては、やはり第一類と第二類とが統合してはいるものの、(語のどこかの位置に) ピッチの下降が見られるような型となっている。つまり、第一類と第二類とは、ともに下降が見られる型に変化しやすい型であったということが示唆されるのである。

第一類・第二類のアクセントの祖形は、これら全ての条件を満たすようなものでなくてはならない。現在までに提出されている再建案のうち、上野善道の下降式を組み込んだ再建案 (上野 1988; 2006) は、その諸条件を満足させるものであると考えられ、筆者としては、今の所、もっとも妥当な日本語 (本土方言) アクセントの祖体系再建案だと考えている。

言語史再建の方法論としての言語地理学的研究は、近年あまり目立たなくなってきた。しかし、服部は、しばしば「比較言語学的観点からの言語地理学的研究」の必要性を説いている。言語史の再建のためには、ありとあらゆる手段を使うべきなのである。

6.5 おわりに

本稿では、日本語アクセント史研究における服部四郎と金田一春彦の論争を振り返り、その上で服部の考え方を中心にして、「比較方法」の在り方について考察をした。

本稿で述べてきた服部の「比較方法的考え方」は、歴史比較言語学の分野においては、基本的かつ一般的なものである。特に「その祖形から現在までに知られているすべての方言の実在形への通時的変化が無理なく説明できる」という「祖形再構の作業原則」と、複数の方言に見られる形式を比較するに当たっては、祖

語・祖体系・祖形というものを常に想定する必要がある、ということを忘れては
ならない。

　ただ、服部の「比較方法的考え方」は、筆者の感覚からすれば、国内の日本語史
研究の場においては、未だに十分に理解をされていないようにも感じられる。ま
た、その「比較方法」を用いた研究も、それほど多くはなされていない。そのため
であろうか、服部の研究を振り返るにつけ、服部の研究以来、日本列島の諸言語・
諸方言を対象とした歴史比較言語学的研究は、さほど大きく進展していないとさ
え感じるのである。もちろん、日琉祖語を再建しようとする試みも幾つか見られ
るが、そのベースは既に服部の時代に築かれていたとも思われる。

　筆者としては、服部の研究の意義を正確に汲み取り、また、それを批判的に見
直す必要があると考える。「日本祖語について」が『月刊言語』で連載されていた
のは、40年も前になる。「日本祖語について」をはじめとする服部の諸研究を踏ま
え、そこに新たな課題を見出し、それを解決していくことが、今に生きる我々の
役割だと信ずる。

参考文献

de Boer, Elisabeth M.(2010) *The historical development of Japanese tone.* Otto
　　Harrassowitz.

Ramsey, Robert S.(1979) 'The Old Kyoto dialect and the historical development
　　of Japanese accent'., *Harvard Journal of Asiatic Studies.* 39: 157–175.

Uwano, Zendo(2012) 'Three types of accent kernels in Japanese'., *Lingua.*122:
　　1415–1440.

ES生 (1983)「外来語アクセントの対応について」『国語学』132: 82–84.

上野善道 (1985)「日本本土諸方言アクセントの系譜と分布 (1)」『日本学士院紀要』
　　40-3: 215–250.

上野善道 (1988)「下降式アクセントの意味するもの」『東京大学言語学論集 '88』
　　35–73.

上野善道 (2006)「日本語アクセントの再建」『言語研究』130: 1–42.

上野善道 (2017)「長母音の短縮から核が生ずるか―服部仮説を巡って」『アジア・
　　アフリカ言語文化研究』94: 345–363.

上野善道 (2018a)「解説」服部四郎『日本祖語の再建』(上野善道補注) v–xxiii. 岩
　　波書店.

上野善道 (2018b)「補注者あとがき」服部四郎『日本祖語の再建』(上野善道補注)

641–645. 岩波書店.

上野善道 (2019)「第 3 章　人間の言語能力と言語多様性—言語に向き合う視点」嶋田珠巳・斎藤兆史・大津由紀雄 (編)『言語接触—英語化する日本語から考える「言語とはなにか」』65–96. 東京大学出版.

金田一春彦 (1937)「現代諸方言の比較から観た平安朝アクセント—特に二音節名詞に就て—」『方言』7-6: 1–43.

金田一春彦 (1947)「語調変化の法則の探求」『東洋語研究』3: 9–52.

金田一春彦 (1954)「東西両アクセントのちがいが出来るまで」『文学』22-8: 63–84.【金田一 1975『日本の方言：アクセントの変遷とその実相』49–81. 教育出版. に「東西両アクセントの違いができるまで」として再掲.】.

金田一春彦 (1960)「アクセントから見た琉球語諸方言の系統」『東京外国語大学論集』7: 59–80.

金田一春彦 (1980)「味噌よりは新しく茶よりは古い—アクセントから見た日本祖語と字音語』『月刊言語』9-4: 88–98.

金田一春彦 (1984)「日本祖語のアクセントと琉球方言」 *Sophia Linguistica*. 17: 3–25.

金田一春彦 (1985)「諸家のアクセントの研究を読んで」『国語学』141: 89–95.

金田一春彦 (1986)「秋永一枝氏の魚島方言の報告を読んで」『月刊言語』15-10: 84–87.

金田一春彦、秋永一枝、金井英雄 (1966)「真鍋式アクセントの考察」『国語国文』35-1: 1–30.

柴田武 (1969)『言語地理学の方法』筑摩書房.

東條操 (1927)『国語の方言区画』育英書院.

徳川宗賢 (1962)「"日本語方言アクセントの系譜" 試論—「類の統合」と「地理的分布」から見る—」『学習院大学国語国文学会誌』6.【柴田武・加藤正信・徳川宗賢 (編)(1978)『日本の言語学 6 方言』543–570. 大修館書店. に再録.】

徳川宗賢 (1981)「第 6 章 アクセントの系統図」『日本語の世界 8 言葉・西と東』233–284. 中央公論社.

服部四郎 (1933)「アクセントと方言」『国語科学講座 VII(国語方言学)』明治書院.

服部四郎 (1937)「原始日本語の二音節名詞のアクセント」『方言』7-6: 44–58.

服部四郎 (1976)「琉球方言と本土方言」『沖縄学の黎明—伊波普猷生誕百年記念誌』沖縄文化協会.【服部 2018: 45-81 に所収】

服部四郎 (1978–79)「日本祖語について (1–22)」『言語』1978 年 1–3, 6–12 月号, 1979 年 1–12 月号, 7-1: 66–74; 7-2: 81–91; 7-3: 81–90; 7-6: 98–107; 7-7: 97–

105; 7-8: 88–96; 7-9: 90–101; 7-10: 94–103; 7-11: 108–117; 7-12: 107–115; 8-1: 97–106; 8-2: 107–116; 8-3: 87–97; 8-4: 106–117; 8-5: 114–123; 8-6: 118–125; 8-7: 110–119; 8-8: 108–116; 8-9: 108–118; 8-10: 105–115; 8-11: 97–107; 8-12: 100–114，大修館書店．【服部 2018: 83–401 に所収】

服部四郎 (1985)「日本語諸方言のアクセントの研究と比較方法」『月刊言語』15-9: 100–102．【服部 2018: 第 19 章 (pp.597–610) に服部 1987 と合わせて所収】

服部四郎 (1987)「秋永一枝さん及び金田一春彦君へのお答え」『月刊言語』16-7: 81–88．【服部 2018: 第 19 章 (pp.597–610) に服部 1985 と合わせて所収】

服部四郎 (2018)『日本祖語の再建』(上野善道 補注) 岩波書店．

第 7 章

日本言語学史上の言文一致　——司法界における思想・実践との比較——

永澤済

7.1　はじめに

　現代日本の言語学において、文体の問題が中心的に論じられる機会はほとんどないが、日本言語学史上、言語学者が日本語の文体を盛んに論じていた時期がある。

　明治期、啓蒙思想家らにより新しい日本語の文体が模索され、それはやがて新聞など一般社会の日常の文体の言文一致をめぐる議論へとつながっていった。文学者たちもまた、開国により西洋文化に接し、江戸時代までの文学とは異なる新しい文体を模索し始めた。

　そのような社会の潮流を受け、言語学者たちも、言文一致の方法を論じ始める。1898 年 (明治 31 年)、上田万年を会長として「言語学会」が創立され、続く 1900 年 (明治 33 年) に『言語学雑誌』が創刊されると、当初から言文一致は重要なトピックの一つとなった。毎号、巻末の「雑報」欄に「言文一致について」(『言語学雑誌』1-3)、「本欄の文體について」(同 1-2)、「言文一致會の設立」(同 1-2)、「言文一致會の近況」(同 1-10)、「新聞雑報の言文一致」(同 2-4)、「帝國文學の言文一致論」(同 2-4)、「言文一致文例」(2-5) などの見出しが並び、学会が言文一致を推進した様子がみてとれる (山本正秀 1971)。しかし、言語学者たちは各々に理論的追究を行うものの、言文一致の実現は容易ではなかった。

　一方、言文一致論争の社会的な高まりは、その後半において、伝統を堅持する公文書の分野にも影響を与えた。法学者、法曹たちも法文や判決文の言文一致 (口語化) の必要性を議論し始め、1929 年 (昭和 4 年) 頃より、個別的な口語体判決例がちらほら見られるようになり、1939 年 (昭和 14 年) 頃より、全国的に先駆的裁

判官たちが口語体判決を書くようになった[*1]。試行錯誤を経て、最終的に全判決の一斉なる口語化が完成したのは、第二次大戦後に官庁の公用文・法令文・詔書に口語体が採用された時点であった。

　様々な分野で希求された言文一致であったが、言語学における言文一致思想は、他の分野とは本質的に異なっていたといえる。本稿では、伝統を破り言文一致の困難に立ち向かった諸方面の試行錯誤のうち司法界の試みに着目し、言語学における言文一致思想との相違を考えてみたい。

7.2　言語学者たちの言文一致

　1898 年 (明治 31 年)、上田万年[*2]を会長として「言語学会」が創立され、続く1900 年 (明治 33 年) に『言語学雑誌』が創刊されると、当初から言文一致は重要なトピックの一つとなり、学会全体で言文一致を推進する立場をとった。上田ら雑誌の創刊者たちは何をめざしていたのだろうか。

7.2.1　言語学者のめざしたこと

　『言語学雑誌』の創刊号 (第 1 巻第 1 号) に次のような発刊の辞が載る。

(7.1)　たゞ文句の末ばかりを弄んでゐずに、十分にりくつをかんがへ、うまくこ
　　　　れをつらねて、立派に仕立てやうといふのであります。何でも科學的とか
　　　　系統的とかいふのはこのやうにしやうといふことであります。［中略］學問
　　　　の上のふかいしらべは、それとしたところで、實際日々の用ゐやうの上に
　　　　おいても、なるべく理窟にもあひ、便利にもなるやうに、あらためたいと
　　　　いふのが、すべていまのやうにすゝんだ世の中のつとめでありますから、
　　　　ちかごろやかましい、國字改良會とか、文章改良案とかいふものが、あら
　　　　はれるのであらうとおもひます。［中略］國字の改良もよろし、文章の改良
　　　　もよろし、俗語のしらべもよろし、方言のあつめもよろし、文典のしらべ
　　　　もよろし、何でもかでも、言語と文字とにかゝはることは、ひろくもふか

　[*1]これらに先立つ最初期の事例として、明治 40 年頃、台湾地方法院の裁判官が口語体で判決を書くことを主張したとのエピソードが伝わっている (国語協会法律部 1939)。

　[*2]上田万年はドイツ・フランス留学を経て日本に言語学の科学的手法を導入したとされ、純粋な言語学的課題——「P 音考」(1898 年) に代表される——を追究する一方、日本語の文体・標準語についても精力的に論じた。

くも、日本も外國も、できるだけこゝにあらはして、二十世紀の日本は、も
はや古いしんだことばかりはやつてゐないと、いふことがしらしたい、
　　　　　〔「この雑誌をいだすゆゑ」(『言語学雑誌』1-1) ／ 1900 年〕

　ここには、言語学に理論を持ち込み、科学的に行おうとの言語学者たちの気概
が表れている (山本 1971: 300)。「國字改良」「文章改良」等の実用施策も、理論重
視の考えであった。最新の学問を基礎に実社会の国語政策を理論的に主導すると
いう、言語学者たちの意気込みがみてとれる。

　続いて、『言語学雑誌』第 1 巻第 2 号「雑報」欄には「言文一致會の設立」のタ
イトルで記事が載り、林甕臣を発起人として学者らが「言文一致會」を設立したこ
とを伝えている。「吾々は爰に大にかの旨意に賛成し、その成功を望む」とあり、
言語学会を挙げての言文一致支持がうかがえる。

　同欄「本欄の文體について」には「われ〜は本號から、雑報欄には、一切口語
體の文章を用ゐるやうにした」「吾々の文體は平易を專らとする」とあり、雑報欄
に口語体の平易な文章を用いることを宣言し、自ら実践も行った。以来、同誌は
一貫して言文一致推進の立場をとり、各号巻末の「雑報」欄に「言文一致につい
て」「言文一致會の近況」「言文一致文例」「新聞雑報の言文一致」「帝國文學の言
文一致論」など言文一致関連の記事を多く載せている (山本 1971:302-304)。

　では、言語学者たちのめざす言文一致とは、具体的にはどのようなものであっ
たのか。山本 (1971:305-314) は、『言語学雑誌』全 18 冊のテキストを検証し、う
ち約 30 編を「言文一致体」で書かれた論文とみなしている。山本の判断基準によ
れば、次の (7.2) が非「言文一致体」、(7.3)–(7.5) が「言文一致体」である。

(7.2)　凡そ言語の學問に於て最趣味ある問題の一は即其起源説なるべし、この問
　　　題たる一見頗難解の如く見ゆるなれ共、もし之を正く解釋したらんには、
　　　決して幽玄若くは神秘なるものにあらず、いかにせん、吾人が著者の如き
　　　は、言語の性質自身のあやまれる見解の上に坐して、かゝる論をなさんと
　　　するものなれば、其見解の吾人が注意を價するもの頗少きも亦其處なり、
　　　〔「マクス，ミユレル」に對する「ホイットニー」の論争」(『言語学雑誌』
　　　1-1) ／ 1900 年〕

(7.3)　これこそ自分の大發明である、先哲未言の卓見であると、鬼の首でも取つ
　　　たかのやうに、大得意になつて世間へ吹聽して居るうちに、その創見と思
　　　ひ、新説と考へて居た事か、実は更にさうでなく、自分の學問が淺いため、

先の人が、遠の昔、しかも自分より遥かに充分に、説いておいた事のある
のを、知らずに、むだ骨を折つたのであると氣が付いて、これはこれはと
今までの勇氣も全く沮喪して、廣言の後かたづけに困る事は、世間に随分
ある例だ。

〔岡倉由三郎「語尾の「く」に就いて」(『言語学雑誌』1-1) ／ 1900 年〕

(7.4)　我國は言靈のさきはふ國であるとか古來いひ傳へて、自分免許で喜んで居
たが、もはや今日ではさういふ勝手自慢なことをむやみに云うて居ること
は許さない。云ふからならば實を擧げねばならず、實がなければ云はれぬ
譯である。何でも理窟にもあひ實際にもかなふ樣に工夫もし、また行はね
ばならぬ。であるから、國語の教授法に於ても、ますますあらためねばな
らぬところが澤山あらうと思ふ。

〔藤岡勝二「發音をたゞすこと」(『言語学雑誌』1-2) ／ 1900 年〕

(7.5)　「ジョセフ、エドキンス」氏は、近世の支那語学者の一人で、又た多少日
本語に通じた人であります。氏が語学の主義は、「マクスミュルラレー」氏
の言語一元の説を奉じて、殊に支那語世界の言語中頗る古いものと仮想し
て其一元説を証明せんと試みました。

〔八杉貞利「エドキンス氏の支那語學」(『言語学雑誌』1-2) ／ 1900 年〕

　山本 (1971:311) がこれらを「言文一致体」とみなす根拠は、文末に「なり」「た
り」「べし」等の伝統形式ではなく、「である調」「であります調」「だ・である調」
が採用されていることのようである。
　確かに、非「言文一致体」(7.2) では、「頗難解の如く見ゆるなれ共」「もし之を
正く解釋したらんには」「吾人が注意を價するもの頗少き」等に文語調が色濃く表
れている。一方で、「言文一致体」(7.3)–(7.5) では、「これこそ自分の大發明であ
る」「これはこれはと」「であるから……、ますます……」「多少日本語に通じた人
であります」等に口語性がみえる。
　ただ、「言文一致体」とされる (7.3)–(7.5) でも、仮名遣い「やうに」「考へて」
「さういふ」「あらう」や、「先哲未言の卓見」「今までの勇気も全く沮喪して」「殊
に支那語を以て世界の言語中頗る古いものと仮想して」等は文語的である。その
一方で、現代の論文では使用されない「これはこれはと」のような非常に口語性
の高い表現も混在しているのが興味深い。

　こうした実態が示すのは、ひとくちに「言文一致」といっても、当時の言語学者たちの間ではまだ統一的な理想形の完成には至っていなかった、ということである。次の『言語学雑誌』「雑報」も、そのことを伝えている。

(7.6)　いろ〰の調査に調査を重ね、研究に研究を積んで、段々改めてゆかうと
　　　　思ふので、決して軽々しく急進はしないつもりである。また文體の一新、
　　　　假名遣の改定の外、なほ語學上の用語、譯語の一定や、外國語の音韻の寫
　　　　し方なども漸々着手してみやうと思ふのである。
　　　　　　　　〔「本欄の文體について」(『言語学雑誌』1-2「雑報」) ／ 1900 年〕

　言文一致が何たるかを「研究に研究を積んで」じっくりと調査したうえで、漸次、文体や仮名遣い等の変革に着手する、としている。発刊の辞以来の、言語を科学的に見ようとの気概がここにも表れるが、結局、めざすべき言文一致の具体的な姿は、定まっていなかった。

7.2.2　保科孝一

　この時期、言文一致の実践上、注目すべき仮名遣いを採用した言語学者がいた。東京帝国大学で上田万年の指導を受けた保科孝一である。次のテキストは、1902年 (明治 35 年)、文部省に設けられた国語調査のための最初の国家的機関「国語調査委員会」の決議事項[*3]に対して、保科が記したものである。

(7.7)　從來種々の調査會が、設立されたが、その會における調査方針わ、おーく
　　　　秘密に附せられたので、社會の人々わ、その問題の確定以前に、意見お、發
　　　　表することが、出來なかった。それがため、これまで、種々の紛擾お來し
　　　　た例わ、尠なくない、しかるに、國語調査委員會わ、從來の慣例から離れ
　　　　て、今回その決議事項お、公にし、社會の人々おして、その決議お、自由
　　　　に批評さする端緒を開いた。
　　　　　　　　〔保科孝一「國語調査委員會決議事項について」(『言語学雑誌』3-2) ／
　　　　　　　　1902 年〕

　保科は、助詞「は」「を」を「わ」「お」で表記し、長音「おおく」を「おーく」とするなど、従来の仮名遣いとは異なる、発音に沿った表音表記を採用している。

<hr>

[*3]国語調査委員会が、音韻文字の採用、言文一致体の採用、国語の音韻組織、方言調査と標準語の
選定に関して決議した。

　また、句読点に着目すると、「調査會が、設立されたが」「發表することが、出來なかった」「今回その決議事項お、公にし」のように、現代日本語では一般に読点を打たない位置に、読点が付されている点に特徴がある。同じく、「これまで、種々の紛擾お來した例わ、尠なくない、」「貢献するところが、なければならん、」のように、通常、現代日本語では句点が打たれる位置に読点を付している箇所もみられる。当時、日本語に導入されて間もなかった「、」「。」式の句読点を、言文一致体でどう使用するかも、まだ流動的であった。

　そして、上掲の言語学者たちと同様、保科の言文一致体にも、非口語的な表現が散見する。「しかるに」「いやしくも」「社會の人々おして、その決議お、自由に批評さする」(使役) のような漢文訓読系の表現、「秘密に附せられ」「種々の紛擾お來した」のような文語的表現が混在している。保科自身、言文一致について次のように述べている。

(7.8)　言文一致体とわ、いかなる様式のものか、とゆーことが、また議論の岐れるところである。今日學者社會に存在する、言文一致体の解釋にわ、すくなくとも三種あるので、その第一わ、言と文とお、たがいに調和さする、とゆー案、すなわち、言五分と、文五分とお調合して、一種の文体お創定する、とゆー案である。その第二わ、言お文に同化さする、とゆー案である。[中略] その第三わ、言お基本として、從來のごとき文の様式わ、すべて捨てる、とゆー案である。[中略] 自分一個の意見としてわ、第三の見解に賛成するのである。[中略] 第三の見解に從えば、言文一致体、とゆー一種の文章の様式が、別に存在するのでわなくして、標準語が、すなわち、言文一致体になるのであるから、標準語が選定されゝば、したがって言文一致体の様式も、一定するわけである。今日のごとき、言と文との懸隔が、消滅して、その間の調和が圓滿に成立つわけである。けれども、かくのごとき見解によって、成立った言文一致体わ、公用文・書簡文、その他、種々の場合にすべて同一の様式で、差支がなかろーか、また、口語お基本とするにしても、談話の際に交る位な、從來の文章における形式わ、挿入しても、差支わあるまいか、これわ、向後愼重に調査すべきものと、考える。

　　〔保科孝一「國語調査委員會決議事項について」(『言語学雑誌』3-2) ／
　　1902 年〕

　保科は、言文一致体の様式について「議論の岐れるところである」としたうえ

で、自身は「言 (口語) を基本」にすべきと主張している。標準語を選定すれば、そ
れがそのまま言文一致体となる、との説である。ただし、公用文・書簡文等、種々
のケースに「すべて同一の様式」を用いても差し支えがないか、また、「談話の際
に交る位」の伝統的な文章形式を挿入しても差し支えがないか、という点につい
ては今後慎重に調査すべき問題としている。

　この保科の説、および前節の言語学者たちの言文一致体事例が示しているよう
に、当時、保科ら言語学者たちは、言文一致推進を唱えながらも、肝心の「言文一
致体をいかに成立させるか」については議論の途上にあり、統一見解もなかった
といえる。

7.2.3　「標準語」の選定

　さて、言文一致を追究する言語学者たちにとって、「標準語」の選定は重要な課
題であった。上掲 (7.8) の保科の説にみられるように、日本各地の方言の代表たる
標準語を定めて、それをもとに言文一致体を成立させる方針をとっていたからで
ある。

　これについては、言語学会設立以前の早い段階で、上田万年が「標準語に就き
て」(1895 年) を著し、次のように述べている。

(7.9)　標準語は各方言より正しく超絶して、而も其等の上にある各實在の心髄
　　　　を蒐集採擇し、猶他の研究をも加へて、然る後右等方言の融和統一を固定
　　　　すべき者なれは、其者は必ず實地に話され得べき者ならざるべからず、否
　　　　必らず何處かに現在語され居る者たるを要す。さなくして我日本の文章語
　　　　の如き、單に筆にのみ綴り得べく、口には毫も調子づかぬものは固より死
　　　　語に屬するもの、決して實際には何の效益もなさざるなり。
　　　　　　　　　　　　　　〔上田万年「標準語に就きて」(『帝国文学』)／1895 年〕

　実際に話されている口語から標準語を定めなければならない、日本現行の「文
章語」のような、書かれるだけの言葉であってはならない、との説である。そし
て、次のように、日本の標準語としてふさわしいのは「非常の伝播力」をもつ「教
育ある東京人の話すことば」であると論じている。

(7.10)　願くは予をして新に發達すべき日本の標準語につき一言せしめたまへ。
　　　　予は此点に就ては、現今の東京語が、他日其名誉を享受すべき資格を供ふ
　　　　る者なりと確信す。たゝし東京語といへば、或る一部の人は、直に東京の

「ベランメー」言葉の様に思ふべけれども、決してさにあらず。予の云ふ東京語とは、教育ある東京人の話すことばと云ふ義なり。且つ予は、單に他日其名譽を享有すべき資格を供ふとのみいふ、決して現在名譽を享有すべきものといはず、そは一國の標準語となるには、今少し彫琢を要すべければなり。されど此一大帝国の首府の言語、殊に其中の教育をうけし者の言語は、社交上にも、学問上にも、軍術上にも、商工上にも、其他文学となく宗教となく、凡ての点に於て、皆非常の伝播力を有するものなれば、此實力は即ち何にも勝る資格なりといふべきなり。

〔上田万年「標準語に就きて」（『帝国文学』）／ 1895 年〕

　ここで注目すべきは、「一國の標準語となるには、今少し彫琢を要す」とし、東京方言そのままではなく、彫琢を加える必要があるとの見方を示していることである。

　上田は、同論考のなかで、東京方言の、議会・文学・法廷などの分野における標準語化の可能性を検討したうえで、「此等の言語が互に助けもし助けられもして、秩序ある合理的なる共同的發達をなす時に、初めて明治の大御世の標準語は固定せりと謂ふべきなり」としている。東京方言は、彫琢を加えられ、発達することによってはじめて、標準語としての地位を確立するとの考えであった。

　以後も、『言語学雑誌』等において標準語に関する議論が繰り返された。

(7.11)　さて然らば、我々言文一致の文章を綴るときは、我々東京人が日常談話する通りに、その通りにたゝ書けばよいのであるかといふ難問が来る［中略］要するに今日の東京言は、未だ彫琢無く、修練なき言語である。われ〳〵自身も、ながい普通教育の間、擬古文漢文くづしの作文こそしたけれど、自身の口にて話し耳にてきく言語の上には、一の目立つた教育も修練も受けては居らぬ［中略］今日われ〳〵の言文一致は、一の修練も彫琢もない言語の上に、直ちに高尚な學理や、絢爛な思想を表出せんとするのであるから、その困難の来るべきはまた自然なことであらう。〔「言文一致について」（『言語学雑誌』1-3「雑報」）／ 1900 年〕

　ここでも標準語の基礎として東京方言が想定されているが、「一の修練も彫琢もない言語の上に、直ちに高尚な學理や、絢爛な思想を表出せんとする」との困難が述べられ、彫琢の必要性が繰り返されている。

　上田万年の弟子で、アルタイ諸語の研究者であった藤岡勝二は標準語について

次のように述べている。

(7.12)　今一般に言文一致を唱へて居る人々は上に云つた通り言文といふ言は標
　　　　準語である、其標準語は東京に於て教育のある社會の人の言葉であると云
　　　　ふまでは一致して居るらしいが、其所謂東京に於ける教育のある社會の人
　　　　の言葉はどんなものかといふことに至りては、かういふものであると理
　　　　論を整へ形式を示して居る人はない様である。［中略］東京で教育のある
　　　　人々が言文一致を實際に行つて居ればそれがすぐ標準語標準文に近いも
　　　　のとして用ゐられ、認められる様になるのであるから、まづ實際の方から
　　　　始めて理論の方のことは云はない、又云つても直に定まるものでないので
　　　　ある、として居るに相違ない。學理を根據にして論ずる場合には所謂標準
　　　　が標準なる眞の資格を明かに示して居ないのであるからかういふやり方
　　　　は至極服し難いわけであるが、今日の現狀から見て一日でも早く世間の便
　　　　を増す様にしたいと云ふ一念を實行するのは至極喜ばしいことであるか
　　　　ら、學者も亦これには多く贊同をして居る。然し前にも云つた通り唯むや
　　　　みにやることはよくないから、一方に於ては言文一致に就て充分研究を
　　　　怠らない様にせねばならぬ。

　　　　　　　　　　〔藤岡勝二「言文一致論」（『言語学雑誌』2-4）／ 1901 年〕

　藤岡は、「標準語」の基礎となるべき東京方言の実態が理論的にはまだ明らかに
されていないことを認めつつも、一般の流れは「理論」ではなく、実際上の言文
一致の方へと向いているとし、理論で規定せずとも東京方言をもとに言文一致は
可能であるとの見方に理解を示している。ただ一方で、藤岡はあくまでも学者に
よる研究の必要性を強調しており、それによって日本の「標準語」を理論的に規
定したいとの強い意志がみてとれる[*4]。

[*4]藤岡は、たとえば次のように「言文一致」の理論面を言語学者の観点で色々に検討している。「言
葉通りに文を書くときめたところで、それはどんな言葉でも其の通に寫さうと云ふのであるか。もし
さうであるとすれば日本國内にも多数の方言があり訛音があるがそれを其通りに書くと云ふことにな
る。其通りと云つても精密に其通りと云ふことになると、從來用ゐて居る假字でも間に合はず、又羅
馬字でも最も普通に知られて居る羅馬字書方位では間に合はない、外國の聲音學者がやつて居る通り
に色々の符號を用ゐるか、さまざまの新字形をこしらへるかして尚其上に書き方も余程氣を付けて音
の長短も抑揚も斷續も緩急も知れる様にせねばならぬ。つまり完全な表音法を用ゐねばなられ、さう
するには隨め幾多の研究や調査をしなければならぬ。それが出來上た上でどうなるかと云とそれは學
者だけはわかりもし用ゐもしやうが一般の人にわかりもし用ゐられもする様にもなる迄には大變な苦
勞がある。こんなことは大にむづかしいとして見ると今日簡便にしやうとして唱へ出した言文一致の

　ここで、再び保科孝一の立場をみてみると、保科もまた「東京語はもっとも適当な方言」（「國語調査委員會決議事項について」『言語学雑誌』3-2／1902) とし、そこに修琢を加え標準語を作り上げる方針を示している。そして、「標準語」選定とあわせて、音韻と表記の問題を慎重に調査・議論すべきとの認識であった。

(7.13)　今日の國語において、母音の種類わ、いくらあって、その性質わ、どーゆーものか、子音 (consonant) の種類わ、いくらあって、その性質わ、どーゆーものか、聲音の結合上に、いかなる特質か、存在しているか、これらの問題が、慎重なる調査お經た上でなければ、國字の問題お、滿足に解決することが、出來ない。文字の代表すべき、聲音の特質が、精密に解釋されない中に、それお表彰すべき文字お確定しても、その間の調和が、決して圓滿に行くものでない。［中略］それで、あるから、國家の問題お、滿足に解決するにわ、さらにその根本に遡って、國語の音韻組織やこの他種々の特質お、精密に調査しなければならん。

　　　　　〔保科孝一「國語調査委員會決議事項について」（『言語学雑誌』3-2)／
　　　　　1902 年〕

　一方、「標準語」を東京方言にとること自体に反対する意見もあった。国語辞典『言海』の編纂者として名高い国語学者、大槻文彦は次のように述べ、「乱雑」な東京方言によって「標準語」を定めることに否定的であった。

(7.14)　東京方言ほど亂雜で、不思議な言葉はないと思ふ、［中略］東京言葉は輕薄に聞えて、威嚴莊重といふ品が全く缺けて居る、是れが東京言葉の大瑕である、又急いで咄すから言葉も變り易い、百年前の小説などには、今では分らぬ言葉が多い、五十年前のでも余程違って居る、［中略］今日の東京言葉といふものは、種々の關係より成立ッた、頗る混雜して居るものであるから、直に之を以て、大日本國の標準語とするなどいふことは、とても出來ぬ、實に日本の言葉は、都鄙共に非常に混雜して居るから、之を調べて、國語を一定するといふことは、迚も用意のことでない。

　　　　　〔大槻文彦 (談)「國語改良の話」（『教育時論』617)／1902 年〕

本旨は叶はない。」〔藤岡勝二「言文一致論」（『言語学雑誌』2-4)／1901 年〕

　つまり、言文一致の基礎となる「標準語」のスタイルもまた、学者によって捉え方が異なり、確立されてはいなかったといえる。それをいかに規定し、表記をどうするか、藤岡、保科、大槻ら言語学者たちは逡巡していた。

7.2.4　言文一致の理念と実際

　以上のように、言語学者たちは言文一致の方法を様々に議論しながらも、統一的見解には至らなかった。「言文一致推進」の理念は共有しながらも、明確な目標や方針が定まっていなかったとみられる。

　そもそも、彼らはなぜ言文一致を希求したのだろうか。藤岡勝二は、言語学者らが言文一致を研究するようになった経緯を次のように述べている。

(7.15)　そも〳〵言文一致の議が大に起りて來た由來を尋ねると、もとはかの國字
　　　　改良の問題なので、現今用ゐて居る國字は習ふのに困難が多いから、教育
　　　　上甚不利益であるばかりでなく、其他に余程損があるから、どうにか改良
　　　　を加へねばならぬと、一般に騒ぎ出しておもにかの漢字の不都合なのを責
　　　　める論が起つた。［中略］帝國教育會では國字改良部が出來、文部省では
　　　　國語調査會を設ける準備をしたり、羅馬字を取調べたり、小學校用の漢字
　　　　數を制限したりする事になつた。［中略］その内で漢字の數を小學校の國
　　　　語讀本の上で減ずる位が成效した迄で、其他の國字問題は結着を見ること
　　　　が出來なかつた。つまり言はず語らずの内に従前の通りに漢字と假名と
　　　　を混用することになつてゐるのである。しかし此時分に始めた此樣な世
　　　　論は其より前に屡々起つたものよりは余程力があつた爲に國字を改良し
　　　　たいといふ希望は今でも生て居、又研究も續いて居る。従て文字ばかりで
　　　　なく文章の方にまで考が及んで來て、とう〳〵言文一致をまづやらなけ
　　　　ればならぬといふ叫びが起つて、教育會でもその調べに着手し、外にも
　　　　これを行はうとする會が出來た。
　　　　　　　　　　　　　〔藤岡勝二「言文一致論」（『言語学雑誌』2-4)／ 1901 年〕

　これによれば、教育に支障をきたす難解な漢字習得の弊害を改善するといった点にその端緒があり、改革が文字から文章へ及んだ結果、言文一致研究へ発展したという。彼らの目的は、教育に有利な、平易な文体の確立にあったとみることができる。

　保科もまた、言文一致体の採用が決議されたのは、教育と文芸の進歩を妨げて

いる雑駁な文体の統一を図るためであったとみている。

(7.16)　今日國文の躰裁わ、すこぶる雑駁で、すこしも整頓しない。文躰にわ、漢
　　　　文直譯体・洋文飜譯体・普通文体・擬古文体・書簡文体、またわ、言文一致
　　　　体の、數種のものが、並び行われていて、その間に、一定の標準がない。こ
　　　　れがため、從來國語教育の發達お妨げ、文藝進歩お遲らしたことわ、實に
　　　　尠くないのである。それで、國語調査委員會わ、文体の統一お計る爲に、
　　　　標準文体として、言文一致体お採用することに、決議したのであろーと、
　　　　おもー。
　　　　　　〔保科孝一「國語調査委員會決議事項について」(『言語学雑誌』3-2)／
　　　　　1902 年〕

　つまり、言語学者らの目的は、難解・雑駁な文体の横行に終止符を打ち、教育を
はじめ諸分野の発展を促すことにあったとみることができる。
　だが、こうした目的や思想について、言語学者たちは多くを語っていない。な
ぜだろうか。藤岡は次のように述べ、昨今の言文一致の賛同者は、その価値につ
いて深く考えることなく流行に「妄從」しているのではないかと問うている。

(7.17)　これを行はうとする人々は、言文一致と云ふ者の價値はどれ位のものであ
　　　　るとか、それを行ふのにはどんな方法を採らねばならぬか、いよ〳〵これ
　　　　が行はれた上はどんな結果が生じて來るか、といふ様なことは深く考へて
　　　　居るであらうか、考へもなく心配もなく只目下流行するからこゝでも始め
　　　　やうぢやないかといふので、所謂單に雷同して居るのではなからうか。妄
　　　　從して居るのではなからうか。
　　　　　　〔藤岡勝二「言文一致論」(『言語学雑誌』2-4)／1901 年〕

　これは、必ずしも言語学者自身に向けられたものではなかったが、一般社会と
同様に言語学界においても「なぜ言文一致をするのか」という思想は希薄化して
いたようにみえる。学者たちの関心事は、困難な言文一致をいかなる理論で実現
するかであり、そこでは目的より方法が重要であったのだろう。明確な目的を共
有し得なかったことにより、結局、実現の方法も具体的に定め得なかったように
見受けられる。

7.3　法学者・裁判官たちの言文一致

　一方、伝統を堅持する公文書の分野では、依然として旧来の漢文訓読系文体が使用され、言文一致の達成は戦後であった。しかし戦前、言文一致論の社会的な高まりを受け、司法界でも一般社会から一歩遅れるかたちで口語化が唱えられ、先駆的な裁判官が口語体で判決を書き始めた。彼らは伝統の壁をこえ、何を実現しようとしたのか。その思想はどのようなものであったのだろうか。

7.3.1　公文書の言文一致

　山本 (1965) は、言文一致を次のように時期区分し、1922 年 (大正 11 年) を狭義の言文一致完成期としている。この年を区切りとしたのは、大正デモクラシーを背景に非言文一致固守の『東京朝日新聞』等社説が口語体となり、大新聞の全紙面が言文一致化したこと、文芸上も 1921 年 (大正 10 年) に志賀直哉『暗夜行路』前篇で口語体が完成したことをもっての区分である。

> 1866(慶応 2) － 83(明治 16) 発生期
> 1884(明治 17) － 89(明治 22) 第 1 自覚期
> 1890(明治 23) － 94(明治 27) 停滞期
> 1895(明治 28) － 99(明治 32) 第 2 自覚期
> 1900(明治 33) － 09(明治 42) 確立期
> 1910(明治 43) － 22(大正 11) 成長完成前期
>
> ───────────────────────
>
> 1923(大正 12) － 46(昭和 21) 成長完成後期

　ただ、この時点でまだ公文書は旧態を維持し、言文一致化していなかった。よって山本は、1946 年 (昭和 21 年)、第二次大戦後に官庁の公用文・法令文・詔書に口語体が採用 (漢文訓読系文体廃止) されたことをもって、広義の言文一致完成としている。

　しかし、上述のように、その 1946 年 (昭和 21 年) を待たずに、1929 年 (昭和 4 年) 頃より、三宅正太郎判事や千種達夫判事らによる口語体判決例が個別的にちら

ほら見られるようになり*5、その後、法学者や裁判官が判決口語化の必要性を唱える動きが活発化し、1939 年 (昭和 14 年) 頃より、全国的に先駆的裁判官たちが口語体判決を書くようになった*6。以下では、主にこの 1939 年 (昭和 14 年) 以降の判決口語化の実践と、そこに至る思想に着目する。

7.3.2 判決口語化の理念と困難

1930 年 (昭和 5 年)、判決の平易化について、大審院院長であった牧野菊之助判事は司法官たちに向け次のように演説した。

(7.18) 裁判の威信はむずかしい文字を列ね、法理論を掲げることによつて得られるものではない。情理兼備わつた判決を、一讀成程と肯けるように書いてあれば當事者は満足する。この満足が即ち裁判の威信を保つ所以である。近時裁判の民衆化法律の民衆化ということが叫ばれるが、平易簡明何人にも納得せしめるような判決を書いてこそその目的が達せられるのでなかろうか。むずかしい文字理窟を書立てることは却つて裁判の威信を損じ、民衆化に背くものである。深く思を此點に致されんことを希望する。

---

*5 1929 年 (昭和 4 年)、三宅正太郎判事 (名古屋控訴院部長) は口語体で刑事判決を出し (判決中「名古屋控訴院」でなく「ナゴヤ控訴院」と書いたのが、公認名称でないと問題になり上告され世間の注目をひいた)、以後一貫して口語体を採った。千種 (1948:231) は、三宅が一貫して口語体で判決を書き続けたことをもって、口語体判決の創始者と評している。本判決全文は、国語協会法律部編 (1939:124-128) に掲載。同年、千種判事も松本區裁判所において口語体で民事判決を出した。これが日本における口語体民事判決の最初の例、平仮名書判決の最初の例とされる (千種 1948:236)。本判決全文は国語協会法律部編 (1939:15-18) に掲載。千種は後、1938 年 (昭和 13 年) に「満州国」司法部参事官となり口語体で法律を起草する。安田 (2002) は「満州国」以前の「国内」における千種の日本語平易化思想が「満州国」以降、「大東亜共栄圏」における日本語 (「国語」) 普及のための平易化という発想へと連なった過程、さらに戦後の国語審議会委員として「法令の用字・用語の改善」に関与した経緯を論じている。

*6 国語協会法律部編 (1941:1) によると、1939 年 (昭和 14 年)、国語協會法律部が『判決の口語化その他』を出版した後、全国的に口語体判決が書かれるようになった。編者のひとり、金澤潔判事は、「この本を編集した頃までは、お恥かしい話ながら、實のところ、わたくしは單に、ごく簡單で、書きやすい事件の判決だけを、いわば試験的に口語體で書いてみる程度であつて、そんな判決が一つ、その本にものつているのであるが、その後、東京民事地方裁判所第五部で、同僚の金子、市川兩判事と協力していろ〜と苦心の結果、本格的にあらゆる事件の判決を例外なく口語體で書くに至つたのである」(金澤 1941:150) と述べている。永澤 (2016, 2017) では、そのような中央の動きと並行して、地方の区裁判所においても先駆的な裁判官たちによって個々に試みられた判決口語化の模索の事例を紹介した。ただしこの時点ではまだ、口語体判決は圧倒的少数であり、最終的に全判決が一斉に口語化したのは、第二次大戦後に官庁の公用文・法令文・詔書に口語体が採用された時点であった。

　　　〔牧野菊之助大審院院長演説の一節（大意）（千種達夫「判決文の平易化」
　　　（『法曹会雑誌』11-2) ／ 1933 年にて言及)〕

　折しも、三宅判事や千種判事らによる口語体判決が出始めた頃であった。牧
野の演説は判決の「平易化」を唱えるもので、「口語化」に直接ふれてはいないが、
「誰もが納得できるよう平易簡明に書くことこそが、裁判の威信を保ち、民衆化の
目的に適う」との内容は、その後高まりを見せる判決口語化思想に通じる。大審
院の院長自らが変革の思想をもち、司法官たちに向けて表明していることも意義
深い。
　この牧野の演説に共感し「判決文の平易化」(『法曹会雑誌』11-2 ／ 1933 年) に
引用した千種判事は、次のように述べている。

(7.19)　従来の判決は論文でも書くような積りで書かれている。下級審の判決は
　　　専ら上級審に見て貰うことを念とし、當事者の納得は問題ではない。總
　　　ての當事者に納得できるように判決を書けというのは無理な註文である
　　　が、話す言葉も相手の理解力に應じて話すのが、上手な話手であるよう
　　　に、判決文も相手の知識に應じ、相手方に話す積りでその理由を書くのが
　　　理想ではあるまいか。特に辯護士のつかない當事者に對する判決はそう
　　　である。素人の訴訟を當事者の氣持になつて審理するとき、木で鼻をくゝ
　　　つたような法律論ではなくて、納得のできるような説明を加え、むずかし
　　　い文章ではなく、平易な文章で判決文を書いてやろうとの氣持は自ら湧い
　　　て來なければならない。
　　　　　　　〔千種達夫「判決文の平易化」(『法曹会雑誌』11-2) ／ 1933 年〕

　注目すべきは、「納得のできるような説明を加え」の箇所であり、単に難解語を
言い換えるのではなく、判決の趣旨や理由をわかりやすく伝えることに重点をお
いている。つまり判決口語化とは、言語自体の平易さという問題を超え、判決の
論理を的確に伝えることを目的とするものであった。
　以後、国語協会法律部の一員として判決口語化を主導した金澤潔判事もまた、
口語化の目的を「裁判に對する國民の信頼と威信を保つため」とし、「裁判官自身
が (漢学の素養がなくとも) 自己の所信や考えの筋道を正確に、自由に表現し、判
決の質を高められる」(「口語体判決を書いて」(『口語体判決集』) ／ 1941 年) こ
とを、真の意義と強調した。法学者の穂積重遠も「平易で了解し易いと云うこと
の外に、過不及なく情理を盡し得ること」(「はなしするごとく」／ 1930 年) をそ

の利点としている*7。判決平易化の目的が、「読む側」への配慮にとどまらず、「書く側」の自由や判決の質の担保にあるとみる点が注目に値する*8。

だが、金澤判事自身も「(口語化は) 必然ではあるが、自然には開かれない道であり、意識的な努力によりて初めて開かれる」(「法令・判決などの口語化は必然である」(『判決の口語化その他』) ／ 1939 年) と述べているように、その実践は一筋縄ではいかず、試行錯誤であった。

第一に、判決口語化を阻む伝統の壁が、司法界自体に根強くあった。金澤は「官庁——殊に司法部における新規を嫌う保守的な氣風、前例を重んずる事なかれ主義、劃一と統制とを尊ぶ官僚的な傾向」「文語体への精神的な愛着——臭いもの身知らず的な執着、即ち簡明とか正確とか威嚴とかを文語體の特長でもあるかに考えていた誤解」(同前) により、1939 年 (昭和 14 年) 時点の社会において判決のみが旧態を墨守していると指摘している。

さらに、実際に口語体を書く難しさを、穂積は「法律文としての口語體の短所は、威嚴を缺くことゝ冗漫とだ、と普通に批難される。しかしそれは要するに口語體にまだ工夫洗錬が足りないから」「大阪辯の判事さんだからとて「何々ぢやさかい權利がおまへん」と書くべきではあるまい。[中略] そこに今一段の工夫を要する」(「はなしするごとく」(「有閑法學 (二)」第三話、『法律時報』2-1) ／ 1930 年) のように表している。これは、前節 (7.11) で言文一致の困難について「東京人が日常談話する通りに、その通りにたゝ書けばよいのであるかといふ難問」とした『言語学雑誌』の指摘と重なる。

---

*7穂積重遠博士は民法学者で、1943 年 (昭和 18 年) まで東京帝国大学法学部教授を務めた後、44 年 (昭和 19 年)、貴族院議員となり、49 年 (昭和 24 年) に最高裁判所判事となった。1930 年 (昭和 5 年) 「はなしするごとく」の中で、「判決を口語體で書く最大の實益は、平易で了解し易いと云うことの外に、過不及なく情理を盡し得ることゝと思う。[中略]「夫レ然リ豈夫然ランヤ」式の漢文口調は、やゝもすれば讀む人を煙に捲くのみならず、書く人自身が文章の綾に眼をくらまされる危險がある。判決としては最も避くべき所である」〔「有閑法學 (二)」第三話 (『法律時報』2-1)〕とし、戦前の早い段階で口語体判決に賛成の立場を示した。

*8千種判事によれば、「今日では小學校を始めとして判決の様な文章は作文として教えていない。試補となつて最初句讀點を打たぬ習慣をつけることさえ一苦勞する。[中略] 漢學の素養のないものが漢語を用い漢文口調で書こうとする結果、文章の拙くなつたのが眼につくだけである。[中略] もつと自由にして民衆的な判決の形式が新に生まれるべきである」(『法曹会雑誌』11-2 ／ 1933 年) とされ、新しい学校教育を受けてきた若い裁判官たちは従来の漢文訓読系文体では自由に作文できなくなっていたとの実情があった。

7.3.3　判決口語化の実践と模索

　では、そのようななかで実際にどのような口語体判決が書かれたのか。以下、櫻木繁次・山下辰夫という二人の裁判官が地方の区裁判所で書いた例でみてみよう。両裁判官は、それぞれ 1938〜1941 年 (櫻木)、1941〜1944 年 (山下) の間、宮崎県飫肥区裁判所に勤め、その間に口語体または非口語体のどちらかのスタイルをその都度選択して判決を書いていた。櫻木判事については、その後の赴任先でも口語体判決を執筆していたことがわかっており、所在が判明した戦前の櫻木判決計 142 点のうち、21 件が口語体で書かれている (櫻木・山下両判事の口語体判決発見の経緯、資料群の概要、判決例テキスト全文等は永澤 (2016; 2017) を参照されたい)。

7.3.3.1　櫻木口語体判決の特徴

　櫻木繁次の口語体判決は、ひらがな使用、「する」「である」体の文末を特徴とする。一方、非口語体判決は、カタカナ使用、「ナリ」「タリ」体を特徴としており、両者の違いは一目瞭然である。

○主文

　まず、判決冒頭の「主文」について非口語体と口語体の典型例をみると、次のように両者は非常に似た形式を示しており、口語体は非口語体の文言「及」「ヨリ」「〜ヘシ (べし)」「トス」をそれぞれ「と」「から」「〜こと」「とする」に置き換えた程度の差異しかみられない。主文は判決のなかでも定型化の著しい部分であり、その口語化は、非口語体の文言を口語的なものに一対一に置き換える発想で実現されたとみることができる。

(7.20)　非口語体
　　　　主文
　　　　　被告ハ原告ニ對シ金五拾圓及之ニ對スル昭和十二年三月一日ヨリ完濟ニ至ル迄年五分ノ割合ニ依ル金員ヲ支拂フ<u>ヘシ</u>
　　　　　訴訟費用ハ被告ノ負担<u>トス</u>
　　　　〔飫肥区裁判所「昭和 13 年 (ハ) 第 88 號求償金請求事件」／ 1938 年 9 月14 日〕

(7.21) 口語体
主文
　被告は原告に對し金二百三十五圓と之に對する昭和十六年五月十一日から完済迄年五分の割合に依る金員を支拂ふこと
　訴訟費用は被告の負担とする
〔山鹿区裁判所「昭和 16 年 (ハ) 第 33 號貸金請求事件」／ 1941 年 5 月17 日〕

○判決末尾のモダリティ形式「のだ」

　判決末尾の表現に着目すると、口語体判決末尾にはモダリティ形式「のだ」が使われ、非口語体では表面化していなかった判断主体 (裁判所) の存在を前面に出す表現となっている。これは、櫻木が口語体のスタイルを模索するなかで、読み手 (当事者である一般市民) にわかりやすい形として、裁判所から読み手へ語りかける発想で書いたものとみることができる。

(7.22) 非口語体
民事訴訟法第八十九條ヲ適用シ主文ノ如ク判決ス
〔飫肥区裁判所「昭和 13 年 (ハ) 第 88 號求償金請求事件」／ 1938 年 9 月14 日〕

(7.23) 口語体
民事訴訟法第八十九條を適用して主文の通り判決したのである
〔山鹿区裁判所「昭和 16 年 (ハ) 第 33 號貸金請求事件」／ 1941 年 5 月17 日〕

　なお、興味深いのは、戦後、全判決の口語化完了後に書かれた櫻木の口語体判決をみると、末尾の「のだ」は外れ、「判決する」になっていることである。口語化模索時の、主観的なスタイルは、戦後、より中立的な表現に落ち着いたといえる。

○裁判所の判断を主観的に述べる表現の多用

　同様に、裁判所の判断を主観的に述べるスタイルは、櫻木の口語体判決に散見する。次のように、内容的には裁判所の客観的判断を示す箇所においても、「そんな」「(証拠に) も」「からとて」「わけにはゆかぬ」等、その判断を主観的に述べる形式によって裁判所の存在が前面に出ており、対話的である。また、「裁判所は(信用しない)」のように、判断主体を明示する点も特徴的である。

(7.24)　裁判所は、そんな争のあるところを證據にも基かず片方から單にそう言ふ
　　　　主張があつたからとて、直にこれ其の範圍 [印 (櫻木)] を信用するわけに
　　　　はゆかぬ、
　　　　〔飫肥区裁判所「昭和 14 年 (ハ) 第 63 號手附金返還請求事件」／ 1939 年
　　　　10 月 9 日〕

○原告の主観的な立場を示す表現の多用

　原告の主張の引用に着目すると、次のように、「て見たら」「て呉れない」「気に
はならない」等、原告の主観的な立場をそのまま述べる表現が多用され、それに
よって原告の立場に読み手の視点を引きこんでいる。

(7.25)　ところが、原告が後で圖面通りに實地を調べて見たら、約束した面積が約
　　　　一町歩位不足してゐることを發見したので、原告は被告等に其の旨を通知
　　　　して之が解決方を迫つたが被告等は言を左右にして應じて呉れない、そこ
　　　　で原告は目的物が斯様に相違してゐては買受くる氣にはならないので右
　　　　土地の賣買契約を解除して、契約通り手附金の倍額の支拂を被告等に求め
　　　　た
　　　　〔山鹿区裁判所「昭和 16 年 (ハ) 第 33 號貸金請求事件」／ 1941 年 5 月
　　　　17 日〕

○口語性の高い表現の使用

　次の箇所は、「あべこべ」のように現代の書き言葉では通常用いられない口語性
の高い表現が使用されており、特徴的である。

(7.26)　殊に、甲第一号証には賣買物件に對して、後で故障が出來たときは買主た
　　　　る原告が萬事處決して、賣主たる被告等には毫も損害を掛けぬと約束が出
　　　　來てゐる、これは通常はあべこべであるのが取引の常態である、
　　　　〔飫肥区裁判所「昭和 14 年 (ハ) 第 63 號手附金返還請求事件」／ 1939 年
　　　　10 月 9 日〕

　以上のほか、櫻木の口語体判決には「直接引用」の迂遠的なスタイルがみられ
る。これは、現代の判決が一般に間接引用の形式をとるのとは対照的であり、上
述の諸特徴とあわせて、櫻木が口語体を「当人が話すように書く」ものと捉えて
いたことを示唆する。

さらに、接続詞「それで」「そこで」等を多用し、文と文の関係を明示的に示そうとの意識がうかがえる。これも、前件を後件にスムーズにつなげ、口頭で話すようなわかりやすさを紙面上に実現しようとする意識の表れとみることができる。

7.3.3.2 山下口語体判決の特徴

一方、山下辰夫の口語体判決は櫻木と異なり、カタカナが使われ、主文のスタイル等にも独自の特徴がみられる。

○カタカナ使用

次のように、山下の口語体判決は、非口語体で「付」「如ク」「(判決) ス」で表していたところを、「ツイテ」「通リ」「(判決) スル」と言い換えており、文言は口語化している一方、依然としてカタカナが使用されており、その点で旧式維持である。

(7.27)　非口語体

仍テ訴訟費用ノ負擔ニ付民事訴訟法第八十九條ヲ適用シ主文ノ如ク判決
ス

〔飫肥区裁判所「昭和 16 年 (ハ) 第 33 號勞務賃金請求事件」／ 1941 年 6
月 24 日〕

(7.28)　口語体

ヨツテ原告ノ本訴請求ハ理由アルモノト認メラレルカラ、訴訟費用ノ負擔
ニツイテ民事訴訟法第八十九條、第九十三條第一項ヲ適用シ主文ノ通リ判
決スル。

〔飫肥区裁判所「昭和 17 年 (ハ) 第 24 號建物登記ノ更正登記申請手續等
請求事件」／ 1942 年 8 月 27 日〕

判決でのカタカナ使用について、判決口語化の理論的主導者であった金澤判事は「一般社會では、口語體の發達と普及にともない、平假名が殆ど原則的に用いられることになつて、今日では、片假名は文語體の限られた場合にのみ使われているに過ぎない。それで、判決も、口語化すると共に、平假名に改めるのが適當であると考える」(「口語体判決を書いて」／ 1941 年) としており、山下のカタカナ使用はこの立場に逆行するものである。

　山下が口語体にカタカナを使用した意図として、判決口語化への反対意見 (威厳
の欠如、冗漫、伝統を失うことへの懸念) へ配慮し急進的な改革を回避した可能性
が考えられる。

○主文の伝統志向と揺れ

　山下の伝統志向は、次のような口語体判決の主文にも表れる。下線部、文末「ベ
シ」「(負擔) トス」にみえるように、口語体判決ながら、主文部分のみ伝統的な非
口語体を採っている。同じ判決内の、主文以外の箇所では「(判決) スル」「(述べ)
タ」「デアル」等の口語体が用いられ、スタイルが明確に異なっている[*9]。

(7.29)　山下口語体判決における、非口語体主文 (この主文部分のみ非口語体)
　　　　主文
　　　　　　被告ハ原告ニ對シ金三百圓及ヒ之ニ對スル昭和十六年五月二十二日
　　　　　　ヨリ右支拂濟ニ至ル迄年一割二分ノ割合ニ依ル金員ヲ支拂フベシ。
　　　　　　訴訟費用ハ被告ノ負擔トス。
　　　　　　〔飫肥区裁判所「昭和 17 年 (ハ) 第 27 號貸金請求事件」／ 1942 年 10
　　　　　　月 5 日〕

　櫻木の口語体判決では前掲 (7.21) のように、主文にも口語体が採用されていた。
では、山下が口語体判決の主文にのみ非口語体を採用した意図は何だったのか。
　これについて、口語体判決を書く際に主文のスタイル選択がいかに困難であっ
たかを、金澤判事が端的に述べている。

(7.30)　これまで判決を口語體で書くには、主文をどうするかがまず困難な問題と
　　　　された。現に、穂積先生なども「差當りの問題としては、口語體判決文だ
　　　　から主文まで口語其儘でなくてはならぬと云う程に拘泥するにも當るま
　　　　い。主文は暫らく「何々に處す」「何々すべし」として置いて、將來の大
　　　　成を期する方がよくはあるまいか。」と昭和五年一月に述べられたことも
　　　　ある[*10]。實例にも主文だけは從來の文語體の型をそのまゝに保存したも

　[*9]山下の口語体判決 4 通のうち 2 通がこのような非口語体の主文をとる。
　[*10]穂積重遠は、前掲書「はなしするごとく」(1930 年) の中で、口語体判決の主文について「判決文
を口語體で書くには、恐らく「主文」の語尾に一苦勞あることゝ思う。「被告人を懲役二年に處する」
と云うと何だかすわりが悪い。「被告は原告に金一千圓を返せ」でよい筈だが、何だか物足らぬ感じも
する。此「感じ」なるものがやはり相當大切なのだ」「差當りの問題としては、口語體判決文だから
主文まで口語其儘でなくてはならぬと云う程に拘泥するにも當るまい。主文は暫らく「何々に處す」
「何々すべし」として置いて、將來の大成を期する方がよくはあるまいか」と述べている。

のが相當多い。わたくしの部でも、はじめに書いた判決では、やはり同じ
く方針を採つていた。 ^{ママ}

　しかし、口語體判決論も最近の歴史だけでもすでに十年、初めの啓蒙時
代からいろ〳〵の試練を經て、もはや本格的の實行時代にはいつたのであ
るから、これを大成するためには、どうしても主文までも口語化すること
が望ましい。でないと、何となく中途半端の感じを免れない。わたくしも
昭和十四年の初めから、そうゆう感じを強くして、主文の口語化を實行す
るに至つた。

〔金澤潔「口語体判決を書いて」／ 1941 年〕

　ここにみられるように、口語体判決推進派のあいだでは、主文をどのようなス
タイルで書くかが当初より問題となっていた。山下のケースに限らず、主文だけ
は伝統的な非口語体で書く例も多かったようである。

　難しい選択を迫られるなかで、山下は口語体判決の主文に非口語体を採用した
わけだが、そこには、裁判所の権威を示す意図があったのではないか。主文は裁
判所の判断の結論であり重要な意味をもつが、そこに口語体を持ち込むと威厳を
失う感覚があった、そこで山下は、伝統的な非口語の書き言葉——漢字とカタカ
ナによる漢文訓読系文体——を用いることにより、形式的かつ重厚な表現を志向
したものと考えられる。

○主文における命令形の使用

　このほか、上掲 (7.29) 以前の山下の口語体判決で、主文に「命令形」を用いて
いるものもある。

(7.31)　被告ハ原告ニ金九十圓ヲ支拂エ。訴訟費用ハ被告ノ負擔トスル。
　　　　〔飫肥区裁判所「昭和 17 年 (ハ) 第 30 號賣掛代金請求事件」／ 1942 年 7
　　　　月 28 日〕

　ここでは「支拂エ」と、相手に直接呼びかけ命令する形式がとられており、読み
手に対する強い意識がみてとれる。

　この命令形主文についても、当時の司法界で多くの議論があった。金澤 (1941)
によると、金澤自身、1939 年 (昭和 14 年)5 月頃まで命令形を用いていたが、同年
の国語協会法律部会の席上で「この主文の書き方は、當事者の立場で讀むと、非常
に感じが悪い。せつかく苦心して書いた口語體判決も、この主文で臺なしになる。
「支拂ふこと、明渡すこと」とするのがよい」と忠告され、周囲に広く意見を聞い

たところ、「動詞の命令形そのまゝの主文は感じが悪いとゆふ意見が絶對多數」との結果を得たという。結局、金澤は「文理大の保科孝一教授などの専門的御意見をもきいて、牧野さんのお考え通り、「支拂ふこと、明渡すこと、手續すること」などの書き方が、國語の傳統にそつた最も適當な主文の書き方である、との結論に達し」、「〜こと」形を採用することとなった。

山下が (7.31) の命令形主文を書いたのはこれより後のことであるが、以上のような趨勢を受けてか、山下はこの判決の後、命令形を辞し、(7.29) のような非口語体主文へと方向転換をしている。

既に述べてきたように、一般の口語体判決の主文スタイルの時代的変遷は、(1) 非口語体「〜ベシ (支払フベシ)」→ (2) 命令形 (支払エ) → (3)「〜こと (支払ふこと)」の順であるが (金澤 1941)、山下の選択はいわばこの逆をたどるものであった。こうした点に、口語体をどう実現するかについての山下の模索の一端が表れているといえる。

7.3.4 伝統と革新の間

以上、櫻木繁次・山下辰夫という二人の裁判官による、戦前の、公文書口語化以前の口語体判決の実践例から、その模索の様子をみてきた。櫻木・山下の口語体判決は、口語性の高い表現や、当事者の主張の直接引用、裁判所や原告の立場に立つ主観的表現等がみられ、読み手を強く意識したスタイルとなっている。現代の判決にはみられない特徴を示しており、当時の試行錯誤をうかがえる。

また山下は、櫻木の後任としておそらくは櫻木の影響を受けつつも、櫻木とは異なり、ひらがなでなくカタカナによる伝統的なスタイルに回帰し、主文に命令形を用いたり、非口語体を用いてみたりするなど、独自に口語化を追究した跡がみてとれた。ともに口語体判決を企図しながら異なる様相を呈す二人の裁判官の判決は、口語化が一筋縄ではいかなかったことを示している。

このように、当時の裁判官にとって判決口語化が容易でなかったのには、大きく二つの理由が考えられる。一つは、伝統的な漢文訓読系文体が備えていたような「威厳」「洗練」を維持し、上述の原嘉道枢密院副議長 (当時) の言う「卑俗とか冗漫とか感じないやうな立派な文體」を実現するには、いかなる表現を選択すべきかがわからなかったためだといえる。その難しさは、山下が一度は主文に「支拂エ」型の命令形を採りながら、後に非口語体「支拂フベシ」型に回帰したこと等にもよく表れている。

もう一つは、裁判の平易化・民衆化をめざす革新的な動きの一方で、伝統を維

持し裁判所の権威を保持しようとする体制が存在したためだといえる。文言の口
語化により判決の平易化・民衆化を図りながらも、山下が、形式面では伝統的な
カタカナを維持したり主文に非口語体を用いたりした背景には、急進的な改革を
回避し新旧のバランスをとる意図があった可能性がある。

7.3.5 言語学者との交流

　以上のような司法界での判決口語化の試行錯誤は、7.2 節でみた言語学者たちの
言文一致の模索の様子と重なる。前述のように、穂積重遠博士の「大阪辯の判事
さんだからとて「何々ぢやさかい權利がおまへん」と書くべきではあるまい」と
いった指摘は、そのまま言語学者たちの標準語の追究課題でもあった。

　実際、法学者や裁判官たちは、法令・判決のことばをめぐり言語学者と直接の交
流もあった。1900 年 (明治 33 年) に帝国教育会の中に「言文一致会」が設けられ
ると、しばしば同会で演説会が開かれたが、その登壇者の中に法学者で民法起草者
の一人 (「民法の父」と名高い)、梅謙次郎がいた。梅は言文一致会の熱心な賛成者
であり、法学者で最も早く口語体を主張・実行した人物とされる (金澤 1939:100)。
山本 (1971:313-314) によれば、同会新設の際、委員 15 名の中に言語学会所属の白
鳥庫吉と新村出の 2 名が選出され、新村は翌 1901 年 (明治 34 年) の例会で言文
一致文範編纂委員をも委嘱された。また。新村のほか大槻文彦・藤岡勝二・保科
孝一の 4 名は言文一致取調委員を委嘱され、公開講演会で演説等も行っており、
梅とも交流があったとみられる。

　また、7.3.3.2 節で命令形主文についてふれた箇所で、金澤判事の「文理大の保
科孝一教授などの専門的御意見をもきいて、牧野さんのお考え通り、「支拂ふこ
と、明渡すこと、手續すること」などの書き方が、國語の傳統にそつた最も適當
な主文の書き方である、との結論に達し」(金澤 1941) との言を引用したが、ここ
に言語学者、保科の名があがっており、金澤らとの親交がうかがえる。

　口語体判決の理論・実践両面で名高い千種判事は「末川博士、三宅、垂水、金
澤、藤江判事、森馥、正木昊辨護士なども法文および判決文の口語化を熱心に主
張せられ、文部省國語調査會の保科孝一先生、カナ文字會の松坂忠則氏などもこ
れが口語化の有力な支持者であつた。その内でも忘れることのできないのは、亡
くなられた金澤潔判事である」(千種 1948:13) と回想しており、ここにも金澤と保
科の名があがっている。また、千種によると「第二の法文の口語化、平易化を進
めるために、文教部の國語調査會が主となつて、これに關する各方面の權威者の
論文を編集し、穂積、保科先生、森山法制局長官、藤江判事なども論文を寄せら

れ、これが印刷に附せられようとして、戦禍によつて喪失した」(同) とされ、法曹関係の学者・実務家と、言語学の保科が一つの論文集を成そうとしていたことがわかる。千種自身も、論文「法および法文書の平易化 (二・完)」(『法曹会雑誌』11-2 ／ 1933 年) の末尾で「本文に付き、保科孝一先生、大審院三宅判事、特に東京地方裁判所金澤部長に、その他國語愛護同盟の方々に、御教示を仰ぎ、御力添へに預つたことを厚く感謝して置く」との謝辞を述べており、保科との交流を示している。

　金澤判事は自身の論説の中で「文藝方面での口語體の發達に應じて、国文學者の方面でも、上田萬年、關根正直、大槻文彦などが、標準語乃至口語法研究の急務を論じた」(金澤 1939) と述べており、上田や大槻ら言語学者 (金澤は「国文學者」と呼んでいるが) の動向まで視野に入れていたことがわかる。

　このように、法学者や裁判官たちは、判決口語化の試行錯誤の過程で、言語学者の言文一致理論や方法にもアクセスし、直接に交流もしていた。だが、それでもなお上述のように判決口語化は一筋縄では進まなかったのである。

7.4　結語

　以上、近代日本の諸方面で試みられた言文一致のなかで、言語学界と司法界における試行錯誤の過程と思想についてみてきた。

　創刊当初の『言語学雑誌』にその一端が表れるように、言語学者たちは、「言」と「文」とをどう近づけるかに苦心し、文末形式・表記・「標準語」の選定と彫琢等の様々な観点から検討を繰り返した。最大の課題は、場当たり的な実践を退け、言語のプロフェッショナルとして言文一致に理論的妥当性を与えることであった。そこから見えてくる言文一致思想は、司法におけるものとは本質的に異なっていたといえる。理論重視の言語学者たちにとって、言文一致は法曹関係者ほどに切実な内発的課題ではなく、社会的に高まった日本語をめぐる議論を、言語のプロとして看過し得ないといった外発的な追究課題であったようにみえる。

　一方で、司法界の言文一致の目的はもっと現実的であった。民衆の誰もが理解できることをめざすものであり、同時に、裁判官の側においても、自在に使える言葉で書くことで判決の質を担保する意図もあった。つまりその主眼は、単なることばの平易化ではなく、「判決論理」を当事者にわかりやすく伝えることにあったといえる。結果として、口語体判決は、相手に「話して聞かせるように書く」との発想をうみ、非口語体では表面化していなかった判断主体 (裁判所) の存在が前面に出たり、主観的表現が多用されるなど、読み手に対する強い意識を感じさせ

るものとなった。同時に、口語化が裁判の威厳を損ねることのないよう、主文の
スタイルや、方言使用の可否などが議論されもした。

このように、判決口語化には、わかりやすく「判決論理」を伝えるという明確な
目的が存在した。その点で、言語学における言文一致と異なっている。言語学者
たちは、広く一般的な射程で言文一致を議論していたため、明確な目的が共有さ
れず、結局、理論化に向けた議論を重ねながらも実現の方法を具体的には定め得
なかったとみられる。その有り様は、たとえば当時の文学界における言文一致が、
芸術を実現するための直接的で切なる希求であった*11こととも対比的である。作
家たちが創作活動の礎となる日本語を〈自ら〉模索せねばならなかったような緊
迫感は、言語学者の理論的追究には表れてはいない。その意味で、言語学者の言
文一致は一般〈他者〉のための追究課題であったといえる。

最後に、言文一致論争の後半、判決口語化の議論が高まりをみせた頃、「言文一
致」はイコール「口語化」や「口語体」を意味するようになっていたことにふれて
おきたい。当初は「文」を「言」に寄せるか、「言」を「文」に寄せるか、といっ
たことが言語学者らによって議論され、言文一致は必ずしも口語化を意味するも
のではなかった。しかし次第に、文を言に寄せる、すなわち口語をもとに書き言
葉を定める方向に固定化されていった。本稿でみてきたように、この時期の改革
が「判決口語化」と呼ばれる所以はそこにある。

資料出典

上田万年「標準語に就きて」『帝国文学』1, pp.14–23, 1895 年.
大槻文彦（談）「國語改良の話」『教育時論』617, pp.5–7, 1902 年.
岡倉由三郎「語尾の「く」に就いて」『言語学雑誌』1-1, pp.32–47, 1900 年.

---

*11 作家・詩人たちは西洋文化の影響により文学世界のカタストロフィを経験し、新しい文体を模索
した。たとえば永井荷風は「韻もなく Rime もない」日本語で詩を作る我が身の頼りなさを海月（くらげ）にた
とえ、「歌はんと欲すれども、生れながらに覚えたるわが言葉には韻もなし、Rime（リイム）もなし。韻もなく
Rime（リイム）もなき言葉を以て、詩を作らんとする果敢（はかな）さは、骨もなく鰭もなき海月の嘆きか。いづこと知ら
ず心の波の動くにつれて、唯だ浮び行くのみ。浮び行くのみ」〔永井荷風「海月の歌」／ 1913 年〕と
述べている。萩原朔太郎は、日本語に音律美を欠くのは、西洋から言文一致を急に取り込んだ故の混
乱によるとみて、「今日の問題は、何よりも先づ「國語」の新しき創造である。國語にして救はれなけ
れば、詩も小説も有りはしない」〔萩原朔太郎「日本詩壇の現状」（『詩の原理』）／ 1928 年〕と述べ、
目下の急務は日常語を芸術に足る「国語」へと高めることだと提唱した。こうした言説に表れるよう
に、文学界の言文一致は、読みやすい平易な日本語を求めるものではなく、作家・詩人たちが自らの芸
術を実現するための切なる希求であったといえる。

金澤潔「法令・判決などの口語化は必然である」国語協会法律部編『判決の口語
　　化その他』, pp.92–112, 1939 年.

金澤潔「口語体判決を書いて」国語協会法律部編『口語体判決集』, pp.149–160,
　　1941 年.

櫻木繁次　判決 Permalink:　http://doi.org/10.15083/00027418
　　(永澤済 2016「[別表・資料] 近代民事判決文書の口語化—ある裁判官の先
　　駆的試み—」『東京大学言語学論集 電子版』37, e60–68 に掲載)

千種達夫「判決文の平易化」『法曹会雑誌』11-2, 1933 年 (千種達夫 1948『裁判閑
　　話』巖松堂, pp.22–26 所収).

千種達夫「法および法文書の平易化 (二・完)」『法曹会雑誌』11-2, 1933 年.

千種達夫「法文の口語化」『裁判閑話』巖松堂, pp.12–22, 1948 年.

永井荷風「海月の歌」『三田文学』4-2, pp.133, 1913 年.

萩原朔太郎「日本詩壇の現状」(「内容論」第 13 章)『詩の原理』第一書房,
　　pp.274–293, 1928 年.

藤岡勝二「發音をたゞすこと」『言語学雑誌』1-2, pp.150–160, 1900 年.

藤岡勝二「言文一致論」『言語学雑誌』2-4, pp.354–372, 1901 年.

保科孝一「國語調査委員會決議事項について」『言語学雑誌』3-2, pp.70–86,
　　1902 年.

穂積重遠「はなしするごとく」(「有閑法學 (二)」第三話)『法律時報』2-1, 1930 年
　　(国語協会法律部編 1939『判決の口語化その他』国語協会, pp.11–13 所収)

牧野菊之助　演説 (大意) 千種達夫「判決文の平易化」『法曹会雑誌』11-2, 1933
　　年 (千種達夫 1948『裁判閑話』巖松堂, pp.22–26 所収).

八杉貞利「エドキンス氏の支那語学」『言語学雑誌』1-2, pp.182-201, 1900 年.

山下辰夫　判決 Permalink:　http://doi.org/10.15083/00074133
　　(永澤済 2017「[資料] 判決口語化の模索—伝統と革新の間で—」『東京大学
　　言語学論集 電子版』38, e107–117 に掲載)

筆者不詳「この雑誌をいだすゆゑ」『言語学雑誌』1-1, pp.1-4, 1900 年.

筆者不詳「マクス、ミユレル」に對する「ホイットニー」の論争」『言語学雑誌』
　　1-1, pp.48–73, 1900 年.

筆者不詳「本欄の文體について」『言語学雑誌』1-2(「雑報」), p.235, 1900 年.

筆者不詳「言文一致について」『言語学雑誌』1-3(「雑報」), pp.355–359, 1900 年.

参考文献

金澤潔 (1939)「法令・判決などの口語化は必然である」国語協会法律部編『判決
　　の口語化その他』92–112.

金澤潔 (1941)「口語体判決を書いて」国語協会法律部編集『口語体判決集』149–160.

国語協会法律部編 (1939)『判決の口語化その他』国語協会.

国語協会法律部編 (1941)『口語体判決集』国語協会.

千種達夫 (1948)『裁判閑話』巌松堂.

永澤済 (2016)「近代民事判決文書の口語化―ある裁判官の先駆的試み―」『東京大
　　学言語学論集』37: 147–160, e55–86.

永澤済 (2017)「判決口語化の模索―伝統と革新の間で―」『東京大学言語学論集』
　　38: 163–175, e107–117.

安田敏朗 (2002)「日本語法律文体口語化「満州国」―千種達夫をめぐって―」『一
　　橋論叢』128-3: 294–309.

山本正秀 (1965)『近代文体発生の史的研究』東京：岩波書店.

山本正秀 (1971)「「言語学雑誌」と言文一致」『言文一致の歴史論考』298–347, 桜
　　楓社.

第 8 章

日本語アクセント史の再建をめざして

児玉望

8.1　はじめに

　いわゆる「まともな」言語学者が日本語系統論に近づきたがらない一つの理由は、言語学 (とくに歴史言語学) 自体の歴史とも関わっている。近代言語学のはじまりは、たしかにインド・ヨーロッパ語同系仮説であるのだが、言語の同系仮説は言語学研究の目標ではなく、はじまりに過ぎない。もともと同じであった言語が異なる体系を生んだという仮説は、それぞれの言語が変化してきた、ということを意味している。つまり、同系仮説とは、多様な現在を何らかの変化の結果として説明するための手段となったのである。「グリムの法則」は、ゲルマン諸語に起きた一度きりの音変化の仮説である。

　特に、19 世紀の後半以降の歴史言語学は、過去に起きた (起きえたであろう) 言語変化の解明を重視した。青年文法学派は、「例外のない音法則」つまり、語の意味や機能と関わりなく話者の意識に関わらず音声的条件を満たせば機械的に生じる音変化と、話者の意識が介在する「類推変化」に分けて、言語史の説明を精密化させた。前者のタイプの「音変化」をなぜ話者が自覚しないのか、そのような変化がなぜ起きるのか、という問いは、やがて、言語を構成するのは音声そのものではなく、音声の区別の仕組み (「音素」) であって、音変化とは、ある音が他のある音とどう弁別されるかの変化である、という説明を生んだ。このような思考が、20 世紀に飛躍的に発達する構造主義的な考え方を用意することになる。

　そのような流れの中で、同系仮説は、その仮説をとることによって、どのように現在を説明できるか、日本語系統仮説であれば、日本語 (および同系語) のどんな言語事実が、どんな変化の産物として説明できるか、という観点からその仮説の真価が問われることになったのである。

　このため、日本語が経てきた言語変化を明らかにするための比較言語学的な研

究は、日本語系統論よりはターゲットを狭めた、比較方言学というべき分野が中心となる。その中で一定の成果が上げられている分野がアクセント研究なのであるが、しかし、この分野においてもまだ、日本祖語がどのようなアクセント体系をもっていて、それがどのような変化を経て分化したかについては、まだ議論の余地が大きい。さらにそれに先行する段階の日本語の系統仮説を立てる場合にも、日本祖語のアクセント体系の成り立ち (祖語にそもそもあったのか、それとも何か別のものから発生したのか) を説明しなければならないのであり、越さなければならないハードルになっているのである。この章では、日本語アクセントの系統研究の歩みと、その直面した問題について、ポリワーノフと服部四郎の発表した諸説を軸に追っていく。

8.2　ポリワーノフ

　日本語の方言アクセント記述と比較研究を最初に試み、現在は方言差が大きい各アクセント体系が共通の祖形から変化したものであることを「発見」したのは、ロシアの言語学者、エヴゲニー・ドミトリエヴィチ・ポリワーノフである。ポリワーノフの日本語関係の主な論文は、村山七郎により翻訳され、その独自の研究についてはよく知られている。この節では、特に日本の研究者に対してポリワーノフの研究がどのような関わりを持ったか (あるいは持たなかったか) を中心に追う。

　ポリワーノフの最初の論文は、日本に来る前にペテルブルクで書かれた「日本語、琉球語音声比較概観」[*1]である。バジル・ホール・チェンバレンの日琉祖語仮説を、エドワーズの『日本語の音声学的研究』[*2]に記述された日本語の音韻体系との比較をもとに批判し、両者の経た変化を論じたものである。この論文が学会誌に掲載された 1914 年、露日協会の給費生として 5 月に来日、夏を長崎県三重村 (現長崎市) で過ごした。この間に第一次世界大戦が勃発し、ロシアは直ちに参戦してペテルブルクもロシア語風にペトログラートと改称された。しかしポリワーノフはそのままさらに土佐方言の研究に着手し、10 月には東京で、東京帝大心理学教室において佐久間鼎と共に実験音声学的な分析を行なった。

　帰国後に書かれたとみられる論文が「東京方言における音楽的アクセント」[*3]で

[*1]ポリワーノフ (1976: 126-147) 所収。
[*2]新村出が音声資料を提供。
[*3]ポリワーノフ (1976: 18-31) 所収。

ある。この論文では、主として「鼻」と「花」のような、無アクセントと語末アク
セントの弁別を中心に、実験音声学的なデータを交えて論じる。ポリワーノフが
日本語アクセントに興味をもつきっかけとなった論文、ウプサラ大学のエルンス
ト・アルフレート・マイアーの「日本語における音楽的アクセント*4」は、この弁
別を分析していなかった。無アクセント語を「全平」として有アクセントの語と
区別する山田美妙の『日本大辞書』を特に注目に値する、と評価しているが、動詞
の終止形では全平と語末アクセントが区別されない点を指摘している。

　謝辞には、当時東京帝大の文学部長だった上田万年、言語学教授になっていた
藤岡勝二、心理学教室の佐久間鼎、京都帝大教授の新村出のほか、ロシア語学者の
八杉貞利、日本語方言学の東条操、アクセントに関する著作のあった伊沢修二と
神保格、日本のローマ字社の田丸卓郎の名が挙がっている。

　この論文では長崎や京都・土佐の調査結果については触れていないが、たとえ
ば「長崎方言とは違って、東京方言では主として、音楽的アクセントの質ではな
く、アクセントの場所が意味に関係し」というような形で間接的にこの時点での
分析が取り込まれている。また、長崎方言については「日本方言学資料」として、
『帝国考古学協会東洋部紀要』に、収集した民話の音韻表記テクストとロシア語訳
を発表している。

　翌 1915 年 7 月には中央・東アジア研究委員会の給費で再来日し、高知県諸木村
(現高知市) に滞在して土佐方言のアクセントを研究した。この滞在までの研究成
果について東京で佐久間鼎と意見交換を行なったことは、佐久間鼎が『心理研究』
誌に「講話」として発表した佐久間 (1915a) でのポリワーノフの研究の紹介か
らうかがうことができる。

　この「講話」は佐久間 (1915b) と 2 回にわたる連載であるが、佐久間鼎のアク
セントに関する一連の著述の最初のものにあたる。ポリワーノフに触れているの
は、第 8 巻第 5 冊掲載の佐久間 (1915a) のほうで、「ロシアからそれも大戦中、遠
路はるばる方言のアクセントを研究することにどんな意味があるか」という前振
りの後、佐久間自身が学生時代に藤岡勝二の演習で精読したエドワーズの『日本
語の音声学的研究』との対比で、日本語を「高さアクセント」としたポリワーノ
フの見解を支持することを述べる。エドワーズは、長母音、いわゆる句頭の上昇、
単語の弁別に関わる音調の三つを区別なくアクセントと呼んでいる。ポリワーノ
フのアクセントは最後の一つだけであるが、日本語を母語としない研究者として

---

　*4 ポリワーノフ (1976: 1-10) 所収。ライプチヒに留学中の藤岡勝二による東京・京都両方言の音
声データを分析したもの。

この結論に到達できた、というだけでも特筆に値する。

佐久間 (1915a) の最後の 6 ページは、ポリワーノフの方言アクセント研究成果のうち、東京・京都・土佐・長崎の分析の紹介に充てられている。掲載されている表の多くは佐久間自身の「実験録」に記録された 1914 年のポリワーノフとの実験の際のメモ*5から転載されたものであるが、その説明にはたとえば京都方言の「朝」「頬」のような語末に下降調をもつ型のような、1915 年の調査の成果も含まれている。

最後に紹介されているのは、四つの方言のアクセントを同じくする語類の対応関係であり、おそらくポリワーノフはこの段階ですでにこれらの体系の系統関係を視野に入れていたと思われる。このような対応の存在は、一種の「音法則」であり、共通の祖形からの分化で説明しうる現象だからである。しかし、佐久間鼎は現在ポリワーノフが整理中の対応関係の分析が「日本語の性質を明らかにする上に於いて、尊重すべき寄与をなすものであろう」と述べているにとどまる。また、この対応表には、今日の視点からみて、特に 2 音節語に誤りがある。ひとつは、長崎方言の二つの型の対応関係が逆になっている点であり、これは佐久間の聞き誤りである可能性がある。もう一つは、長崎方言と他の 3 方言の間の対応のずれが無視されている点である。この誤りが明確になるのは、後述する 1937 年の金田一春彦の論文であるが、この時点でポリワーノフはスターリンの大粛清で投獄されており、翌年処刑されるまでポリワーノフが知る機会はなかったとみられる。

佐久間がじゅうぶんに理解しなかったのは、比較方言学によって言語史を明らかにする、という方法だけではない。ポリワーノフは、ペテルブルク大学でボードワン・ド・クルトネとシチェルバに師事しており、多様な音声的実現形から弁別に関わる特徴を抽出する、という構造主義的な音韻分析を早くから実践した言語学者の一人である。しかし、ソシュールの『一般言語学講義』の刊行は第一次世界大戦のさなかの 1916 年のことであり、エティックなもの (音声記述) とイーミックなもの (音韻分析) の峻別が世界の言語研究者の常識となるのは 1920 年代以降のことであった。

この点の佐久間の無理解が現れているのは、ポリワーノフの長崎方言の分析を紹介した部分である。上述の 1915 年の論文の記述から、ポリワーノフは長崎方言が東京方言のようなアクセントの場所による弁別の体系ではない、と考えていたことがうかがえるのであるが、佐久間 (1915a: 494) はわざわざ「(1) の方の形式

---

*5 『音声の研究』第 3 輯 (1930) に「アクセント研究の一史料」として掲載。ポリワーノフ (1976: 11-15) に再録。

のものには、最後から 3 番目の音節にアクセントがあることが著しい事実である」
として紹介している。後に、九州諸方言のアクセント分布を調査して『音声学協
会会報』45 号に「九州方言に於けるアクセントの諸相」(1937a) を発表した平山輝
男は、この佐久間のいうポリワーノフ説について、長崎県三重村の調査では 4 音
節語以外に「この法則に適うものがないのはどうしたものか」と書いている。

　ほかにポリワーノフの長崎方言アクセントに関する見解を聞いていると思われ
るのが、方言学者の東条操である。『音声の研究』第 2 輯 (1928) には東条の短い
寄稿 (「方言の音韻に関する諸問題」) があるが、この中でアクセントに触れた部
分は次の箇所のみである。

　　　アクセントの比較の如きも面白い問題であろうと思われる。ポリワノフ
　　氏が云ったように九州の『アクセント』が果して本州の『アクセント』に対
　　して異なる点をもっているかどうかと云う事なども大きな研究題目である。

　これだけではポリワーノフの真意は伝わりようがないが、三重村の体系のまと
まった分析のある『東洋語大学用の言語学概論』(1928)*6では、たとえば佐久間
が最後から 3 番目の音節にアクセントがあるとした型について、環境に応じた音
形の違いがあることを述べており、また、次のような説明がある。「三重村の人々
は高まりの場所をハッキリ定めるよりは、(尻高語の場合のように語末ではなく)
語頭の近くの方に高まりがあることを言う方がはるかにたやすい。そして、三重
村の言語に存在する語の分化という見地からは、三重村の人々のこの指示だけで
まったく充分である。」(村山七郎訳) また、上記の 1915 年発表の「日本方言学資
料」や、1917 年に発表された『日本諸方言の心理音声学的観察』の第 1 部に掲載
されたこの続編での音韻表記は、この型の 2 音節以上の語 (文節) は (最後から 3
番目ではなく) 最後の音節の前に下降符号を加える、という表記になっており、下
降開始位置に特別な意味をもたせるつもりがなかったことは明らかである。1918
年に人類学・民俗学博物館紀要のラドロフ館長傘寿記念号に寄稿した「日本のな
ぞなぞの形式タイプ」*7では、主に熊本方言のなぞなぞが分析されているが、この
方言では弁別的アクセントがないとして、テクストにアクセント記号がまったく
付されていない。

　佐久間 (1915a: 497) はまた、ポリワーノフの東京アクセントの形式観にも「妥
当を欠いている」と評を下した上で、佐久間 (1915b) では、後に「三段説」として

---

*6ポリワーノフ (1976: 55-65.185-224) に部分訳を収録。

*7ポリワーノフ (1976: 148-152) 所収。

知られるようになる彼自身の東京アクセントの分析を展開している。東京アクセントの弁別記述には、上・中・下の３つの段階を立てる必要があり、この点でポリワーノフの分析は不十分である、とする。ポリワーノフや山田美妙は「鼻」のようなアクセントのない型を「全平」とするが、実際には上昇があるのであり、「花」の「下上」と区別するためには「下中」と見なければならない、とするのである。

　佐久間とほぼ同時期に山田美妙のアクセント論に異を唱えた研究者としては、京都府舞鶴在住の井上奥本がいる。井上は『国学院雑誌』に「語調原理序論」(1916)を連載し、西洋アクセント研究や中国語の韻学までを援用して自説を展開する。井上が美妙説で問題としているのは、『日本大辞書』別冊の「日本音調論」の具体的な音声記述であり、井上のいう「節式」、つまり美妙のアクセント音節だけを卓立させた音形の記述が、西洋アクセント論の影響を受けた誤りであり、後に自ら「框式」と名づけたアクセント音節までを「高」とする二段観の記述がふさわしい、という点と、アクセントのない型を美妙が「全平」とするのに対し、類聚名義抄などの声点資料にもある通り「全上」とすべきである、という点の二つに集約されるといってよいと思われる。

　この井上とポリワーノフの接点については謎が多い。上述の「東京方言の音楽的アクセント」では、京都のアクセント研究状況については調べることができなかった、として井上の名が挙げられている。従って、1914年の段階でポリワーノフは井上の研究活動を知ってはいたが、会ってはいなかった、ということになる。井上の「語調原理序論」にも、ポリワーノフの研究への言及がない。しかし、『音声の研究』第２輯に掲載の井上による「日本語調学年表」には、1916年の出来事として「露国人ポリワーノフ来朝し、山田美妙斎の型式を讃す」という記載がある。この1916年の来日についてはロシア側には根拠となる資料がないのである[8]。ポリワーノフが山田美妙のアクセント記述を最良であると認めていたのは事実であるから、井上が実際ポリワーノフと意見交換している可能性はある。しかし、「山田美妙斎の型式を讃す」という一文から察せられるのは、そうだとしても意気投合とはいかなかっただろう、ということである。

　『日本大辞書』(1893)の美妙によるアクセント記述は、たとえば『新明解国語辞典』や、音声合成に用いられる機械可読辞書のアクセント記述と本質的に変わらない、無駄なく簡潔な、適切なものに見える。今日の視点からみると、アクセントの弁別の仕組みを問題にしたポリワーノフが山田美妙を高く評価するのも容

---

[8]アルパートフ (1992: 37) によれば、ポリワーノフ自身は1916年の来日に何度も言及しており、これが事実であるとすればこの年の中国への出張の前後に日本に立ち寄った可能性があるとしている。

易に理解できる。しかし、佐久間や井上がこの点を理解しなかったことは、単に
構造主義音韻論への無理解、と片付けられない側面もある。この時代に研究者が
もっていた危機感は、「ほっておくと方言アクセントは絶滅してしまう」ではな
く、「ほっておいたのでは標準語 (あるいは外国語) の音韻が身につかない」という
ことだった。ラジオ放送の開始とほぼ同時期 (1926 年) に設立された日本音声学
協会も、音声教育を視野に入れていたことが趣意書からうかがえる。音声記述は
正確かつ詳細なものであるべきであり、語の弁別に関わる部分以外は捨象してし
まう、という方向は論外だったのである。

　ソシュールの『一般言語学講義』の小林英夫訳『言語学原論』は、1928 年に出
版される。この頃から音声学協会でも音韻論と音声学の区別が問題になりはじめ
る。Phoneme という用語の意味について海外 (当初は英語圏、後に大陸派) の諸
学者の用法の違いが議論され、1935 年の『音声学協会会報』第 35 号には、「日本
語音韻論我観」特輯が組まれた。翌 1936 年の第 43 号と第 44 号には、トゥルベ
ツコイの 1933 年発表の論文「現代の音韻論」が訳出され、ソシュールと並ぶ構造
主義音韻論のさきがけとしてボードワン・ド・クルトネが紹介される。この中で、
クルトネとその弟子たちの活動はペテルブルクのみで知られており、モスクワの
トゥルベツコイやヤコブソンの動きとは独立したものであったと述べているので
あるが、注においてその例外として、ポリワーノフがこれを日本に紹介し、神保
格に影響を与えたとしている。これに対して訳者の小林英夫は、「神保氏は、今日
我々の考える音声と音韻の別、従って音声学と音韻論との別を最も頑強に抹殺し
ようと努力されて来ている」のだからトゥルベツコイの思い違いではないか、と
やや皮肉な調子で訳注をつけている*9。

　ポリワーノフと神保格の接触が、佐久間鼎 (1915a: 496) で「高等師範教授の某
氏」との意見交換として触れられているものであるとしたら、東京のアクセントに
ついての解釈でお互い自説を譲らない平行線だったとみられる。神保は大正期に
佐久間と並んで三段観のアクセント解釈を提唱し、さらに、国定教科書の読み方
の解説書を次々に出版した。

　ポリワーノフ自身の構造主義的な考え方を正面から紹介したのは服部四郎であ
る。『音声学会会報』59 号 (1939) と 60・61 号 (1940) に掲載の「Phoneme につい
て」は、第 52 回大会での講演をまとめたものであるが、ダニエル・ジョーンズが
神保格の「抽象音声」と「具体音声」の別を採用して説明した論文と、ポリワーノ

---

*9 「日本祖語について」第 2 回で、服部は「(神保氏にはお会いしなかったらしい)」と書いている。

フの『東洋語大学用の言語学概論』[*10](1928) のフォニェーマ記述を紹介したあと、具体的に日本語の内省とカザン・タタール語での音声変異のタイプを挙げて自説を展開している。Phoneme という演題のため、単音の異音的実現の例がほとんどであるが、「アクセントの型も phoneme と同等」として1例が挙がっている。「ポリワーノフのフォニェーマ論は全訳して発表するつもりである」と述べているが、これは実現しなかった。

服部は、『月刊言語』誌に連載の「日本祖語について」第2回 (1978) でポリワーノフの「日本語、琉球語音声比較概観」の研究史的紹介に先立って、それに対する「私の評価と、それと日本の学界との関係に関する私の推定とを、よりよく理解して頂くための基盤」として、ポリワーノフの諸論考と自らの関わりについて詳しく回顧している。服部が『東洋語大学用の言語学概論』を手にしたのは満州滞在中のハルビンでのことで、「序説」と「音声篇」のみが公刊されていたこの書物の音声学的記述の正確さに驚いたことと、また、そのフォニェーマの説明が有坂秀世の音韻論に類似している点に興味を感じて上記の講演で取り上げたとしている。ただし、自らのアクセント史研究や言語理論への影響は皆無であり、さらに、ポリワーノフの研究が同時代の日本での言語研究に与えた影響はほとんどなかったとし、ポリワーノフと直接会った藤岡らからは「片手のない面白いロシア人が来ていた」程度のこと以外、研究の内容について聞いたことがないと述べている。

ポリワーノフによる日本語アクセントの比較方言学的な分析としては、1917年に科学アカデミー報に掲載された「日本語の2音節ステム形容詞のアクセント」[*11]が最初である。東京・土佐・長崎が共に2種類を区別し、語群が対応していることで、アクセントが共通の祖形に遡ることを示し、京都でこの区別が失われていることを、土佐の体系からの変化によって説明する、という比較的シンプルなものである。

日本語諸方言間の系統関係を論じているのは1924年にタシケントの中央アジア国立大学紀要に発表された「日本語の音楽的アクセントに関する研究について」[*12]が初出で、翌年には同じ紀要に語類の対応例を含む「西日本語のアクセント」[*13]が掲載された。後者は『東洋語大学用の言語学概論』に再掲されたものの日

[*10]村山七郎氏の訳による書名。服部の論文ではロシア語原題に「ポリワーノフ言語学概論」と括弧書き、「日本祖語について」では『東洋学高等専門学校のための言語学入門』あるいは『言語学入門』と表記している。

[*11]ポリワーノフ (1976: 74-78) 所収。

[*12]ポリワーノフ (1976: 79-93) 所収。

[*13]ポリワーノフ (1976: 32-54) に紀要掲載論文の訳文所収。村山七郎は1917年に出版された単行

本語訳が『方言』誌 (1932) に掲載されている。ただし、この分野において結論を出すにはポリワーノフの調査地点はまだ少なすぎたため、後の日本の方言アクセント研究者が直面する問題にポリワーノフはまだ気づいていなかったと思われる。日本語については、土佐がもっとも古く、京都がそれに次ぎ、東日本と南日本 (九州) でそれぞれ違う方向に簡略化した、という図式で簡単に説明している。

　一方、同じ 1924 年の論文で、ポリワーノフは日本語と他の言語の系統関係についても論じている。ひとつは朝鮮語 (および他の東アジアのアルタイ的諸言語) との関係、もうひとつは日本語・マライ語との関係である。

　前者は日本語と朝鮮語の対応関係から、日本語 (京都方言) における「朝」や「鶴」の語末下降アクセントを語末の m の脱落に結びつけるものである。村山七郎はこの説のヒントをポリワーノフが日本語アクセント研究に興味をもつきっかけとなったマイアーの論文に見ているが、より広くいえば、マイアー・ポリワーノフ共に、高さアクセントのない体系からそれがどうやって発生しえたか、という説明を試みたといえる。ポリワーノフ説は、日本語を弁別的アクセントをもたない言語に結びつける立場の (主として) 海外の「まともな」系統論者から、今日まで引用され続けている説となっている。

　マライ語との系統関係のほうは、1918 年発表の「日本語・マライ諸語類似点のひとつ」[*14]からポリワーノフが関心をもって取り組んでいた仮説であり、まず第一に音韻構造の類似、特に、タガログ語などとの高さアクセントの共通性に着目したものである。こちらは、高さアクセントが祖形から引き継がれたものと見ていることになる。

　日本語は、マライ語と朝鮮語の両方と関係をもつ混成語である、とする立場であり、服部から「比較言語学的研究をいかに行なうべきかということに関する深い反省的考察がなかった」と批判される点でもあるが、ポリワーノフが混成語説をどのくらい真剣に考えていたか、あるいはいつまでこの説を保持していたかについては、少し慎重になる必要があるかもしれない[*15]。この論文では、類型的特徴から系統関係を推論することの妥当性の根拠として、注でニコライ・マルの「ヤペテ語族」とセム語の系統論を援用している。ポリワーノフは、ソ連公認のマルの言語理論に異を唱えてモスクワを追放され、やがて粛清の対象になったのである

本の再録ではないかとしている。

　[*14]ポリワーノフ (1976: 153-155) 所収。

　[*15]アルパートフ (1992: 40-41) は、ポリワーノフの失われた著作の一つとして『日本語歴史音声学』という大部の著書をあげている。残っている構想によれば、マライ語・朝鮮語との比較による日本語アクセント体系の再建仮設が含まれている。

が、少なくとも 1920 年代初頭まではマルを高く評価していたことが手紙等の資料から知られている。カルトヴェリ語族とバスク語などさまざまな非印欧語を結びつける「ヤペテ語族」はロシア革命以前からのマルの持論である。日本から帰国した文学部出身のポリワーノフを、慣例を破ってペトログラート大学東洋学部の助教授に採用した際の東洋学部長がマルだった。革命後すぐに共産党員となったポリワーノフと、学士院の中で革命支持の少数派だったマルは、共に革命政府に協力して少数言語の正書法を考案するなど、政治的立場も似ていた。マルのヤペテ語族説がコペルニクス的転回を遂げ、ヤペテ語が階級闘争理論に結び付けられる「言語新理論」となるに及んだ 1924 年以降になってはじめて、ポリワーノフは声を上げ始めるのである。

　「日本語の音楽的アクセントに関する研究について」を読んだいちばんの印象は、日本語のアクセント記述にポリワーノフがいかに熱中していたか、という点に尽きる。非母語話者には知覚さえ困難な音韻特徴をこうやって明らかにしてきた、という (まったく正当な) 自負が漲っている。「(質的にみて) 植物学または動物学の新種の発見に比較しうる」発見をなしとげた研究者が次に何をするか。このような新種はいかにして発生したのか、それともほかにも同種の体系があるのだとすれば、それらは共通の祖形に遡る証拠ではないか。混成というのは仮の説明で、ほんとうは今後の研究の方向をあれこれ考えていただけではないだろうか。

　　　これまで誰も確認したことのない、きわめてさまざまな、そして上述したように観察しにくい体系はとくに一般言語学、言語学全体にとって重要である。というのは、その記述は全く独特な事実領域の発見であるから。これらの事実はすでに研究された他の諸言語の大部分にみられない事実であり、一般アクセント理論に新しい立論をもたらす。(村山七郎訳)

8.3　服部四郎

8.3.1　アクセント史研究の第一人者としての服部四郎

　服部四郎の方言アクセント研究は、東京帝大在学中からはじまっている[16]。第一高等学校時代に安藤正次の『言語学概論』(1927) を読んで言語系統論に関心をもったというだけに、早い時期から比較言語学的な意図での分析となっている。

---

[16] 「日本祖語について」の第 2 回・第 5 回は、本文・注に服部自身による自身の研究史のくわしい回想がある。

『音声学協会会報』11 号 (1928) から 4 回にわたる「三重県亀山町地方の二音節語に就て[*17]」では、内省による母語アクセントの型を、限られたスペースの中で東京アクセントとの対応関係を明示しつつ、無声化などの条件に応じた変異形や形態論上の特徴を含めて簡潔に記録している[*18]。

　さらに、1928 年秋から翌年春にかけては、東海道 12 地点での現地調査を実施する。この成果が『音声の研究』第 3 輯 (1930) に掲載の「近畿アクセントと東方アクセントとの境界線」である。「東方アクセント」は、主として語彙・文法に基づく東条操の「東部方言」とは東西の境界が西にずれていることを意識した命名である。この解釈として、服部は、語彙や文法と比べてアクセントのほうが地理的な伝播による変化が起きにくいことを根拠に、より系統分化的な言語差を反映している、と考えていたようである。特に、小田原から京都までの 12 地点の間で徐々に移り変わる、という分布ではなく、三重県の桑名と長島の間で揖斐川を隔ててはっきりとわかれる、という分布が、アクセントのもつ体系性を示している。近畿アクセントのほうは、変種として「垂井式」を含んでいる。こちらは近畿アクセントからの変化が容易に想定できるものである。

　1931 年に『方言』誌が創刊されると、創刊号から 6 回にわたり「国語諸方言のアクセント概観」を発表する。第 1 回から、「原形日本語」(日本祖語) のもっていたアクセントの再建を目標とすることを明示している。第 2 回と第 3 回で、ポリワーノフの知らなかった分布が明らかになる。ポリワーノフの「西日本」のうち、山陽道方面は東方アクセントとほぼ同じ体系、四国は大半が近畿アクセント的な体系だったのである。ここで服部は迷うことになる。『方言』誌上では「民族移動の如き事実も考えられないこともな」いというように表現していたことを、モンゴル語研究のため満州に渡航しアクセント研究から離れる直前に書かれた「アクセントと方言」(国語科学講座『国語方言学』1933) では、注で、妄想と断ってはいるが具体的に、四国から近畿への民族移動による本州側の分断と述べている。対案として、方言地理学上常識的な、近畿・四国での改新の伝播という可能性もありうるとはしているが、本文中では、近畿・四国 (甲種方言) が古く、東方アクセント (乙種方言) が変化したという考えに傾いている、として、後にアクセント研究の通説となる「高」が一拍後ろにずれるとする変化の仮説を提示している。

　服部 (1933) には、データとして首里方言の用言アクセントと本州方言の対応関

係が加わっている。服部は注で、自分は郷里のアクセントと本州他地域のアクセントとの対応関係に気づきながら[*19]、比較言語学的な意味を明瞭に悟ったのは琉球語のアクセントを学んでからだが、同期の有坂秀世は本州方言の対応関係を自身で発見してこの法則性を重視すべきであることにつとに気づいていたとしている。とはいえ、服部が琉球語のアクセントを学んだのも、今帰仁出身の仲宗根政善が1929 年に入学してから卒業後郷里に赴任するまでの 3 年あまりとしているから、在学中である。

服部の一連の研究が与えた影響の大きさは、『音声学協会会報』に吉町義雄がまとめた「内地方言アクセント境界線調査事業清算」(吉町 1937) によく現われている。「服部線」に付け加えられた四つのアクセント境界線のうち三つまでは、大原孝道・藤原与一・平山輝男というその後の方言研究・アクセント研究に大きな業績を残した研究者が大学在学中に開始したアクセント調査の結果である。平山輝男は、1932 年以降、九州を手始めに全国の方言アクセント調査を敢行するが、九州に次いで調査を行った琉球語アクセント調査のまとめとして『方言』7 巻 6 号に発表した平山 (1937b) では、これらの諸方言のアクセントが 2 つの型に分類できるという分析を行ない、それぞれを九州の 2 地域からの民族移動に結びつけた。これに対して服部は同誌 7 巻 10 号掲載の服部 (1937a) で、自分の持っているデータと引き比べるとそもそも二分すること自体が誤っているとして、ただちに反論を行うのであるが、方言の「親族関係」を論じる平山説の責任は「アクセントと方言」に掲載した自分の妄想であろうと認め、しかしこの妄想は同じ 6 号に掲載された「原始日本語の二音節名詞のアクセント」(服部 1937b) で「解消したつもりである」と述べている。

服部 (1937b) は、同じ号の巻頭に掲載された金田一春彦の「現代諸方言の比較から観た平安朝アクセント―特に二音節名詞に就て―」に触発されて書かれたものである。その後のアクセント史研究を大きく変えることになった金田一のこの論文は、東京帝大に提出された卒業論文の内容を、國學院大學方言研究会で発表した際の口演原稿である。

前半は、金田一自身の調査のほか、服部・大原・平山の最新データを加えた比較方言学的な分析であり、乙種方言のうちの東北・出雲と西南九州方言に共通して、甲種方言や他の乙種方言の 2 音節名詞と型の対応にずれがある語群がある、とい

[*19]「日本祖語について」第 2 回の注では、高等学校「2 年生のときの寮の同室生に広島県出身の者が 4 人いて、アクセントが東京式なのに驚き、日本語のアクセントの地理的分布に興味をもつようになった。」としている。

う発見を説明する。これを第 2 群とし、甲種方言側でこれと区別がないものを第
3 群、東北・出雲・西南九州でこれと区別がないものを第 1 群とする。後半では、
平安朝のアクセント資料として注目されていた類聚名義抄で、この三つの群がそ
れぞれ「上・上」「上・平」「平・平」の声点が付されている語に対応している、と
するものである。比較方言学的方法で推論された語群が文献資料によって実証さ
れる、という初の指摘であった。

　前半には随所に「服部先生のご教示」とあり、1936 年に満州から帰国して東京
帝大言語学科に職を得た服部がこの口演に際してかなりの指導・助言を行ってい
ることがわかる。特に服部による指導で目立つのは、「アクセント周圏論」的に東
北・出雲・西南九州の型の統合を無条件に古い、としていた点で、金田一自身、そ
れが誤りだとする根拠を含めて服部による修正を詳述している。

　名義抄に 3 類の区別を認めながら第 1 類と第 2 類の区別を欠く体系を「そっく
り古い時代のアクセントを反映している」としたのは今日の目には奇妙にうつる
が、柳田國男『蝸牛考』(1930) の「周圏論」がもつ影響力はアクセント研究の分野
でも金田一に限らず大きかったとみられる。服部 (1937b) でも、最終部分では上
述の吉町 (1937) の「影響を憂え、是非批評を書きたく思っていた」として他の部
分とはかなり内容の異なる議論を展開している。吉町 (1937: 45) の付図は、甲・
乙の外側に、丙 (東北・中部九州・出雲)、丁 (青森・西南九州) を配置したものと
なっている。この地図の分類は、地理的な周圏的配置のみに依拠し、丙・丁各グ
ループでアクセント体系そのものが同じであるかどうかを無視している、という
点が指摘される。さらに、「周圏論」が適用できるのは、「個々の」単語・文法形
式・音韻・アクセント型のように、借用によって地理的に拡大しうるものだけであ
り、体系全体の新古関係を地理的分布によって判断することはできない、とする。

　アクセント体系を考慮した場合でも、丙 (東北・出雲) は立てうるわけで、周圏
的分布がより複雑化したことは間違いないのであるが、「永年の妄想」をそれでも
解消できたのは、純粋に系統分岐的な「親族関係」の見方をやめ、甲・乙 (・丙)
が同じ変化を経た類型であり必ずしもそれぞれが同一とはしない、と改めたから
である。この想定される変化に関する議論が「原始日本語の二音節名詞のアクセ
ント」の主要な論点となっている。

　しかし、こちらの考え方でもやはり迷いは消えていない。服部 (1937b) 自体が
自身の考え方の変化による二つの説の両方を掲載したものになっているのである。
服部自身の序によると、前半部は、方言研究会での金田一の口演後の晩餐会で「私
の抱いていた問題が之によって解決されるかの如く考えたので、感激の余り」「即
席に試みた」話の要旨であり、後半部は、「同じ日の夜、臥床中」「大転回をなし

た」私見である。

　前半部の説は、服部 (1933) で発表した、甲種方言が乙種方言に変化したとした場合に想定される変化に先立って、名義抄声点の「上」を「高」、「平」を「低」とした場合に想定される名義抄から甲種方言への変化を追加したもの、と概略的にはみることができる。祖形と名義抄声点の違いは、第 1 群が平板ではなく助詞が下降した、と見る点であるが、これは九州西南部でこの類が下降をもつ型であるのを説明するためである。京都、鹿児島、高松についてはこの体系からの直接の変化、東京・広島と盛岡・松江については、京都で第 3 群が第 2 群に合流したのと同じ変化を「京都よりずっと早い時代に」経て、その後に「アクセントと方言」の甲種から乙種の変化を経た、とする説明である。東京・広島と盛岡・松江の違いは、この共通変化に先行して第 1 群と第 2 群が合流しなかったものとしていたものの差、と見るのである。

　これに対し、後半部では、乙種方言が甲種方言と同じ段階を経ている、という考え方を捨て去り、第 3 群に乙種方言に近い祖形を立てて、第 3 群で起きた変化を甲種のみに起きた (ただし、先行して名義抄式への変化が加わるので、甲種でのこの語群の変化はさらに複雑化する) とする。

　この修正には、「周圏分布」の問題がやはり尾をひいている。乙種が甲種から変化した、という見方をとる限り、名義抄体系に近い祖形から甲種が経たとみられる変化と同じ変化が甲種周辺の東、西、南 (奈良県十津川方言) の三方の乙種を含め、都合 4 回は繰り返された、と見なければならないことになる。乙種独自の変化が起きるまで甲種・乙種は同一の体系であった、とみれば甲種への変化は全国共通の 1 回で済むのであるが、京都でこの変化が起きたのは明らかに平安時代以降、文献で実証されるのは南北朝期以降である。本州全土のアクセント分化がはじまる時期としてはあまりにも遅いので、「京都よりずっと早い時代に」を入れたのだと思われるが、そうすると、なぜ地理的に隣接した地域のみで同じ変化が繰り返されるのか、という周圏論の呪縛から逃れられない。このため、甲種・乙種がそれぞれに変化を経た、というモデルで解決を図ったのである。

　しかし、服部はこの後にさらに加えた修正が反映された祖体系仮説を「原始日本語のアクセント」として、『国語アクセント論叢』(1952) に、これまた二つ、掲載している。こちらは前半の執筆が 1943 年なのであるが、未発表のまま、1944 年5 月に言語学研究室会で発表された新しい仮説を「追記」として掲載することになったと『国語アクセント論叢』の編者の一人だった金田一春彦が注記している。

　前半の仮説は、「原始日本語の二音節名詞のアクセント」後半で提示された形を、2 音節名詞のうち保留していた第 4 類、第 5 類 (名義抄では共に「平・上」の

声点) と、1 音節名詞、その後声点資料の整理が進んだ 3 音節名詞を補って完成さ
せたもの、という色彩が強く、祖形は (名義抄声点では区別のないものを区別して
いる点を含め) かなり乙種寄りのものとなっている。しかし、追記ではさらに大幅
に改定され、祖形は甲種とも乙種とも異なる。追記はほとんどが表で、説明を欠
いているため、どういう意図があったかは冒頭に掲げられた「肝要な点」3 点、特
に、「推定されたアクセントがそれ自身一つの体系を有すること」を手がかりに服
部の意図を推論するしかない。特に目立つ点は、その後、服部が構造主義的な「ア
クセント核」論を展開し始めた際に「核」の位置とした音節に対応して、原始日
本語形では「下降調」が再建されている、という点である。

　1930 年代までの服部のアクセント記述は、段階観的な、音節ごとの段階指定と
いう、当時の主流的な表記に従っていたが、この「追記」で、表記こそ (曲調の多
用はあるものの) 段階観的であるとはいえ「体系」に言及している点は、ポリワー
ノフ的な弁別性に基づく再建アクセントを指向していたことをうかがわせる。金
田一の注記の末尾には、1950 年の段階での服部の追記として、「原始日本語およ
び類聚名義抄日本語では各 môra が夫々「高」「低」の toneme を有したが、現代
語諸方言では各々の単語或は単語結合が夫々の型を有するようになつたと考えら
れる」(一部省略) が加えられている。「体系性」の強調は、本来トネーム (調素)
体系であったとすれば任意のトネームの組み合わせが可能であると考えられるが、
その後の体系がトネーム的な自由度を失っていることを考慮すると、祖体系にも
ある程度のトネーム配列の規則性があったものとして再建すべきである、という
ことではなかろうか。

8.3.2　金田一春彦のアクセント史研究との相克

　1940 年代半ばまで日本語アクセントの祖形研究を行っていたのは服部ただ一人
という状況だった。この点については、金田一春彦の「語調変化の法則の探求」
(1947 年発行『東洋語研究』3 に掲載) の冒頭に記されている。この論文は、1944
年 7 月の言語学研究会 8 回例会の草稿及び講評という副題が付されており、冒頭
では、服部が発表するアクセント変化の動機付けがよくわからないので、我々若
手アクセント研究者としてもどのようなアクセント変化が可能か考察してみた上
で、服部の講評を受けて服部の考え方を理解する一助としたい、というような意
図が説明されている。さらに、アクセント変化の法則探求の方法をまとめる。こ
の部分も、服部から学んだことをこのように理解したがこれでよいか、という確
認を求めているようにも読める。

　本論となっているのは、2音節名詞＋1音節助詞を念頭においているとみられる3音節のアクセント型7種の間の42通りの変化のそれぞれについて、アクセント変化として可能かどうかを論じている部分である。起こりやすい変化は甲、起こりにくい変化を丙と格付けをする。格付けの基準は、ぞんざいな発音で聞き誤りうるほど似ているかどうかと、そのような変化の実例があるかどうか、である。最後に、九州西南部諸方言がどのような変化を経たかの分析に、この法則を応用する、という構成になっている。

　問題の服部の講評であるが、概評は、こういう方向での検討も悪くないが音声学的観察が不十分である、アクセントの型が phoneme に似ていること、phoneme ではあるが特殊なものであることを忘れるな、といったものである。まだ「アクセント素」論は具体的に説明されていない。細評では金田一の各論に丁寧に応じている。上記の「追記」の服部による再建と関連するのは、下降調音節は、発音時にそこに注意が集中しやすいので卓立した高調になりうる、とするところである。また、低・低・低から高・高・低への京都で実証される変化は、後続に「高」があったからであり、それ自体は起こりやすい変化ではない、という見解が示されている。

　服部の構造主義的なアクセント観が具体的に明示されるのは、國學院大學の『国語研究』誌に掲載された「音韻論から見た国語のアクセント」(1954) である。音素連続から成る構造として「アクセント素」が定義され、東京アクセントでは「アクセント核」の有無と位置によってアクセント素が弁別される。アクセント「核」という名称は、「新しいアクセント観とアクセント表記法」(1927)、「日本語のアクセントに関する私の見解」(1928) で早くから段階ではなく上昇・下降の契機とその文脈に応じた実現の変異に着目した宮田幸一[20]の用語、「アクセント中核」を意識したものと思われる。宮田の説は、第5回音声学研究会 (1927) が初出であるが、第6回研究会で佐久間鼎により「アクセントを一つの姿として浮き上がらせている背景、すなわち水準 niveau が考慮されていない」と評されて以降、山田式への「退歩」としてなかなか受け入れられなかったものである。服部は、宮田説を全面的に受け入れなかった理由として、「"発音運動の目的観念"というメンタリスティックな音韻論へのこだわ」りと、宮田幸一が、「東京方言としては変に感ぜられる」上昇位置の異なる音形を「根本的に異なるアクセントの型とは感ぜられ

---

[20]アルパートフ (1992:64) に、ポリワーノフが1930年代初頭にロマン・ヤコブソンに宛てた書簡に「自身をポリワーノフの弟子と見なしていた日本の学者宮田」との文通が言及されているとしているが、宮田幸一を指すかどうかは不明である。

ない」とした「小さい欠陥」を挙げている。後者については、その後、川上蓁が、東京方言のイントネーションに関わる変異形として、実際に現れうる形であることを詳述しており、「欠陥」という評は当たらない。

　金田一春彦は、1950 年代以降、「語調変化の法則の探求」を出発点とするアクセント変化の法則を厳密に適用して、琉球方言を含む全国アクセント諸体系の通時変化に関する仮説を作り上げた。いずれの体系も名義抄式体系を祖体系とするものであり、服部が 1937 年に放棄した「アクセントと方言」の音変化を東北から琉球までの多くの体系について認めるものである。この通説は、服部を悩ませた「周圏論」の問題をそのままにしたものであるため、海外の研究者を中心にして早くから異論が出ていた。

　服部自身による批判は、『日本語の系統』にも収録されている「奄美群島の諸方言について—沖縄・先島諸方言との比較—」に服部が提示した琉球諸方言と名義抄式との間の規則的な対応のズレを説明しないまま琉球方言の変化を仮定していることに向けられる。『月刊言語』の連載「日本祖語について」の最終回 (1978) ではこの点を詳説し、「琉球方言と本土方言」(1976) で金田一の「東西両アクセントの違いができるまで」(1954) まで含めて、金田一が比較言語学を理解しているかどうかわからない、と罵倒に近い批判を浴びせたことを正当化している。

　「比較言語学を理解しているかどうかわからない」という表現はきついが、核心をついた批判である。アクセント研究の通説となっている金田一の諸説は、甲乙2 種の体系があるときどちらが古いと考えるべきかを「アクセント変化の法則」に照らして決定する、という単純なものである。2 種の体系を、甲＞乙あるいは乙＞甲のいずれか 1 回の変化で説明する、ということは誤りとはいえないし、系統樹の末端部に位置付けられる地理的に近接する二つの体系間であればむしろ正しい。しかし、金田一説は、服部が 1937 年に放棄した甲種から乙種への変化を筆頭に、系統樹の上位まで一貫して、甲乙いずれか一方が古いとみており、甲乙両方が共通祖形から都合 2 回の変化を経て生じた可能性を検討していない。このため、たとえば、豊前式体系が祖形であるとする九州・琉球の諸体系が何回もの変化を繰り返す間、豊前式体系はまったく変化しなかった、という直観的に奇妙なアクセント変化の仮説となっているのである。

　金田一の「アクセント変化の法則」の問題点は、実際に起きた変化かどうかを重視しすぎている点と、個別の音声の変化だけを論じて体系の視点を欠いているという点とにあると思われる。実際に起きた変化かどうかを重視する、というのは、堅実な方法のように見えて、実は比較言語学の方法としては問題をはらんでいる。「実際に起きた」変化を知ることは、京都方言のようにアクセントに関する

文献資料が比較的豊富に揃っている、という数少ない例外を除けば、ほとんど不可能である。我々が手にしうるのは「起きた」という仮説だけであり、逆向きの変化を仮定しうる場合も多い。「実例がない」という理由で仮説を認めなければ、正解にたどりつけないおそれがある。

　実際に変化が起きた、という音声的事実だけから、その変化がなぜ起きるのか、そしてそのような変化 (たとえば「一拍ずれ」) が話者に自覚されることのない「例外のない音法則」として起こりえたのかを説明することもできない。この問いに答えるには、「体系」の視点が不可欠である。たとえば、「一拍ずれ」の変化があったとしたら、下降開始位置の一拍のずれがアクセントの弁別に関与せず話者が区別しなかった段階があったと考えることになるが、このような弁別のあり方が可能なアクセント体系に関するじゅうぶんな説明は与えられていない。

　金田一は、共時的な分析についてもアクセント核を受け入れなかった。宮田幸一が「アクセント中核」とほぼ同義で用いている「タキ」[*21]を用いて、「タキ一元論」を唱えたが、「アクセント素」を構成する音節のどれか一つがもつ何らかの際立った音声的性質、というような、「核」のもつ一般言語学的な意味での「アクセント」としての意味合いを拒否し、あくまでも高から低への高さの変化という音声的な特徴としてタキを用いている。「ワカメの味噌汁は、ナイフとフォークを使うよりも箸を使ったほうが食べよい。日本語のアクセント体系の解釈に〈のぼり核〉〈くだり核〉よりも、〈タキ〉一元のほうがうってつけである。[*22]」

8.4　結語

　1976 年に村山七郎が訳出した『日本語研究』が刊行され、ポリワーノフのアクセント史研究が再発見された時点においては、国内のアクセント研究はポリワーノフの水準に追いつき、追い越していたために、ポリワーノフの研究は、先見性はあったものの、日本語アクセント史研究の流れからは切り離されたものとみられることが多い。

　服部がアクセント核を導入して以降、東京アクセントだけでなく、名義抄式体系を含む諸体系の音韻分析が試みられるようになり、川上蓁・早田輝洋・上野善道をはじめとして「核」や「式 (語声調)」の組合せとしてアクセント記述が行われるようになった。1970 年代は、このような理論的研究のピークであったといえる。

[*21] 井上奥本の「框」に対して、下降部に意味があるという主張を説明する用語。
[*22] 「柴田君の『日本語のアクセント体系』を読んで」『国語学』26.24-38.

　ポリワーノフが、東日本アクセントはアクセントの場所 (位置) の区別の体系で
あるが、西日本や九州は違う、とした点について、服部自身は言及していないが、
位置アクセントと異なる体系としての隠岐や九州・北陸の体系の分析は、1970 年
代以降、早田や上野によって進められており、今日の視点からは格別目新しいも
のとはいえなくなっている。

　しかし、通時研究、つまりアクセント史の面に関しては、構造主義的なアクセ
ント変化の考え方が定着したとは言えない。祖語形としては、音声そのものの再
建をめざす研究がほとんどである。服部自身も服部 (1987) に至るまで、本書の平
子論文に述べられているように、無核型の祖形として下降式を組み込んだ上野善
道説を評して、「それがどういう下降調であったかについては、私にはまだ成案が
ない」と述べている。音声の変化が観察されなくても、体系内の他の要素との間
の関係が変われば変化が起きている、とみなすのが構造主義的な考え方であるが、
「アクセント祖形の具体的な音声形の再建」という服部以来の志向は、この視点を
曇らせているように見受けられる。

　「弁別体系」を重視する立場では、無核型の祖語形がどんな下降式であったか、
あるいは平進式であったか、よりは、これと対立する有核の各型がすべて上昇のあ
る音形であったろうという点のほうがより重要ではないかと考える。方言アクセ
ントの共時的な研究として、下降ではなく上昇として実現するアクセント核をは
じめて記述したとみられる柴田武 (1953) で取り上げられた山形県大鳥方言[23] で
は、無核型の実現形は、同じ語について下降式的な音形と平進式的な音形が区別
なく現れているのである。

　服部が「日本祖語について」第 2 回の注で「日本祖語のアクセントの再構は、
現在存する説をすべて御破算にして、綿密な言語学的方法によって新規蒔き直し
に試みなければならない」としたのは、金田一説が通説として流布している状況
に向けられたものであろう。近年、〈タキ〉一元では解釈できない体系を中心に、
方言アクセント研究が活況を呈している。御破算にして見直すべき対象には「何
を再構するのか」も含まれることが明らかになりつつあるように思われる。ポリ
ワーノフが持ち込んだ構造主義言語学の最後の宿題は、日本祖語のアクセント体
系は位置アクセント体系であったのか、そうではない体系なのか、あるいはこれ
らの両方を生み出すことができる何か別の弁別体系なのかを明らかにし、これら
を生み出した言語変化が無意識の変化として可能であったことを説明することで
はなかろうか。

---

[23] 上野 (1993) の分析でもこの変異が報告されている。

参考文献

Leont'ev, A.A. (1974) "E.D. Polivanov: Selected Works". The Hague: Mouton.

アルパートフ, ウラジーミル・ミハイロヴィッチ (1992)『ロシア・ソビエトにおける日本語研究』(下瀬川慧子, 山下万里子, 堤正典共訳) 東京：東海大学出版会.

安藤正次 (1927)『言語学概論』(文化科学叢書 2) 東京：早稲田大学出版部.

井上奥本 (1916)「語調原理序論」『国学院雑誌』22: 54–66, 137–153, 190–198, 271–283, 517–532, 588–598, 703–713, 762–768.

井上奥本 (1928)「日本語調学年表」『音声の研究』2: 92–95.

上野善道 (1993)「山形県大鳥方言の類別体系」『金沢大学日本海域研究所報告』25: 161–183.

エドワーズ, E. R. (1935, 1969)『日本語の音声学的研究』(高松義雄訳) 恒星社厚生閣.

金田一春彦 (1937)「現代諸方言の比較から観た平安朝アクセント―特に二音節名詞に就て―」『方言』7-6: 1–43.

金田一春彦 (1947)「語調変化の法則の探求」『東洋語研究』3: 9–52.

金田一春彦 (1956)「柴田君の『日本語のアクセント体系』を読んで」『国語学』26; 24–38.

金田一春彦 (1954[2005])「東西両アクセントの違いができるまで」『金田一春彦著作集第七巻』374–414. 玉川大学出版部.(初出 『文学』22(8) 所収)

佐久間鼎 (1915a)「日本語のアクセントは果たして何者？ 上」『心理研究』8-47: 482–498.

佐久間鼎 (1915b)「日本語のアクセントは果たして何者？ 下」『心理研究』9-49: 48–67.

佐久間鼎 (1927)「第 6 回研究会記事―第二問題について」『音声学協会会報』6: 5–7.

佐久間鼎 (1928)「宮田氏の新しいアクセント観について (再び)」『音声学協会会報』9: 10–10.

佐久間鼎 (1930)「音声研究の一史料」『音声の研究』3: 147–150.

ソッシュール, F.(1928)『言語学原論』(小林英夫訳) 東京：岡書院

柴田武 (1953)「山形県大鳥方言の音素分析」『金田一博士古稀記念言語民俗論叢』415–442. 三省堂.

柴田武 (1955)「日本語のアクセント体系」『国語学』21: 44–69.

東条操 (1928)「方言の音韻に関する諸問題」『音声の研究』2: 98–101.

トゥルベツコイ・小林英夫訳 (1936)「現代の音韻論」『音声学協会会報』43: 1–7.

服部四郎 (1930)「近畿アクセントと東方アクセントとの境界線」『音声の研究』3: 131–144.

服部四郎 (1931)「国語諸方言のアクセント概観」『方言』1-1: 11–33, 1-3: 14–24, 1-4: 11–27.

服部四郎 (1932)「国語諸方言のアクセント概観」『方言』2-2: 1–21, 2-4: 18–26.

服部四郎 (1933)「国語諸方言のアクセント概観」『方言』3-6: 5–18

服部四郎 (1933)「アクセントと方言」『国語科学講座Ⅶ (国語方言学)』明治書院.

服部四郎 (1937a)「原始日本語の二音節名詞のアクセント」『方言』7-6: 44–58.

服部四郎 (1937b)「琉球語管見」『方言』7-10: 660–681(1–22).

服部四郎 (1939)「Phoneme について」『音声学協会会報』59: 1–4, 60/61: 9–11.

服部四郎 (1952)「原始日本語のアクセント」寺川喜四男・金田一春彦編『国語アクセント論叢』43–65.

服部四郎 (1954)「音韻論から見た国語のアクセント」『国語研究』2: 2–50.

服部四郎 (1959)『日本語の系統』岩波書店.

服部四郎 (1987)「秋永一枝さん及び金田一春彦君へのお答え」『言語』16-7: 81–88.

服部四郎 (2018)『日本祖語の再建』(上野善道補注) 岩波書店.

平山輝男 (1937a)「九州方言に於けるアクセントの諸相」『音声学協会会報』45: 1–4.

平山輝男 (1937b)「アクセントから観た琉球方言の系統」『方言』7-6: 387–421(59–93).

Polivanov, E.D. (1937)「日本方言学資料 (長崎県三重村方言転写)」(吉町義男解題)『音声の研究』6: 297–328.

ポリワーノフ, E. D.(1976)『日本語研究』(村山七郎編訳) 弘文堂.

宮田幸一 (1927)「新しいアクセント観とアクセント表記法」『音声の研究』1: 18–22.

宮田幸一 (1928)「日本語のアクセントに関する私の見解」『音声の研究』2: 31–37.

柳田國男 (1930)『蝸牛考』東京: 刀江書院.

山田美妙 (1893)『日本大辞書』東京：日本大辞書発行所

吉町義雄 (1937)「内地方言アクセント境界線調査事業清算」『音声学協会会報』45: 8–11.

第 9 章

琉球語の起源はどのように語られたか
——琉球語と九州方言の関係を問う——

狩俣繁久

9.1　琉球語の位置

　琉球列島の言語は、基礎語彙を含む多くの単語を日本語と共有する。それらの単語には規則的な音韻対応もみられる。格助詞や動詞の語尾、文法的な派生接辞もその多くが共通である。服部 (1978-79[2018:89]) は、琉球列島の言語と日本語の関係についてつぎのように述べる。

　　　　現在の京都方言と現在の首里方言 (元の琉球の首都の方言) とは親族関係を有し、同一の日本祖語から分岐発達したものであることを、言語学的に明らかにすることができる、ということになる。

　琉球列島の言語が日本語と親族関係を有していること、1879 年以降日本国に編入され、太平洋戦争の敗戦後の 1945 年から 1972 年までの 27 年間米国の施政権下にあった期間を除いて、日本国に属していることから、日本語の方言として位置づけられ、琉球方言と呼ばれてきた。しかし、全く話が通じないほど日本語との言語差が大きいこと、1879 年までの約 450 年間独立した国家であったことなどから、琉球語あるいは琉球諸語とも呼ばれる。ここでは琉球語と呼び、日本語との共通の祖語を日琉祖語とよぶ。

　琉球語は、日本語が失った古い言語特徴を保持していることが知られている。日琉祖語の*p は奈良時代の中央方言では φ に変化していたが、琉球語の多くの下位方言が今も p を保持している。

表 9.1 琉球語に残る p 音 *1

	奄美与論町茶花	沖縄本部町備瀬	宮古島市西里	石垣市石垣
鼻	pana	pana	pana	pana
日	pi:	p'i:	pɿ:	pi:
へら	pira	pira	pira	pira
帆	pu:	pu:	pu:	pu:

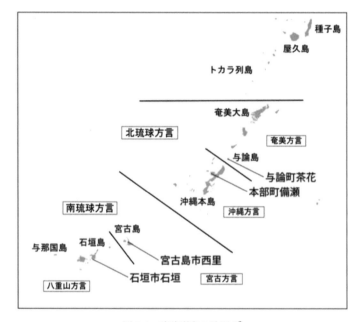

図 9.1 琉球列島の地図 *2

　日本語中央方言で失われたとりたて助詞「ぞ」に対応する「ドゥ」が多くの琉球語に保存されている*3。

---

*1 ここで示されたデータは全て筆者自身の調査によって得られたものである。以下も特に記さない限り筆者のデータである。

*2 地図の作成にあたっては、Thomas Pellard 氏にご協力をいただいた。記して感謝申し上げる。

*3 平安時代中央方言にあった特立を表すとりたて助詞は、係助詞と呼ばれる琉球語に保存されることが知られている。琉球語の特立を表すとりたて助詞については、かりまた (2011) を参照。

(9.1)　指ヤ　マーンカイ　曲イガ。　　　指ヤ　内ンカイ-ドゥ　曲イル。

（指は　どこに　　　曲がるんだ。　指は　内にゾ　　　曲がる。）

那覇市泉崎

(9.2)　親ー　子ン　負キ-ドゥ　誇ラスムヌ。

（親は　子に　負けるのが　嬉しい。）

宮古島市西里

　沖縄の歴史、言語、文学、民俗等の多岐にわたる研究分野で多大な功績を遺した伊波普猷は、その著書『南島史考』(1931) の中で琉球語を話した人々の故地が南九州にあり、その人々の渡来の時期を次のように述べる。

　　　南島人の祖先は前章にて述べた如く九州の南部にゐたものが神武天皇の頃 (西暦の初頃) 或る大事件のため南下したものと思ふ。

　日本語と親族関係にある琉球語が琉球列島で話されているということは、考古学の成果も総合的にみて、日琉祖語、あるいは後述する九州琉球祖語を話していた人々が琉球列島に渡ってきた可能性が高いということであり、琉球列島と九州が地理的に近接する条件を考えると、琉球語の故地が九州南部にあり、それを保持した人々が九州を離れて島伝いに琉球列島に南下してきたという伊波普猷の考えは、容易に首肯できよう[4]。

　しかし、日琉祖語、あるいは九州琉球祖語を保持した人々がいかなる理由によって琉球列島に渡ってきたのか、分岐の時期がいつだったのか、その南下が1度だったのか複数回だったのか、約1千kmに及ばんとする琉球列島の隅々に、とりわけ最南端の波照間島や最西端の与那国島に到達するまでにどのような段階、時期のずれがあったのか、そのいずれの詳細も明らかにされていない。

---

　[4]九州琉球祖語が九州で話されていて、それが琉球に広がったという見解は五十嵐 (2017) が提示している。五十嵐 (2017) は、野原 (1979-83) の示した琉球語と九州方言に共通に見られる語彙なども検討して、九州琉球祖語を立証するために、九州方言と琉球語が共有し、九州方言以外の本土方言にない「九州・琉球同源語」を見つけるための調査語彙を提案している。

9.2　奈良時代の方言

　『万葉集』の 14 巻、20 巻に収録されている東歌、防人歌には中央方言とは異なる特徴を持った東国方言が記載されていて、奈良時代の日本語に方言が生まれていたことが確認されている。服部 (1978-79[2018]) は九州方言の存在についても言及している。

　　　奈良時代中央方言では、「A 時代」(恐らく 1400 年ごろまで) の琉球語首里方言には起こらなかった次のような狭母音化が起こった。

日本祖語　　　　　奈良時代中央方言
*e　　　→　　　/i/(甲類)
*o　　　→　　　/u/
*əi　　　→　　　/i/, /ii/(ともに乙類)

　　　この狭母音化は、奈良時代の東国方言や九州方言に起こっておらず、その痕跡が現代八丈島方言や現代九州方言に見られる。

(服部 1978-79[2018:336])

　奈良時代中央方言にはイ段、エ段、オ段に甲乙 2 種類の区別があったが、平安時代にはその区別が失われて 5 母音に移行し、現在にいたっている。乙類のイ段の母音を含む音節「キ」には、「ク」と母音交替するものと、「コ」と母音交替するものがある。

ツキ (月)　　　→　　　ツクヨ (月夜)
キ (木)　　　　→　　　コダチ (木立)
オキ (起き)　　→　　　オコ (起こさず)

　服部 (1978-79[2018]) は、o と交替する乙類 i が琉球祖語で*e で現れることから、乙類の i の日琉祖語の母音を*əi と再建し、奈良期中央方言は *əi > /i/、/ii/(ともに乙類) の狭母音化が起こったが、琉球語では 1400 年ごろまで*əi が狭母音化せず、e になっていることを論じた。

　クと交替するキは、琉球祖語では狭母音化した*ki で現れるが、コと母音交替するキは、狭母音化せず、*ke で現れる。奄美大島竜郷町瀬留方言 (以下、奄美方言) では ki と kï、宮古島市西里方言 (以下、宮古方言)、石垣市石垣方言 (以下、八重山方言) では kï, ki のように、母音の違いとして維持されている。沖縄県那覇市

泉崎方言 (以下、沖縄方言) ではともに i に変化しているが、tɕi, ki のように子音の違いのなかに母音の違いのあったことが痕されている。

表 9.2 2 種類の乙類キに対応する琉球祖語 [*5]

琉球祖語	*tsuki(月)	*ke(木)	*oke - (起き)
奄美方言	tsïki[*6]	kï	hë-[*7]
沖縄方言	tɕitɕi	ki:	ʔuki-
宮古方言	tsɿkɿ	ki:	uki-
八重山方言	tsɿkɿ	ki:	uki-

服部 (1978-79[2018]) は奈良時代の東国方言や九州方言にも類似の現象が見られることを論じている。

> かつて説いたように、奈良時代の文献に、
> 　　乙類の「ケ」《木》　豊前、筑後の地名。上総、下野の防人歌。
> という例が見える。「起きる」に関しては、筑前、豊前、豊後、日向の現代方言に「オケ-」という形があり、岩手方言に「オゲル」という形がある。
>
> 服部 (1978-79[2018: 182])

服部 (1978-79) は、上に引用した以上に掘り下げて検討していないが、奈良時代の東国に方言が発生していたのであれば、九州にも方言があった可能性がある。琉球語が九州から南下して琉球列島に広がったとみられるので、奈良時代以前に九州にあった言語が琉球語と九州方言の共通の祖先であった可能性がある。ここでは琉球語が分岐する前の、九州方言と琉球語の共通の祖先を九州琉球祖語とよぶ。

[*5] この表の音韻表記は筆者による。以下も同様である。

[*6] *tsu は、沖縄方言では tɕina(綱)、ʔitɕitɕi(五つ)、奄美方言では tɕina(綱)、ʔitɕitɕï(五つ)、宮古方言では tsɿna(綱)、itsɿtsɿ(五つ) の語例のようにそれぞれ規則的に *tsu > tɕi, *tsu > tɕï, *tsu > tsɿ と変化している。

[*7] 奄美方言の hë(起き・連用形) は、同方言でおきた *oke > ohe > ëhë > hë という音韻変化を経てできた語形である。類似の音韻変化をした単語に *woke > wohe > wëhë > wë(桶) がある。奄美方言では半広母音 o, e に挟まれた k は摩擦音化して h に変化する。h の両側の o と e が遠隔相互同化によって ë になる。奄美大島北部方言ではそののちに語中の h が音消失するが、ëhë(起き) のばあい、語頭音節が音消失して hë となった。第 2 音節目の母音が i のばあい、k の摩擦音化も遠隔相互同化も起きない。例: ʔuki(沖)、tuki(時)。

9.3   語彙からみた九州方言との繋がり

上村孝二 (1961; 1964[1998]) は、古文献「大隅風土記逸文」に残された単語で九
州方言と琉球語の類似をしめす単語をあげて、九州方言と琉球語の関係について
論じている。

> 大隅肝属郡内之浦町の漁民は、「暗礁」をヒシと呼び、「陸続きの暗礁」を
> もそう呼んでいる。また同じものをトカラ列島でフセと言う。このヒシは
> 「大隅風土記」に、隼人の俗語では海中之洲を必至 (ヒシ) というと見えるそ
> の「必至」なのであって、フセはそれと兄弟分の語であろう。ヒシという語
> は沖縄方言にも分布している。   (上村孝二 1961: 89)

上村 (1961) は、フセ以外に、ニュージ (虹)、カノク (砂浜)、ハビー (蝶) などの
単語が九州と琉球列島の間に連なるトカラ列島の方言に存在すること、そしてこ
れらの単語が奄美系の語彙として位置づけられることを述べている。トカラ列島
の方言が九州方言に連なるものなのか奄美方言からの借用語なのか慎重な検討が
必要ではあるが、これらの単語のなかには九州琉球祖語に繋がる単語も含まれる
ものもあると考える。

表 9.3   琉球語に見られる上村孝二 (1961, 1964) の語彙

	暗礁	砂地	蝶	虹
奄美方言	hiʃi	kanïku	habïra	noːgiri[*8]
沖縄方言	hiʃi	kaniku	haːbeːru	nuːʣi
宮古方言	piʃi	kaniku	pabiŋ	timpav
八重山方言	piʃi	kaniku	pabiru	moːgŋ

野原 (1979-83) は、九州各地 (対馬から鹿児島まで) の方言集 24 冊から、ホガ
ス (穴をあける)、ホゲル (穴があく)、ホメク (蒸し暑い)、スバ (唇)、アコクロ (薄
暮)、ノイ・ノリ (苔)、フチ・フツ (蓬)、ドシ (友)、ゴイ・ゴリ (にがうり) など、琉
球語と九州方言に共通の 900 弱の単語をぬきだしているが、野原自身も「均質で
ない」と述べるように、抜き出した基準が定義されていない。野原 (1979-83) は、

---

*8奄美方言の noːgiri(虹) は nokogiri(鋸) に対応し、宮古方言の timpav(虹) は「天蛇」に対応する
語形である。九州琉球祖語に遡らない改変の可能性がある。

これらの単語を①ふるい時代から共通にあった言葉、②より古い語、③九州琉球的な語、④薩隅と共通、⑤近世に琉球に流入した語の五つのタイプがあると述べてはいるが、個々の単語を分類していない。九州方言と対比される方言も野原三義の母語である那覇方言と『沖縄語辞典』の首里方言が中心で、「奄美から与那国までの生え抜きの古老が同様のことをやれば (中略)、九州と琉球の層状が解明できるようになるかもしれない」述べている。

　上村孝二 (1961) や野原 (1979-83) を発展させて九州琉球祖語について語彙の面から論じた研究はなかった。九州琉球祖語を再建するには対象を琉球語全体に広げるとともに、野原三義の①〜⑤の分類をつぎの (a), (b), (c) に再編し、すべての単語を選り分ける作業が必要である。

　(a) 日琉祖語にさかのぼる単語
　(b) 九州琉球祖語にさかのぼる単語
　(c) 九州琉球祖語からの分岐後に持ち込まれた単語

　(a) の日琉祖語にさかのぼる単語は、琉球語と九州方言に共通に見られるだけでなく、九州以外の本土方言にも見られる単語である。基礎語彙の多くがここにふくまれる。

　(b) の九州琉球祖語にさかのぼる単語は、琉球語と九州方言に共通に見られ、九州以外の本土方言に見られない単語である。日琉祖語から九州琉球祖語が分岐したのち、琉球祖語の話し手たちが琉球語に持ち込んだ単語だと考えられ、上村孝二 (1961)、野原 (1979-83) のあげた単語のなかにそのようなものが含まれる。

　琉球語が九州琉球祖語から分岐して以降も、九州と琉球列島の間では交流が続いた。したがって、九州方言と琉球語に共通に見られる単語の中には、その交流の中で九州から持ち込まれた単語のあることも想定しなければならない。(c) の九州琉球祖語からの分岐後に持ち込まれた単語がそのような単語である。九州方言から持ち込まれた単語には次の二つがある。

　(c-1) 九州を経て中央方言から借用された単語
　(c-2) 分岐後に発生した九州方言固有の単語

　(c-1) の借用語のなかには、沖縄方言のチャー (茶)、チャワン (茶椀)、クヮーシ (菓子)、サーター (砂糖)、スージ (祝儀) などの漢語も含まれる。シジーン (煎ずる)、ニジーン (念ずる・堪える) などの漢語動詞もある。これらの単語は、鹿児島を経て持ち込まれた。沖縄方言のハル (春)、ンミ (梅) などの和語も雅語として持ち込まれた単語である。

　(c-2) の九州方言から持ち込まれた単語には、沖縄方言のチューカー (急須・鹿児島方言のちょか)、ゴーヤー (にがうり・鹿児島方言のごい、ごり)、チキアギ (さつま揚げ・鹿児島方言のつけあげ) などがある。

　九州方言以外の本土方言とも共有する単語のなかに (c-1) のタイプのものがあり、九州方言と琉球語とで共有する単語のなかに (c-2) のタイプのものがあるとすれば、九州琉球祖語を検討するには、それが分岐後の借用語か否かを見極めなければならない*9。

　奄美諸島は距離的にも九州に近く、1609 年以降薩摩藩に直接支配され、1879 年以降は鹿児島県に属していて、沖縄県の島々と比べて人的な交流も多かったと考えることができる。したがって、北琉球方言には九州方言、とりわけ鹿児島方言からの影響が大きく、南琉球方言、とくに、遠く離れた与那国島の方言への影響が小さいことが予想される。

　九州に近い北琉球方言と九州方言に共通に見られ、南琉球方言に見られない単語は、分岐後の九州方言からの影響である可能性が高い。琉球語の南北差を生じさせている要素の中に九州方言との言語接触によって持ち込まれたものもあるとするなら、九州琉球祖語の再建には分岐後の言語接触による影響を選り分けることが不可欠である。

　上村孝二 (1961) のあげた「暗礁」は、琉球語と共通するが、九州のごく一部の地域でしか見られない単語である。このような単語がかつては九州の広い範囲に見られたが、九州の多くの地域の方言から失われ、周辺地域の方言に残されているのかもしれない。あるいは、奈良時代の九州方言にも方言差があり、九州琉球祖語が南九州の特定の地域の方言であった可能性もある。九州琉球祖語を検討するとき、琉球語内の言語差の検討とあわせて九州方言内の言語差と、本州方言と九州方言の言語接触も考慮しなければならない。

　琉球語全体に見られるいっぽうで、九州方言で見られない単語がある。それらは、分岐した琉球祖語で新たに生成されたものと、九州琉球祖語にさかのぼり、かつて九州方言にあったが、九州方言から失われたものの二つの可能性がある。

---

　*9琉球語の言語接触については、かりまた (2012) を参照。
　*10*wonari は、兄弟の側から姉妹を指す単語で年齢の上下の区別をせず、姉、妹、姉妹をいう。姉と妹のあいだの関係を表すのには使用しない。*wekeri は姉妹の側から兄弟を指す単語で年齢の上下の区別をせず、兄、弟、兄弟をいう。兄と弟のあいだの関係を表すのには使用しない。
　*11奄美方言では*iwako > ijaho > joho の変化を経ている。奄美方言では tako > toho(蛸) のように広母音 a と半広母音 o に挟まれた k が h になり、h の前後で遠隔相互同化がおきている。沖縄方言では*iwako > ʔwe:ku の変化を経ている。沖縄方言では*mimiwa > mime:(耳は) のように相互同化によって e:に変化している。宮古方言では*iwako > *zwako > zzaku の変化を経ている。なお、宮

表 9.4　琉球語固有の単語

	*wonari [10](姉妹)	*wekeri(兄弟)	*iwako [11](櫂)
奄美方言	unari	jeːri	joho
沖縄方言	unai	ikiː	ʔweːku
宮古方言	bunaɿ	bikiɿ	zzaku
八重山方言	bunarɿ	bigirɿ	jaku

9.4　音韻変化の南北差

　琉球語全体で狭母音化と呼ばれる母音の変化 (o > u，e > i 等) とそれに伴う子音変化が起きている。これらの変化は、琉球語を日本語から区別する音韻的特徴を生み出している[12]。母音変化と子音変化は、琉球語の下位方言によって異なる変化をしているものがあり、琉球語内の言語差を生じさせていて、琉球語を下位方言に区分する特徴になっている。次の (a)-(i) は、琉球語を奄美諸島と沖縄諸島の北琉球方言と、宮古諸島と八重山諸島の南琉球方言の二つに分ける主要なものである。

(a) 北琉球方言のうち奄美大島、加計呂麻島、請島、与路島、徳之島の各方言は前舌半狭母音*e が中舌狭母音ï に変化。

(b) 喜界島、沖永良部島、与論島、沖縄本島およびその周辺離島の各方言は、*e から変化した ï が前舌狭母音 i に変化。

(c) 奄美大島、加計呂麻島、請島、与路島、徳之島の各方言では二重母音*ai, *ae が相互同化によって中舌半広母音 ë に変化。

(d) 喜界島、沖永良部島、与論島、沖縄本島およびその周辺離島の各方言では二重母音から変化した ë が前舌半広母音 e に変化。

(e) 南琉球方言の宮古方言と八重山方言と与那国方言は*e が i に変化しているが、北琉球方言のように ï を経た形跡がない。

(f) 宮古方言では*i が狭母音化して舌先母音$_1$に変化。

(g) 一部の八重山方言にも宮古方言と同様に*i が舌先母音$_1$に変化。

古方言では*iwo > zzu(魚) のように語頭の i が摩擦音化して z に変化する。その z の摩擦音性が隣接進行同化によって w を z に変化させている。八重山方言では*iwako > ijako > jaku の変化を経ている。語頭の i の進行同化によって w が口蓋音化した語形である。

[12]琉球語で起きた音韻変化については、かりまた (2009) を参照。

(h) 北琉球方言には*i の舌先母音化のような音韻変化は見られない。

(i) 南琉球方言では二重母音*ai, *ae の相互同化は起きておらず、二重母音
のまま。

表 9.5　琉球語の母音変化

	*pidari(左)	*kimo(肝)	*mape *[13](前)	nawi(地震)
奄美方言	hidari	kimu	më	në
沖縄方言	hizjai	tçimu	me:	ne:
宮古方言	pɿdaɿ	kɿmu	mai	nai
八重山方言	pɿdarɿ	kɿmu	mai	nai

　北琉球方言では*a と結合する*w を除き、語頭の*w が脱唇音化して消失してい
る。そのいっぽうで、南琉球方言全体で両唇接近音*a, *o, *i と結合する*w が両
唇破裂音 b に変化している。*w > b の変化は、南琉球方言で起きた改新ではある
が、ア行の*o, *i とワ行の*wo, *wi の区別が維持されている。

表 9.6　琉球語の子音変化 (1)

	*wara(藁)	*wono(斧)	*wi(亥)
奄美方言	wara	unu	i:
沖縄方言	wara	u:nu	i:
宮古方言	bara	bu:nu	bɿ:
八重山方言	bara	bu:nu	bɿ:

　北琉球方言のうち、*p をよく保持する与論島方言や沖縄北部の今帰仁村や本
部町の方言では、狭母音*u と結合する*p は p で現れるが、半広母音*o と結合す
る*p は摩擦音 h に変化している*[14]。*p をよく保持する南琉球方言の宮古方言や
八重山方言では、狭母音*u と結合する*p は摩擦音 f や h に変化しているが、半広
母音*o と結合する*p は破裂音 p のまま現れる。

　与論島方言や沖縄北部の今帰仁村や本部町の方言では、狭母音*u と結合する*k
は k で現れるが、半広母音*o と結合する*k は摩擦音 h に変化している。宮古方

---

*[13]日琉祖語の語中の*p は摩擦音化、有声音化して、さらに唇音退化によって消失して二重母音に変
化した。同じく語中の*w も唇音退化によって消失して二重母音に変化した。
*[14]北琉球方言の破裂音の摩擦音化については、かりまた (2000) を参照。

言や八重山方言では、狭母音*u と結合する*k は摩擦音 f や h に変化しているが、半広母音*o と結合する*k は破裂音 k のまま現れる。

　破裂音*p と*k の摩擦音化が北琉球方言と南琉球方言で見られるのだが、北琉球方言では半広母音*o と結合するとき摩擦音化し、南琉球方言では狭母音*u と結合するとき摩擦音化していて、その条件が逆になっている。

表 9.7　琉球語の子音変化 (2)

	*kusa(草)	*koʃi(腰)	*pune(船)	*pone(骨)
与論島茶花方言	kusa	huʃi	puni	huni
本部町備瀬方言	kusa	huʃi	puni	huni
宮古方言	fsa	kus˞	fni	puni
八重山方言	husa	kus˞	huni	puni

　狭母音化を含むさまざまな母音変化や*w > b の変化などのさまざまな子音変化は、分岐後にそれぞれの地域で起きたものである。九州琉球祖語から分岐したあとの琉球語で起きた音韻変化についての研究蓄積は増えたが、服部 (1978-79[2018]) が示したような日琉祖語から九州琉球祖語、あるいは、琉球祖語が分岐したことを示す音韻変化や音韻的特徴を知るための材料は多くない。

9.5　文法形式の南北差

　閉じた体系をなしていて、語彙や音韻に比べて保守的な傾向を示す文法のなかでも、特に動詞の活用形等にも琉球語の南北差が見られる。しかもその音声形式だけでなく、文法的な意味も含めた小体系の違いが北琉球方言と南琉球方言の間に見られる。

　九州方言と比較しながら、琉球語の南北差の主要なものとして、(1) 過去形などの活用形に現れる音便現象、(2) アスペクト体系とそれを構成する形式、(3) 無情物の不存在を表す形式の品詞の違いを見ながら、その違いがどのようにして発生したかを考える。

9.5.1　音便の有無

　平安時代中央方言では四段動詞の活用形の語幹に促音便と撥音便とイ音便とウ音便が発生している。現代の九州方言でもマ行動詞、バ行動詞で撥音便、カ行動

詞、ガ行動詞、サ行動詞でイ音便、ハ行動詞でウ音便、ラ行動詞で促音便が見られる。

1531年に首里王府によって編纂された『おもろさうし』と北琉球方言は、九州方言と同じく音便が見られる[*15]。

(a) マ行動詞、バ行動詞で撥音便。
(b) カ行動詞、ガ行動詞でイ音便。
(c) サ行動詞は九州方言と同じイ音便。
(d) ハ行動詞でウ音便。
(e) ラ行動詞で促音便。
(f) 音便が起きた後に、イ音便の語幹末の前舌狭母音 i の影響で語尾に含まれる t, d が口蓋音化・破擦音化して tɕ, dʒ に変化。
(g) 撥音便、イ音便、ウ音便、促音便の語幹末の撥音、i, u, 促音が脱落して脱落音便。

以上の北琉球方言における音便の発生は、『おもろさうし』が編纂された1531年以前に完了している。

表9.8　琉球方言の音便

九州方言		おもろさうし	奄美方言	沖縄方言	
積んで	撥音便	ツヂデ[*16]	ツィディ	チディ	脱落音便
遊んで		アスデ	アスィディ	アシディ	
抱いて	イ音便	ダチェ	ダチ	ダチ	
漕いで		コヂェ	クジ	クジ	
出いて		イヂャチェ	イジャチ	ンジャチ	
願うて	ウ音便	ネガテ	ネィガティ	ニガティ	
乗って	促音便	ノテ	ヌティ	ヌティ	

南琉球方言の宮古方言の過去形を表す語尾の t は t のままである。八重山方言の過去形の語尾の t は有声子音化して d に変化している。いずれの方言も撥音便も促音便もイ音便もみられない。宮古方言の アスビ₍ズ₎ター 等の過去形も八重山

[*15]かりまた (2016) で沖縄方言と『おもろさうし』の過去形やシテ中止形の音便について論じている。

[*16]『おもろさうし』には日本語のシタに対応する過去形の語例が少ないので、日本語のシテに対応し、同じ音便語幹をもつシテ中止形を例としてあげる。

方言のアスブダルィ等の過去形も音便が起きる以前の平安時代中央方言の「積み
たり」、「遊びたり」等の過去形に対応する形である。

表 9.9　南琉球方言の音便の有無

宮古方言	八重山方言	
ツムター	ツムダルィ	
アスビズター	アスブダルィ	
ダキズター	ダクダルィ	
クギズター	コーダルィ	音便無
イダスター	イダスダルィ	
ニゴーター	ニガウダルィ	
ヌーター	ヌルィダルィ	

　北琉球方言と『おもろさうし』には九州方言と同じ音便があるが、南琉球方言に
平安時代中央方言で起きた音便が見られない。南琉球方言は、音便の見られる九
州方言、北琉球方言と大きく異なる。音便が見られないことに関していえば、南
琉球方言は、琉球語諸方言のなかだけでなく、日本語諸方言のなかでもっとも保
守的な方言である。

表 9.10　南北琉球方言の音便の有無

九州方言	北琉球方言			南琉球方言	
	おもろさうし	奄美方言	沖縄方言	宮古方言	八重山方言
有	有	有	有	無	無

9.5.2　動詞の完成相と継続相の形式

　動詞のアスペクト体系を構成する完成相の叙述法の断定非過去形 (以下、完成
相) と継続相の叙述法の断定非過去形 (以下、継続相) にも北琉球方言と南琉球方
言の間に大きな違いが見られる。

9.5.2.1　北琉球方言のアスペクト形式
　北琉球方言のうち、沖縄方言の完成相の形式は、服部 (1932)、および、服部
(1978-79[2018]) で詳しく論じているように“連用形”(以下、シ中止形) にウン (居

る) の融合した形式である。完成相の形式 (例えば、ヌムン・飲む) は、九州方言の
進行相 (飲みよる) に対応する。

(9.3)　沖縄方言

    a.　ヌミ　ウン　→ ヌミュン → ヌムン (飲む)

      (飲み 居る)

    b.　ウキ　ウン　→ ウキユン → ウキーン (起きる)

      (起き 居る)

　沖縄方言の継続相はシテ中止形にウンが融合した形式である。継続相の形式 (例
えば、ヌドーン・飲んでいる) は、九州方言の結果相 (飲んどる) に対応する。

(9.4)　沖縄方言

    a.　ヌディ　ウン　→ ヌドーン (飲んでいる) 動作の継続

      (飲んで 居る)

    b.　ウキティ　ウン　→ ウキトーン (起きている) 変化後の結果の継続

      (起きて 　居る)

　沖縄方言の継続相は、三項対立型のアスペクト体系の九州方言の結果相の形式
に対応するが、主体動作動詞の継続相が主体の動作の継続を表し、主体変化動詞の
継続相が主体の変化結果の継続を表し、アスペクト的な意味の面では東日本方
言の継続相 (シテイル) と同じである。奄美方言の継続相もアスペクト的な意味の
面では東日本方言と同じである。

　沖縄方言のアスペクト体系は、形式的には三項対立的であるが、文法的な意味
の面からは、二項対立型であるとみることができる。

　沖縄方言の完成相非過去形は、存在動詞居ン (居る) を含み、九州方言の進行
相に対応する形式だが、完成相の形式が全て居ンを含んでいるわけではない。

　叙述法断定の過去形は、第一過去形飲ダンと第二過去形飲ムタンの二つの形式
がある。前者はシテ中止形 (飲ディ・飲んで) に存在動詞有ン (有る) の過去形有タ
ンの融合したもので、後者はシ中止形飲ミ (飲み) に居ンの過去形居タンの融合し
たものである。前者の第一過去形は居ンを含まず、後者の第二過去形は居ンを含

表9.11　北琉球方言のアスペクト形式

九州方言		那覇方言		東日本方言	
飲む 起きる	完成相			飲む 起きる	完成相
飲みよる 起きよる	進行相	飲ムン 起キーン	完成相		
飲んどる 起きとる	結果相	飲ドーン 起トーン	継続相	飲んでいる 起きている	継続相

んでいる。過去形は、居ンを含む形式と含まない形式で構成されている。命令法 (飲メー・飲め) も勧誘法 (飲マ・飲もう) も居ンを含まない。

　中止形の飲ディ (飲んで) と条件形の飲メー (飲めば)、飲ミーネー (飲むと) は居ンを含まず、連体形の非過去形の飲ムル (飲む) は居ンを含む形式で、過去形の飲ダルと飲ムタルは居ンを含む形式と居ンを含まない形式である。沖縄方言の完成相は、居ンを含む形式と居ンを含まない形式によって構成されている。奄美方言の完成相も同じ状況である。

9.5.2.2　南琉球方言のアスペクト形式

　宮古方言の完成相の焼キス(焼く) や起キ (起きる) は、日本語のシ中止形の「書き」、「起き」に対応する形式である。宮古方言の完成相は「居る」を含まない。

　宮古方言の継続相も八重山方言の継続相もシアリ中止形に居ー、居ンを融合させている。いずれの方言の継続相も主体変化動詞は主体の変化結果の継続を表し、東日本方言の継続相に似ている。

　八重山方言の動詞の完成相の焼クン (焼く) や起キン (起きる) は、日本語のスル連体形「焼く」、あるいは、シ中止形「起き」にンが後接した形式である[*17]。

(9.5)　宮古方言

　　a.　焼キー　ウー (焼いている) 動作の継続

[*17]服部 (1978-79[2018]) は「石垣町方言の [urï(居る)、arï(有る)] という語形は、用法は連体形ではあるけれども、形としては奈良時代中央方言の「連用形」に対応することが明らかとなった」と述べる。服部のあげた語形は連体修飾機能をもった連体形で、その形式が「連用形」＝シ中止形だと述べているのである。

b. 起キー　ウー（起きている）変化後の結果の継続

(9.6)　八重山方言

a. 焼ケー　ウン　→　焼ケーン（焼いている）動作の継続

b. 起ケー　ウン　→　起ケーン（起きている）変化後の結果の継続

表9.12　南琉球方言のアスペクト形式

宮古	八重山		東日本方言	
飲ム 起キ	飲ムン 起キン	完成相	飲む 起きる	完成相
飲ミー　ウー 起キ　　ウー	飲ミン 起ケーン	継続相	書いている 起きている	継続相

　南琉球方言のアスペクトは、「居る」を含まない完成相と「居る」を含む継続相の二項対立型であり、東日本方言に似るが、シアリ中止形を中核にしている点は、南琉球方言の特徴である。

9.5.2.3　南・北琉球方言のアスペクト形式

　北琉球方言のアスペクト体系は、九州方言の進行相の形式が一部入りこんでいるが、意味的には東日本方言的な二項対立型である。九州から遠い南琉球方言のアスペクト体系は、東日本方言的な二項対立型である。

　北琉球方言の完成相の形式は、一部の形式が地理的に近い九州方言のショル形式に置き換わり、継続相の形式は九州方言のシトルに置き換わったが、文法的な意味としては東日本方言型の二項対立型である。その点では南琉球方言と共通し、意味的には東日本方言的な二項対立型のアスペクト体系の変種である。

　九州琉球祖語から分岐したのち、もっとも遠くまで広がって、音便現象の起こらなかった南琉球方言の二項対立型のアスペクト体系が九州琉球祖語のアスペクト体系を保持しているとするなら、北琉球方言のアスペクト体系は、二項対立型のアスペクト体系を一部に残しながら、現在の九州方言と同じ三項対立型のアスペクト体系の影響を受けて現在の姿をとっていると考えることができる。

　琉球祖語もしくは九州琉球祖語の二項対立型のアスペクト体系と東日本方言的なアスペクト体系が日琉祖語にさかのぼるのか、日本の両端で平行変化したものなのかの検証は必要である。

9.5.3　不在動詞

　日本語の第一形容詞は、語幹「高」に語尾「－い」を後接させてつくる。無情物の不存在を表す日本語の「無い」も語幹に「－い」を後接させていて、形容詞に分類される。いっぽう、琉球語の形容詞、例えば、沖縄方言の形容詞は、タカサン (高い)、ミジラサン (珍しい) などのように、語幹タカ (高)、ミジラ (珍) に語尾－サンを後接させてつくる。それに対して、無情物の不存在を表す琉球語のネン (奄美方言)、ネーン (沖縄方言)、ニャーン (宮古方言)、ネーヌ (八重山方言) は、形式的にみて不規則変化動詞である。

　日本語の不存在の形容詞「無い」と琉球語の不存在動詞は、形式的な特徴と品詞の分類が大きく異なるだけでなく、次のように文法的なふるまいも異なる。有情物の存在を表す動詞ウン (居る) は、継続相のアスペクト形式を作る語彙的資源になり、無情物の存在を表す動詞アン (有る) は、結果相のアスペクト形式をつくる語彙的資源になる。不存在動詞もウンやアンと同じく動作や変化の時間的な局面を表す形式を作る語彙的資源になる。琉球語の不存在動詞は、ウンやアンと同じく動詞として機能しているのである。

(9.7)　沖縄方言

　　a.　ウチ　　ウン → 　ウチョーン (置いている) 継続相
　　　　(置いて　いる)

　　b.　ウチ　　アン → 　ウチェーン (置いてある) 結果相
　　　　(置いて　ある)

　　c.　ウチ　　ネーン → 　ウチ ネーン (置いてしまっている) 終結相
　　　　(置いて　無い)

　終結相は、終了限界まで達した動作や変化を表すアスペクト形式である。琉球語の母語話者たちは、「〜してしまった」と訳することが多いが、この形式には過去形があるので、「〜してしまっている」のように非過去形に訳するのがよい。

(9.8) a. 沖縄方言
  使ラ^{チカ}ランディ 思^{ウム}タグトゥ ナー 捨^シティティ ネーン。
  (使えないと 思ったので もう 捨てて しまっている。)

b. 宮古方言
  使^{ツカー}インティ 思^{ウムー}タリバドゥ ンニャ 捨^スティー ニャーン。
  (使えないと 思ったので もう 捨てて しまっている。)

　琉球語の不存在動詞は、日本語から琉球語を区別する重要な特徴の一つである。ただし、奈良時代の東国方言では「無ふ」という不存在を表す助動詞が確認できる[*18]。琉球語のアスペクトが東日本方言の二項対立型のアスペクトであるのと同じく、琉球語と東国方言の共通の特徴であるといえそうである。

9.6　九州からの2度の移動

　語彙や音韻に比べて保守的な性格を有する文法現象のいくつかを九州方言と北琉球方言と南琉球方言のあいだで検討してみた結果は、つぎのようにまとめられる。

(1) 動詞 (過去形、シテ中止形等) の活用形に音便が起きていないのは、日琉祖語にさかのぼり、南琉球方言にのみ残る言語的特徴である。
(2) 服部 (1978-79[2018]) の指摘する甲類エ段母音の非狭母音化 (上二段動詞の下二段動詞化) は、九州琉球祖語にさかのぼり、南琉球方言にも北琉球方言にも一部の九州方言にも見られる。なお、「行く」「来る」等の移動動作の目的を表す日本語の副動詞の語尾の「～に」に対応する九州方言の「～ガ」「～ゲ」、沖縄方言と宮古方言の「～ガ」、八重山方言の「ナ」も九州琉球祖語にさかのぼる文法形式である。
- サキ　ヌミーガ　イチュン。(酒を飲みに行く。) 沖縄方言
- サキュー　ヌむガドゥ　イキ_ス。(酒を飲みに行く。) 宮古方言
- グシ　ヌミナ　パルン。(酒を飲みに行く。) 八重山方言
(3) 音便と三項対立型アスペクトを構成する形式は、北琉球方言に見られるが、南琉球方言に見られない。九州方言と共通するこの特徴は、九州琉

[*18] 「立ち別れ去にし宵より夫ろに逢はなふよ (立ち別れ去ったあおの夜からずっと逢っていない)」万葉集 3375.

球祖語にはさかのぼらず、九州方言から北琉球方言への影響によるものである。

(4)　不存在動詞と継続相のアスペクト的意味は、琉球語全体に見られるにもかかわらず、九州方言で見られない。九州琉球祖語から琉球語が分岐したのち、九州方言で失われた可能性がある。

(5)　不存在動詞・継続相のアスペクト的意味・二項対立型アスペクトは、北琉球方言と南琉球方言に共通に見られるが、九州方言に見られない。その一方で、奈良時代東国方言あるいは東日本方言に見られる。日琉祖語にさかのぼるのか、平行変化かを検証する必要がある。

　琉球語全体と九州方言とで共通し、なおかつ九州方言以外の本土方言に見られない特徴として、上村孝二、野原三義の示した語彙がある。南北差の大きい琉球語のなかで、北琉球方言と九州方言に共通する単語がある。そのなかには、薩摩の琉球侵略以降の言語接触によってもたらされたものもあるが、九州琉球祖語にさかのぼるが、九州の周辺地域の方言に残され、他の九州地域の方言で消えたものもある。九州琉球祖語から琉球祖語が分岐したのち、九州方言であらたに発生した語彙が琉球方言にもたらされたが、南琉球方言にまでは至っていない単語もある。

　文法形式のばあい、全ての動詞の活用形が置換されなければならないので、負の淘汰が働きやすい。競合関係にある既存の活用形と借用の形式の文法的な意味や機能が同じであれば、借用形式に置換されるには、一定以上の数の移住者と長い言語接触の期間等の条件が必要であろう。

　以上のことから次のことが想定できる。

　北琉球方言と南琉球方言の言語差は、九州からのヒトの移動の大きな波が 2 回あったことに由来する。九州琉球祖語を保持した人々が九州を離れて南下して北琉球に広がり、10 世紀から 12 世紀の間に南琉球へ渡り広がった[19]。同じ時期に現在の九州方言と共通の特徴をもった言語を保持する人々が北琉球に渡来し、北琉球に広がった[20]。

　2 度目の北琉球への人々の移動は、規模の大きいものではあったが、北琉球方

[19]南琉球の地域の先史文化は北琉球および日本のそれと大きく異なる独自のものだったことが知られている。南琉球が北琉球と同じ文化を共有するようになったのが 10 世紀から 12 世紀にかけてであったことも知られている。安里・土肥 (1999) およびそこに示された参考文献を参照のこと。

[20]ペラール (2016) は、日琉祖語から分岐した琉球祖語が一定期間九州に留まったのち、琉球列島に南下したとしている。琉球語と九州方言の共通性は琉球祖語が九州に留まっていた期間に言語接触によって九州方言から影響をうけた結果、琉球方言に持ち込まれたものであると述べている。

言にも南琉球方言との共通性が多く残っていることを考慮すると、言語の入れ替わりを伴うほどのものではなかった。2度目に渡来した人々の言語の南琉球方言への影響は大きくない。開かれた語彙体系における単語の借用とは異なり、閉じた体系をなす文法体系の変化には、規模の小さくない集団の移動が長期にわたって働いたからではないかと考える所以である。

南琉球に渡った言語集団も九州を離れた集団に起源をもつとすれば、最初に渡来した集団の言語は、音便が起きる前の、二項対立型のアスペクト体系をもち、不存在動詞を有する言語であり、現在の九州方言あるいは奈良時代や平安時代の中央方言とは異なる特徴を持った言語であり、一部に奈良時代東国方言あるいは東日本方言と共通の特徴をもった言語である。

2度目に北琉球に渡った集団の言語は、今の九州方言と同じ音便が起きていたか、起きつつあり、シテ中止形を持つ三項対立型アスペクト体系の言語である。『おもろさうし』の第1巻が編纂された1531年には促音便や撥音便だけでなく、北琉球方言固有の脱落音便が『おもろさうし』にすでに完全な形で見られること、『おもろさうし』に収録するオモロの収集と編纂作業等を考慮すると、渡来の時期は1400年代以前であろうと推定される[*21]。

上の仮説を承認するなら、九州琉球祖語は、音便が起きておらず、二項対立型のアスペクト体系で、無情物の不存在を表す動詞を有する言語であり、服部 (1978-79[2018]) が提示した奈良時代中央方言で起きた甲類エ段の母音で狭母音化 (上二段動詞の下二段動詞化を含む) が起きなかった言語であったことになる。そして、いまの九州方言にそれらの特徴が見られないとするなら、九州琉球祖語は、一部の要素を残して大きく変化して現在に至っていることになる。

9.7 琉球語の起源を如何に探っていくか

服部 (1978-79[2018]) は、伊波 (1931) の提示した琉球語の起源に関する課題について、九州方言と琉球語の古くて強い関係を示唆したが、九州琉球祖語の存在を明確な形では述べていない。九州琉球祖語から分岐したのちの、言語接触によ

[*21]安里・土肥 (1999:112) は、貝塚時代 (10世紀以前の琉球の時代区分) とグスク時代 (10世紀以降) の間に起きた大きな変化について次のように指摘している。「安里は、グスク文化の形成期と展開期には、本土から商人や鍛冶職人、陶工など様々な人たちが渡来したと考えられること、そして、グスク時代の人口が爆発的な増大をとげたことを指摘しました。そして、渡来人の形質を受け継いだ人たちを中心に人口が増大し、在来の貝塚人や先島先史人を圧倒していったことを想定しています。土肥も、貝塚時代人とグスク時代以降の人を比べると、形質的に大きな違いがあることを指摘しました。」

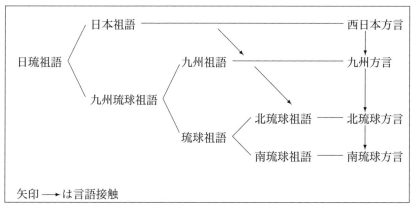

図 9.2　日琉祖語の分岐図

る借用を含む九州方言の影響についても論じたが、その程度や範囲について明確にしていない。服部 (1978-79[2018]) の南琉球方言への言及が必ずしも十分ではなく、琉球語の南北差がどのようにして生まれたのかも検討されていないのは、執筆当時の資料的な制約、あるいは、琉球語研究における南琉球方言に関する研究の遅れが要因であったのだろう。

　そのいっぽうで、日琉祖語の再建に琉球語が重要な役割を果たすことを説き、首里方言に現れる漢字音の検討、「語音翻訳」のハングルとそこに記された当時の首里方言の音韻 (音価) の検討、「語音翻訳」に加えて『中山伝信録』『音韻字海』『華夷訳語』『使琉球録』などの中国語文献に記された当時の首里方言の音韻を検討した。服部 (1978-79[2018]) は、「いなびかり」を表す単語の祖形の検討も行っていて、関連する名詞、動詞語幹を対象にした。そこでは奄美諸島から八重山諸島の広い範囲の下位方言を取り上げている。渉猟した資料を厳密に検討した服部四郎 (1978-79[2018]) の示した分析方法は今なお有効である。

　奄美諸島から八重山諸島の地域で 1 万語を越える語彙を収録した国立国語研究所編 (1963)『沖縄語辞典』、長田須磨・須山名保子 (1977)『奄美方言分類辞典上巻』、仲宗根政善 (1983)『沖縄今帰仁方言辞典』、生塩睦子 (1999)『沖縄伊江島方言辞典』、宮城信勇 (2003)『石垣方言辞典』、伊是名村教育委員会 (2003)『伊是名方言辞典』、菊千代・高橋俊三 (2004)『与論方言辞典』、前新透 (2011)『竹富方言辞典』.富浜定吉 (2013)『宮古伊良部方言辞典』などの方言辞典が刊行されている。語彙集も多く刊行されている。それらを使って野原 (1979-83) の研究を拡大して厳密

に行なう準備もできている。いまは文法研究の蓄積もある。服部 (1978-79[2018]) に学びながら、九州琉球祖語、および、日琉祖語の再建を目指した研究を実施するための条件がようやく整ったのである。ここで示した仮説もそれによって検証されるのであろう。

　琉球語の起源を解明する仕事は、琉球語および琉球列島の歴史の解明にとどまらず、服部四郎が説いたごとく日本語形成史の解明にも寄与する可能性がある。

参考文献

安里進・土肥直美 (1999)『沖縄人はどこから来たか－琉球・沖縄人の起源と成立－』ボーダーインク.

五十嵐陽介 (2016)「琉球語を排除した「日本語派」なる系統群は果たして成立するのか？―「九州・琉球語派」と「中央日本語派」の提唱―」国際日本文化研究センター共同研究会「日本語の起源はどのように論じられてきたか－日本言語学史の光と影」第 3 回共同研究会，2016 年 8 月 31 日，国際日本文化研究センター.

五十嵐陽介 (2017)「九州・琉球同源語調査票」一橋大学大学院五十嵐陽介ゼミ「終日ゼミ」発表原稿，2017 年 9 月 12 日.

伊波普猷 (1931)『南島史考』私立大島郡教育委員会.

上村孝二 (1961)「九州・琉球方言の語彙－南九州」『方言学講座第 4 巻』78-108. 東京堂出版.

上村孝二 (1964)「大隅風土記逸文の必至（ヒシ）という語」『薩摩路』9【上村孝二 1998『九州方言・南島方言の研究』79-86，秋山書店に再録】

かりまたしげひさ (2000)「北琉球方言における破裂音の摩擦音化」『音声研究』4-1: 19-27.

かりまたしげひさ (2009)「琉球語音韻変化の研究」言語学研究会編『ことばの科学』12: 274-354.

かりまたしげひさ (2011)「琉球方言の焦点化助辞と文の通達的なタイプ」『日本語の研究』7-4: 69-81.

かりまたしげひさ (2012)「琉球列島における言語接触研究のためのおぼえがき」『琉球の方言』36: 17-38. 法政大学沖縄文化研究所.

かりまたしげひさ (2016)「琉球諸語のアスペクト・テンス体系の形式」田窪行則・ホイットマン ジョン・平子達也編『琉球諸語と古代日本語－日琉祖語の再建にむけて』125-147. くろしお出版.

工藤真由美編 (2004)『日本語のアスペクト・テンス・ムード体系－標準語研究を超えて－』ひつじ書房.

野原三義 (1979-83)「琉球方言と九州諸方言との比較Ⅰ～Ⅴ」『沖縄国際大学文学部紀要（国文学篇）』8(1): 1-16, 9(1-2): 1-20, 10(1):1-16, 11(1-2): 1-16, 12(2): A1-A14

服部四郎 (1932)「〈琉球語〉と〈国語〉との音韻法則 1～4」『方言』2-7, 8, 10, 12【服部四郎 1959『日本語の系統』296-361, 岩波書店に再録】

服部四郎 (1978-79)「日本祖語について (1-22)」『言語』1978 年 1-3, 6-12 月号, 1979 年 1-12 月号, 7-1: 66-74; 7-2: 81-91; 7-3: 81-90; 7-6: 98-107; 7-7: 97- 105; 7-8: 88-96; 7-9: 90-101; 7-10: 94-103; 7-11: 108-117; 7-12: 107-115; 8-1: 97-106; 8-2: 107-116; 8-3: 87-97; 8-4: 106-117; 8-5: 114-123; 8-6: 118-125; 8-7: 110-119; 8-8: 108-116; 8-9: 108-118; 8-10: 105-115; 8-11: 97-107; 8-12: 100-114, 大修館書店.【服部 2018: 83-401 に所収】

服部四郎 (2018)『日本祖語の再建』(上野善道 補注) 岩波書店.

ペラール トマ (2016)「日琉祖語の分岐年代」田窪行則・ホイットマン ジョン・平子達也編『琉球諸語と古代日本語－日琉祖語の再建にむけて』99-124. くろしお出版.

第 III 部

日本語起源論にむけた
様々なアプローチ

第 10 章

ゲノムデータと言語データの関係

斎藤成也

10.1　はじめに

　人間集団の系統関係を研究するには、伝統的には骨や歯の形態比較が中心だった。21 世紀にはいってヒトゲノムの全塩基配列が決定されると、膨大なゲノム情報を用いた研究の成果が、骨や歯をしらべた研究を圧倒しつつある。一方、文化要素の伝播情報を用いて人類集団の出自を議論することがあるが、なかでも言語は多数の単語や文法体系というまとまりを持って伝えられるので、ふたつの言語がある程度似ているとわかれば、これらの言語を話している集団のあいだに過去になんらかの関係があった可能性を論じることができる。十分な言語資料さえ残っていれば、たとえその言語を話していた人々がいなくなってしまい、死語になったとしても、比較研究はできる。こうして言語間の関係を推定できれば、それを生じた人間の移動についても、推定できる可能性が出てくる。

　しかし、文化を運ぶ人間のゲノムの変化と言語の変化は、必ずしも対応しない。遺伝的に異なる人類集団でも、言語置換が生じたり、別系統の言語からの単語や文法の借用によって言語が似通ってくる場合がある。また、言語の変化率は DNA の突然変異率よりもずっと高いので、1 万年以上前まで系統関係を遡ることはまず不可能であるというのが、言語学における一般的な見解のようである。

　ただ、言語学者は、ふたつの言語の系統関係を認めようとするとき、その基準が厳密すぎる場合が多いようだ。人間のゲノムを調べる研究者は、どうせ同じ人間だから、多少の遠い近いはあっても、ふたつの人類集団はかならず共通の祖先集団から分岐したものだという前提にたって考える。言語についても、アフリカで新人が誕生した 20 万年ほど前にはすでに言語が使われていたと考えれば、現在地球上で使われているすべての言語は、この祖先言語から発しているはずである。本稿では、ゲノムデータと言語データの比較を中心にして、日本語の起源とヤポ

ネシア (日本列島) への導入時期を考察する。なお、2018 年度から、文部科学省科学研究費補助金新学術領域研究のひとつとして「ヤポネシアゲノム」が発足した。筆者が領域代表なので、本稿では、島尾敏雄 (1917–1986) が提唱した、日本列島のラテン語風発音であるヤポネシアが頻出する。本領域については、ホームページ (http://www.yaponesian.jp) をご覧いただきたい。

10.2　印欧語族の場合

　日本語の考察にはいるまえに、これまでに多くの研究がされてきた印欧語族とそこに含まれる言語をおもに話す人々の遺伝的関係について考えてみよう。フランス語、イタリア語、スペイン語、ポルトガル語は、ローマ帝国の公用語だったラテン語が変化していったものであり、これらの共通祖先は 2000 年ほど前に存在した。ローマ帝国が成立する前には、ガリア (現在のフランス) やイベリア半島では、やはり印欧語族に属するケルト語などの言語が話されていたと考えられるが、現在では、バスク語を除いて消えてしまった。また南北アメリカ大陸には、15 世紀以降、スペイン、ポルトガルをはじめとして多くの欧州の国々から征服者が押し寄せ、彼らが話す印欧語族の言語が、それまで両大陸で話されていた先住民の言語と、話者人口の比率から考えると大部分置き換わってしまった。このように、言語は軍事的あるいは政治的な支配者によって、置換することがある。このパターンを、「エリート・ドミナンス」と呼ぶ。

　一方考古学から、農耕が広まるにつれて農耕民の言語が広がるという仮説が登場した。印欧語族の拡散が農耕民によるとする、英国の考古学者レンフルーの提唱した考え方が、それである (Renflew 1993)。採集狩猟段階から農耕牧畜段階になると、ある地域に住むことができる人口が増大するので、人口増加がおこる。このため、すくなくともゲノム DNA については、新天地にひろがっていった農耕民とその子孫の遺伝子が、従来少人数で暮らしてきた採集狩猟民を凌駕することが一般的である。

　米国の女性考古学者、マリア・ギンブタスらは、クルガン説 (ステップ説) の立場である。これは、印欧語族を研究している言語学者の大部分が以前から推定している印欧語族の祖先の地、カスピ海の北こそ、クルガンという墓を作る遊牧民が印欧語の祖語を話しており、彼らが西に移動してヨーロッパに印欧語を広め、また南東に移動してインドイラン系言語を広めたとする考え方である (Mallory 1991)。これは 19 世紀以来の比較言語学における主流の考え方であり、エリート・ドミナンスを仮定している。

　21 世紀にはいり、生物進化の系統樹を作成する手法を用いた研究者が、アナトリア仮説を支持する印欧語族の解析結果をつぎつぎに発表した (Gray and Atkinson 2003; Bouckaert et al. 2012)。ところが、2015 年になって、南ロシアに居住していた古代人のゲノム解析を大規模に行なった二つの論文 (Allentoft et al. 2015; Haak et al. 2015) が、ヨーロッパの研究者と米国の研究者によって発表された。どちらの結果も、ステップ説を支持するものだった。すなわち、印欧語族の言語がユーラシアで 5000 年以上にわたって拡大したのは、農耕民による拡散ではなく、エリート・ドミナンスによる拡散が、よりあてはまるらしいという状況になりつつある。

　ヒトゲノム配列の結果をもとにして、ひとりの人間のゲノムの数十万か所における DNA の多様性を調べる研究が勃興する以前には、ミトコンドリア DNA あるいは Y 染色体のごく一部をしらべて、系統 (ハプログループ) を推定するという手法が、人類進化の研究では広く行なわれていた。これらの研究成果を援用して、Y 染色体系統の分布と言語の分布に相関があると主張する言語学者がいる。たとえば、オーストロアジア語族を論じたベルン大学の George van Driem (2017) の論文がそうである。日本でも松本克己 (2015) がそのような立場にたって日本語の起源を論じている。エリート・ドミナンスモデルの場合には、支配階級の男性がその言語を広めるとともに、彼らの Y 染色体を支配地域で現地の女性と交配することによって広めることが予想されるからであろう。ただ、Y 染色体やミトコンドリア DNA の系統の分岐は、場合によっては 2 万年以上古いものがあり、これらきわめて古く分岐した系統の現在の分布だけから、言語の関係を議論することは、慎重になるべきだろう。言語が急速に置換することがありえるからだ。ヒトゲノムの大部分を占める常染色体の膨大な情報を総合的に検討することが今後必要であろう。

10.3　ヤポネシアの言語

　日本語は、いつごろからヤポネシア (日本列島) で話されるようになったのだろうか。筆者は、核ゲノムの膨大な DNA データ解析結果をもとにして、日本列島人の起源と成立に関する「三段階渡来モデル」を提唱した (斎藤 2015)。このモデルでは、埴原 (1995) と山口 (1999) らが主唱した「二重構造モデル」ないし「二重構成モデル」(研究史については、斎藤 [2017a] を参照されたい) で想定されている、二段階の渡来 (旧石器時代・縄文時代の段階と弥生時代以降の段階) にくわえて、それらのあいだの、おそらく縄文時代末期に第二の渡来の波があった

のではないかと仮定している。そして、この第二段階の移住者こそ、原日本語を
ヤポネシアにもたらした人々ではなかったのだろうかとした。この仮説にしたが
えば、それ以前の日本列島で話されていた、第一段階の渡来人の言語の大部分は
原日本語に置きかわってしまい、唯一アイヌ語が、きわめて古い時代から日本列
島で話されていた言語の系統を残している可能性がある。一方、ゲノムのデータ
(Japanese Archipelago Human Population Genetics Consortium 2012) から、弱
いながらアイヌ人との共通性が見出されたオキナワ人は、それまで話していた言
語から、グスク時代の前後に日本列島中央部からもたらされた古代日本語におき
かわり、その後琉球語として発展していったと考えられる。斎藤 (2017) では、過
去 2 年間の研究の成果をもとにして、三段階渡来モデルに若干の変更を加えてい
る。また Saitou and Jinam (2017) は、第二段階と第三段階の渡来によって、日本
列島中央部 (九州・四国・本州) にも二重構造が生じたと考えた。これを「うちな
る二重構造」とよぶ。

　ところで、日本語・琉球語のグループと明確な類縁関係がある言語は、現在の
ところ不明である。地理的に近いところに位置するアイヌ語も朝鮮語も、地理的
にもっと遠くに位置するさまざまな言語も、どれも大多数の研究者から支持され
るほどの近縁関係にはない。斎藤 (1995) は、多くの言語の基礎 200 語の単語デー
タから言語間距離を算出した安本・本多 (1978) のデータを用いて、それらから近
隣結合法で言語の系統樹を描いた。その結果、安本らが主張するように、日本語・
アイヌ語・朝鮮語は、世界のさまざまな言語 (オーストロネシア語族、アルタイ語
族、ウラル語族、チベット・ビルマ語族、タミール語、レプチャ語、中国語、イン
ド・ヨーロッパ語族) と比較しても単一のグループを形成し、安本・本多の結果を
支持した。また斎藤 (2005) は、安本・本多の収集した単語データの第一子音に着
目した系統ネットワーク分析をおこない、現代日本語東京方言、奈良時代の日本
語、沖縄の首里方言、アイヌ語、朝鮮語の関係を示した。しかしながら、これらの
解析結果は、地理的にちかいが系統的には遠い言語間で単語を借用した結果であ
る可能性があり、本来の言語間の系統関係を抽出できたかどうかは、はっきりし
ない。

　なお、本書の編者である長田俊樹は、本書第 12 章 (長田 2019) において、明治
時代以降の諸説を紹介しているが、安本・本多 (1978) への言及はない。以下に言
及する Lee and Hasegawa (2011) の研究も触れられていない。また、日本語およ
び日本語にあきらかに近縁である琉球語との関係も、日本語の起源に関連すると
考えられるが、こちらについても、ほとんど言及がない。

10.4　日本語と琉球語方言の系統解析

　筆者ら (Saitou and Jinam 2017) は、ひとつの言語グループであることが確実である、日本語方言と琉球語方言の近縁関係を推定してみた。原データは、『現代日本語方言大辞典』(平山ら 1992) であり、日本語方言は 47 都道府県および八丈島で、沖縄語方言は 10 か所で言葉が調べられた。このほか、奈良時代の日本語は安本・本多 (1978) から、室町時代の日本語のデータは時代別国語大辞典 (2001) から取られている。したがって、全部で 60 地点についてのデータがある。リーと長谷川 (Lee and Hasegawa 2011) がこれらの単語から 0 または 1 に数的処理をした日本語の方言データから、単語のちがいにもとづく距離を計算した。なお、かれらが用いたデータのうち、52 単語はデータ欠損 (一部の地点で単語のデータが欠如) があったので用いず、60 地点すべてで単語データが存在していた 159 単語のデータのみを用いた。ただし、これらのうち 49 単語はまったく同じ (すべてが 0 または 1) なので、実際に距離に寄与したのは、110 単語のみである。このように、実際にはあまり大きなデータではない。

　こうして得られた方言距離をもとにして、日本語と琉球語の方言の多様性を、近隣結合法による無根系統樹でしめしたのが、図 10.1 である。近隣結合法 (Saitou and Nei 1987) は、1980 年代に筆者が米国に留学していた時に開発したものであ

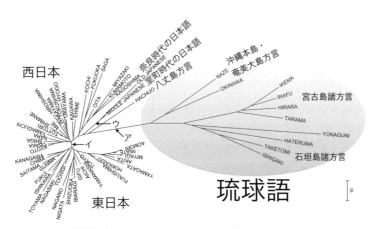

図 10.1：日本 47 都道府県の方言データにもとづく無根系統樹 (Saitou and Jinam 2017 より)

り、生物進化の分野で現在でも広く使われている。系統樹を図示するには、田村らが開発したソフトウェア MEGA6 (Tamura et al. 2013) を用いた。枝の長さは、方言間の単語の違いにもとづく量的な違いに比例している。

図 10.1 において、枝アで日本語と琉球語は明確にわかれている。また琉球語は方言距離を反映する系統樹の枝の長さが大きい。日本列島の南部の島々で話されてきた琉球語は、人々が暮らす島と島が地理的に互いに離れており、しかもそれぞれの島の人口は日本列島中央部と比べるとずっと少なかったと思われる。このような場合、単語が変化する速度が大きくなると予想される。琉球語はおたがいにも大きく異なっている。宮古島の諸方言、石垣島の諸方言、沖縄本島と奄美大島の方言が3種類のまとまりをなしている。もっとも、大西 (2016) は、人口密度と方言の変化率のあいだに明確な相関がないことを示している。このため、琉球語の方言間の違いが大きいのは、島と島のあいだでの交流が少なかったことが主原因なのかもしれない。

日本語の方言のなかで、琉球語にもっとも近縁なのは、八丈島方言である。これまでの方言研究から、八丈島方言には日本語の古語が残っていることが知られている。その次に、奈良時代の日本語と室町時代の日本語が枝ウでひとつのグループとなっている。地理的に南西諸島にもっとも近い九州の方言は、長崎県をのぞいてひとつのグループにまとまっているが、このまとまりが次に琉球語に近縁となっている。また短いながら、枝イによって、ほぼ西日本方言と東日本方言がわかれる。おもしろいことに、長崎県の方言は、東日本方言のグループに含まれており、もっとも近縁なのは、栃木県方言である。長崎県以外の方言は、ほぼ地理的位置にそって系統樹上にならんでいる。九州方言グループの左には、香川県と愛媛県の方言グループが位置し、そのつぎは他の西日本の方言グループがお互いに近い関係になっている。ただし、こまかいグループ構成は、かならずしも地理的な近さと対応しているわけではない。たとえば、山陰地方の2県がひとつのグループとなったあとに近縁なのは、なぜか三重県である。東日本方言グループも、こまかいところではいろいろと地理的な位置関係とずれがある。そのなかでも、福島県を除く東北地方の5県が強くまとまっているのが、興味深い。

つぎに、NeighborNet 法 (Briant and Morton 2004; Huson and Bryant 2006) を用いて、系統ネットワークを描いてみた。系統樹と異なり、平行四辺形がしばしばあらわれる。あまりなじみのない読者が多いと思うので、例として、Saitou and Jinam (2017) の発表した九州7県の方言データにもとづく系統ネットワークを図10.2 に示した。平行四辺形がいくつかみられるが、そのなかでもっとも長い辺は a である。この辺は、九州北部の3県 (長崎・佐賀・福岡) と南部の4県 (熊本・鹿

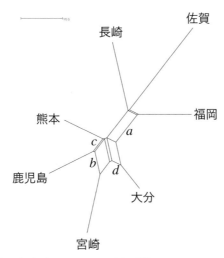

図 10.2：九州 7 県の方言データにもとづく系統ネットワーク (Saitou and Jinam 2017 より)

児島・宮崎・大分) を分けている。九州南部の 4 県のうち、辺 b によって、宮崎と大分がひとつのグループとなっている。ところが、辺 c は、宮崎と鹿児島をグループ化している。さらに、辺 a によって九州北部に分類された福岡県と九州南部に分類された大分県が、辺 d ではひとつのグループをなしている。このように、グループ構成に矛盾があるとき、平行四辺形を描くのである。

　九州の地図を思い浮かべていただければ、図 10.2 の系統ネットワークで示された九州 7 県の位置が、地図上の相対的位置とよく相関していることがおわかりだろう。このように、日本列島中央部では、近隣の方言が相互に影響しあってきたようである。

　今度は系統ネットワークを、図 10.1 を作成するのに用いたのと同一の距離データに用いてみた (図 10.3)。多数の平行四辺形が登場するが、図 10.1 と同じように、まず、琉球語と日本語が辺アの左右で大きく 2 個のグループにわかれる。辺ウも、図 10.1 の辺ウに対応する。ところが、辺エは、奈良時代の日本語と室町時代の日本語が辺ウでまとまっているのに対して、これと矛盾する分類パターンである。この辺エは、奈良時代の日本語と琉球語になんらかの共通性があることを示している。図 10.3 の辺イは、図 10.1 の辺イにほぼ対応するが、よくみると、長崎県の方言が西日本に含まれている。もっとも、依然として栃木県の方言との近

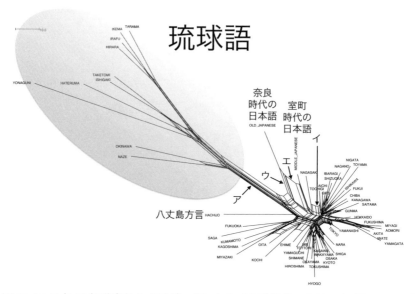

図 10.3：日本 47 都道府県の方言データにもとづく系統ネットワーク (Saitou and Jinam 2017 より)

縁性はたもたれている。八丈島方言も、図 10.1 と同様、日本語方言のなかでは琉球語にちかい位置から枝がのびている。

　このように、系統樹をつくりだす近隣結合法と系統ネットワークを作り出す NeighborNet 法は、アルゴリズムにちがいがあるものの、同一の距離行列データから、類似した関係を見いだしている。これが通常期待される結果だ。ところが、リーと長谷川は、Gray and Atkinson (2003) が印欧語族のデータ解析に用いた方法を用いて、図 10.1 とはかなり異なる系統樹を示している。北海道・山梨県・東京都の方言がひとつにまとまるのは、われわれの系統樹と同じだが、このグループが沖縄以外の方言で最初に分岐している。これら 3 方言グループの次に分岐しているのは、愛知県と岐阜県のグループである。逆に八丈島方言は、かれらの系統樹では静岡県方言と近縁になっており、おもに東日本の県から構成されるグループに属している。

10.5　日本語と琉球語の分岐年代

　リーと長谷川は、室町時代と奈良時代の日本語の単語を比較し、これら二つの時代の年代差だけをてがかりにして、日本語と琉球語が分岐した年代を、2200 年ほど前と推定している。彼らが用いた言語変化の確率モデルによれば、この分岐年代の統計的な誤差を考慮すると、95 ％信頼限界は、1200 年前から 4200 年前の範囲となる。あまりにも時間幅が大きいので、彼らの主張とは異なり、結局解析結果からは、分岐年代はよくわからないということになる。かつて服部四郎は、当時米国で勃興した言語年代学の方法を用いて、日本語と琉球語の分岐年代をおよそ 1500 年前と推定した (服部 1959)。言語年代学では、単語の変化速度が一定であるという仮定があったが、斎藤 (2015) やペラール (2016) は、日本語に比べて琉球語の単語は変化速度が高いとしている。

　沖縄に稲作が伝えられたのは、11 世紀後半にはじまった原グスク時代だと推定されているが、これは平和のうちに伝えられたのではなく、九州からの侵略であっただろう。グスク時代には、沖縄のあちこちで山城 (琉球語でグスク) が建造されたが、築城技術を含めて、九州および他の日本本土からもたらされたものであろう。このときに、侵略者の言語だった古代日本語も伝わって、それまで沖縄地域で話されていた言語と置き換わった可能性がある。この「エリート・ドミナンス」が沖縄の言語にあてはまるとすれば、日本語と琉球語の分岐は、たかだか1000 年ほど前だということになる。ただし、ペラール (2016) は、日本語と琉球語の分岐が、琉球人の祖先がまだ南九州にとどまっていた、古墳時代に生じたのではないかと提唱している。狩俣 (私信) も、基本的にペラールと同じ考え方を提唱している。

　斎藤 (2015) はグスクという単語の起源として、「御柵」(ゴサク?) ではないかという説を提唱した。ゴからグへ、サからスへという音韻変化が琉球語でありえるのかどうか、今後の論考にまちたい。

　このほか、かつて小泉保 (1998) は日本語の起源が縄文時代のはじめにあるとし、日本語と琉球語の分岐も縄文時代のかなり早い時期だと提唱しているが、現在の研究では否定されている。そもそも、小泉 (1998) の本の中核となっている、日本語方言のなかでは I 型アクセント (無アクセント) が古いというアイデアは、山口幸洋が以前から日本語方言の学会で提唱していたものだ (山口幸洋 [1998] を参照) が、なぜか小泉は山口の業績にまったく言及していない。このあたりの経緯は、山口 (2002) に記述されている。過去の研究に目をくばり、関連する文献には

きちんと言及するのが、研究者の取るべき態度であろう。両人ともすでに鬼籍に
はいられたが、日本の方言研究における汚点として指摘すべきであると考え、こ
こに記すことにした。

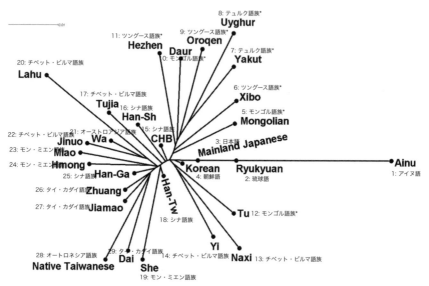

図 10.4：ゲノム規模 SNP データにもとづく東アジア 29 集団の系統樹 (Japanese
Archipelago Human Population Genetics Consortium 2012 より)

10.6　東アジア集団のゲノムデータ系統樹と言語との
関係

　最後に、本稿のテーマである、ゲノムデータと言語データの関係について、東ア
ジアの状況を検討してみよう。図 10.4 はわれわれが 2012 年に発表した論文に掲
載した集団の系統樹である。枝の長さは DNA の変化量に比例しているが、線と
線の角度には意味がない。本土日本人 (ヤマト人) に遺伝的にもっとも近いのは、
オキナワ人ではなく韓国人である。これは言語の関係とは一致していない。しか
し、もっと大局的にみてみると、いわゆるアルタイ語族 (*印をつけたモンゴル、
ツングース、チュルクの 3 言語族) をはなす、北東アジアに分布する一群の集団
が、ひとつのクラスターをなしており、朝鮮半島から日本列島に分布する集団の

クラスターと近い関係である。もうひとつ、モンゴル語族に属する言語を話す集団 Tu は、チベット・ビルマ語族の言語を話す 2 集団 (Yi と Naxi) と DNA からみるとおなじクラスターに属しているが、このクラスターも朝鮮半島〜日本列島に分布する集団のクラスターと系統的に近い関係にある。チベット・ビルマ語族の言語を話す集団は、この系統樹の左側にも 3 集団 (Tujia, Lahu, Jinuo) が位置している。逆に、朝鮮語と日本語もアルタイ諸語に属すると仮定すれば、図 10.4 の系統樹の右側は、チベット・ビルマ語族の 2 集団とアイヌ語を除く 10 集団がアルタイ諸語を話していることになる。図 10.4 の系統樹の左側には、チベット・ビルマ語族、モン・ミエン語族、タイ・カダイ語族、シナ語族、オーストロアジア語族、オーストロネシア語族という、さまざまな語族に属する言語をはなす集団が位置している。

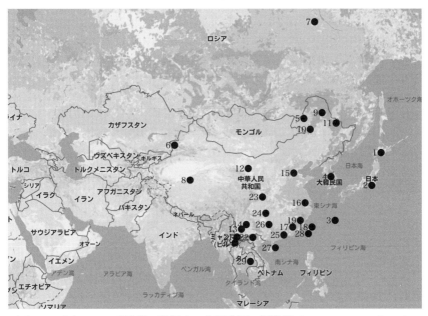

図 10.5：図 10.4 の系統樹に登場する人類集団の居住地 (Cavalli-Sforza (2005); Jinam et al. (2012) にもとづく)

　図 10.5 に、図 10.4 の系統樹に登場する人類集団の居住地を示した。集団の地理的位置については、Cavalli-Sforza (2005) と Jinam et al. (2012) をもとにした。

図 10.4 の系統樹の右側、すなわち日本列島の集団に系統的に近い集団は、北東アジアからシベリア・中央アジアにかけて広く分布している。しかし、モンゴル語族とチュルク語族の故地が北東アジアであれば、ツングース語族もふくめていわゆるアルタイ諸語が地理的にまとまってくる。しかもそこは朝鮮語と日本語・琉球語が話されている地域にかなり近くなる。これらの集団 (2〜14) のさまざまな生業 (牧畜、漁猟、農耕) を考えると、その祖先集団はまだ採集狩猟段階にいた可能性がでてくるだろう。一方、Robbeets (2005) は、日本語と朝鮮語の分岐を無紋土器時代の紀元前 1500 年頃と考えており、日本語と朝鮮語の共通祖語は、さらにツングース語族と系統を共通にしていたとする。この場合、日本語の祖語を話していた人々は農耕民である。

　日本語は以前からオーストロネシア語の影響があると考えられてきたが (村山 1979 など)、この語族の出発した地に現在でも居住している台湾原住民 (集団 28) は、DNA からみると、日本人とはかなり離れている。日本語とオーストロネシア語の言語上の類似が真実であるとすれば、それは日本語とは系統的には異なるオーストロネシア語からなんらかの影響があったか、あるいはかつてオーストロネシア語系統の言語が日本列島で話されていたが、新しい人々が大陸から日本語の祖語をもちこんで、日本語に影響をあたえ、本来の言語は失われた可能性がある。中川 (2010) は後者の考え方に近い。

　台湾原住民 (集団 28) は、DNA の系統的にはチュアン (集団 26)、ジアマオ (集団 27)、ダイ (集団 29) という、いずれもタイ・カダイ語族に属する言語を話す集団と近い。言語の置換や混血など、さまざまな要因があるのでなんともいえないが、系統樹を素直に読み取ると、オーストロネシア語族はタイ・カダイ語族から生じたように見える。ところが、Sagart (2005) は逆にタイ・カダイ語族がオーストロネシア語族のなかのひとつのサブグループだという仮説を提唱している。いずれにせよ、オーストロネシア語族とタイ・カダイ語族はなんらかの近縁性がありそうだ。

　現在のところは、これ以上はゲノムデータと言語データを比較検討することは、筆者には困難だった。たとえば、van Driem (2010) はシナ語族とチベット・ビルマ語族の近縁性を提唱しているが、図 10.4 のゲノム系統樹には、両方の言葉を話す人々がどのように関係しているのかは、明瞭には示されていない。今後急速にゲノムデータは蓄積すると思われるので、将来の研究に期待したい。

　本稿を書き上げたあとの 2019 年 5 月に、北海道礼文島船泊遺跡から出土した縄文時代人の膨大なゲノムデータをもとにした解析結果が発表された (Kanzawa-Kiriyama et al. 2019)。この論文の解析結果のひとつに、現代台湾原住民 (アミ族

とアタヤル族) が、現代日本人と樺太北部のウルチ人のつぎにこの縄文人と遺伝的
な共通性をもっているという推定がある。村山七郎 (1979) は日本語の系統研究
の歴史を論じたなかで、日本語とマライ・ポリネシア語 (オーストロネシア語) と
の共通性を指摘したポリワーノフの研究を紹介した。また、泉井久之助も日本語
と南島語 (オーストロネシア語) の共通性を指摘しており、村山自身も著書で、日
本語祖語を、「南島語要素を大量にとりいれた」と推定している。このような知識
があったので、縄文時代人と現代台湾原住民のあいだのゲノム上の共通性は、こ
れら言語学における仮説を補強するのではないかと考えた。ところが、2019 年 5
月に神戸で開催されたあるシンポジウムで、この縄文人ゲノムの話をふくむ筆者
の発表を聞いた Laurent Sagart は、講演のあとで、台湾にもかつて縄文人に遺伝
的に近い人々がいて、彼らのゲノムが現代台湾原住民の祖先に伝えられた可能性
があるのではないかという指摘をした。この場合、言語的には縄文語と日本語は
オーストロネシア語とは無関係となる。このあたりについては、今後のゲノム解
析と言語解析双方の研究の進展が望まれる。

参考文献

Allentoft, M. E. et al. (2015) Population genomics of Bronze Age Eurasia. *Nature*, 522: 167–174.

Bouckaert, R. et al. (2012) Mapping the origins and expansion of the Indo-European language family. *Science*, 337: 957–960.

Bryant, D. and Moulton V. (2004) Neighbor-Net: an agglomerative method for the construction of phylogenetic networks. *Molecular Biology and Evolution*, 21: 255–265.

Cavalli-Sforza L. L. (2005) The Human Genome Diversity Project: past, present and future. *Nature Reviews Genetics.* Apr; 6(4):333–40.

van Driem, G. (2007) Austroasiatic phylogeny and the Austroasiatic homeland in light of recent population genetic studies. *Mon-Khmer studies: a journal of Southeast Asian languages and cultures.* vol. 37, pp. 1–14.

van Driem, G. (2010) Tibeto-Burman vs Indo-Chinese: implications for population geneticists, archaeologists and prehistorians. Sagart, Blench, Sanchez-Mazas eds. *The peopling of East Asia*, Routledge Curzon, pp. 81–106.

Gray, R. D. and Atkinson Q. D. (2003) Language-tree divergence times support the Anatolian theory of Indo-European origin. *Nature*, 426: 435–439.

Haak W. et al. (2015) Massive migration from the steppe was a source for Indo-European languages in Europe. *Nature*, 522: 207–211.

Huson, D. H. and Bryant D. (2006) Application of phylogenetic networks in evolutionary studies. *Molecular Biology and Evolution*, 23: 254–267.

Japanese Archipelago Human Population Genetics Consortium (2012) The history of human populations in the Japanese Archipelago inferred from genome-wide SNP data with a special reference to the Ainu and the Ryukyuan populations. *Journal of Human Genetics*, 57: 787-795.

Jinam, T. A. et al. (2012) Evolutionary history of continental South East Asians: "early train" hypothesis based on genetic analysis of mitochondrial and autosomal DNA data. *Molecular Biology and Evolution*, vol. 29, pp. 3513–3527.

Kanzawa-Kiriyama, et al. (2019) Late Jomon male and female genome sequences from the Funadomari site in Hokkaido, Japan. *Anthropological Science*, 127: 83–108.

Lee S. and Hasegawa T. (2011) Bayesian phylogenetic analysis supports an agricultural origin. *Proceedings of Royal Society B*, 278: 3662–3669.

Mallory, J. P. (1991) *In Search of the Indo-Europeans*. Thames & Hudson.

Robbeets, M. I. (2005) *Is Japanese related to Korean, Tungusic, Mongolic and Turkic?* Harrassowitz Verlag.

Sagart, L. (2010) Tai-Kadai as a subgroup of Austronesian. Sagart, Blench, Sanchez-Mazas eds. *The peopling of East Asia*, Routledge Curzon, pp. 177-181.

Saitou, N. and Jinam T. A. (2017) Language diversity of the Japanese Archipelago and its relationship with human DNA diversity. *Man in India*, 97 (1): 205–228.

Saitou, N. and Nei M. (1987) The neighbour-joining method: a new method for reconstructing phylogenetic trees. *Molecular Biology and Evolution*, 4: 406–425.

Tamura, K. et al. (2013) MEGA6: Molecular Evolutionary Genetics Analysis Version 6.0. *Molecular Biology and Evolution*, 30: 2725-2729.

大西拓一郎 (2016) 『ことばの地理学: 方言はなぜそこにあるのか』東京: 大修館書店.

長田俊樹 (2020) 「日本言語学史序説」長田俊樹編『日本語「起源」論の歴史と展望——日本語の起源はどのように論じられてきたか——』東京: 三省堂. (本書)

小泉保 (1998) 『縄文語の発見』東京: 青土社.

斎藤成也 (1995) 赤澤威編『モンゴロイドの地球第 1 巻アフリカからの旅だち』東京: 東京大学出版会, 119–184.

斎藤成也 (2005) 『DNA からみた日本人』 ちくま新書.

斎藤成也 (2015) 『日本列島人の歴史』 岩波ジュニア新書.

斎藤成也 (2017a) 「日本人の起源研究をしばってきたものごと」 井上章一編『学問をしばるもの』思文閣出版, 110-128.

斎藤成也 (2017b) 『核 DNA でたどる日本人の源流』　東京: 河出書房新社.

時代別国語辞典編集委員会編 (2001) 『時代別国語大辞典　室町時代編』 東京: 三省堂.

中川裕 (2010) 『アイヌ語のむこうに広がる世界』 編集グループ SURE.

服部四郎 (1959) 『日本語の系統』 東京: 岩波書店.

埴原和郎 (1995) 『日本人の成り立ち』京都: 人文書院.

平山輝男ら編 (1992) 『現代日本語方言大辞典 1〜8』 東京: 明治書院.

ペラール・トマ (2016) 「日琉祖語の分岐年代」 田窪・ホイットマン・平子　共編『琉球諸語と古代日本語 —日琉祖語の再建にむけて』東京: くろしお出版, 99–124.

松本克巳 (2015) 「私の日本語系統論」 京都大学文学研究科編『日本語の起源と古代日本語』. 京都: 臨川書店, 95–141.

村山七郎 (1979) 『日本語の誕生』 東京: 筑摩書房.

安本美典・本多正久 (1978) 『日本語の誕生』東京: 大修館書店.

山口敏 (1999) 『日本人の生いたち』 東京: みすず書房.

山口幸洋 (1998) 『日本語方言一型アクセントの研究』東京: ひつじ書房.

山口幸洋 (2002) 『方言・アクセントの謎を追って』東京: 悠飛社.

レンフルー・コリン著、橋本槙矩訳 (1993) 『ことばの考古学』東京: 青土社.

第 11 章

アイヌ語はどの言語と似ているか
——対照文法の試み——

風間伸次郎

11.1　はじめに

　アイヌ語の系統は現在のところ不明であり、他のいかなる言語との音対応もい
まだ見出されていない。本稿は、音対応の発見をはじめとする比較言語学的な手
法による系統関係の立証をいったん措き、特に佐藤 (2008) に依拠し類型論的な観
点からアイヌ語と周辺諸言語との異同を検討するものである。

11.2　先行研究

　ここではアイヌ語と、チュクチ・カムチャツカ語族および北米インディアン諸
語との類似をとりあげた大島 (1994)、同じく朝鮮語・日本語・ニブフ語との共有
特徴を指摘する松本 (2007)、オーストロネシア語族との関係を考える中川 (2009)
の三つの先行研究を取り上げる。

11.2.1　大島 (1994)

　アイヌ語の形態的手法全般に関する先行研究に大島 (1994) があり、次のように
述べている (大島 1994: 106 より、一部要約による)。

　　　名詞抱合は北東アジアではチュクチ・カムチャツカ語族とアイヌ語にの
　　み確実に見いだせる。この特徴はむしろ北アメリカ・インディアン言語に
　　広範囲に見出せる特徴であり、接尾辞と接頭辞の併用、名詞には必須の格
　　がなく動詞に専ら格関係を委ねるなどの特徴と併せて考えると、アイヌ語

は北東アジアに位置する言語でありながら、形態的特徴から見ると北アメリカ・インディアン諸言語と比べるべき特徴が多い言語と言える。

なおアメリカ・インディアンの諸言語とアイヌ語の類似に関しては、金田一 (1927[1993: 78]) にすでに指摘がある。金田一 (1927) は、アイヌ語の複統合語*1的性格および抱合の存在をその根拠にしている。

11.2.2　中川 (2009)

アイヌ語における接辞の種類から、中川 (2009: 68) は次のように述べている（一部要約による）。

> アイヌ語は接頭辞優勢の言語であり、この点でユーラシア北東部における特異点となっている。接頭辞優勢の言語はすぐ日本列島の南西にある台湾原住民諸語からはじまって、フィリピン、インドネシアからニューギニア、オーストラリアにかけて広がっている。換言すれば、オーストロネシア諸語をはじめとする接頭辞優勢の言語とアイヌ語を隔てているのは日本語のみである。したがってこの現象の歴史的な解釈の一つとして、次のような仮説が立てられる。かつてアイヌ語はオーストロネシア諸語と直接接するような地理的位置にあり、同じく SVO 語順を持ち、ひとつの言語領域を形成していた。後にその間に日本語が割って入る形となり、アイヌ語は朝鮮語、ツングース諸語、ニブフ語などいわゆる「アルタイ型」の諸言語に囲まれ、新たにそれらの言語と言語領域をなし、比較的変化しやすい語順のほうからそれらと同じ OV 型に変化して現在の状態になった。

11.2.3　松本 (2007)

松本 (2007) はアイヌ語をいくつかの共有特徴に基づいて、朝鮮語、日本語、ニブフ語とともに「環日本海諸語」に位置付けている。これらの特徴は類型的なものだが長年に亘って変化しにくい特徴であるとし、系統的なものとして下記のような分類を提示している。

環日本海諸語内部の異同について、松本 (2007) は次のように述べている。

> 環日本海諸語は、太平洋沿岸言語圏の一方を代表する言語群として、単

---

*1金田一 (1927) の用語では、輯合語。

式流音型、形容詞用言型、名詞における数カテゴリーの欠如、数詞類別、重
複形態法という 5 つの特徴を南方のオーストリック大語族と共有する。し
かしその内部を子細に眺めると、北のアイヌ語とニブフ語には多項型人称
標示、中立型格標示、包括人称が現れるのに対して、南の朝鮮語と日本語
は、少なくとも現状では、人称無標示、対格型格標示、そして包括人称の
欠如という違った特徴を提示する。これについては、ニブフ語とアイヌ語、
とりわけアイヌ語に見られる諸特徴が環日本海諸語の古い言語相を伝える
もので、朝鮮語と日本語がそれを喪失したために現状で見るような言語差
が生じた。

(松本 2007: 208–209)

表 11.1　ユーラシア諸言語の系統分類 (松本 2007: 207、太字やフォントの変更
は筆者による、なお*印を付したのは同一言語群の中で部分的な不一致を見せる
特徴であるという。)

系　統　関　係		所属語族・言語群	共有特徴
ユーラシア内陸言語圏	中央群	セム語族 (アフロ・アジア B)　インド・ヨーロッパ語族　ウラル語族　チュルク語族　モンゴル語族　ツングース語族　ドラヴィダ語族	複式流音, 体言型形容詞, 数カテゴリー, 単項型人称標示, 対格型格標示, 名詞類別, 名詞類別*, 重複欠如*, 包括人称欠如*
	残存群	カフカス諸語　シュメール語その他古代オリエント諸語　バスク語　ケット語　ブルシャスキー語	多項型人称標示, 能格型格標示, 複式／単式流音, 体言型／用言型形容詞
	周辺境界群	チュクチ・カムチャツカ語族　エスキモー・アリュート語族　チベット・ビルマ語族	
太平洋沿岸言語圏	南方群 (オーストリック大語族)	漢語 (中国語)　ミャオ・ヤオ語族　タイ・カダイ語族　オーストロアジア語族　オーストロネシア語族	単式流音, 用言型形容詞, 数カテゴリー欠如, 名詞類別欠如, 数詞類別 *2, 重複形態法, 多項型人称標示*, 対格型格標示*, 包括人称*
	北方群 (**環日本海諸語**)	**朝鮮語　日本語　アイヌ語　ニブフ語**	

*2 数詞類別をこれらの言語の通時的関係の根拠とすることの問題点については、風間 (2014a: 162)
においてすでに述べた。さらにアイヌ語とオーストロネシアの関係を考える上においては、台湾やフィ
リピンの言語に数詞類別のない言語の多いことに注意する必要がある (Gil 2005: 226–229)。

11.2.4 先行研究のまとめと本稿のねらい

このようにアイヌ語の類型論的性格や、さらには歴史的起源に関して、類似や関係が提案されている言語には、①ニブフ語、②チュクチ・カムチャツカ語族の言語*3、③北米インディアンの諸言語（以下では「北米諸語」とする）、④日本語、⑤朝鮮語、⑥オーストロネシア語族の言語、があるということになる。このうち日本語・朝鮮語については長らくアルタイ諸言語との類型的な類似が指摘されてきている。

本稿ではこうした状況を踏まえ、アイヌ語と上記の諸言語の対照を行う。ただし、北米諸語は58もの語族からなり、類型的にもきわめて多様な言語を含んでいる（宮岡 1992: 12–16, 64）。したがって北米諸語との対照は極めて断片的で不十分なものであることをお断りしておく。なお本稿では紙幅の都合上、上記の諸言語の地理的分布や話者人口をはじめとする概況、語族内部に属する言語の構成などについては説明しない。『言語学大辞典』をはじめ、関連する記述のある文献を参照されたい。対照においては11.3節の形態的手法では接辞、重複、複合、主要部標示と従属部標示、11.4節の品詞では指示詞、数詞、疑問詞、形容詞、動詞、11.5節の動詞の文法カテゴリーでは人称、充当、きれつづき、テンス、数、否定、11.6節の統語論では語順、複他動詞文、obviative について扱っていく*4ものとする。結論として、アイヌ語は北米諸語、チュクチ・カムチャツカ語族の諸言語、ニブフ語と多くの類型論的な共通点を示し、特に北米諸語のうちのいずれかとはさらに大きな類似を示す可能性のあることを指摘する。

11.3 形態的手法

この節では、接頭辞が優位で、動詞に多様な重複を示し、抱合を含む複合がさかんなアイヌ語の形態論的な諸特徴が周辺諸言語のうちのどの言語にどれぐらい観察されるのかをみていく。アイヌ語のもっとも重要な特徴と考えられる主要部

---

*3 ただしチュクチ・カムチャツカ語族の言語とされていてもそのうちのイテリメン語は大きく異なっており、同語族の他の言語との系統関係に関してさえ疑念を持たれていることに注意する必要がある。

*4 網羅的に全ての文法的特徴について対照を行うことが理想的であるが、無論それは不可能である。本稿は、筆者が佐藤 (2008) を読み進める中で、周辺諸言語の一部に共有されているもしくは共有されていない諸特徴をピックアップしていき、その中から筆者が特に興味深いと考えたものをできる限り多くとりあげるよう目指したものである。

標示型の性質についても、周辺諸言語との対照をつうじて詳しく分析する。

11.3.1　接辞 —接頭辞優位と接尾辞優位—

中川 (2009) が指摘するように、アイヌ語は接頭辞優勢の言語である。さらに 11.5.2 節でみる奥田 (2015) が指摘するように、自動詞の一人称複数ならびに自動詞の四人称を示す人称要素はおそらく動詞から後接語の段階を経て接尾辞になったと考えられている。これらは共時的にも「自立性のかなり高いものであり、clitics としてとらえた方がよい」とされている (中川 2003: 217)。すると人称要素は全て接頭辞であったことになる。動詞につく接辞で生産性の高い使役の接尾辞も、かつては独立語であった可能性がある (田村 1973: 92–93)。したがって歴史的に見れば、アイヌ語における接頭辞優勢の性格はかつてはさらに強いものだったとみることができる。

WALS（The World Atlas of Language Structures）において屈折接辞の現れを調べた Dryer (2005a) をみると、オーストロネシア語族においてマノボ語、ニアス語が強接頭辞型言語（接頭辞が 80% 以上）となっているが、非接辞型言語（対象とした屈折接辞が 2 以下）の言語も多い。Blust (2009: 358) はオーストロネシア祖語に再建した接辞の数を示しているが、その数は接頭辞 24 ／接中辞 4 ／接尾辞 8 ／接周辞 2 であり、Blust (2009: 358) 自身も述べているが、やはり接頭辞優位であることがわかる。他方、北米にもタナクロス語、スレイヴィ語、チペワイアン語、などの強接頭辞型言語が見出される（いずれもアサバスカ語族の言語で、より大きな分類ではナ・デネと呼ばれる）。宮岡 (1992: 26) は、（環北太平洋の諸言語にあって）「接尾辞とその他の手法をいくぶんは併用しつつも接頭辞におおきく依存する言語ならばナ・デネ語、チヌーク語などが挙げられる」としている。

チュクチ・カムチャッカ語族のチュクチ語、コリャーク語、イテリメン語はそれぞれ箕浦 (1989: 928)、荒木・宮岡 (1988: 1761)、荒木 (1988: 635) によれば接頭辞、接尾辞、接周辞を併用する言語である。特に、接周辞は「イテリメン語を筆頭にチュクチ・カムチャッカ語族の言語に特徴的である」(宮岡 1992: 27) という。Skorik (1979: 234) は、「形態論のレベルにおける（イテリメン語を含む）チュクチ・カムチャッカ語族の諸言語に共通な最も顕著な特徴は接頭辞・接尾辞による膠着性である」としている。

これらに対して、ニブフ語[*5]、朝鮮語、日本語は圧倒的に接尾辞優勢の言語で

[*5]Mattissen (2003: 7–8, 17) によれば、ニブフ語にはダイクシス、人称、再帰、相互を機能とす

ある。エスキモー・アリュート語族の言語はもっぱら接尾辞しか用いない。した
がってこの点に関してアイヌ語はむしろ上記の一部の北米諸語、チュクチ・カム
チャッカ語族、オーストロネシア語族の諸言語により類似しているといえるが、
チュクチ・カムチャッカ語族とオーストロネシア語族の言語には接頭辞の使用が
多いのに対しアイヌ語にはそれがなく、オーストロネシアにはさらに接中辞[*6]が
ある点にも注意が必要である。さらにイテリメン語以外のチュクチ・カムチャッ
カ語族の言語には、出名動詞を作る一連の語彙的接辞があり、これらの言語の複
統合的性格の要因になっているが、アイヌ語にこれと対応するものは見出されな
い (呉人 2015b: 72–75, Nagayama 2003: 31–38, 小野 2016: 178–183, 田村 1988:
68–71, 佐藤 2008: 273)。

11.3.2　重複

重複に関して、佐藤 (2008: 277) は次のように述べている。

> 重複によって作られた名詞の例はさほど多くないようであるが（例：
> ramram「鱗」、taktak「塊」など）、動詞の語形成の手段として重複は重要
> な役割を果たす。語根の重複（yas-yas-ke のようなもの）は行為があちこち
> で不規則に行われること、語の完全な重複（yaske-yaske のようなもの）は
> 行為が完全な程度に行われることと関連があるようである。また、語根の
> 部分重複（sik-mak-ak-a のようなもの）は行為の結果状態の持続と関連が
> あるようである。

すなわちアイヌ語での重複は、動詞におけるものが中心で、全体重複と部分重
複の数種があり、多様なアスペクト[*7]を示すことが特徴的であるといえるだろう。
ニブフ語は語幹全体の重複しか持たないが (Mattissen 2003: 72)、動詞語幹の重
複は反復相や多回相のアスペクトを示す：p‘-ŋafq-ŋafq+**ama-ama**-t (REFL-friend-
friend+look-look-CONV:NAR:3PL)「（女の子たちは）互いの友達を見つめながら」

る 10 種（所有人称と被動主人称の一部を同じものと見なせば 7 種）の接頭辞しかなく、そのうちの少
なくとも一部は独立語起源であると考えられる。これに対しニブフ語ロシア語辞典である Savel'eva i
Taksami (1970) の巻末の接尾辞・後接語のリストには 126 もの形式が挙がっている。

[*6]オーストロネシア語族における接中辞の存在はこれをもってオーストロアジア語族との同系の根
拠とされている (土田 1988: 1055)。なお北米の諸言語にも接中辞を持つものがある (Mithun 1999:
39)。

[*7]ここでいうアスペクトとは、ロシア語などに典型的にみられる完結相／不完結相の対立のみを指
すものでなく、さまざまな時間的なプロセスを示す諸形式を広く指すものとする。

(Nedjalkov and Otaina 2013: 362 による、例も)。さらに名詞の複数性が修飾語の重複によって示され得る：**pila-pila**+*eri-ux* (be.big-be.big+river-LOC/ABL)「大きな（複数の）川で*8」(Nedjalkov and Otaina 2013: 50、例も)。他方名詞の重複は、複数の行為者が分散して行為を行うこと (a plural distributive meaning) を示す：**p'-naχ**+**p'-naχ**+*t'iv-ta* (REFL-bunk+REFL-bunk+sit-COORD:3PL)「それぞれが自分のベッドに座って」(Nedjalkov and Otaina 2013: 50、例も)。

　日本語は基本的に名詞の全体重複しか持たない*9。アルタイ諸言語には部分重複も全体重複もあるが、もっぱらこれは子音の交替を伴ったエコーワードと呼ばれるものである。対象となる品詞ももっぱら名詞と形容詞であり、その機能は形容詞の程度の強化、不確定性（「〜やら何やら」）を示すものである (風間 2003: 252–254, 294–295)。チュクチ・カムチャッカ語族の諸言語では、重複*10はもっぱら名詞の絶対格単数形を示す方法の一つとして用いられる (Nagayama 2003: 46)。

　アイヌ語に近い状況はここでもやはり北米に認められる。宮岡 (1992: 23–24) によれば、北アメリカにおける重複法はほぼ全域に広がってはいるものの、比較的濃い分布が（エスキモー・アリュート語、ナ・デネ語、ハイダ語をのぞく）北西部の言語に認められ、形式的にも機能的にも多様であるという。形式的には語幹の全体重複と部分重複があり、後者では語幹のどの部分、すなわち、どの音素（連続）が重複するか、語幹の前後いずれに重複するか、どのような音声変化を伴うかなど、に関して多種多様であるという。言語によっては瞬時・起動相（南パイユート語）、動作の進行（コモックス語（スライアモン語））などアスペクトの用法のあるものがあげられている (宮岡 1992: 24)。

　オーストロネシア語族でも重複は極めてさかんである。完全重複、子音交替や母音交替を伴う完全重複、後方への部分重複、前方への CV(C)-部分重複、エコーワード型の部分重複、接中辞の重複、三重複など、形の上でも様々なタイプがある (Blust 2009: 400–427)。機能も多岐にわたるが、「どうやら完全重複はテンスのような文法的機能を示すのに用いられることが全くないのに対し、部分重複はこのタイプの情報を担い得る」(Blust 2009: 413) としている点が注意を惹く。

---

　*8 ここでの修飾語は性質動詞の連体形であることに注意されたい、なおモンゴル語にもこのような現象がある。

　*9「食べ食べ」、「だましだまし」のような動詞の重複は語形成でなく、統語的な表現と考える。生産性も低い。ただし琉球諸方言の中には、形容詞語幹の重複や動詞の重複があり、中には生産性も高く語形成の手段とみるべきものがあるようだ。

　*10 基本的に全体重複だが、コリャーク語では語幹初頭の CVC だけを重複させる部分重複 (wune**wun**「松かさ」) もあるという (呉人 p.c.)。

11.3.3　複合（抱合を含む）

　孤立型の言語は、接辞をほとんど持たないので、文法に使用できる形態的手法
はおのずと限られてくる。ほとんどが独立語であるので、独立語同士の複合、お
よび独立語の全体重複はもっとも重要な文法的手段となるだろう。これに対し、
豊富な接辞を有する膠着型の言語では、語幹同士の複合を全く許さない言語も存
在する。例えばエスキモー語がそうである (宮岡 1988: 900)。

　アルタイ諸言語は基本的に（厳密な意味での）複合語を形成せず、したがって
抱合も持たない[*11]。この点でこれらの言語はエスキモー語と似ており、隣接する
チュクチ・カムチャツカ語族の言語、日本語などとは大きく異なっている。

　これらの言語に対して、アイヌ語には次のように多種多様な複合語が存在する。

> 名詞＋自動詞、自動詞＋助動詞、修飾語＋自動詞、否定辞＋助動詞、名詞所
> 属形＋動詞、名詞（主語／目的語）＋他動詞、名詞（補語）＋ ne（コピュ
> ラ）、連用語＋他動詞、名詞（目的語）＋複他動詞、名詞＋名詞、動詞＋名
> 詞、名詞や動詞以外の連体詞＋名詞、中核が動詞である合成名詞
>
> 　　　　　　　　　　　　　　　　　　　　　田村 (1988: 63–65) による

　ニブフ語における複合には、次のものがある (Panfilov 1962: 74, Panfilov 1965:
30–31)。

> ［名詞＋名詞］　(*utkuʁla* (*utku*「男」＋ *oʁla*「子供」)「少年」、*tʻuɣrmu*
> 　　(*tʻuɣr*「火」＋ *mu*「舟」)「汽船」)
> ［名詞＋動詞］　(後述する「抱合」を除く、*qoʁlətṭ* (*qoχ*「腹」＋ *lətṭ*「す
> 　　る」)「妊娠する」)
> ［動詞＋動詞］　(*jarnaud* (*jarḍ*「食わせる (feed)」＋ *naud*「十分である」)
> 　　「繁栄する」、*tʻazəzḍ* (*tʻaḍ*「息をする」＋ *ṭezḍ*「弱くなる」)「窒息
> 　　する」)

　オーストロネシア諸語において、複合は他の形態的手法に比べてあまり発達し

[*11]モンゴル諸語やチュルク諸語で「複合語」と呼ばれているものは、意味的には一つの概念を示す
ものかもしれないが、音声面など形式面での客観的基準からみれば明らかに 2 語である。例えばハル
ハ・モンゴル語の er em「夫婦」(er「男」＋ em「女」、一ノ瀬 (1992: 284))。トルコ語などで「抱
合」と呼ばれる現象もあるが (Kuribayashi 1989)、同様に 2 語である。ただしハルハ・モンゴル語に
は ax「兄」＋ düü「弟」で母音調和が起きて axduu となるような例も若干みられる (呉人 p.c.)。

ていない。形態的手法があまり発達してない東インドネシアや太平洋の諸言語では かなり一般的であるものの、特に他の形態的手法が豊かな台湾やフィリピンの 諸言語の文法において言及されることは稀[*12]である。以上オーストロネシア諸語 の複合に関しては Blust (2009: 427) に拠った。

　Mithun (1999: 44) は、北米の言語には名詞と名詞による複合名詞を形成する言 語も、動詞と動詞による複合動詞を形成する言語もあるとし、それぞれにアサバ スカ語族のアトナ語、孤立語のトンカワ語の例をあげている。名詞と動詞の複合 となると、これは名詞抱合ということになる（サピアによれば、抱合とは動詞に かかわる語幹合成の一種である）。宮岡 (1992: 25) によれば、北アメリカで生産的 な名詞抱合をなす言語は中央部、東部、南部に密度の濃い分布を見せ、北西部で はアサバスカ語、ヤナ語、ツィムシアン語、クテナイ語などのように限られた言 語が限られた利用を見せるか、トリンギット語、セイリッシュ語、マイドゥ語の ように固定化・痕跡化した抱合をとどめているにすぎないという。

　以下では、抱合[*13] についてさらに考察する。具体的には、主に［名詞＋（自／ 他／複他）動詞］の構造を示すものを扱う。下記にみるように、アイヌ語の抱合と ニブフ語の「抱合」（亜抱合 Subinkorporation と呼ぶ者もある、宮岡 (1992: 25)） はその性格を大きく異にしている。

[*12]ただし、例えばタガログ語では全く存在しないわけではなく、日常会話にも用いられているとい う（長屋 p.c.）。

[*13]なお日本語にも、「名づける」、「爪弾く」など抱合が化石化したような例があり、かつてはこのよ うな語形成がより生産的だった時代があったのかもしれない。少なくとも上記に述べたように現在で も複合語一般の生産性は高い。ここで問題となるのは、抱合的なものを含む複合が、かつては 2 語で 緩やかな結合をなしていたのか、それともアクセントなども一つで、もともと複合としての性格を強 く持っていたのかということである。すなわちかつて個々の要素の独立性が高かったとすれば、日本 語はより孤立語的な言語であったとも考えられる。他方、「複合」はかつてあくまでも 2 語であったと すれば、ツングース諸語やモンゴル諸語などのように、形態的手法はもっぱら接辞により、語幹同士 の複合は許さない言語であった可能性も出てくる。

　　平安時代の文献資料では、助詞や助動詞に常に一定のアクセントが付けられている（た とえば、ナラベテ（並べて）、タグヒテ（類ひて））。このことから、平安時代は現代に比べ て、付属語の独立性がかなり高かったと推測される。複合動詞でも、平安時代には**ヒキヰル** （率いる）、セメトル（攻め取る）のように二語的なアクセントが付けられており、現代に比 べて、個々の語の独立性が高かったことがうかがえる。

　　　　　　　　　　　　　　　　　　　　　　　　　　　　　　　　　　　　　（木部 2014）

　したがって今後、全ての接辞と付属語（いわゆる助詞と助動詞）について、アクセントを精査し、そ の独立性の変遷を明らかにすることが、日本語のかつての類型的なタイプを考える上で非常に重要で あろう。

佐藤 (2008: 221-223) はアイヌ語の抱合の性格について、次のような点を指摘している。

[1] 抱合すれば、アクセントは一つになり、文法的意味的にも一語としてのまとまりを示す。

[2] 抱合の場合は、動詞全体が一つの慣用的な行為を表す。場合によっては、かなり特殊化した意味を示すことも少なくない。

[3] 名詞の性状（大小、善悪、多少等）がより具体的に問題にされる場面では、抱合の表現は用いられない。

[4] 抱合を用いた表現は、独立の名詞を用いた表現とは、必ずしも対等な関係にあるとは言えない。理論的には可能でも抱合の例がない場合が大部分で、他方、抱合の例だけがあって、対応する独立の名詞による表現がない場合もめずらしくない。

これに対しニブフ語の「抱合」は Panfilov (1954) が主張するように、まったく異なった性質を示す。

(11.1) *Imŋ hə+lumř-**ku**+ɣe-ḍ.*
　　　 they that+sable-PL+get-IND

　　　 「彼らはそのクロテンを獲った」(Panfilov 1954: 18)

(11.2) *if　lele　maṭki　**pχov**+ṭʻo+nřə-nə-ḍ.*
　　　 s/he very be.small round+fish+find-FUT-IND

　　　 「彼はとても小さい丸い魚を見つけるだろう」(Panfilov 1954: 20)

(11.3) *hə+uɣmu+ər-ux　　　　**malɣola+zavod-ɣo***
　　　 that+war+time-LOC/ABL many+factory-COM:PL

　　　 fabrika-ɣo+zosqu-t　　　　　　　　　ha-ḍ.
　　　 workshop-COM:PL+destroy-CONV:NAR.3PL be.so-IND

　　　 「あの戦争の時に、たくさんの工場と製作所を破壊していた」(Panfilov 1954: 24)

　上記の例は、それぞれ太字で示した複数標識 (11.1)、連体修飾*14(11.2)、随伴
格を伴う等位名詞句 (11.3) を含んでいる。したがってアイヌ語の [3] は当てはま
らない。[2] に関してもアイヌ語の状況とは大きく異なっていることがわかる。
[1] に関しては、複合語と「抱合」構造は同じアクセントパターンを示すものの
(Mattissen 2003: 86)、上記 (11.1)〜(11.3) の例にみるように統語的・意味的には
一語と見なし難い。

　アイヌ語の抱合は、佐藤 (1992: 199) にあるように、周辺の北方諸言語の中では、
類型的にチュクチ語とまず共通点を持ち、さらに（抱合を有しないエスキモー・
アリュート語を間にはさんではいるが）トリンギット語やツィムシアン語をはじ
めとする多くの北アメリカの諸言語へと連なっている。特に、チュクチ語やツィ
ムシアン語において、「目的語を抱合して形成された動詞は絶対格の名詞を主語と
してとる自動詞となる」(佐藤 1992: 195) ことがアイヌ語との最も重要な類似点
であると思われる。さらに、チュクチ語では自他の区別が厳密で、自他動詞間の
補充法も観察され、自動詞と他動詞が取る人称は異なる。したがって目的語を抱
合した動詞は当然自動詞活用を行う。自然現象の表現では、自動詞の主語の抱合
もある*15という (呉人 2015b: 65)。こうした一連のシステムがアイヌ語とよく似
ていることに注意する必要がある。

　上記の [1]〜[4] に関して、Kurebito (2001) によってコリャーク語の名詞抱合の
状況をみれば、まず [1] に関しては母音調和や、屈折を担う接周辞に囲まれるこ
とから一語をなし、[2] に関しては恒常性・一般性をなす、という点でアイヌ語と
類似している。他方、修飾要素を伴う語も抱合される上、独立の名詞を用いた分
析的な表現が行為の一回性・特殊性を示して大部分の抱合形が分析形に対応する
ため、[3] と [4] に関してはアイヌ語との違いを見せる。さらに、チュクチ語やコ
リャーク語において呉人 (2015b: 64–71) が指摘しているように、副詞の抱合や並
列的な複数の名詞の抱合があり、名詞への形容詞の抱合*16もさかんであるが、他
動詞主語の抱合*17はできない。このような抱合の諸側面はアイヌ語のそれとは大

---

　*14この例 (11.2) は、修飾語のついた名詞が抱合され、他方でもう一つ別の修飾語がその名詞を外か
ら修飾している点でも興味深い。一般に語の一部を外から修飾することはできないとされている（語
彙的緊密性）。これと同様の現象がカリフォルニアのワショー語に関して報告されている（Bochnak
and Rhomieux (2013)、なおこの情報は渡辺氏の御教示による）。
　*15Sato (2016: 85) によれば、アイヌ語において目的語抱合以外は有標であり、事実上禁止されてい
る、という。自動詞主語に関してどのような抱合がどの程度可能なのか、という問題は極めて重要であ
り、今後の課題として北方の諸言語間での異同を精査していかなければならないという（佐藤 p.c.）。
　*16ただしこれは「名詞への形容詞の「抱合」」であるため、上記のサピアの定義からははずれる。
　*17まれではあるものの、アイヌ語では他動詞主語の抱合が可能である (佐藤 1992: 196)。

きく異なっている。なおイテリメン語には抱合そのものが全くない。北米のツィ
ムシアン語の動詞は、数に関して絶対格の名詞と能格型の一致を示すので (大島
1989: 1030)、ここでもやはり抱合した自動詞は絶対格名詞と数の一致を行うこと
になる。複合そのものが稀であるため、オーストロネシア諸語に抱合は基本的に
存在しない。フィジー語に抱合があるとするものもあるが、その性格はアイヌ語
のものとはかなり異なっている (Schütz 2014: 151–152; 岡本 2017)。

11.3.4 主要部標示と従属部標示

名詞の側に格標示がなく、動詞の側の人称標示等によってもっぱら文の構造を
示す言語は主要部標示型の言語と呼ばれる。宮岡 (1992: 44) が述べるように、ア
イヌ語は抜きんでて主要部標示型の言語である。逆に名詞の格によって文の構造
を示す言語は従属部標示型であるが、アイヌ語の名詞には主格も対格も属格も表
示されることがない。

Nichols and Bickel (2005a: 98) によれば、主要部標示型の言語は南北アメリカ
とオーストラリア、ニューギニアに見られ、逆に他の地域ではまれである。宮岡
(1992: 44) によれば、北アメリカで名前のあがっている語族の半数以上が主要部
標示型であり、とりわけ北西部に多いという。これに対して、アルタイ諸言語、朝
鮮語、日本語は典型的な従属部標示型の言語であり、チュクチ・カムチャッカ語
族やエスキモー・アリュート語族の言語は二重標示型の言語である。北東アジア
にあって、アイヌ語は珍しい典型的な主要部標示型の言語として、「北アメリカへ
の連なりを示して」いる (宮岡 1992: 44)。

Nichols and Bickel (2005a: 100–101) でオーストロネシア語族の言語を見ると、
パイワン語やタガログ語、ラパヌイ語は二重標示型、フィジー語は主要部標示型、
チャモロ語とマオリ語は従属部標示型、インドネシア語などは無標示型[*18]となっ
ていて、一貫性がない。タガログ語の修飾構造ではいわゆるリンカーが用いられ、
主要部標示とも従属部標示とも判断できないためか、「その他」の扱いとなってい
る (Nichols and Bickel 2005b: 104)。

Nichols and Bickel (2005a, b, c) において、ニブフ語は一貫して主要部標示型の
言語とされている。これは、この言語に主格と対格がなく、[目的語-他動詞]、[所
有者-被所有物] の関係は後項の語の語頭の子音交替によって示されること、一部

[*18]ただしインドネシア語の動詞接頭辞 di- や meN- を文構造を決定する要素とみて、主要部標示型
とみる考えもある (長屋 p.c.)。

の動詞形態に人称・数の変化がみられること (渡部 1992: 181) から、そのように判断されたものであろう。さらに、ニブフ語では、文中に独立の名詞で示された (人を示す) 目的語があっても、その目的語は再度動詞に j- という要素で義務的に標示されなければならない。この点でニブフ語は主要部標示型の言語の特徴を強く示している (このことについては風間 (2009: 133–136) で詳しく述べた)。他方、ニブフ語には (記述にもよるが) 7〜10 個の格があり、中川 (2003: 212–213) は、ニブフ語が「名詞などの格的関係は接語的附属形式や後置詞で表わされる」というアルタイ諸言語・朝鮮語・日本語が共通に持つ特徴の当てはまる言語である、とみている。しかし、Mattissen (2003: 82) が指摘するように、具格-ɣir etc. は i-ɣr-ḍ「使う」、比較格 -ək は j-ək-ṭ「到達する」、被使役者格 -ax は j-ax-ṭ「頼る」、到達格 1 -vrχa 〜 -t'χa は e-rʁa-ḍ「向く、〜のためにする」、到達格 2 -t'əkə 〜 -řəkə は t'əkə「寝台の縁 (なおこれのみ名詞起源)」を起源としており、大部分の格は動詞起源であることがわかる (ただし与格/向格-dox と処格/奪格 -ux の語源は不明である)。したがってかつてのニブフ語は、より一貫した主要部標示型言語であったと考えられる。このような歴史的な推移は、アイヌ語にも観察される。

　すなわち、「アイヌ語の格助詞の多くが動詞起源であり、形態の上ではほぼ動詞そのままと言ってよい」ことはすでに指摘されている (中川 (2003: 215-216))。アイヌ語にも ne「〜に (変化)」、pak(no)「まで」、peka(no)「〜で、〜を、〜に」、ta「〜に、〜で」、un「〜へ」、wa(no)「〜から」などの格助詞があるとされている (佐藤 2008: 36–38)。しかし、このうちまず ne は「コピュラ ne の助詞化したものであろう」という (田村 1988: 49)。アイヌ語の他動詞は連用的に用いられるので、そのままで後置副詞や格助詞になり得る (田村 1988: 49)。田村 (1996) (『アイヌ語沙流方言辞典』) によれば、(wa を除く) 上記の ne 以外の格助詞にも、同形の他動詞が立項されており、格助詞の大部分が他動詞に遡る可能性が考えられる。田村 (1988: 15, 67、下記の例も) によれば、充当の o- は口承文学や歌の中で頻々と現れ、日常会話ではあまり用いられず、逆に (場所) 格に相当する関係概念は古い言い方では動詞の接頭辞 (つまり充当の o-) で表されることが多かったという。充当の e- についても同様のことが言われている (中川 2003: 215–216)。つまりニブフ語とアイヌ語はかつて主要部標示型の特徴をより強く示していたが、おそらくはアルタイ諸言語や日本語との接触を通じて従属部標示型の言語の性格を帯びてきた[19]ものとみることができる。なおチュクチ・カムチャツカ語族の言

---

　[19]このことは、アイヌ語とニブフ語が少なくとも動詞が格後置詞に文法化するまでの一定の期間の間、OV 語順の言語であったことを意味する。後述するように、アイヌ語が VSO 語順の言語であった

語の格の諸形式の歴史的起源[20]については明らかでない。

11.4　品詞

この 11.4 節では、指示詞、数詞、疑問詞、形容詞、動詞の順に各品詞を扱い、ア
イヌ語と他言語との異同について論ずる。特に動詞に関しては、動詞複合体、人
称標示、充当、きれつづき、テンス、数、（否定の）補充法について、詳しく見て
いくことにする。

11.4.1　指示詞

アイヌ語の指示詞は、まず現場指示のものと文脈指示のものに分かれる。す
なわち文脈指示に特化した別の形式を持っていることが注目される。近称は
tan/taan、遠称は toan、文脈指示は nea/ne である（以上アイヌ語の指示詞に関
して、佐藤 (2008: 217-218) による）。近隣の言語では北米やエスキモー語の指示
詞[21]に可視・不可視の対立があるが (Mithun 1999: 132-135)、これは現場指示と
文脈指示の対立とは対応しないようである。アイヌ語の指示詞はその形から見て
an (sg) okay (pl)「ある、いる」という数の異根動詞を内包しており、数によっ
て変化しうる（佐藤 2008: 218）。「これ」や「あれ」はその動詞が形式名詞を連体
修飾した形（taan pe, toan pe）をとる。アイヌ語の持つ動詞的性格として注目さ
れる。

ニブフ語東サハリン方言の指示代名詞は六つの指示語根に（動詞語幹につく）
名詞化／直説法の接辞 -d を付加することによって形成される：*tu-d, hu-d, ey-d,
ay-d, aiy-d, ku-d*。現場指示で *tu-d* は話者の手が届くほど近く、目に見えるもの
で、通常は話者が知っている指示対象を表す。*hu-d* は話者から少し離れた目に見
えるもので、しばしば話者の知らない指示対象を表す。*ey-d, ay-d, aiy-d* は純粋
に空間的な差であり、全ての用例で目に見える指示対象を表す。*ku-d* は指示対象
が遠くて見えない場合と、話者の近くにあるが、何かに隠れていて見えない場合
に用いられる（以上この段落の情報は Gruzdeva (2006: 193-195) による）。文脈

可能性はある程度考えられるが、それはかなり以前のことだったと考えなければならない。

[20]呉人氏私信による。なお副詞節の形成等において、動詞の語幹に直接に格の接辞がつくというこ
とがコリャーク語には観察される（同じく呉人氏私信による）。このような現象はアイヌ語も含め近隣
の言語には見られない。

[21]エスキモー語の指示詞は空間領域や広がり・遠近によって細かく分類されており、方言によって
は 30 種の異なる語幹がある (宮岡 1988: 904-905)。

指示では *tu-d / hu-d / ku-d* のいずれかが用いられる (蔡 2018: 120–122)。このように、やはり指示詞の語根が動詞の語尾をとることが注目される。しかし文脈指示専用の指示詞は観察されない。

　コリャーク語およびアリュートル語の指示代名詞はもっぱら距離による 3 系列[22]で、単/双/複の数によって語尾が変化する。したがって名詞的である。

　Blust (2009: 295) によれば、オーストロネシア諸語において指示詞はもっぱら 2 系列か 3 系列である。2 系列の場合は発話参与者からの距離により、3 系列の場合は人称によって遠称が聞き手（二人称）に近いものと第三者（三人称）に近いものとに分かれるか、相対的な距離によって分かれる (Lynch et al. 2002: 38)。土田 (1988: 1054) は、現在の多くの言語では日本語のこれそれあれに似た 3 系列の指示詞が観察され、おそらく *ini, *itu, *ina のような形が再構されるだろうとしている。

　松本 (2007) は日本語の指示詞が 3 系列であるのに対し、モンゴル諸語やツングース諸語の指示詞がもっぱら 2 系列である点の違いを問題にした。しかし、日本語でも古代語では 2 系列であり、現場指示に限ればむしろ 1 系列であった可能性がある。すなわち、上代においてソの系列には明らかに現場指示と認めうる用例を見出すことができず、上代の指示体系は、感覚的指示コと観念的指示ソの二元的対立であったという (橋本 1982: 226)。上代のカの用例は、コ・ソに比べて極端に少なく、カは近称・中称と鼎立する遠称指示としての位置を確立するには至らず、遠称はその後アによってやっと成立したのであるという (橋本 1982: 231–232、なお現代語に至るまでの特に用法の歴史的変遷に関しては、岡崎 (2010) を参照)。なお、オーストロネシア語族及び日本語の指示詞に、動詞的性格は認められない。

11.4.2　数詞

　アイヌ語の数詞は hot (20) を基準とする 20 進法であり、アイヌ語は原初的にはどの方言も 20 進法であったという (村崎 2009: 71, 76)。ここで Comrie (2005)（WALS の Map 131）を見ると、20 進法の数詞を持つ言語は、アイヌ語の近隣ではチュクチ語とユピック語がそうであるが、北米側は中米に近づくまで 20 進法の言語はなく、ニブフ語を含めシベリアの言語ももっぱら 10 進法となっている。日本の南側もパプア・ニューギニアに至るまで 20 進法の言語は存在しない。ただ、

---

[22]例えば、コリャーク語では wuccin「これ」、ənŋin「それ」、ŋajen「あれ」(Zhukova 1972: 192)。ただし ənŋin はテキスト中にほとんど現れないという (呉人氏私信による)。

20進法は一人の人間の手足の指の数であり、異なった地域に別個に発達し得るものかもしれない。

　アイヌ語にはいわゆる減数算法があり、6〜9は「あといくつで10」という構成であり、他方、11から先は「1余る10」のような構成である (田村 1988: 85)。台湾先住民語のサイシヤット語、サオ語、タオカス語の「9」には「10に1」のような語形がある (Li 2008: 535)。ヤップ語では7〜9に、レヴェイ語では6〜9に減数算法が見られる (Blust 2009: 270–271)。

　日本語の数詞に倍数法 (hi(1)-hu(2), mi(3)-mu(6), yo(4)-ya(8)) があることは知られているが、やはり台湾先住民語のアタヤル語、タオ語に 2 × 3, 2 × 4 の語形が見られる (Li 2008: 535)。他方、北米インディアンのハイダ語では 2〜4〜8, 3〜6, 5〜10 が倍数派生になっていて、より徹底した倍数法を示している。

　アイヌ語の「5」は「手」を語源とし、「10」も「両方・ある」とみて「両手」を語源とする解釈があり得るという (田村 1988: 84–85)。チュクチ語、アリュート語では「10」が「手」の双数形であり、「20」は「オス、男」を意味する語に由来する (Nagayama 2003: 78–79)。エスキモー語の数詞には「1〜6, 10, 15, 20」を示す語幹があり、「7, 8」は「5」からの加数法により、「9」は「10」からの減数法、「40, 60」は20進法によって作られるという (宮岡 1988: 904)。

　アイヌ語の数詞が動詞に由来し、その連体形から形成されていることが最も注目される (田村 1988: 84)。アイヌ語では人称代名詞さえも、「人称接辞＋自動詞＋名詞化辞という組み合わせによって形成されたもの」である (中川 2003: 217)。このように指示詞、数詞、人称代名詞などがどれも動詞から派生されたものであることは、北米の諸言語との関係を強く示唆するものと考えるべきであろう。なお管見の限り、ニブフ語の数詞の記述には上記のような諸特徴のいずれも見いだすことができない。

11.4.3　疑問詞

　日本語では質問疑問詞と不定疑問詞の間には形の上で密接な関係があり、基本的に質問疑問詞に =ka を加えることで不定疑問詞を作ることができる（例：誰か、何か、どこか、いつか）。これに対してアイヌ語では、一部の質問疑問詞はそのまま不定疑問詞として用いられ、逆に一部の質問疑問詞には全く異なる形の不定疑問詞が対応する。

　アルタイ諸言語では、日本語同様、基本的に質問疑問詞に何らかの形式を加えることによって不定疑問詞を形成する (風間 2003: 290)。ニブフ語もやはり質

表 11.2　アイヌ語の疑問詞 (佐藤 2008: 137 にもとづく)

	質問疑問詞	不定疑問詞	意味
同じ形式を用いるもの	inan	inan	「どちらの」
	henpak	henpak	「いくつ」
異なる形式も同じ形式も用いるもの	hunna	nen / hunna	「誰」
	henpara	ney / hunpara	「いつ」
全く異なる形式のみ用いるもの	hemanta	nep	「何」
	hunak	ney, ne	「どこ」
	makanak	neun	「どう」

問疑問詞に -lu という形式を加えることによって一連の不定疑問詞を形成する (Gruzdeva 1998: 28)。これに対し朝鮮語では質問疑問詞をそのままの形で不定疑問詞に用いることができ、さらに nugu「誰」、mu'es「何」、'edi「どこ」、'enjei「いつ」などの質問疑問詞に対して、'amu「誰 (か)、誰 (も)」から 'amu-ges「何 (か)、何 (も)」や 'amu-dei「どこ (か)、どこ (にも)」、'amu-ddai「いつ (か)、いつ (でも)」のように全く語根の異なった不定疑問詞のセットを有している。この点ではアイヌ語は朝鮮語に若干似ている。

　不定疑問詞に関する類型論的研究である Haspelmath (2005a: 191) によれば、北アメリカ、オーストラリア、ユーラシア (西の縁を除く) の諸言語は圧倒的に疑問詞起源の不定疑問詞のタイプを示すという。したがって質問疑問詞とは語根の異なった不定疑問詞を用いるアイヌ語と朝鮮語はこの地域では例外的な存在ということになる。ただし、質問疑問詞と不定疑問詞が同形である言語は漢語およびその南方の諸言語にみられ (橋本 1981: 24–67)、イテリメン語、コリャーク語でも質問疑問詞と不定疑問詞は同形式であるという (小野 p.c., 呉人 p.c.)。エスキモー語の疑問詞は、多く名詞に属するものの、動詞起源のものもあり、不定代名詞的に機能するものもあるという (宮岡 1988: 905)。

　他方、Haspelmath (2005a: 191) によれば、アフリカとニューギニア、太平洋の島々は汎称起源の不定表現を用いる。例えばマレーシア語における「誰か」(sese)orang において、se- は数詞「1」の接辞形、orang は「人」を示す一般名詞である (野元・アズヌール アイシャ 2015: 125–126)。なお Blust (2009: 503) はオーストロネシア祖語の疑問代名詞の再建形に *anu「何」、*ima「誰」を示している。

11.4.4 形容詞

　アイヌ語、ニブフ語、朝鮮語の「形容詞」が動詞的な形態変化を示すのに対し、日本語の形容詞語幹が名詞的であり、歴史的には「ある」の助けを借りて諸活用形を整えてきたことについては、風間 (2014a: 160–161) で詳しく述べた。呉人 (2010: 116–144) は、コリャーク語の形容詞（特に大小など、より一般的な意味を示し、より形容詞らしい形容詞からなる語群）は、属性叙述か事象叙述かによって、名詞的な表現にも動詞的な表現にもなるという。イテリメン語の形容詞は、標示できる格は名詞より少ないものの、格と数を接尾辞によって示す名詞型の形容詞である (小野 2016: 38–44)。Stassen (2005: 480–481) によれば、オーストロネシア語族の諸言語と北米の諸言語の形容詞はもっぱら動詞型である。ただしオーストロネシアの言語でも例えばタガログ語では名詞的な形容詞と動詞的な形容詞に分かれるという（長屋 (p.c.)）。エスキモー語で形容詞意味を示す要素には接尾辞によるもの、動詞的なもの、名詞的なもの、と多岐にわたっており、形容詞動詞型とは言えない。

11.4.5 動詞 ―特にその自他に関して―

　アイヌ語では自動詞と他動詞は明確に異なり、人称接辞の種類も人称接辞のとり方も異なるが、動詞の形自体も必ずはっきりと異なる。すなわち、自動詞から他動詞への転換、もしくはその逆は目に見える手段によってはっきりと行われ、自他同形の動詞は原則として存在しない（例外は roski「立つ、立てる」の一例のみ、佐藤 (2008: 97)）。さらに頻度の高い基礎的な意味の動詞で、類似した意味でありながら自他によって全く形の異なるペアが存在する：inkar（自）「見る、目をやる」－ nukar（他）「～を見る」、ipe（自）「食べる、食事する」－ e（他）「～を食べる」、itak（自）「話す、言う」－ ye（他）「～を言う」、yaynu（自）「考える、思う」－ ramu（他）「～を考える、思う」。なおブガエワ (2014) によれば、アイヌ語の自他交替においてもっとも優勢なのは他動詞化型で、実に 23/31(74%) にのぼる。

　近隣のコリャーク語には、次のような一連の補充法による自他動詞がある（以下呉人 (2012) による）：ewjik（自）「食べる」－ jukkə（他）「～を食べる」、iwwicik（自）「飲む」－ pələk（他）「～を飲む」、waŋek（自）「縫う」－ tənik（他）「～を縫う」、l'əl'apək（自）「見る」－ ɣitek（他）「～を見る」、kukejvək（自）「煮る」－

əpatək（他）「〜を煮る」（以上自動詞主語＝他動詞主語のもの）；ajupək（自）「刺さる」− tənpok（他）「刺す」、ŋətok（自）「出る」− etok（他）「〜を出す」（以上自動詞主語＝他動詞目的語のもの）。イテリメン語には nu（自）「食べる」− tχəl（他）「〜を食べる」がある（小野 2016: 117–118）。ちなみにコリャーク語とイテリメン語の両言語とも、自動詞と他動詞のいずれも人称変化を示し、その変化は全く異なるため自他の別はきわめて厳格である。ただし自他同形の語が全く観察されないわけでもなく、コリャーク語では一般的な S＝P の自他対応において、10%の自他同形の動詞が観察される（呉人 2015a: 78、なお全体的に見てコリャーク語の自他対応は他動詞化型で、呉人（2014）によれば、23/32（72%、小数点以下四捨五入による）と、アイヌ語とほぼ同様の高い割合を示すという）。イテリメン語では 85 の自他同形動詞のうち、約 7 割が S＝A 型で約 3 割が S＝P 型であるという（小野 2016: 126）。

　他方、ニブフ語はアイヌ語とは全く異なり、通時的観点から見れば、本来「他動詞、自動詞の形態上の区別はなく、一つの形態で両方の意に用いられていた」、「他動詞として用いられる場合、伴うことの多い不定目的語を表す三人称単数代名詞と動詞が融合して、現在の他動詞が形成され、自動詞との区別ができた」という（渡部 1992: 189, 190）。共時的観点から見ると、現在のニヴフ語における自他交替には、頭子音交替、接辞の付加などの方法が用いられており、他動詞化には語彙的使役と形態的使役が、自動詞化には一部の他動詞に再帰の接頭辞 p‘-を付ける方法が用いられている（詳しくは Nedjalkov et al. (1995)）。

　エスキモー語も客体活用を持つため、動詞は表層では自動詞か他動詞のいずれかとして現れるが、同じ語幹の動詞が自動詞としても他動詞としても用いられる（宮岡 1988: 900–901）。したがってエスキモー語において自他の別は厳格とはいえない。

　日本語で「*カレーライスを食事した」とは言えないので、ここには「（〜を）食べる」（他）と「食事する」（自）の対立があることになるが、「食事する」は漢語由来であり、このような補充法的な対立はまれである。ただし自他の違いは比較的はっきりしており、基本的に他動詞が無生物主語をとることはないため、主語や目的語が現れなくともその動詞述語が表す全体の事態はある程度予測できる（風間 2015）。アルタイ諸言語でも上記のような補充法による自他対立は管見の限り見当たらない。アルタイ諸言語において動詞の人称変化は主語によるものがあるだけで、自他で異なる人称変化を示すことはなく、ある動詞がいくつの名詞項を支配するかは厳密には定まっていない。総じて日本語、朝鮮語、アルタイ諸言語において、自他の別はさほど厳格ではない。自他交替ではやはり他動詞化型が優勢だ

が、アイヌ語やコリャーク語ほどその割合は高くない（モンゴル語 26/38(68%) ＞トルコ語 30/58(52%) ＞朝鮮語 15/35(43%) ＞日本語 16/45(36%) ＞エウェン語 8/34(24%)（梅谷 2014, 栗林他 2014, 円山 2014, ナロック 2014, 風間 2014b による、%において小数点以下は四捨五入した）。

　オーストロネシア語族の自他対応に関しては、国立国語研究所の使役交替言語地図にデータのある3言語（カパンパンガン語 (北野 2014)、インドネシア語 (ハスペルマート・マルティン 2014)、ラマホロット語 (長屋 2014b)）を検討した。補充法のペアはカパンパンガン語とラマホロット語に1例ずつ、自他同形のペアはカパンパンガン語に1例、ラマホロット語に6例観察された。これらの言語で優勢なのは他動詞化型（カパンパンガン語で5/43、インドネシア語で15/33、ラマホロット語で16/24）もしくは両極交替型（カパンパンガン語で28/43、インドネシア語、ラマホロット語）であるが、アイヌ語やコリャーク語に比べてその他動詞化型の占める割合は低い。

　補充法による自他交替、自他の厳密な区別、の2点に関して、アイヌ語と明確な類似を示すのはチュクチ・カムチャッカ語族の言語のみであることがわかる。ただ、この「動詞の自他」の点に関して北米諸語に関しての検討はできなかった。使役交替言語地図にも対象言語に新大陸の言語は一つも含まれていない。この点は今後の課題である。

11.5　動詞における文法カテゴリー

　ここでは、動詞複合体の構造全体の対照を行った後に、人称標示、充当、きれつづき、テンス、数、否定などの動詞の文法カテゴリーに関して、順に対照を行ってゆくことにする。

11.5.1　動詞複合体の構造

　補助動詞などを含まない動詞の構造についてみると、諸言語の動詞複合体はおおよそ次のような構造になっている（アイヌ語は中川 (2003: 216)、ニブフ語は Gruzdeva (2014)、コリャーク語は呉人 (2015b)、イテリメン語は小野 (2016: 57)、アサバスカ語は箕浦 (1992: 135) によった（一部簡略化）。なお 11.2.1 とも関連が深いが、アイヌ語における接頭辞接尾辞の簡便な一覧が大島 (1994: 111) にある）。

　ここでいう「きれつづき」とは、（アルタイ諸言語における）定動詞／形動詞／副動詞、もしくは（朝鮮語と日本語における）終止形／連体形／連用的諸形の対

立からなる文法カテゴリーを指す。「モダリティ」は主に命令形や勧誘形など、屈折部分に現れ、聞き手に対する働きかけを示す形式を指すものである。イテリメン語で動詞語根の後ろに現れるテンス・アスペクトのマーカーは、チュクチ・コリャーク語では動詞語根の前に現れるという (小野 2003: 121)。

表 11.3　動詞複合体の構造の対照（[ ] 内はそれが屈折的・義務的な形式であることを示す（ニブフ語とアサバスカ語に関しては明示していない）。）

アイヌ語	［人称］-再帰/相互/不定-**動詞語幹**-数-使役-［人称］
ニブフ語	目的語/再帰/相互-**動詞語幹**-他動詞化-elative/指小-テンス/アスペクト/結果相-使役-モーダル-証拠性-ムード/否定/疑問-数-モーダル/疑問/焦点
コリャーク語	［S/A 一致/反転-ムード-アスペクト-（結合価変更-）P 一致］-抱合語幹-結合価変更-**動詞語幹**-結合価変更-［数-アスペクト/ムード-A＋P 一致-S/P 一致］
イテリメン語	［法＋人称・数］-**動詞語幹**-［アスペクト-テンス-人称・数］
アサバスカ語	拘束後置詞-副詞的要素-目的語の人称-副詞的要素-モード-主語の人称-類別辞-**動詞語幹**-テンス・アスペクト
朝鮮語	否定-**動詞語幹**-態-尊敬-過去-推量-［きれつづき・モダリティ］
日本語	**動詞語幹**-態-丁寧-否定-［きれつづき・モダリティ・テンス］
チュルク諸語	**動詞語幹**-態-否定-［きれつづき・モダリティ・テンス-人称］
モンゴル諸語	**動詞語幹**-態-アスペクト-［きれつづき・モダリティ・テンス］
ツングース諸語	**動詞語幹**-態-アスペクト-［きれつづき・モダリティ・テンス-人称］

　表 11.3 にみる他の言語の動詞複合体の構造と比べてみると、アイヌ語の動詞が接辞としてその内部に示しうる文法的カテゴリーは、かなり限られているようだ。まずきれつづき、テンス、モダリティを示す要素はほとんど全く現れない。次節（11.5.2 節）でみるように、アイヌ語にはそもそも準動詞（形）がないので、きれつづきで対立する諸形式も存在しない。テンスは主に時の副詞によって示される。モダリティでは命令形のみ、明示的な語尾がないことによって示される。アスペクトもしくはそれに類する接辞はわずかに五つ認められるのみである（副詞的接頭辞：**ru**-emina「半ば・笑う」、**si**-poro「本当に・大きい」、**ar**-asitoma「本当に・恐ろしい」、アスペクト的接尾辞：homar-**itara**「断続的に霞む」、強意接尾辞：ci-**no**「熟す・良く（＝しっかり熟す）」）。動詞語幹の前には、主語目的語の人称と、そのスロットを埋め得る再帰や不定人称の接頭辞と、いわゆる充当の接頭辞がある。動詞の後ろには使役の接尾辞が現れる。充当と使役は態の要素とみることができる。以上を総合すると、アイヌ語の動詞における統合的な文法カテゴリーは、もっぱら態のみで、他にはわずかにアスペクトとモダリティ（命令形の

み、しかも明示的形式なし）があるのみ*23ということになる。他方、動詞に後続する接続助詞と終助詞、助動詞はきわめて豊富で、これらによって多様なアスペクトやモダリティ、きれつづきの関係が表現される。否定は動詞に先行する否定の副詞 somo によって示される。

　表 11.3 にみるように、ニブフ語は動詞に接頭する要素で再帰や相互を示し、動詞がとる名詞項の数を管理している点で、アイヌ語に似ていると言えるだろう。コリャーク語に反転や結合価変更の接頭要素が存在することも、ややアイヌ語と似ている。

　再建されたオーストロネシア祖語において、その接頭辞が示す機能は、始動相、過去、状態相、使役、道具の出動名詞形成、自発／偶発などとなっている (Blust 2009: 359)。アスペクトやテンスに関わるものが多く、使役もあるものの、アイヌ語の接頭辞が人称や再帰、相互、充当 (applicative) など、もっぱら項の増減に関わるものであるのとは大きく異なっている。なお Blust (2009: 370, 388) は接中辞には *-um- 動作主態、*-in- 完成相、*<ar> 複数行為者などを、接尾辞には *-an 場所焦点、*-en 被動者焦点、*-ay 未来時制などをあげている。

11.5.2　（動詞における）人称標示

　アイヌ語における人称標示に関しては、奥田 (2015) に大胆な歴史的変遷の仮説が提案されている。すなわち、まず動詞に後続する自動詞の一人称複数（千歳方言で -as）ならびに自動詞の四人称（千歳方言で -an）を示す人称要素は自立性が強く、おそらく動詞から新しく発達したもので、一人称単数主格の ku- も分布が狭いことから、のちに成立した形式とみる。すると一人称単数／一人称複数／二人称単複／三人称の四つの人称において、かつては中立型もしくは能格型の人称標示体系が行われていた、とするものである。

　ここでは一旦この仮説が正しいとみて、近隣諸言語における人称標示の体系を Siewierska (2005) によって見てみることにする。すると南に存在する能格型人称標示を持つ言語には台湾のアタヤル語、グアム島などに分布するチャモロ語が見出される。ただオーストロネシア諸語、中でも特にフィリピンの言語はその態の

---

*23 主要部標示型のため、名詞につく接辞は少なく（所有に関する所属形と人称変化のみ）、動詞につく文法カテゴリーは少ない。他方、重複と複合はかなり多様で生産的である。このことを総合して考えると、アイヌ語はかなり孤立型の言語ということになる。このことは、やはりかつては孤立型だった可能性が考えられるバントゥー諸語や北西カフカース諸語、ナ・デネ諸語などが接頭辞型の動詞複合体を示すことを想起させ、興味深い。

システムをどうみるかによって能格型か対格型か中立型かの判断が研究者によっ
て分かれるため、歴史的に能格型が対格型に変化してきたのか、もしくはその逆
の方向に変化してきたのか、祖語はどちらのタイプであったのか、などの問題は
なお決着を見ていないようである (Blust 2009: 452–456)。Blust (2009: 443) には
オーストロネシア祖語における人称代名詞の再建形が示されている。そこには格
を示す要素に人称を示す要素が後続する諸形があがっているが、後続する形式そ
のものであり、最も単純な形を示している軸項／属格 1 の形式は次のようになっ
ている：1sg =ku / 2sg =Su / 3sg (=ia) / 1pl.exclusive =mi / 1pl.inclusive =ta
/ 2pl =mu / 3pl (=da)。アイヌ語と大きく異なるのは、まず全て接尾要素である
ことで、さらに祖語の段階で一人称複数に包括と除外の対立がある点である。な
お独立した人称代名詞では、オセアニアの言語で四つの数（単数／双数／少数／
複数）、フィリピンの言語で一人称包括形に双数と複数を区別する言語が多く存在
する (Blust 2009: 304–309)。

　ニブフ語で人称を示す要素は独立の人称代名詞のみであるが、特に目的語／所
有者である場合には動詞の語頭における子音交替をひき起こし、さらに単数の人
称代名詞では最後の母音または子音が落ちて後続する動詞と緊密な一体化を示す
ので、これを取り上げる。東サハリン方言の形式を示す：1sg *ñi* / 2sg *c'i* / 3sg *jaŋ*
/ 1dual.inclusive *meŋ* / 1pl.exclusive *ñin* / 1pl.inclusive *meřn* ～ *miřn* / 2pl *c'in*
/ 3pl *iřn*。一人称複数包括形に双数と複数の対立がある点が最も特徴的である。

　チュクチ・カムチャツカ語族の人称標示要素についてみると、まず形態的には
接周辞により、法や動詞の自他によって異なるセットを用いなければならない。
一人称複数に除外と包括の対立はないが、数の対立があり、イテリメン語以外に
は双数もあるので活用表はかなり大きく複雑なものになる。現れ方に違いはある
ものの、チュクチ・カムチャツカ語族の言語の人称標示には、北米のいくつかの言
語に見られるとされる反転の現象がみられる（詳しくは渡部 (1992: 157–158) を
参照）。なおチュクチ語の一人称単数目的語の標示 (ine-) とアイヌ語の（包括的）
一人称複数目的語の標示 (i-)[24]は、ともに目的語が不定の場合に他動詞語幹に
ついて逆受動／自動詞化[25]を示すという奇妙な類似点を示す（池上 1983; 2004:
11–12）。イテリメン語の（不定の）目的語削除による自動詞化接辞の in-（異形態
i(?)-～an-～a(?)-～ne-）も機能と形式の両面で似ているが、一人称目的語の人称

---

[24]なお佐藤 (1901: 21, 25) ではこの要素をさらにニブフ語の j-（11.3.4 参照）と比較している。
[25]チュクチ語とコリャーク語は能格構造を示す言語であるため逆受動であるが、アイヌ語とイテリ
メン語は中立型の格枠組みを示すため自動詞化と分析される。

は示さない（多くの他動詞が示すI類の人称パラダイムでは2人称単数目的語に
接尾辞の-in が現れるのみである、以上、小野 (2016: 139–146, 60–64) による）。

　新大陸へと目を向けると、能格型人称標示を持つ言語に中央ユピック語が見出
される。Siewierska (2005) の地図ではアイヌ語は分裂標示型（split）とされてい
るが、同じく分裂標示型とされている言語に、ツィムシアン語、ネズパース語、チ
ヌーク語、ワショー語などの北米の諸言語があがっている。

11.5.3　充当および必須項／任意項

　アイヌ語の充当（applicative）は、道具や場所の名詞を必須項に昇格させる力を
持つ。したがって、動作主や動作対象ばかりでなく、道具や場所も文の必須項と
なりうる。

(11.4)　e-「～でもって、～について」, ko-「～に対して、～に向かって」, o-「～
　　　　のところで／へ／から」
　　　　e-mina「～のことを笑う」〔lit. について・笑う〕tek-e-kor「手・で・作る」
　　　　ko-ytak (ko-itak)「～に向かって・話す」o-ahun「～に・入れる」o-arpane
　　　　「～に・行かせる」　　　　　　　　　　　　　　　　　　　　田村 (1988: 67)

(11.5)　oype（< o-ipe）「～で食べる」（二項動詞）　　　　　　佐藤 (2008: 245)

　ニヴフ語の他動詞は、経験主が被動者などである場合のほかに、経験主のス
ロットに場所をとる場所他動詞、比較の基準となるものをとる比較他動詞がある
(Mattissen 2003: 137–140)。

(11.6)　p'-rəu+oʁla　　　　parta+řiv-ḍ(< iřp-)
　　　　REFL-teach+child　desk+sit-IND

　　　　「学生は席に座った」(Mattissen 2003: 138; from Savel'eva/Taksami 1970:
　　　　253)

(11.7)　ñ-ŋafq　　　p'-umgu+ŋətə-ḍ
　　　　1SG-friend　REFL-woman+equal.in.stature-IND

　　　　「私の友達は自分の奥さんと身長が同じだ」(Mattissen 2003: 39; from
　　　　Otaina 1978: 31)

　チュクチ・カムチャツカ語族の言語は充当専用の接辞を持たない（なおコリャーク語やチュクチ語における受益者の取り扱いに関しては註 31 を、イテリメン語の斜格補語活用に関しては 11.6.2 節を、それぞれ参照されたい）。

　やはり充当とは異なるが、Blust (2009: 433) はオーストロネシア祖語の態に能動態（-um）／直接受動（-en）／場所受動（-an）／道具受動（i-）の四つの対立による体系を再建している。Lynch et al. (2002: 82) によれば、道具や受益、およびその他の周辺項を目的語に昇格させる形式として、*-aki(n) / -akini がある。インドネシア諸語には充当を持つ言語が多くあるという（長屋 p.c.）。

　これらの言語に対し、日本語の（広い意味での態の形式である）自他対応や使役が制御している項（特に必須項に昇格させる項）の意味役割は、動作主、動作対象、使役主、などで、道具や場所には及ばない。筆者の知る限り、アルタイ諸言語と朝鮮語も同様である。

　ここでも北米の諸言語に考察が及んでいないが、アイヌ語の持つ充当の、特に場所を統語項とする特徴に関して、近隣の言語における類似した機能をもつ形式の存否を検討した。

11.5.4　きれつづき

　日本語は「準動詞優位」の言語だが、アイヌ語は準動詞をほとんど用いない。言い換えるならば、アイヌ語には「きれつづき」の形式がほとんどない。まず動詞の副動詞形や連用的な諸形式がない。動詞の連接は、arpa wa nukar.「行って、見ろ」(佐藤 2008: 43) のように接続助詞によって行う。

> 　接続助詞、接続詞―動詞句の後におかれ、節と節（文と文）を接続する。両方の文が等位におかれることもあれば、前側が、後側の文または動詞句に対する連用句となる場合もある。いずれの場合も、必ずしも日本語の助詞のように、前の動詞句に続けて発話されるとは限らず、動詞句の後に息の切れ目がおかれ、文末のイントネーションまであった後、接続助詞とそれに続けて次の文（または動詞句）が発話されるという場合も少なくない。
>
> (田村 1988: 53)

　ただし上記のように、等位節と従属節の違いは明確でなく、機能的な面からみれば同じ形式でアジア型副動詞節 (Bickel 1998) を形成する。wa でつなぐ後続の補助動詞が発達している点は日本語や朝鮮語に（チュルク諸語やモンゴル諸語にも）似ている。

「連体形」にあたるような明示的な別個の形もない。アイヌ語のいわゆる「関係節」は、動詞の支配している項が後ろに移動することと、動詞の人称接辞による主要部表示によって動詞と被修飾名詞との関係がわかるようになっていることによって成り立っている。これに対して「内容節」（補充節（complement clause）に同じ）は動詞の項がすでに埋まったもの、すなわち完全な文が名詞化辞によって名詞化されたもので、両者の関係は完全に異なる（佐藤 2008: 175 を参照）。例えば sirkunne hi「暗くなる こと」において、sirkunne は完全動詞であり、その人称のスロットは埋まっている。したがって名詞化辞 hi は文を名詞化している。このように関係節と内容節では動詞における人称の取り扱いが異なるため、その統語構造が根本的に異なっているのである。この点では、関係節と補充節がはっきり分かれる SAE（Standard Average European）に似ている。裏を返せば、関係節と補充節が連続していて、どちらも「アジア型帰属節」(Comrie 1998) で表現される日本語などとは異なっている。

> 日本語は指示対象が表現される密度の低い言語（low in referential density）の１つで、文にすべての項が表現されなければならない制約はなく、関係節に限らずふつうの文にも欠如している項が存在する。よって、項が欠如しているか否かを基準として主文か、関係節か、又は名詞補文節かを決定するのには無理がある。さらに、後でみるように、日本語には定義通りの関係節、名詞補文節のどちらにも属さない名詞修飾構造も存在することも統語的な二分法をとることを難しくしている。〔中略〕日本語のように主要構成要素間の意味的関係が統語的形態的に明示されていない場合、構造の適格性、意味解釈を支えるのは複数の意味論・語用論的な要因の統合が重要である。

> (松本 2014: 559–560)

　アイヌ語の状況は、この上記のような日本語の状況とは全く異なっている。アイヌ語は１項動詞、２項動詞と言われるように動詞のとる項の数が常に明確で、充当相や再帰接辞によって動詞が常に項の数をコントロールしている。このコントロール下において動詞に示されるギャップが、関係節と被修飾名詞との結びつきを示すのである。

　否定の場合も、否定副詞 somo によるので、日本語の未然形や、ツングース諸語における否定動詞による否定構造に現れる一種の不定形のような形もない。

　したがってアイヌ語は定動詞形が圧倒的に優位な言語であり、副動詞／連用的諸形式や形動詞／連体的諸形式が豊富で優位な日本語、朝鮮語、アルタイ諸言語

とは全く異なっている。先述したように動詞の変化はもっぱらヴォイス的な操作と人称だけである。

　他方、ニブフ語は副動詞をきわめて多用していた、そして現在もなお多用している[26]ということができる。かつてのニブフ語は、副動詞節をいくつも用いて、定動詞を用いずに長い叙述を行っていたという。その際、主語を管理するために使役による指示転換が用いられた（現在も用いられており、そのため被使役者格という特異な格が存在する）。受け身等による指示転換は日本語にも認められるが、使役によるものはツングース諸語や中世モンゴル語にも認められる（さらにエスキモー語にもある、風間 (2016) 参照）。

　次にニブフ語の「連体形」「名詞形」についても触れておく。朝鮮語とニブフ語において、連体形と動詞／節の名詞化はまったく別の形となる（ただし中期朝鮮語の連体形には格をとる名詞的用法があったという (風間 2003: 327)）。これに対し、古代日本語の連体形は名詞的な働きも持ち（いわゆる準体法）、アルタイ諸言語の形動詞と同じような諸機能を示す。

　Mattissen (2003: 21) は、ニブフ語の直説法の接尾辞 -ḍ は名詞化接尾辞に由来するものであり、名詞と動詞の両方の性質を持つと述べている。したがってこの形式の成立過程は、日本語において、係り結びの崩壊によって終止形と連体形の合一が起こり、連体形が定動詞化したプロセスとよく似ている。ハルハ・モンゴル語などでも -sAn [27]など形動詞形が定動詞化した歴史的変遷のあったことが指摘されているので (山越 2017)、これは通言語的に一方向的に変化するものなのかもしれない。

　オーストロネシア諸語の連体節は東西で大きく 2 種類に分かれるようである。タガログ語では（動作者焦点／被動作焦点／場所焦点などからなる）フォーカスシステムを用いることによって、「〜した（人／場所））／〜された（人）」などの多彩な名詞化表現を作り、これをリンカーでつなぐことによって連体修飾構造を形成できる (長屋 2012)。連体節の動詞が被修飾名詞との統語的関係を明示している点ではアイヌ語に似ていると言えるだろう。他方西側のタイプでは、コムリー (1992: 167–173) がマラガシ語を例に挙げているように、主語の関係節化だけが可能で、その他の要素が被修飾名詞になる場合には態の変換や異なる構造を用いなければならない。副動詞は発達していないと考えられる。例えばマレーシア語に

---

　[26]Nedjalkov and Otaina (2013: 319 320) によれば、8 ページ程度の昔話のテキストに用いられている定動詞と副動詞の頻度を調べた結果、約 40 ％対 58.3 ％で副動詞が多かったという。
　[27]この形式における大文字は母音調和による異形態のあることを示す。

ついて、野元・アズヌール アイシャ (2015: 255, 257) では次のように述べている
（下線は筆者による）。

> マレーシア語における連用修飾複文は、主要部標示型と従属部標示型が中
> 心であるが、無標示型や主従両標示型も存在する。表示としては、接続詞や
> 小辞などの語を用い、迂言的である。<u>もっぱら連用修飾に用いられるよう
> な特別な動詞の形態はほとんど存在しない</u>。この点で、日本語をはじめと
> するアルタイ型の諸言語とは異なる。（中略）2 つの節が並置されているだ
> けのように見える、いわゆるパラタクシス構文も口語体で広く観察される。

> ある出来事が別の出来事の後にすぐさま継起することを表わすには、（中
> 略）動詞に接頭辞 se- を付加しても同様の意味を表わすことができる。接
> 頭辞 se- の付加は、マレーシア語において連用修飾により示される<u>数少な
> い</u>例である。

このようなマレーシア語での状況は、オーストロネシア諸語に広くあてはまる
ものと考えられる。

コリャーク語では、分詞によって関係節を形成するが、関係節化できるのは自
動詞主語と他動詞目的語のみであり、他動詞主語を関係節化する場合には逆受動
による態の転換や抱合などを行う必要がある (呉人 2008: 19–26)。いわゆる「外
の関係」を示す修飾節も分詞によって表現することはできないようで、この言語
の分詞による節はアジア的帰属節ではない。時間や場所の関係節化には定動詞と
関係副詞が用いられる (呉人 2008: 32–34)。連用的な機能の形式には、動詞語幹
が直接格をとったものが用いられる（註 20 参照）。

まとめると、アイヌ語における複文の形成原理は、むしろ SAE やオーストロネ
シア、次いでチュクチ・カムチャツカなどの言語群により類似しており、日本語
や朝鮮語、ニブフ語、アルタイ諸言語などとは大きく異なっていると言える。

11.5.5 テンス

まずアイヌ語には動詞の形態論的な文法カテゴリーとしてのテンスが存在せ
ず、現在／過去／未来の別は時の副詞や動詞の意味、文脈などによって決定さ
れる (佐藤 2008: 184)。この点でアルタイ諸言語や日本語・朝鮮語とは大きく異
なる。Dahl and Velupillai (2005: 276–277) を見る限り、ポリネシアの 6 言語に
過去時制がある以外、オーストロネシア諸語の言語は過去時制なしとなってい

る。北米の言語は 22 のうち 13 言語が過去時制なし、3 言語が一つの過去時制、6 言語が 2 から 3 の現在からの距離に違いのある過去時制を持つ、となっている。アリュートル語の定動詞は完了／未完了／未来の対立する体系 (Nagayama 2003: 98–103)、イテリメン語は現在／過去／未来の対立する体系となっている (小野 2016: 96–102)。エスキモー語では過去と現在は対立せず、動詞における明示的な過去の形式の標示は任意だが、未来の標示は義務的である (Miyaoka 2012: 1211–1212)。

　ニブフ語の副動詞形の一つである「説述形」(服部 1988: 1413) には現在形と未来形の対立があり、未来を示す文であれば、文中の動詞であっても未来形を用いる（ただし単数二、三人称では現在形と未来形は対立しない、以上、下記の例文（一部改変）も含め服部 (1988: 1413) による）。このことはきわめて重要であると思われる。いわゆるアルタイ型の言語では、文全体のテンスは文末の本動詞によってのみ表示され、文中の副動詞はこれを示す力を持たないためである（したがっていわゆる相対テンスが発達している、なおこの問題については風間 (2013) も参照されたい）。

(11.8)　*Ni caj+ra-**dot**　　　　　wi-nt.*
　　　　I　tea+drink-CONV:DST:1SG go-IND

　　　「私は茶を飲んでから行った」

(11.9)　*Ni caj+ra-**non**　　　　　　wi-i-nt.*
　　　　I　tea+drink-CONV:DST:1SG:FUT go-FUT-IND

　　　「私は茶を飲んでから行くだろう」

　逆に言えば、このことは説述形の動詞としての独立度の高さを示している。ニブフ語には完了の意味を示す定動詞形がなく、物語的連鎖（英語などの重文に近い連鎖）も副動詞形によって示されることがわかる (Nedjalkov and Otaina 2013: 41)。

　以上、北東アジアにあって、アイヌ語はテンスを持たない点で特異であるといえる。

11.5.6　（動詞における）数

　この問題については佐藤 (1994) に詳しく取り上げられている。以下にその内容を要約する。北米大陸の多くの言語において、数のカテゴリーは名詞にではなく動詞に表示される。アイヌ語も同じくむしろ数は接辞 (-pa) や語根の交替によって動詞に表示される。語根の交替によるものは数の異根動詞と呼ばれる。アイヌ語の数の異根動詞の状況は、北米大陸の諸言語のそれと意味的な特徴の分布に関して、かなりの程度一致する。他方、アイヌ語は場所的でない自動詞の異根動詞が存在しないという点で、北米大陸のある種の言語とは類型的に異なったタイプに属するという。

　なお 11.3.1 でみたように、オーストロネシア祖語の動詞接中辞には「*<ar> 複数行為者」が推定されている。タガログ語では語根の重複や接頭辞 si- によって主語の複数を表現することができる (長屋 2014a: 88–93)。ニブフ語およびイテリメン語、コリャーク語に異根動詞による数の標示はないという (蔡 p.c., 小野 p.c., 呉人 p.c.)。

11.5.7　否定における補充法

　アイヌ語ではいくつかの動詞に対して通常の否定表現（副詞 somo の前置による）ではなく、否定的な意味を表わす特別な形式が用いられる：

(11.10)　eramuan「知っている、わかる」－ eranpewtek「知らない、わからない」

(11.11)　easkay「できる」－ eaykap「できない」

(11.12)　an「ある」－ isam「ない」

　すなわちこれは一種の補充法である。朝鮮語でも、'arda「知っている、わかる」－ moryda「知らない、わからない」、har su 'issda「できる」－ moshada「できない」、'issda「ある」－'ebsda「ない」のような補充法が観察される。これに対しアルタイ諸言語と日本語では、「知らない」や「できない」は動詞の通常の否定形によって形成される。

　ニブフ語には jəɣmḍ「分かる／知る／できる」に対して、jəɣzuḍ「分からない／知らない／できない」がある。イテリメン語にも utu「できない」があるという

（小野 p.c.）。コリャーク語に否定における補充法はないという（呉人 p.c.）。管見の限りでは、オーストロネシア諸語にも見当たらない。

11.6　統語論

　ここでは、語順、複他動詞文、obviative の三つの統語論的な問題を取り上げ、アイヌ語と他の言語の対照を行う。

11.6.1　語順

　11.2.2 節でみたように中川 (2009) は、アイヌ語とオーストロネシア語族の関係を考える一方で、動詞との相対的な語順から主語と目的語の違いが示せることから、アイヌ語は本来 SVO 語順を持っていたのではないかと仮定した。否定を前置する点もアイヌ語が VO 語順であったことを支持する特徴の一つとしてあげることができる[*28]。しかし、SVO はオーストロネシア語族の中央部の言語に偏っている。もっとも北に位置する台湾の高砂族の諸言語は VSO もしくは VOS、フィリピンの言語はもっぱら VSO 語順であり、他方もっとも東南に位置するポリネシアの諸言語も VSO である（以上の語順の情報は山本 (2003: 73) および Dryer (2005b: 336) による）。Blust (2009: 465) ではオーストロネシア祖語の語順を「ほぼ間違いなく（almost certainly）」動詞文頭であるとみている。イテリメン語を含むチュクチ・カムチャッカ語族の言語の語順は比較的自由とされている (山本 2003: 90)。他方、ニブフ語、日本語、アルタイ諸語はかなり安定した SOV 語順である。北西太平洋沿岸地域のインディアンの諸言語は整合的 VSO 語順の言語である (山本 2003: 87)。北米北西海岸の言語は上述のように主要部標示型の言語であり格を持たず、フィリピンの諸言語もいわゆる「焦点標示」はあるものの名詞に格はない。以上のことを考えると、アイヌ語が北米諸語とチュクチ・カムチャッカ語族、あるいはオーストロネシア語族のどの言語と関わりを持っていたにせよ、SVO 語順ではなく、VSO 語順の言語もしくは自由語順の言語であった可

[*28]この点は佐藤氏の御教示による。ウェイリー (2006) によれば、VSO 語順の言語は必ず否定を動詞の前に置き、SVO 言語もほとんど常に否定を前置するという。これに対し、日本近隣の SOV 言語をみると、朝鮮語と（特に禁止の要素に関して）モンゴル諸語の一部では否定が前置されることが見られるものの基本的に後置であり、日本語やチュルク諸語（チュヴァシュ語を除く）でも否定はもっぱら後置される。ツングース諸語では主に否定動詞が用いられる。詳しくは風間 (2003: 320–322) を参照されたい。

能性の方が十分に高いと考えられる[*29]。

　なお北米の言語の語順に関して、宮岡 (1992: 45) が次のように述べている点にも注意したい。すなわち、北アメリカ北西部のうち北東アジアに近い諸言語、ハイダ語を南限として地理的に連続する、トリンギット語、イーヤック語、アサバスカ語、エスキモー語、アリュート語は主要部後置型が優勢であり、北東アジアの諸言語（なかでもおそらくは日本語やアルタイ諸言語）へのある種の連続性を感じさせるという。

11.6.2　複他動詞文の構造

　複他動詞文は通言語的に、①複他動詞文における直接目的語項（T: theme）が（単）他動詞構文における被動者（P: patient）と対応する indirect-object 構造と、②間接目的語項（R: recipient）が P と対応する secondary-object 構造、③ T と R がともに P と同じように扱われる double-object 構造の三つに分類される (Haspelmath 2005b)。日本語や朝鮮語[*30]、アルタイ諸言語などは「たけしに<u>本を</u>あげる」のようになるので① indirect-object 構造の言語である。他方、もし「<u>たけしを本</u>であげる」のような格の出現が観察されるような言語であればそれは②の secondary-object 構造の言語ということになる。Haspelmath (2005b: 428–429) によれば、アイヌ語、ニブフ語、さらにオーストロネシア語族のチャモロ語、パラオ語、ポリネシアのエロマンガ語は②の secondary-object 構造の言語とされている。しかし、パイワン語、タガログ語、スンダ語などは混合型、フィジー語、マオリ語などは① indirect-object 構造の言語、キリバス語、マルケサス語などは③ double-object 構造の言語、となっているので、オーストロネシア語族の諸言語の間に一貫した型が見られるわけではない。チュクチ語は① indirect-object 構造の言語であり[*31]、北米の諸言語には①と②、③の言語のいずれもが観察される。なおイテリメン語には、動作・行為の場所、方向（受取人・到達点）、所有者などでのみ活用する斜格補語活用という特異な活用が観察され、これは上記のいずれの構造とも異なる (小野 2016: 64–77)。動詞がこの活用を示しても、その人称を決定する名詞は場所格や道具格のままであり、文の必須項に昇格するわけではない

[*29] ただしアイヌ語が VO 語順であったことを支持する実際の語順の例は、現時点ではいかなる資料にも見出されていない。この点も佐藤氏の御教示による。

[*30] ただし朝鮮語では間接目的語に強調がかかった場合にだけ「弟を本をあげる」のような言い方ができる (風間 2003: 271)。

[*31] ただしチュクチ語やコリヤーク語では、受益者が自動詞文で与格で表されるのに対し、他動詞文では目的語として絶対格で表されることがあるという (呉人 p.c.)。

ので、これは充当とも非なるものである（同じく小野 (2016: 64–77) による）。
　アイヌ語の複他動詞文における secondary-object 構造は次のようである：

(11.13)　tan　pe　eci-kore　　　　　kus　ne　　na.
　　　　　この　もの　私がお前に-あげる　はず　である　よ

　ここで動詞の人称は eci-（一人称主語・二人称目的語）「私がお前に」となって
いて、授与される三人称の物体の方を受けない。佐藤 (2008: 147) は次のように
述べている。

　　　　kore「与える」、nukare「見せる」等の動詞（3 項動詞）は、文法的、意
　　　　味的には直接目的語、間接目的語の二つの目的語を必要とするが、動詞の
　　　　人称表示としてはアイヌ語では二つの目的語を同時に一つの動詞に表示す
　　　　ることはできないと考えられる。実際には「私に与える」、「私に見せる」の
　　　　ように、与えられたり見せられたりする人間（間接目的語）の人称が表示さ
　　　　れた例しかないのである。

　なおアイヌ語で「与える」が kor「持つ」の使役形であることにも注意したい。
日本語の古文には「あたふ」「くる」に加え「とらす」があるが、アルタイ諸言語
や朝鮮語における「与える」の意の動詞は一次語でそれ以上分析できない形をし
ている。
　次にニブフ語の複他動詞文における secondary-object 構造についてみよう。
　服部 (1944: 49) は、「ギリヤーク語では、動詞の代名詞活用が厳密に行はれる
（中略）二つの目的語が共に名詞の場合には、名詞で示された「人」に關連する目
的語はもう一度、代名詞となって動詞に抱合されなければならぬ」と述べて、次
のような例をあげている（形態素分析は蔡熙鏡氏による）。

(11.14)　a.　*ni: 'p-jaxlaŋ　dun+ok　'j-ixmŭ-nt*
　　　　　　　I　REFL-child　this+dress　3SG-give-IND

　　　　　　「私は自分の子にこの衣服を (その子に) 与えた」

　　　　b.　*ni: dun+ok　'p-jaxlaŋ+'himŭ-nt*
　　　　　　　I　this+dress　REFL-child+give-IND

　　　　　　「私はこの衣服を自分の子に与えた」

   c. *ni: dun+ok*   *'p-jaxlaŋ-dox*   *'j-ixmŭ-nt*

     I   this+dress REFL-child-DAT 3SG-give-IND

     「私はこの衣服を自分の子に (その子に) 与えた」

(服部 1944: 50)

　このようにニブフ語は、授受動詞において、受け手の人間のほうを直接目的語に取る (「抱合」される名詞もこの名詞である)。したがって複他動詞に関して、ニブフ語はアイヌ語と同じく secondary-object 構造の言語であって、indirect-object 構造の言語である日本語や朝鮮語、アルタイ諸言語などとは異なっていることがわかる。

11.6.3　再帰と対立する obviative

　アイヌ語では、次の文で位置名詞 osmak「後ろ」は必ず再帰人称でなければならないという。主語が三人称の人物であるからといって、三人称の人称表示 (ø-) によって ø-osmake un としてしまうと、自分以外の誰か第三者の後ろを見る、という意味になってしまうという (以上佐藤 (2008: 246–252) による、下記の例も)。

(11.15)　*toan okkayo hemanta si-y-osmak*   *unnukar wa, rekutnoye*
　　　　　あの　若者　　何　　　　自分-挿入子音-後ろ　へ見る　　て　首をひねる

　　　　　wa inkar wa an   *ruwe an?*
　　　　　て　見る　て　いる　事　　ある

　　　　　「あの若者、何を自分の後ろを見て首をひねって見ているのか。」

　風間 (2016: 3–4) で詳しく述べたが、ツングース諸語、ハルハ・モンゴル語、中央アラスカ・ユピック語にこのようなシステムがあり、ユカギール語にも類似したシステムがある (長崎 2016: 27–34)。再帰人称が主語を受けるのは当然のことかもしれないが、これと三人称の表示が対立していわば四人称 (obviative) を示すことはそれほど一般的なことではないと考えられる。オーストロネシアには再帰の統合的な形式がなく、管見の限りではこのような現象も見当たらない。イテリメン語、コリャーク語、ニブフ語にもこうした現象は観察されないという (小野 p.c., 呉人 p.c., 蔡 p.c.)。

11.7　結語

　ここまでみてきた諸側面の対照について、以下ではその結果を点数化し定量的に示す[32]ことを試みた（下記の表 11.4）。そこではアイヌ語が示す特徴を基準とし、同じ特徴を持っているか否かによってマルバツをつけた。その結果、定量的には北米諸語とチュクチ・カムチャッカ語族の諸言語、さらにニブフ語の 3 言語が 15 点（18 点中）で並んだ。点数化は○を 2 点、△を 1 点として合計したものである。ただし 11.2.4 でも述べたように北米諸語は系統的にも類型的にも多様であり、下記の表のような対照はあくまでも便宜的なものである。北米諸語に関しては、多くの項目に関して検討も不十分であった。なお旧大陸側にも分布し、北米諸語の中でも大きく異なった性質を示すエスキモー・アリュート語族 (宮岡 1992: 13) はこれを別扱いとした。

　○や△[33]の判断もやや恣意的である面があることは否めない。表には概ねアイヌ語とより重要な類似を示す言語をより左側に、重要と思われる特徴をより上に配置して作成した。なおアルタイ諸言語と朝鮮語、日本語が示す諸特徴に関しては、風間 (2003) および風間 (2014a) も参照されたい。

　1)〜3) は形態素レベルの形に関わる特異な類似であり、歴史的により古い起源を持つものと見なければならないだろう。4) 以下は類型的な特徴であり、言語接触などにより変化することもあり得よう。さらにその中でも 4)〜13) はより形態的な問題であり、類型論的にも比較的まれで、14) 以下よりも重要性は高いと考える。11.3.4 節で見たように、アイヌ語とニブフ語は強度の主要部標示型の言語が

---

[32]近年、類型項目のマルバツを数列として扱い、数列同士の距離を幾何学的に測定して系統の議論に持ち込むという研究方法がある。このような研究方法は通常、分岐があまりに古く、基礎語彙の対応を示すことができない場合（例えばパプア諸語など）に用いられる。こうした研究方法には批判もあり、その数値が一人歩きする危険性も考えられる。本稿では、この結果によって直ちにアイヌ語の系統を確定しようとは考えていない。系統関係の立証はあくまでも比較言語学的方法でなされるべきであり、本稿は今後その可能性を探っていくための一つの目安であると考えていただきたい。アイヌ語や周辺言語の記述的研究が進展してきた今日、この時点で外からみたアイヌ語の性格を対照言語学的・類型論的観点から整理し、わかりやすい形でそれを示しておくことには今後の研究のために一定の意味があるものと考える。さらに、本稿の結果の提示においては、全ての類型項目を等列に扱って単に数量的な処理を行うのではなく、質的な重要度の違いも考慮している点で上記のような研究とは若干異なっている。

[33]①その語族／諸言語の一部の言語にのみその特徴が観察される場合、②その語族／諸言語の言語に少ないながらも類似した現象が観察される場合、③その語族／諸言語の言語に若干質的に異なった現象が観察される場合、などを広く△として判断した。

何らかの影響によりやや従属部標示型へと変化してきたように見受けられる。

表 11.4 対照の分析結果

		アイヌ	北米	チュクチ・カムチャツカ	ニブフ	オーストロネシア	エスキモー・アリュート	朝鮮	日本	アルタイ
1)	数の異根動詞	○	○	×	×	×	×	×	×	×
2)	逆受動型自動詞化の形式と機能	○	×	○	△	×	×	×	×	×
3)	動詞の自他の本来的区別と補充法	○	?	○	×	×	×	×	×	×
4)	主要部標示型	○	○	△ *34	○	△	×	×	×	× *35
5)	複合、特に抱合	○	△	△ *36	△	×	×	△	△	×
6)	接頭辞優勢	○	△	○	×	△	×	×	×	×
7)	部分重複	○	○	△	×	○	×	×	×	△
8)	アスペクト等を示す重複	○	○	×	○	△	×	×	×	×
9)	指示詞・数詞などの動詞的性格	○	△	×	△	×	×	△	×	×
10)	形容詞の動詞的性格	○	○	△	○	○	△	○	△	×
11)	複他動詞文の secondary-object 構造	○	△	×	○	△	×	×	×	×
12)	接頭要素による態・項の数の管理	○	?	△	○	×	×	×	×	×
13)	統語的場所項	○	?	×	○	△	×	×	×	×
14)	定動詞優位／準動詞未発達	○	△	○	×	○	×	×	×	×
15)	テンスの非存在	○	?	×	×	△	△	×	×	×
16)	再帰と対立する obviative	○	?	×	×	×	○	×	×	△
17)	疑問詞と不定詞の異同	○	?	△	×	×	?	△	×	×
18)	20 進法の数詞	○	×	○	×	×	○	×	×	×
	点数化	36	15	15	15	12	7	5	2	2

　現時点での本稿の結論として言えることは、アルタイ諸言語との類似を切り捨てて日本語・朝鮮語とアイヌ語の関係を仮定したり、チュクチ・カムチャツカ語族やニブフ語を措いて第一にオーストロネシア語族とアイヌ語の関係を考えたりすることは、あまり妥当な説であるとは思われないということである。全体的にみて、アイヌ語はその本来的な主要部標示型の性格と、諸品詞の動詞的性格が優勢であることから、少なくとも類型的にはやはり北米の諸言語との類似をもっともよく示しているように感じられる。点数だけを見ればチュクチ・カムチャツカ語族の言語とニブフ語も同じ数値を示しているが、北米諸語にはなお不明な項目

---

*34 二重標示型を△とした。

*35 ツングース諸語の多くやチュルク諸語のうちのサハ語などには主要部標示型の所有構造も存在する。

*36 イテリメン語に抱合がなく、副詞抱合や修飾語の抱合のあることを考慮して△とした。

（表 11.4 中の？の項目）が多くあり、今後の調査によって北米諸語の点数が増える可能性は大いにあると考える。

11.8　今後の課題

　北米諸語の個々の語族／個々の言語との丁寧な対照が最大の課題である。特に、一般名詞の所有に主語の人称標示が現れ、場所名詞には目的語の人称標示が現れるような言語があれば、それはアイヌ語との極めて特異な類似点をもつ言語ということになるだろう。

　音韻体系や音素配列については全く取り扱うことができなかった。コピュラ文、名詞類別、一人称複数の包括形と除外形、場所表現、各種のモダリティ、エビデンシャリティ、情報構造などについても扱いたかったが、筆者の力量不足と紙面の都合もあり、果たせなかった。5) の抱合に関しても、さらに丁寧な対照が必要である。

謝辞

　本稿の執筆にあたって、（　）内の言語を専門とする研究者の方々からさまざまな御教示を賜った。記して深くお礼を申し上げたい。蔡熙鏡（チェ ヒギョン）氏（ニブフ語）、呉人惠氏（コリャーク語）、長屋尚典氏（オーストロネシア語族・ラマホロット語、タガログ語）、岡本進氏（オーストロネシア語族・フィジー語）、小野智香子氏（イテリメン語）、佐藤知己氏（アイヌ語）、渡辺己氏（北米諸語・スライアモン語）。江畑冬生氏、下地理則氏には草稿を読んでいただき、貴重なコメントを賜った。ただし本稿における一切の誤謬等は筆者の責に帰するものである。

略号一覧

＋ 人称代名詞・指示代名詞・名詞と動
  詞による複合体の関係を示すの
  に用いる
ABL ablative
COM comitative
CONV converb(al)
COORD coordinating
DAT dative

DST distant
FUT future
IND indicative
LOC locative
NAR narrative
PL plural
REFL reflexive
SG singular

参考文献

Bickel, B. (1998) Converbs in cross-linguistic perspective [review article of Haspel-math and König, eds., Converbs, Berlin: Mouton de Gruyter 1995]. *Linguistic Typology*, 381–397.

Blust, R. (2009) *The Austronesian languages*. Canberra: Pacific linguistics, Research school of Pacific and Asian studies, the Australian university.

Bochnak, M. R. and A. Rhomieux (2013) Limited noun incorporation in Washo. *IJAL* 79, 253–281.

Comrie, B. (1998) Attributive Clauses in Asian Languages: Towards an Areal Typology. In Boeder, Winfried, Christoph Schroeder, Karl Heinz Wagner, and Wolfgang Wildgen eds. *Sprach in Raum und Zeit, In Memoriam Johannes Bechert*. Band 2, 19–37, Tubingen: Gunter Narr.

―――― (2005) Numeral bases. In Haspelmath, Martin, Matthew S. Dryer, David Gil, and Bernard Comrie eds. *The World Atlas of Language Structures*. Chap. 131, 532–535, Oxford: Oxford University Press.

Dahl, Ö. and V. Velupillai (2005) The past tense. In Haspelmath, Martin, Matthew S. Dryer, David Gil, and Bernard Comrie eds. *The World Atlas of Language Structures*. Chap. 66, 268–269, 276–277, Oxford: Oxford University Press.

Dryer, M. S. (2005a) Prefixing versus suffixing in inflectional morphology. In

Haspelmath, Martin, Matthew S. Dryer, David Gil, and Bernard Comrie eds. *The World Atlas of Language Structures.* Chap. 26, 110–113, Oxford: Oxford University Press.

―――― (2005b) Order of Subject, Object and Verb. In Haspelmath, Martin, Matthew S. Dryer, David Gil, and Bernard Comrie eds. *The World Atlas of Language Structures.* Chap. 81, 334–337, Oxford: Oxford University Press.

Gil, D. (2005) (2005) Numeral Classifiers. In Haspelmath, Martin, Matthew S. Dryer, David Gil, and Bernard Comrie eds. *The World Atlas of Language Structures.* Chap. 55, 226–229, Oxford: Oxford University Press.

Gruzdeva, E. (1998) *Nivkh.* Languages of the world/materials 111, München: Lincom Europa.

―――― (2006) 'How Far from Origo?' or What the Distance Means for Nivkh Demonstrative Reference. *A Man of Measure. Festschrift in Honour of Fred Karlsson on his 60th Birthday. Special Supplement to SKY Journal of Linguistics* 19, 190–199.

―――― (2014) Nivkh polysynthetic features within and across clauses. Handout on International symposium on polysynthesis in the world's languages at NINJAL.

Haspelmath, M. (2005a) Indefinite Pronouns. In Haspelmath, Martin, Matthew S. Dryer, David Gil, and Bernard Comrie eds. *World Atlas of Language Structures.* Chap. 46, 190–193, Oxford: Oxford University Press.

―――― (2005b) Ditransitive Construction: The Verb 'Give'. In Haspelmath, Martin, Matthew S. Dryer, David Gil, and Bernard Comrie eds. *The World Atlas of Language Structures.* Chap. 105, 426–429, Oxford: Oxford University Press.

Haspelmath, Martin, Matthew S. Dryer, David Gil, and Bernard Comrie (2005) *The World Atlas of Language Structures.* Oxford: Oxford University Press.

Kurebito, M. (2001) Noun incorporation in Koryak. In Miyaoka, O. and F. Endo eds. *Languages of the North Pacific Rim 6.* 29–58, Suita: Osaka Gakuin University.

Kuribayashi, Y. (1989) Accusative marking and noun-verb construction in Turkish. *Gengo Kenkyu* 95, 94–119.

Li, P. J-K (2008) The great diversity of Formosan languages. *Language and linguistics* 9(3), 523–546.

Lynch, J., M. D. Ross, and T. Crowley eds. (2002) *The Oceanic Languages.*

Richmond, Surrey: Curzon Press.

Mattissen, J. (2003) *Dependent-Head Synthesis in Nivkh: A Contribution to a Typology of Polysynthesis.* Amsterdam: John Benjamins.

Mithun, M. (1999) *The languages of native North America.* Cambridge: Cambridge University press.

Miyaoka, O. (2012) *A Grammar of Central Alaskan Yupik.* Mouton Grammar Library 58, Berlin: Mouton de Gruyter.

Nagayama, Y. (2003) *Ocherk grammatiki Aljutoskogo jazyka* [Grammatical outline of Alutor]. ELPR Publication Series A2-038, Osaka: Osaka Gakuin University.

Nedjalkov, V. P. and G. A. Otaina (2013) *A Syntax of the Nivkh Language: The Amur Dialect.* Amsterdam / Philadelphia: John Benjamins.

Nedjalkov, V. P., G. A. Otaina, and A. A. Xolodovič (1995) Morphological and lexical causatives in Nivkh [translated by Judith M. Knott]. In Bennett, David C., Theodora Bynon, and B. George Hewitt eds. *Subject, Voice and Ergativity Selected Essays.* 60–81, London: University of London, [1969].

Nichols, J. and B. Bickel (2005a) Locus of marking in the clause. In Haspelmath, Martin, Matthew S. Dryer, David Gil, and Bernard Comrie eds. *The World Atlas of Language Structures.* Chap. 23, 98–101, Oxford: Oxford University Press.

——— (2005b) Locus of marking in possessive noun phrases. In Haspelmath, Martin, Matthew S. Dryer, David Gil, and Bernard Comrie eds. *The World Atlas of Language Structures.* Chap. 24, 102–105, Oxford: Oxford University Press.

——— (2005c) Locus of marking: whole-language typology. In Haspelmath, Martin, Matthew S. Dryer, David Gil, and Bernard Comrie eds. *The World Atlas of Language Structures.* Chap. 25, 106–109, Oxford: Oxford University Press.

Otaina, G. A. (1978) *Kachestvennye glagoly v nivkhskom iazyke [Nivkh verbs denoting quality and property].* Moscow: Nauka.

Panfilov, V. Z. (1954) k voprosu ob inkorporirovanii. *voprosy jazykoznanija* 6, 6–27.

——— (1962) *Grammatika nivskogo jazyka 1.* Moscow and Leningrad: Nauka.

——— (1965) *Grammatika nivskogo jazyka 2.* Moscow and Leningrad: Nauka.

Sato, T. (2016) A Classification of the types of noun incorporation in Ainu and its implications for morphosyntactic typology. In Gruzdeva, E. and J. Janhunen eds. *Crosslinguistics and Linguistic Crossings in Northeast Asia: Papers on the languages of Sakhalin and adjacent regions.* 83–93, Helsinki: Finnish Oriental Society.

Savel'eva, V. i C. Taksami (1970)　*nivxsko-russkij slovar'.* Moskva: Sovetskaja enciklopedija.

Schütz, A. J. (2014)　*Fijian Reference Grammar.* Honolulu: Pacific Voices Press.

Siewierska, Anna (2005) Alignment of verbal person marking. In Haspelmath, Martin, Matthew S. Dryer, David Gil, and Bernard Comrie eds.　*The world atlas of language structures.* Chap. 100, 406–409, Oxford: Oxford University Press.

Skorik, P. Ja. (1979) Chukotsko-kamchatskie jazyki. In *Jazyki Azii i Afriki. Paleoaziatskie jazyki.* 230–263, Moskva: Izdatel'stvo Nauka.

Stassen, L. (2005) Predicative adjectives. In Haspelmath, Martin, Matthew S. Dryer, David Gil, and Bernard Comrie eds.　*The World Atlas of Language Structures.* Chap. 118, Oxford: Oxford University Press.

Zhukova, A. N. (1972)　*Grammatika korjakskogo jazyka.* Leningrad: Izdatel'stvo Nauka.

荒木浩 (1988)「イテリメン語」亀井孝・河野六郎・千野栄一（編）『言語学大辞典第 1 巻』、633–638、東京: 三省堂.

荒木浩・宮岡伯人 (1988)「コリャーク語」亀井孝・河野六郎・千野栄一（編）『言語学大辞典第 1 巻』、1760–1762、東京: 三省堂.

池上二良 (1983)「北方諸言語に寄せて」『言語』12 (11)、38–45、(池上二良 (2004)『北方言語叢考』3-14. 札幌：北海道大学図書刊行会に所収).

一ノ瀬恵 (1992)「モンゴル語の語構成における非接尾辞的手法：北方の接尾辞型諸言語との対照をつうじて」宮岡伯人（編）『北の言語：類型と歴史』、第 13 章、279–296、東京: 三省堂.

ウェイリー, J. L. (2006)『言語類型論入門』、大堀壽夫・古賀裕章・山泉実訳、東京: 岩波書店.

梅谷博之 (2014)「モンゴル語使役交替動詞対リスト」、URL：http://watp.ninjal.ac.jp/『使役交替言語地図』.

大島稔 (1989)「ツィムシアン語」亀井孝・河野六郎・千野栄一（編）『言語学大辞典第 2 巻』、1027–1031、東京: 三省堂.

――― (1994)「アイヌ語の『語』の特徴」北方言語研究者協議会（編）『アイヌ

語の集い《知里真志保を継ぐ》』、105–113、札幌: 北海道出版企画センター.

岡崎友子 (2010) 『日本語指示詞の歴史的研究』、東京: ひつじ書房.

岡本進 (2017) 「フィジー語の他動詞節と名詞抱合」『思言』13、27–36.

奥田統己 (2015) 「アイヌ語の人称における「目的格」の優勢」アンナ ブガエワ・長崎郁 (編)『アイヌ語研究の諸問題』、27–36、札幌: 北海道出版企画センター.

小野智香子 (2003) 「カムチャツカの自然とともに生きるイテリメン」津曲敏郎 (編)『北のことばフィールドノート』、119–134、札幌: 北海道大学図書刊行会.

―― (2016) 「イテリメン語の動詞の構造―西部語北部方言の記述研究―」博士学位論文，千葉大学大学院人文社会科学研究科.

風間伸次郎 (2003) 「アルタイ諸言語の３グループ（チュルク、モンゴル、ツングース）及び朝鮮語、日本語の文法は本当に似ているのか―対照文法の試み」アレキサンダー ボビン・長田俊樹 (編)『日本語系統論の現在』、249–340、京都: 国際日本文化研究センター.

―― (2009) 「ニブフ語と近隣諸言語との類型的異同・言語接触について」北海道大学大学院文学研究科北方研究教育センター (編)『サハリンの言語世界』、127–144、札幌: 北大文学研究科公開シンポジウム報告書.

―― (2013) 「対照言語学的観点からみた相対テンスについて」『北方言語研究』3、175–199、(北海道大学大学院文学研究科北方言語ネットワーク 編).

―― (2014a) 「日本語の類型について―「アルタイ型言語の解明を目指して―」」『北方言語研究』4、157–171、(北海道大学大学院文学研究科北方言語ネットワーク 編).

―― (2014b) 「エウェン語使役交替動詞対リスト」、URL：http://watp.ninjal.ac.jp,『使役交替言語地図』.

―― (2015) 「日本語（話しことば）は従属部標示型の言語なのか？―映画のシナリオからの検証―」『国立国語研究所論集』9、51–80.

―― (2016) 「モンゴル語、ツングース諸語、エスキモー語の３者における類似点と相違点について」『北方人文研究』9、1–16、(北方研究教育センター編).

北野浩章 (2014) 「カパンパンガン語使役交替動詞対リスト」、URL：http://watp.ninjal.ac.jp,『使役交替言語地図』.

木部暢子 (2014) 「アクセント史」佐藤武義・前田富祺 (編)『日本語大事典 (上)』、17–19、東京: 東京堂出版.

金田一京助 (1927) 「語法上から見たアイヌ (1), (2)」『人類学雑誌』42 (11, 12)、411–429、450–457、金田一京助 (1993) 所収 53–78.

―― (1993) 『金田一京助全集 第五巻 アイヌ語 I』、東京: 三省堂、金田一京助

全集編集委員会（編）.

栗林裕・ディリックセバル・新田志穂 (2014) 「トルコ語使役交替動詞対リスト」、URL：http://watp.ninjal.ac.jp,『使役交替言語地図』.

呉人惠 (2008) 「分詞および関係詞によるコリャーク語関係節の相補的形成」『北方人文研究』1、19–39.

—— (2010) 「コリャーク語の属性叙述―主題化のメカニズムを中心に」『言語研究』138、115–147.

—— (2012) 「コリャーク語における自他対応」、「述語構造の意味範疇の普遍性と多様性」プロジェクト平成 24 年度第 1 回研究会レジュメ.

—— (2014) 「コリャーク語使役交替動詞対リスト」、URL：http://watp.ninjal.ac.jp,『使役交替言語地図』.

—— (2015a) 「コリャーク語の S＝A 交替における格枠組みと被動作主性」パルデシ プラシャント・桐生和幸・ナロック ハイコ（編）『有対動詞の通言語的研究日本語と諸言語の対照から見えてくるもの』、75–89、東京：くろしお出版.

—— (2015b) 「コリャーク語の複統合性―抱合と接辞の折衷タイプ―」『北方言語研究』5、55–82.

コムリー，B. (1992) 『言語普遍性と言語類型論』、松本克己・山本秀樹訳、東京:ひつじ書房.

蔡熙鏡 (2018) 「ニヴフ語東サハリン方言における指示語の非現場指示の用法について」『北方言語研究』8、115–125.

佐藤知己 (1991) 「日本語とアイヌ語、ニブフ語」『国文学解釈と鑑賞』56 (1)、17–26.

—— (1992) 「「抱合」からみた北方の諸言語」宮岡伯人（編）『北の言語：類型と歴史』、第 8 章、191–201、東京: 三省堂.

—— (1994) 「アイヌ語の単複の区別を有する動詞について」北方言語研究者協議会（編）『アイヌ語の集い《知里真志保を継ぐ》』、115–122、札幌: 北海道出版企画センター.

—— (2008) 『アイヌ語文法の基礎』、東京: 大学書林.

田村すず子 (1973) 「アイヌ語沙流方言の合成動詞の構造」『アジア・アフリカ文法研究』2、73–94.

—— (1988) 「アイヌ語」亀井孝・河野六郎・千野栄一（編）『言語学大辞典第 1巻』、6–94、東京: 三省堂.

—— (1996) 『アイヌ語沙流方言辞典』、東京: 草風館.

土田滋 (1988) 「オーストロネシア語族」亀井孝・河野六郎・千野栄一（編）『言語

学大辞典第 1 巻』、1043–1057、東京: 三省堂.

中川裕 (2003) 「日本語とアイヌ語の史的関係について」アレキサンダー ボビン・長田俊樹（編）『日本語系統論の現在』、209–220、京都: 国際日本文化研究センター.

―――― (2009) 「アイヌ語の接頭辞度」津曲敏郎（編）『サハリンの言語世界』、63–70、北海道大学大学院文学研究科.

長崎郁 (2016) 「コリマ・ユカギール語の非定形節における能格性」『北方言語研究』6、25–42.

長屋尚典 (2012) 「タガログ語のここがおもしろい：言語類型論からみたフォーカス・システム」、東京外国語大学語学研究所言語学動向研究会（Luncheon linguistics）レジュメ.

―――― (2014a) 「タガログ語の重複と反復の形式と意味」、『日本言語学会第 149 回大会予稿集』、88–93.

―――― (2014b) 「ラマホロット語使役交替動詞対リスト」、URL：http://watp.ninjal.ac.jp、『使役交替言語地図』.

ナロック・ヘイコ (2014) 「日本語使役交替動詞対リスト」、URL：http://watp.ninjal.ac.jp、『使役交替言語地図』.

野元裕樹・アズヌール アイシャ・アブドゥッラー (2015) 「マレーシア語の連用修飾的複文」『語学研究所論集』20、253–276.

橋本四郎 (1982) 「指示語の史的展開」『講座日本語学 2』、217–240、東京: 明治書院.

橋本萬太郎 (1981) 『現代博言学』、東京: 大修館書店.

ハスペルマート・マルティン (2014) 「インドネシア語使役交替動詞対リスト」、URL：http://watp.ninjal.ac.jp、『使役交替言語地図』.

服部健 (1944) 『ギリヤーク』東亞民族要誌資料第一輯、帝國學士院東亞諸民族調査室.

―――― (1988) 「ギリヤーク語」亀井孝・河野六郎・千野栄一（編）『言語学大辞典第 1 巻』、1408–1414、東京: 三省堂.

ブガエワ・アンナ (2014) 「アイヌ語使役交替動詞対リスト」、URL：http://watp.ninjal.ac.jp、『使役交替言語地図』.

松本克己 (2007) 『世界言語のなかの日本語 日本語系統論の新たな地平』、東京: 三省堂.

松本善子 (2014) 「日本語の名詞修飾節構文」益岡隆志・大島資生・橋本修・堀江薫・前田直子・丸山岳彦（編）『日本語複文構文の研究』、559–590、東京: ひつ

じ書房.

円山拓子 (2014)「韓国語使役交替動詞対リスト」、URL：http://watp.ninjal.ac.jp、
『使役交替言語地図』.

箕浦信勝 (1989)「チュクチ語」亀井孝・河野六郎・千野栄一（編）『言語学大辞典
第 2 巻』、925–932、東京: 三省堂.

—— (1992)「北アメリカの非アメリカ的言語」宮岡伯人（編）『北の言語：類
型と歴史』、第 4 章、129–146、東京: 三省堂.

宮岡伯人 (1988)「エスキモー語」亀井孝・河野六郎・千野栄一（編）『言語学大辞
典第 1 巻』、896–910、東京: 三省堂.

—— (1992)「環北太平洋の言語」宮岡伯人（編）『北の言語：類型と歴史』、第
1 章、3–66、東京: 三省堂.

村崎恭子 (2009)「樺太アイヌ語の数詞について」津曲敏郎（編）『サハリンの言
語世界』、71–84、北海道大学大学院文学研究科.

山越康裕 (2017)「シネヘン・ブリヤート後の 2 種類の未来表現」『北方人文研究』
10、79–96.

山本秀樹 (2003)『世界諸言語の地理的系統的語順分布とその変遷』、東京: 溪水社.

渡部みち子 (1992)「ギリヤーク語他動詞文の特徴」宮岡伯人（編）『北の言語：類
型と歴史』、第 7 章、179–190、東京: 三省堂.

第 12 章

日本言語学史序説 ——日本語の起源はどのように論じられてきたか——

長田俊樹

12.1 はじめに

　明治時代になり、帝国大学が誕生し、西洋の学問が日本に導入された。それ以来、日本語を研究する学問分野が二つある。初期には和文学と呼ばれた国語学と初期には博言学と呼ばれた言語学である。国語学が日本語だけを対象とするのに対し、言語学は世界のあらゆる言語を対象とする。前者は文献によって、日本語の歴史をなぞり、後者は日本語以外との比較対照をこころみる。

　国語学は文献学的色彩が濃い。万葉集や古事記を扱おうとすると、当然、契沖や本居宣長など、昔の学者たちがそれらをどう読んで、どう研究したのかが重要となる。そこで国語学史が重要な位置をしめ、「国語学史」と題した本がいくつも出版されている。古くは 1899 年に出版された保科孝一の『国語学小史』から、一世を風靡した時枝誠記の『国語学史』など、インターネット検索をすれば多くの本が見つかる[*1]。

　一方、「言語学史」とタイトルが付いた本もある。たとえば、トムゼンやペデルセン、ロウビンズなど、そのほとんどが翻訳本である。つまり、言語学史といえば、欧米の言語学史をさす。一方、国語学史は日本人による日本語の研究を意味する。そこに歴然とした棲み分けが存在する。

　では、日本における言語学の歴史はどこで扱われるのだろうか。言語学はいつも最新の理論に向いている。これを最新理論追跡症候群と、筆者は呼んでいる。

[*1] 「国語学史」というタイトルだけで、古沢義則 (1935)、小島好治 (1939)、福井久蔵 (1942)、時枝誠記 (1944)、田辺正男 (1959)、古田東朔・築島裕 (1972) など多数。煩雑になるので、参考文献にはあげない。

したがって、言語学史自体が言語学の中で重要な地位を占めていない。まして日本における言語学の歴史にいたってはほとんど関心もないし、論じる人もいない。一方、国語学史には言語学者による日本語の研究について言及があるものの、それがメインとなることはない。国語学史それ自体、明治以降の研究が占める割合は低い。

　そこで、筆者は日本言語学史を執筆したいと常々考えてきた。2003 年に発表した論考「日本語系統論はなぜはやらなくなったのか」は日本言語学史の試みである。とりわけ、日本の言語学にとって、日本語の起源や系統論をあきらかにするのは一大使命だったはずだ。しかし、系統論はどうも国語学史や言語学史の対象からはずれてしまっている。また、言語思想史と銘打った研究がある*2。それらがしばしば言語学の批判を展開しているが、その批判の多くは言語学をよく理解せずにおこなわれている。そのことは、すでに長田 (2003) で指摘しているのでここでは繰り返さない。やはり言語学をしっかり理解したうえで、日本言語学史を論じるべきだとの思いもある。

　小論は日本語の起源をめぐる研究史だけではなく、将来書かれる予定の日本言語学史の見取り図を提示したい。そこでまず、言語学が日本に導入された明治20 年代、上田万年が果たした役割をのべておきたい。これまでの研究の多くが上田を過大評価しているようにみえるからだ。かつて日本語の起源をめぐって、いくつかの議論がわきおこった。そのうち、明治期に提唱された田口卯吉らのアーリア語説、第二次世界大戦直後の安田徳太郎によるレプチャ語起源説、1980 年代の大野晋のタミル語起源説についてはすでに長田 (2017) で取り上げた。言語学はけっして欧米で流行の言語理論を紹介するだけの学問でない。日本語の系統について、日本の言語学者はどうみてきたのか。小論では、かつて関心が高かったテーマを中心に、日本言語学史をみていきたい*3。ただし、日本語と朝鮮・韓国語、および琉球語との関係は他の執筆者の論考との関係上、小論の対象からのぞく。

---

　*2言語思想史の立場に立って、山東功 (2015:46) は国語学史（あるいは言語学史）との関係を「談論風発を続けていけば、また新たな展開を見せていくに違いない」と述べているが、まったく同感である。
　*3本論文集で、斎藤成也氏は「長田の総説はややものたりない」と指摘しておられるが、小論はこれまでの日本語系統論を網羅的に論じるものではないことをお断りしておく。そうした論文としては木田 (2015) があるが、日本人による研究しか論じられていない。外国人の研究が盛んな今、それを含めた総説が必要なことはまちがいない。

12.2　明治時代の言語学：言語学の誕生、上田万年とその弟子たち

　明治 19(1886) 年、帝国大学に博言学科、後の言語学科が誕生する。そのとき言語学を担当したのがチェンバレン（1850-1935）である。チェンバレンは『日本小文典』(1887) を著すなど、日本語の口語文法の確立につとめ、『日本事物誌』（東洋文庫で読める）による日本紹介や『古事記』の英訳をおこなったことで知られる。

　チェンバレンがどんな授業をし、だれが受講したのか。堀川 (1992) によると、授業は週 1 時間で、教科書として明治 19 年度と 20 年度は Friedrich Müller: *Grundriss der Sprachwissenschaft*, Band. I. *Einleitung in die Sprach-wissenschaft.* 1876 を使用し、21 年度は William D. Whitney: *Life and Growth of Languages*, 1875*[4]を使用している。また、受講した学生は明治 19 年度が 3 名（上田万年、高津鍬三郎、三上参次）21 年度は 2 名（林外吉（後に曽登吉）、岡倉由三郎）の、たった 5 名である*[5]。言語学が導入されたといっても、新しい学問に飛びつく人は少なかった。このうち、上田と高津、三上は和文学科の学生であり、岡倉は選科の学生で、正式な博言学科の学生は林外吉一人だった。

　チェンバレンが教科書とした二つの本の著者について述べておく。まず、フリードリッヒ・ミュラー (1934-98) は宗教学者として有名なフリードリッヒ・マックス＝ミュラー (1823-1900) と混同されがちだ。上であげた堀川も、後に言及する柴田もまちがっている*[6]。彼はオーストリア出身でウィーン大学の比較言語学教授を務め、彼の大著、*Grundriss der Sprachwissenschaft* は 4 部 7 冊で、その第 1 冊目が言語学入門として教科書として使われていた。民族と言語の区別がなく、現在ではまったく顧みられなくなった。ヨーロッパの言語学史、ロウビンズなどにも名前は登場しない。一方のホイットニー (1827-94) は言語学史には必ずといっていいほど登場する言語学者である*[7]。また、言語思想史の立場からいえば、初代文部大臣森有礼と英語公用語化をめぐって、森をたしなめる書簡を送ったことで知られている。

---

*[4]後に保科孝一が『言語発達論』と抄訳し、1899 年に冨山房から出版している。

*[5]林以外は後アカデミズムで活躍するが、林外吉は外交官となる。評論家林達夫の父。

*[6]堀川 (1992:17) の注 4 で、フリードリッヒ・ミュラーとマックス＝ミュラーを間違えている。柴田校注 (1975) では索引で、同じ人物として扱っている。

*[7]21 世紀に入ってからでも、Nerlich (2002), Joseph(ed) (2002), Alter(2005) などがホイットニーに触れている。最近訳書が出たトマス (2016) にも登場する。

　チェンバレンが帝国大学を辞めた後、言語学の授業を担当したのは日本文学史をドイツ語で執筆したカール・フローレンツ (1865-1939) である。彼は言語学だけではなく、ドイツ文学やドイツ語も担当した。言語学として、どんな授業をおこなったかはあきらかではない。1893 年に講座制が敷かれると、神田乃武が博言学講座の職務担当になったが、言語学の授業は担当していない。帝国大学で、本格的な言語学の授業をおこなったのは上田万年である。

　上田万年 (1867-1937) はドイツとフランスに留学し*8、1894 年、弱冠 27 歳で博言学科の主任教授に就任する。上田の初期講義ノートを新村出が筆録し、柴田武が校訂して 1975 年に『シリーズ名講義ノート・上田万年　言語学』(以下講義ノートと略す) と題して出版されている。批判するにせよ、賞賛するにせよ、上田万年の学問的評価は総じて高い。しかし、この講義ノートを詳細にみていくと、これまでいわれてきた上田万年をめぐる評価には疑問を呈さざるを得ない。

　この講義ノートの序文を柴田武が執筆している。それにいくつかのまちがいがみられる。柴田によると、「この講義ノートは、明治 29 年度 (1896-97)・30 年度 (1897-98) の上田万年の「言語学」であるから、神田講師から数えれば、日本で 4 回め、上田教授としては 3 回めの「言語学」講義である」という。しかし、帝国大学一覧を丁寧にみると、神田乃武は言語学を講じたことはない。また、「博言学」の第一学年用の授業は明治 28 年度からはじまっているが、その年の「博言学科」には新入生がいないことから、この明治 29 年度の講義が日本ではじめて、日本人による講義だった可能性が高い。

　柴田は上田がヨーロッパで誰から言語学を学んだかを紹介した後、次のように指摘している。

> わたしは、これらの学者の著書と上田言語学の講義ノートを比べて、後者がどこから情報を得ているか調べてみた。その結果、構成はガベレンツの *Die Sprachwissenschaft, ihre Aufgaben, Methoden und bisherigen Ergebnisse.* Leipzig, 1891　(『言語学、その課題・方法とこれまでの成果』) に依存しているように見受けられた (2 頁)

　この柴田の指摘によって、上田へのガーベレンツの影響が叫ばれるようになる。なかには、田中克彦のように、上田がガーベレンツに「ヒフミの倍加説」を教えたという奇妙な神話まで生まれ*9、上田がいかに西洋言語学を理解していたかが喧

---

*8上田の留学時代については金子 (2001)、および清水 (2012) が詳しい。
*9田中克彦 (1989・1997) は「日本語では 1、2、3 を表す数詞は母音の交替によって倍加される」

伝されることとなる。しかし、上田のガーベレンツ理解は限定的だったことが講
義ノートを詳細に検討すればよくわかる。

　柴田が指摘するように、講義の構成がガーベレンツに似ていることはあきらか
だ。しかし、講義の内容をみると、ガーベレンツの本をよく理解していないこと
がわかる。たとえば、7頁に、ガーベレンツの名前が登場し、「3 sides ヨリ言語ヲ
研究ス。1) Einzel Sprachen 2) Sprach Geschichte-Stämme 3) Sprach Vermögen」
をあげて、「1．一国ノ言語ヲ研究スル事。2．Family ノ言語ヲ研究スル事。
Comparative philology ナドハ之ニ属ス。之モ、(1) ヲ終リテ而後也。3．1.2. ヲ
研究シタル後始メテ之アリ」と説明している。しかし、ガーベレンツをみると、
「言語学はその対象をあらゆる側面から把握しようとするのである。それゆえ言語
学は何よりもまず言語学の対象はどのような側面を示すか、ということを問わな
ければならない」（訳9頁）としてあげた1〜3であり、1から2、そして3と順序
をおって行う研究とはみていない。また、119頁の言語、方言、下位方言の区別
や120-121頁の語識も、ガーベレンツからの引用であるが、それらが正しく理解
されているとは到底思えない。なお、上田のガーベレンツ理解が正しくないこと
は小論のテーマではない。したがって、これ以上の詳細は煩雑になるだけなので、
ここでは述べないが、幸いにもガーベレンツの訳本が出版されているので、誰で
もそれらを比較検討ができるはずだ。

　では、この講義ノートは何に拠っているのか。前半の言語学の歴史はマックス＝
ミュラーとセイス、ベンファイに拠っている。また、言語の分類ではフリードリッ
ヒ・ミュラーとホイットニーに依拠しており、第三篇の言語の歴史では、構成は
ガーベレンツに拠るが、内容の理解はかなり問題だ。類推はほぼウィーラーの丸
写しである。言語学第二年の言語の起源はギースヴァインからの引用で、音声学
はジーフェルスに依拠している[*10]。

　上田はドイツで言語学を習っているが、ドイツ語よりも英語の方がよくできた
ようで、全体として英語からの引用が多い。また、フリードリッヒ・ミュラーや
ホイットニーからの引用も多く、これらはチェンバレンが授業で使用した教科書

というヒフミの倍加説を上田がガーベレンツに教えたとみるが、これは全くの誤りである。ガーベレ
ンツは上田が留学するはるか前の1871年に、「日本語数詞の特質について」と題する論文で、ヒフミ
の倍加説にふれている。なお、このガーベレンツ論文はすでに新村 (1916) が引用している。
　[*10]具体的な本をあげておくと、マックス＝ミュラーは Max-Müller(1861・1885)、セイスは Sayce
(1874・1880)、ベンファイは Benfey (1869)、ホイットニーは Whitney (1875・1884)、ガーベレン
ツとフリードリッヒ・ミュラーは前掲書、ウィーラーは Wheeler (1887)、ギースヴァインは Giesswein
(1892)、ジーノェルスは Sievers (1893) である。いずれもインターネットからダウンロードできる。
参考文献を参照。

である。これはけっしてドイツだけで言語学を学んだわけではないことをいみじくも示している。なお、上田の講義ノートについては、他日改めて詳細に検討した論文を発表する予定である。

　上田はガーベレンツをはじめとする、西洋の言語学を十分には理解してはいなかった。しかし、教育者としては後の東京帝国大学言語学講座の主任となる藤岡勝二 (1872-1935) や、後の京都帝国大学言語学講座の主任となる新村出 (1876-1967) などを育てたという事実は変わりがない。彼ら初期の博言学科の学生たちを中心として言語学会が結成されるのは 1898 年である。その機関誌とも言うべき『言語学雑誌』が創刊されるのは 1900 年だ。うえでみた上田の講義から、わずか二、三年の間に、言語学機運を高めていったのは上田と彼の弟子たちだったことはまちがいない。

　言語学が萌芽した時代に、突如として現れたのが田口卯吉 (1855-1905) のアーリア語説だ。歴史家であり、経済学者、そして政治家であった田口卯吉は日本語とアーリア語（＝印欧語）が同系であることを『史学雑誌』に発表する。1901 年のことだ。田口の主張は日清戦争から日露戦争に向かうこの時期、中国人と日本人を区別するために言語の相違をもっておこない、ヨーロッパで広まっていった「黄禍論」（黄色人種が勃興して、白色人種に加えられるという禍害）への反論を目的としている。人種と言語の混同がみられ、言語学的にはほとんど無効の議論だ。

　そこで立ち上がったのが若き新村出と藤岡勝二である。当時、新村は弱冠 25 歳、藤岡は 29 歳、まさに新進気鋭のはつらつとした批判を展開している。新村は田口の説を「根底からの誤謬、全体の誤謬」と全面否定し、藤岡は人種と言語を混同していることをたしなめている。この二人の批判に対し、田口はすぐに批判に答え、それに対し、新村は再び批判をしている。詳細は別稿（長田 2017）に譲るが、そこで述べなかったことを一つ指摘しておく。

　後年、評論家、橋川文三は黄禍論をテーマに、『黄禍物語』(1976) を執筆した。そこで橋川は「特に田口がその日本人種起源論を追求するにあたって主要な根拠とした言語学上の比較という方法は、しばしば多くのアマチュア的論者が陥り易い思いつき的なものとは異なり、かなり学問的な検討に価するもののように思われる」と述べている。その後に、「もっともこの点については筆者自身全くのアマチュアなので自信があるわけではない」と述べているものの、非言語学者たちには田口の論がある程度説得力を持っていること、しかも言語学者たちが「学問的検討」をおこなったにもかかわらず、それに目が向かないことに、われわれ言語学者は注意を払うべきである。

　田口に引き続いて、「日本語はアリアン語なり」と唱えたのが、英学者であり、

宗教者であった平井金三 (1859-1916) だ[*11]。その説に対し、亀田次郎 (1876-1944) は「危険千万なる比較言語論」と批判をする。うえでみた、新村の「根底からの誤謬、全体の誤謬」といい、亀田の「危険千万なる比較言語論」といい、比較言語学的方法論の正当性を主張しても、あまり議論として有効ではなかったことはここで指摘しておいた方がよいだろう。このことは安田徳太郎のレプチャ語起源説や大野晋のタミル語起源説までずっと続いてきた。つまり、言語学外要因としての、国際情勢に即した日本語起源論の方が一般読者にははるかに魅力的なのである。

　田口、平井のアーリア語説が巷を席巻し、言語学者がそれに反論を展開する。明治の半ば以降、そうした状況が続いたが、1908 年、藤岡が「日本語の位地」と題する講演をおこない、後にそれが『國學院雑誌』に掲載される。それがいわゆる藤岡の一四箇条である。1 世紀近く後に、松本克己 (2000) がこう紹介している。

> 日本語の系統を漠然とこの「ウラル・アルタイ語」に結びつける見解は、戦前の日本の学会ではほとんど定説に近い地歩を占め、戦後これは「アルタイ説」という形に修正はされたけれども、その基本的な路線はほぼそのまま受け継がれ、日本語系統論のいわゆる「北方説」の柱として、今も根強く生き残っている。
>
> 　このような学説の形成におそらく最も影響したのは、もと東京帝国大学の藤岡勝二による「日本語の位置」と題する講演であろう（藤岡 1908）。この中で藤岡は、日本語とウラル・アルタイ語との間に共通する言語特徴として一四箇条を選び出したが、これはその後日本語の系統をめぐる議論の中で必ずといってよいほど引き合いに出され、一般にも広く知られている。(2 頁)

　松本の見解を借りると、「ウラル・アルタイ語説」は戦前の日本の学会ではほとんど定説に近く、それを形成するのに重要な役割を果たしたのがこの一四箇条ということになる。

　しかし、藤岡 (1908) を丁寧に読んでみると、日本語のウラル・アルタイ語説の決定版とはとてもいいがたい。むしろ、謙虚で、日本語＝アーリア語説すら否定せず、最後にこう述べている。

> もちろん肯定論としてこれをいうものは、またその反対にこれを否定する

[*11] 平井金三については吉永進一による科研報告書があり、吉永氏からいろいろと御教示いただいた。吉永氏の名をあげて感謝する。

　理由がどれくらい出て来るかということも考えねばなりませぬ。日本語が
ウラルアルタイに属しないという理屈を立てる側に立って見ると、それも
また少しは出て来るかもしれませぬから、それをも考える必要があります。
が先入主になって反対説をみだりに頭からこなすことは出来ませぬ。至極
公平な学術的研究態度で考察せねばなりませぬ。故に以上の仮定を設けて
ウラルアルタイに属する説をいいますものの、まだまだ研究が終了したと
は決して思わぬのです。幾多の有力な積極的証明が出来るまでは、どしど
しなお進行したいと思っております。（池田・大野編 1973: 349）

　藤岡の結論では、ウラル・アルタイ説が有力だが、その証明もできていないし、
反対説も検討するべきだという。この結論はあまり指摘されず、藤岡によってウ
ラル・アルタイ説を確固とした位置に押し上げたことだけが広く知れわたってい
る。日本言語学史とは原著者の意図を問題とすべきなのか、著者の意図とは少し
ずれてしまっていても、どう伝わっていったのかを問題とすべきなのか、大きな
課題である。後者のみを鵜呑みとせず、前者に直接あたって検討をする。それが
筆者の日本言語学史がめざすところである。
　小論は紙数の関係もあり、藤岡の一四箇条を具体的に検討することはしない。
ここでは藤岡の意図はともかくとして、この一四箇条が漠然とウラル・アルタイ
説を支えていったことだけを指摘するにとどめたい。

12.3　大正・昭和戦前期の日本語系統論：北方説と南方説

　大正から昭和に移る時期に登場したのが木村鷹太郎である。
　木村鷹太郎の名は今でもトンデモ本の世界では有名であるが、もともとはバイ
ロンやプラトンを翻訳する学者だとみられていた。しかし、『世界的研究に基づけ
る日本太古史』(1911) で、日本神話がギリシア神話の起源であり、日本語がギリ
シア語・ラテン語の起源だとする説を提唱し、「新史学」として数々のトンデモ本
を世に送ることになる。
　この木村鷹太郎と日本言語学史はまったく関係がなさそうである。しかし、こ
の本には痛烈な言語学批判があり、それをここで紹介する。

　見識は性格より出でて其大小を為し、品性に因りて其高下を為し、天才の
　有無亦重要なる条件を為す。日本言語学家に見識なきは其性格と品性と天
　才との欠損を示すものに非ずとせんや。而して其無見識は、研究上の指針
　を欠けるものと謂ふ可く、為に着眼を下等にし、限界を狭小ならしめ、又

　　或は想像の羽翼を萎縮せしめ、以つて研究上の不結果或は無結果を生ぜし
　　むるなり。特に比較言語学等に在つては見識の有無は重大なる条件にして、
　　従来の専門語学者は此点に於て最も短なるものの如し。(433 頁)

　ここに展開されているのは言語学批判というよりも言語学者への批判だ。かつ
て、田口卯吉や平井金三がアーリア語説を唱えたときに、すぐさま反論を展開し
た言語学者たちがいた。しかし、木村にはだれも批判を展開しなかった。ここま
で否定されてしまうと、無視するしかない。これ以後、日本語の起源として、ペル
シア語（星健之介）などが提唱されるが、言語学者たちが真剣にその学説を検証
することはなくなっていく。その契機を木村鷹太郎がつくったのではないか。そ
ういう意味でこの木村鷹太郎の言語学批判を取り上げてみた。

　木村鷹太郎による比較言語学に対する痛烈な批判が日本語系統論を沈静化させ
たようにみえる。しかし、ウラル・アルタイ語説が優勢だったなか、登場したの
が南方説である。上で引用した松本克己がウラル・アルタイ説を「北方説」と呼
んだように、それに対抗する、マライ・ポリネシア（＝オーストロネシア）語族や
モン・クメール（オーストロアジア）語族と結びつける試みを「南方説」と呼ぶ。

　筆者が知るかぎりでは、「南方説」を最初に提唱したのは哲学者として知られる
井上哲次郎 (1856-1944) である。中国人との違いを言語の相違で示し、「馬来より
来れる所の人種、日本人種の最大部分を占め」として、オーストロネシア語族との
関係を指摘している[*12]。しかし、言語学者がこの説を取り上げることはなかった。

　ところが、昭和に入って、ほぼ時を同じくして、オランダの Labberton (1926)、
イギリスの Whymant (1926) が日本語とオーストロネシアとの関係を提唱し、日
本においても、歴史家の坪井九馬三が『我が国民国語の曙』(1927) を、南洋研究
家の堀岡文吉が『日本及汎太平洋民族の研究』(1927) を発表し、いずれも日本語
の南方説を展開した。なぜこの時期に南方説が出てきたのか。けっして単なる偶
然ではない。それは汎太平洋学術会議と関連する。

　この汎太平洋学術会議は「まさにそのような国際化時代を象徴するものであり、
第三回汎（はん）太平洋学術会議は、わが国ではじめて開催された大規模な国際
学術会議であった」と、文部科学省『学制百年史』に書かれている。この汎太平
洋のつながりを言語学的に証明しよう。言語学的には邪道だが、一般的には至極
当然な試みだったのであろう。事実、ラベルトンの説は第 1 回汎太平洋学術会議
での発表に基づいた論文であり、堀岡も自序で「第 3 回汎太平洋学術会議は帝都

　[*12]これは 1892 年 10 月 30 日、東邦協会での演説原稿で、後に、講演原稿を集めた、井上 (1894) に
収められている。

の真中、然も衆議院を会場とせられたが為に、国家としても、亦た国民としても、否でも応でも、太平洋問題に就て、一般の注意を惹くと共に、これに対して、相当の理解をも持たねばならぬこととなったのである」とこの会議の重要性と自分のトピックを重ねている。

ここまでみてきていえることは、日本語の起源論や系統論は言語学外要因が大きく働いていることだ。黄禍論と対抗するために、日本語＝アーリア語説を立て、汎太平洋学術会議を推進するために、日本語と太平洋に広がるオーストロネシア語族との関係を証明しようとする。私見によれば、歴史比較言語学的研究成果として、日本語の起源や系統論が論じられるのには服部四郎の登場を待つまで、おこなわれてこなかったのではないか。

昭和の初め、二人の言語学者が系統論について、述べている。新村出と金田一京助 (1882-1971) である。どちらも国語研究に関するシリーズもので、前者は 29 頁からなるパンフレットであり、後者は 192 頁ある、立派な本である。ご存じのように、新村も、金田一も日本語系統論を専門としているわけではない。しかし、一般読者に対し、日本語の系統について、まとめる必要があるとの認識では一致する。

新村 (1935) はアーリア語説などには目もくれず、「南方語との関係」、「朝鮮語との関係」、「ウラル・アルタイ語族との関係」の 3 点に絞って述べている。そして、こう結論づける。

> 極めて簡単にではあつたが以上述べて来た事によって、国語の根本関係はおのづから南方よりはむしろ北方に傾いてゐるやうに思はれる。事実、今日国語が朝鮮と共にウラル・アルタイ語族に帰属すべきことについては、見透しとしては誰も疑ふものはないであらふ。(28 頁)

ウラル・アルタイ語説を支持すると思われていた新村ですら、慎重に言葉を選びながら、あくまでも「見透し」と述べすでに証明済みのものとは指摘しない。藤岡同様、けっしてウラル・アルタイ語族に属すると断定しないのが言語学者の立場だといえるのではないだろうか。それは日本語の系統を一生の仕事と考えていた服部四郎とも同様の立場である。

金田一 (1938) はアーリア語説も含め、昭和の初めまでに提唱された日本語系統論をかなり広範囲に検討している。これらを一つ一つ取り上げた後、金田一はこう述べている。

> 既に述べた如く、日本語と印欧語及び支那語・アイヌ語等とは、文法の特色

が余りに判然と相違し、到底同じ元から分れた言語と考へることは不可能
であつて、結局、日本語同様膠着語である所の、アルタイ語と馬来ポリネシ
ア語とが、比較的有望に残るだけである。

　　然るに南洋語もまた、若干の単語の一致のことは、語彙として混入した
とも解釈され得ることであつて、（中略）到底姉妹語と考へることの出来な
い距離がある。

　　最後に残るのは、ウラル・アルタイ語族、殊にその中のアルタイ語族であ
る。(144 頁)

　その後、アルタイ語族との関係を議論した後、金田一は「文法がほぼ一致する
上に、音韻組織にも重要な共通点があるとすれば、この上は、語彙の確実な一致
さへ見出されるならば、国語はアルタイ語族に属することが実証せられるわけで
ある」(186 頁) と結論づける。

　新村も、金田一も日本語がウラル・アルタイ語族に属すると宣言していないし、
まだ証明されていないことを述べているにすぎない。言語学的には、ウラル・ア
ルタイ語族説は単なる有力な説にすぎないはずが、一般には定説として流布して
いた。そこに、言語学者と一般読者との微妙な認識のずれをみる。日本語の起源
という答えを欲する人々と比較言語学的正当性を固守しようとする言語学者たち
のあいだには深くて暗い河が流れている。晩年、タミル語起源説に固執した大野
晋はこの深くて暗い河をわたってしまったのではないか。大野晋が亡くなってし
まった今、そう感じている。

12.4　戦後の日本語系統論：安田徳太郎・服部四郎・大野晋

　安田徳太郎 (1898-1983) は医師であり、社会運動家であり、戦前からフロイトな
どの翻訳を手がけた市井の学者である。戦後、アカデミズムの学者とはちがった
視点から、6 巻からなる『人間の歴史』を執筆し、その第 2 巻『日本人の歴史』
(1952) に日本語起源説を展開している。そこでは漠然と南方語を日本語の起源
とみている。それを発展させて、『万葉集の謎』(1955) を世に問い、そこでレプ
チャ語起源説を提示した。

　安田徳太郎は言語学に対して、かなり厳しい批判を展開している。

　　　比較言語学というのは、いわばスゴロク遊びのようなものであった。こ

れまでの言語学者は、どこの国でも、民衆からいちばん高い象牙の塔のな
かに立てこもって、仲間どうしで、こういうお上品なスゴロク遊びを楽し
んでおられたのである。(中略)

　いっぱんの日本人は、わたくしたちの母国語の起源や発展をとりあつか
う学問にたいして、ぜんぜん発言権はないわけで、ただ日本のえらい言語
学者の申されることを、おとなしく、はいはいと聞いて、それをうのみにす
るよりほかに道はなかった。(中略)

　わたしは最後に、日本の言語学者のいうウラル・アルタイ語説なるもの
に、ひじょうな疑問をいだいて、これはひょっとすると、ニセモノではない
だろうかという結論にたっした。(175-177 頁)

『万葉集の謎』では、「有名な北方説としてのウラル・アルタイ語説にしても、あ
きらかに、日本の言語学者が軍部の北進政策と大陸侵略のラッパ吹きとして、日
鮮満同祖論を学問的にうらづけるために、むりにこじつけたたわごとであった」
(8 頁) と、戦争中には牢獄体験までした安田の言語学批判は留まるところを知ら
ない。本来言語学者がおこなうべき日本語の起源が言語学批判から出発している。
何とも奇妙だ。ここでもまた言語学外要因が日本語＝レプチャ語起源説の大きな
執筆動機となっているのである。

　この安田の本に対し、当時東大教授だった服部四郎 (1908-95) が懇切丁寧な書
評を発表している。

　服部四郎は日本語系統論に一生涯を費やした言語学者である。服部 (1959) はこ
う述べる。

　私は日本語の系統に興味を持って言語学を始めたと言っても過言ではない。
(中略) 日本語の系統が未詳であることを知った青年は、それを知りたいと
いう非常に強い欲求にかりたてられたのであった。

　それ以来三十年の年月が流れた。しかし日本語の系統は依然として未詳
である。(i 頁)

服部もまた、藤岡や新村、金田一と同様、日本語の系統は未詳であるという態
度をとり続けたが、他の言語学者が日本語系統論に積極的とは言い難いなか、琉
球語との関係をよりあきらかにし、朝鮮語との関係などにも発言をし続けた。服
部による日本語系統論研究の多くは『日本語の系統』として、今日でも岩波文庫
で読むことができる[*13]。

[*13]また、つい最近、服部の琉球語と日本語の関係に焦点を置いた論考をまとめた『日本祖語の再建』

　安田徳太郎に対するコメントはその『日本語の系統』にも掲載されている。かつて、田口の説に対する新村の「根底からの誤謬、全体の誤謬」や平井の説に対する亀田の「危険千万なる比較言語論」といった、真っ向から対立するような文言は一つもみられない。

　まず、『人間の歴史』に対しては「誰が読んでも非常に興味があるばかりではなく、卓見新説に富む点で学問的にも注意すべき本だと思う」(64 頁) と持ち上げながらも、「博士の研究を私は非常に興味深く拝見したが、博士の取り扱っておられる南方の諸言語と日本語とが同系であることの証明としては無効であると思う」(66 頁) と言語学的には証明できていないと指摘する。また、『万葉集の謎』の書評では、安田が「今日からふりかえると、わたくしの日本語の起源は幼稚で、ものたりなかった」(5 頁) と自己批判したことを「私は博士のこの極めて率直な態度を貴いものだと思う」(73 頁) と持ち上げ、「博士の研究は、そのすべてが無意味であるというのでは決してないが、レプチャ語と日本語とが同系であることの証明としては無効である、といわなければならない」(77 頁) とやんわりと指摘し、これを機に、「レプチャ語などがわが言語学者によって研究されるようにでもなれば、これほど有意義なことはないであろう」(77 頁) と結んでいる。さらに、「私は元来日本語の系統に興味を持ってはいるけれども、証明されたことと未証明のこととは区別して考えているから、日本語はアルタイ語と同系だなどとは断定しないし、またアルタイ語以外の言語は日本語と同系ではあり得ない、などというような固定した考えはもっていない」(74 頁) と言語学者としてあるべき姿を提示することも忘れていない。

　一方、徹頭徹尾、安田徳太郎の学説を批判したのが大野晋 (1919-2008) である。『万葉集の謎』が出版されて 1 ヶ月もたたないうちに、朝日新聞に「学問の基礎的方法を無視」と題する書評を発表し、「万葉時代の日本語と同一の言語が現にヒマラヤの谷底で語られていると思いこむならば、それは全くの誤りだ」と指摘している。大野の批判はこれだけでは収まらず、「誤りと偽りの『万葉集の謎』」(『知性』)、「レプチャ語とはどんな言語か」(『文学』) と立て続けに書評を書き、後者では「安田氏の書物では、ほとんど毎頁に甚しい誤りがある」とまで指摘している。

　この安田の著作をめぐる、服部と大野の批評の差は何なのか。もちろん、個人的な性格の相違も考えられるが、それ以上のものがあるように思われて仕方がない。つまり、厳密な比較方法を確固として堅持している言語学者と、一般読者に

(2018 年、岩波書店) が出版されている。

より近い立場の国語学者との相違だとみるのはうがちすぎだろうか。服部 (1959) は「日本語の系統の研究においても、言語学が最後の決定権を持っている」(234 頁) と豪語してみせるのに対し、大野はもっとも一般読者に愛された国語学者だった。岩波新書を 8 冊も著し、なかでも『日本語練習帳』は 200 万部を越える人気を誇った。安田の書は一般読者に好評だったので、一般読者が念頭にあった大野としては黙ってはいられなかったのではなかろうか。

　もう一つ指摘しておきたいのは、大野がタミル語起源説を展開するときに、安田から一般読者受けするテクニックを学んでいることである。たとえば、「タミール語[14]で解けた万葉集のナゾの言葉」（大野編 1980b）というエッセイを書いたり、日本語の系統をドラヴィダ語族とせずに、日本語の起源としてタミル語を設定したり、言語学的にはありえない説を安田徳太郎から学んでいる。たぶん、その方が一般読者からの支持を多く得やすいと踏んだのではなかろうか。

12.5　おわりに

　日本語系統論は今や過去のものとなりつつある。1980 年代までの国語、あるいは日本語に関するシリーズものには必ず日本語系統論に関するものがあった。うえで紹介した新村 (1935) や金田一 (1938) がそうだったし、戦後においても、1978 年に出た『岩波講座日本語』の第 12 巻は「日本語の系統と歴史」と銘打っていた。また、1980 年に出た中央公論社の『日本語の世界』の第 1 巻は大野晋がはじめてタミール語（後にタミル語に修正）説を展開した『日本語の成立』だった。しかし、1997 年に出た『岩波講座 日本語の科学』においても、1999 年の『現代言語学入門』においても、日本語系統論はまったく登場しない。かつて、木村鷹太郎による強烈な言語学批判によって、日本語系統論への言語学者の発言がなくなったように、大野晋のタミル語起源説によって、日本語系統論は終焉を迎えてしまったのである。

　大野晋の説だけが問題ではない。じつは、大野晋批判を繰り返した村山七郎 (1908–95) の存在も大きい。大野晋が旧版の『日本語の起源』(1957) を出したときから大野批判を繰り返してきた村山は、タミル語起源説が出ると『日本語タミル語起源説批判』(1982) を出版している[15]。じつは、言語の系統関係ついては、

---

[14]大野晋のタミル語起源説の初期にはタミール語と表記していた。それ自体がタミル語を知らないことを自らあきらかにしていると指摘され、タミル語に改めた。

[15]大野『日本語の起源』の書評（村山 1957）から、村山は終始一貫して大野説批判を展開している。とくに、『国語学』誌上で、二人は何度も批判、反論を繰り返している。（村山 1981a・1981b・1983、

系統関係を証明できるが、系統関係のないことを証明はできない。したがって、他人の系統論を批判するためには、系統関係の証明がいかに言語学的に無効なのかを指摘するしかない。ここに、ネガティブキャンペーンが生まれてくる。当事者たちは自己の学説を正当化するためにも、自分の学説に対峙する説に対してネガティブキャンペーンに力を入れる。しかし、皮肉にも、ネガティブキャンペーンは日本語系統論に対する否定的側面を強調することになってしまう。野次馬的には面白いと思うが、大野・村山論争はけっして生産的ではなく、お二人ともなくなった今、彼らが破壊したのはそれぞれの学説ではなく、日本語系統論それ自体だったような気がする。

　2011 年、世界歴史言語学会が大阪で開催され、それに併せて、日本語の起源をめぐるシンポジウムが開かれた*16。日本人はだれも自説を発表しない奇妙なシンポジウムだった。しかし、そこで展開されたのはやはりネガティブキャンペーンだ。日本人が参加していないシンポジウムで、同様のネガティブキャンペーンが展開されたことに、正直いって、日本語系統論の限界を感じたのである。

　日本の言語学者たちにとって、日本語の系統をあきらかにするのは優先事項だったはずである。しかし、明治以来の日本語系統論を振り返ってみると、そこには綿々と連なる、日本語と系統を同じくする言語は証明されていないという言語学者の主張があった。小論では、それが確認できたのではないだろうか。もちろん、小論で除いた、琉球語との関係や朝鮮・韓国語との関係についてはかなりの進展がみられているし、そちらのテーマについては本論文集の福井論文や伊藤論文、平子論文や児玉論文をぜひみていただきたい。

　一方、言語学者以外の日本語起源論は言語学的な要請ではなく、言語学外要因が大きく働いていた。日本語こそがアーリア語に属しているにちがいないとか、汎太平洋学術会議では日本語と南方語との関係をあきらかにすべきだとか、ウラル・アルタイ語族は日本の軍部と結託した大陸侵略を正当化する言語学者の陰謀で唾棄すべきであるといった動機だ。明治以後の日本語起源論を振り返ってみると、言語学外要因が大きなファクターとなった起源論と比較言語学の厳密なる方法論を堅持しようとした言語学者の戦いの歴史のようにみえてならない。その際、一般読者にとっては、厳密な比較方法が適応されているかどうかが問題ではなく、

および大野 1982・1983）なお『国語学』掲載論文については、国語研の雑誌『国語学』全文データベースからダウンロードができる。
　*16国際シンポジウム「アジア・太平洋地域諸言語の歴史研究の方法―日本語の起源は解明できるのか―」と題しておこなわれた。セッション 2「日本語の起源を探る」では、ヴォヴィン、ロベーツ、アンガー、ホイットマン、ペラールの 5 名が発表した。

動機付けを含めた、時代の要請の方がはるかに重要な意味を持っていた。そのた
め、言語学者は論争としては負けたとさえ思われてきたのである。

　今では世界は小さく感じられる、グローバル化の時代だ。言語学の世界でも、
ノストラティック大語族やユーラシア大語族など、従来の語族をもっと大きく統
合させた研究がある。なかには、言語起源一元説による地球祖語などを建てる研
究もある（長田 1998 を参照）。しかし、こうした大語族は不思議と日本では全く
流行らない。筆者が知る限りでは、かつて岸本通夫が「ユーラシア語族の可能性」
(1971) を発表したぐらいしか見あたらない。その岸本の研究はいまや日本言語学
史からは完全に抹殺されている。

　この小論は筆者が主催した共同研究会の報告書のために書かれたものである。
共同研究会ではなるべく若い研究者に日本語系統論に関心を向けてもらおうとい
う意図があった。しかし、この小論を読み返すと、ずいぶん暗い未来しかみえてこ
ないかもしれない。ただし、小論では取り上げることができなかったが、新しい
研究が育ちつつあるのもまた事実である。日琉祖語の研究から、さらなる研究が
生まれるかもしれない。ささやかな希望を述べて、小論を締めくくることにする。

参考文献

Alter, Stephen G. (2005) *William Dwight Whitney and the Science of Language.*
　Baltimore.

Benfey, T. (1869) *Geschichte der Sprachwissenschaft und orientalischen Philolo-
　gie in Deutschland seit dem Anfange des 19. Jahrhunderts mit einem Rückblick
　auf die fruheren Zeiten.* München.
　https://archive.org/details/geschichtederspr00benf

Gabelenz, Georg von (1871) Über eine Eigenthümlichkeit des japanischen
　Zahlwortes. *Zeitschrift für Völkerpsychologie und Sprachwissenschaft* 7.
　https://archive.org/details/zeitschriftfurv01steigoog

Gabelenz, Georg von (1891) *Die Sprachwissenschaft, ihre Aufgaben, Methoden
　und bisherigen Ergebnisse.* Leipzig.
　https://archive.org/details/diesprachwissen00gabegoog

Giesswein, Sandor (1892) Die Hauptprobleme der Sprachwissenschaft in ihren
　Beziehungen zur Theologie, Philosophie und Anthropologie. (google のサイト
　からダウンロードが可能)

Joseph, John Earl (ed.) (2002) *From Whitney to Chomsky: Essays in the History of American Linguistics.* Amsterdam.

Labberton, D. van Hinloopen (1925) The Oceanic languages and the Nipponese as branches of the Nippon-Malay-Polynesian family of speech, *Transactions of the Asiatic Society of Japan* 2:77-115.

Max-Müller, Friedrich (1861) *Lectures on the Science of Language.* London.
http://www.gutenberg.org/files/32856/32856-pdf.pdf

Max-Müller, Friedrich (1885) *The Science of Languages.* London.
https://archive.org/details/lecturesonscien07mlgoog

Müller, Friedrich (1876) *Grundriss der Sprachwissenschaft, Band. I. Einleitung in die Sprachwissenschaft.*
https://archive.org/details/cihm_45391

Nerlich, Brigitte (2002) *Change in Language: Whitney, Breal and Wegener.* London.

Sayce, A. H. (1874) *The Principles of the Comparative Philology.* London
https://archive.org/details/principlescompa06saycgoog

Sayce, A. H. (1880) *Introduction to the science of language.* London. 2 巻本。
https://archive.org/details/introductiontosc01saycuoft　（第 1 巻）
https://archive.org/details/introductiontosc02saycuoft　（第 2 巻）

Sievers Eduart (1893) *Grundzüge der Phonetik zur einfürung in das Studien der Lautlehre der indogermanischen Sprachen.*（第 4 版）
https://archive.org/details/bub_gb_4A4tAAAAYAAJ

Wheeler, Benjamin Ide (1887) *Analogy and the scope of its application in languages.*
https://archive.org/details/analogyandscope00wheegoog

Whitney, William D. (1875) *Life and Growth of Languages*, New York.
https://archive.org/details/lifegrowthoflang00whit

Whitney, William D. (1884) *Language and the Study of Language.* London
https://archive.org/details/languagestudyofl00whituoft

Whymant, A. Neville J. (1926) The Oceanic theory of the origin of the Japanese language and people, *Transactions of the Asiatic Society of Japan* 3: 15–81.

井上哲次郎 (1894)「人種、言語及び宗教等の比較に依り日本人の位地を論ず」佐村八郎編『井上博士講論集』第 1 編：1–81。敬業社。(国会図書館近代デジタルライブラリーより入手可。以下国会と表示)

大野晋 (1955)「書評：学問の基礎的方法を無視」『朝日新聞』12 月 6 日付け。

大野晋 (1956a)「誤りと偽りの『万葉集の謎』」『知性』（筆者未読）。

大野晋 (1956b)「レプチャ語とはどんな言語か」『文学』24 巻 3 号。

大野晋 (1957)『日本語の起源』岩波新書。

大野晋編 (1973)「言語学」『論集日本文化の起源 5』平凡社。

大野晋 (1980a)『日本語の世界第 1 巻日本語の成立』中央公論社。

大野晋編 (1980b)『別冊現代のエスプリ：日本語の起源』至文堂。

大野晋 (1981)『日本語とタミル語』新潮社。

大野晋 (1982)「日本語とタミル語との対応について—村山七郎氏の批評に答え
    て—」『国語学』130: 134–117。

大野晋 (1983)「村山七郎氏の大野批判の実態」『国語学』135: 52–57。

大野晋 (1994)『新版日本語の起源』岩波新書。

長田俊樹 (1996)「小特集『日本語＝タミル語同系説』を検証する　——大野晋『日
    本語の起源　新版』をめぐって：0．序」『日本研究』第 13 集：248–243 頁。

長田俊樹 (1998)「比較言語学・遠隔系統論・多角比較　—大野教授の反論を読ん
    で—」『日本研究』第 17 集：404–373 頁。

長田俊樹 (2003)「日本語系統論はなぜはやらなくなったのか」ヴォヴィン・長田
    編『日本語系統論の現在』国際日本文化研究センター。373–418 頁。

長田俊樹 (2017)「はたして言語学者はふがいないのか —日本語系統論の一断面」
    井上章一編『学問をしばるもの』思文閣出版。10–29 頁。

風間喜代三編 (1978)『岩波講座日本語第 12 巻 日本語の系統と歴史』岩波書店。

金子亨 (2001)「Uëda Mannen のこと」『千葉大学　ユーラシア言語文化論集』4:
    1–23

ガーベレンツ、ゲオルグ・フォン。川島淳夫訳 (2009)『言語学 ——その課題、方
    法、及びこれまでの研究成果—』同学社。

亀田次郎 (1907a)「危険千万なる比較言語論」『帝国文学』13-5。

亀田次郎 (1907b)「平井金三氏の駁論に答ふ」『帝国文学』13-8。（岡島昭浩大阪大
    学教授のインターネットサイトより入手可。以下、岡島と表示）

亀田次郎 (1907c)「更に平井金三氏の所論を駁す」『帝国文学』13-10。（岡島）

岸本通夫 (1971)『ユーラシア語族の可能性』神戸学術出版。

木田章義 (2015)「日本語起源論の整理」京都大学文学研究科編『日本語の起源と
    古代日本語』臨川書店。3–93 頁。

木村鷹太郎 (1911)『世界的研究に基づける日本太古史』私家版。（国会）

金田一京助 (1938)『国語史系統論』刀江書院。

山東功 (2015)「国語学史と言語思想史」『日本思想史』47: 37–47。

清水康行 (2012)「上田万年の欧州留学に関する記録」『日本女子大学紀要文学部』61: 1–17。

新村出 (1901a)「田口博士の言語に関する所論を読む」『言語学雑誌』第 2 巻第 4 号

新村出 (1901b)「田口博士に答へて言語学の立脚地を明にす」『史学雑誌』12-11。

新村出 (1916)　「国語及び朝鮮語の数詞について」『芸文』7-2。

新村出 (1935)『国語科学講座第 4 巻 国語系統論』明治書院。

新村出筆録。柴田武校訂 (1975)　『シリーズ名講義ノート・上田万年　言語学』教育出版。

田口卯吉 (1901a)　「国語上より観察したる人種の初代」『史学雑誌』12-6。(岡島)

田口卯吉 (1901b)　「人種の初代の根拠地を決するは国語に如くなし」『史学雑誌』12-10。(岡島)

田口卯吉 (1904)『破黄禍論』経済雑誌社。(国会)

田中克彦 (1989)「ヒフミの倍加説」『国家語を越えて』筑摩書房。

田中克彦 (1997)「言語学の日本的受容—ガーベレンツ、ソシュール、上田万年—」田中克彦・山脇直司・糟谷啓介編『言語・国家、そして権力』新世社。3–20。

坪井九馬三 (1927)『我が国民国語の曙』京文社出版。(国会)

トマス、マーガレット。中島平三総監訳。(2016)『ことばの思想家 50 人—重要人物からみる言語学史—』朝倉書店。

トムゼン、ヴィルヘルム。泉井久之助・高谷信一共訳。(1937)『言語学史』弘文堂書房。

橋川文三 (1976)『黄禍物語』筑摩書房。(岩波現代文庫で 2000 年に再刊)

服部四郎 (1959)『日本語の系統』岩波書店。(岩波文庫で 1999 年に再刊)

平井金三 (1907a)「「危険なる言語論」に答ふ」『帝国文学』13-7。(岡島)

平井金三 (1907b)「亀田次郎君に答へます」『帝国文学』13-9。(岡島)

藤岡勝二 (1901)「言語を以て直に人種の異同を判ずること」『史学雑誌』12-9。(岡島)

藤岡勝二 (1908)「日本語の位地」『國學院雑誌』(池田次郎・大野晋編 (1973)『論集日本文化の起源 5 日本人種論・言語学』平凡社。334–349 頁に再録、日本語の系統を考える会編 (1985)『日本語の系統・基本論文集』和泉書院。60–81 頁にも再録)(http://blog.goo.ne.jp/kokugogaku/e/c9ca8a6b0ddb204330a223963066be6d)

ペデルセン。伊東只正訳。(1974)『言語学史』こびあん書房。

堀岡文吉 (1927)『日本及汎太平洋民族の研究』冨山房。(国会)

堀川貴司 (1992)「チェンバレン帝大教師時代の資料」『汲古』21: 16–20。

松本克己 (2000)「日本の系統と“ウラル・アルタイ説”」『日本エドワード・サピア

協会研究年報』第 14 号：1-25。

村山七郎 (1957)「大野晋氏著『日本語の起源を読む』」『国語学』31: 105-114。

村山七郎 (1981a)「ある国語学者の語源研究—大野晋博士の語源研究—」『国語学』124: 112-104。

村山七郎 (1981b)「大野晋氏の比較研究はこれでいいのか—世界タミル学会の氏の発表について—」『国語学』127: 70-61。

村山七郎 (1982)『日本語タミル語起源説批判』三一書房。

村山七郎 (1983)「『国語学』130 集の大野晋氏の反論について」『国語学』133: 94-99。

安田徳太郎 (1952)『人間の歴史 2 日本人の起源』光文社。

安田徳太郎 (1955)『万葉集の謎』カッパブックス。

吉永進一 (2007)「平井金三における明治仏教の国際化に関する宗教史・文化史的研究」平成 16 年度〜18 年度科研報告書。

　http://www.maizuru-ct.ac.jp/human/yosinaga/hirai_report.pdf

ロウビンズ。中村完・後藤斉訳。(1992)『言語学史』研究社出版。

あとがき

　早いものである。

　共同研究会が終わってから、3 年近くがたとうとしている。ようやく報告書が形になって、ほっとしている。原稿を早々と送ってくださった執筆者の皆様には、出版がここまで遅れてしまったことをまずおわび申し上げる。出版までのいきさつを述べ、なぜここまで遅れてしまったのか、事情をご説明申し上げたい。

　言語学関係の出版といえば、何よりも歴史がある三省堂がまず頭に浮かぶ。そこで、すでに三省堂から本を出されている福井玲東京大学教授にご相談申し上げたところ、福井さんの担当者であった柳百合さんと若い石塚直子さんをご紹介いただいた。2017 年言語学会大会春季大会会場の首都大学でお目にかかり、出版交渉をしたところ、三省堂の方で快く出版を引き受けてくださることになった。

　ただし条件があった。それはすべて執筆者側で組版までおこなうということだった。そこで、組版処理システムの TEX に慣れている方々を中心に、TEX 班を組織して、組版処理にあたることになった。TEX 班は千田俊太郎京都大学准教授を班長として、林範彦神戸市外大教授、平子達也南山大学講師の 3 名からなり、何か技術的な問題が生じた際には、福井さんに相談するために、福井さんが顧問を務めることとなった。

　皆さんからの原稿は 2019 年 3 月までには集まっていたが、この TEX 製版に思いのほか、時間がかかってしまった。若い 3 人が昨今の大学業務の多さに時間をとられ、また TEX 製版が技術的にうまくいかなかったり、班長の千田さんがいつも作業している研究室のエアコンが壊れるハプニングなどがあり、どんどんと遅れていった。これもひとえに 3 人に丸投げしてしまった編者の責任である。この場で謝罪するとともに、TEX 班の皆さんの努力に敬意を払い、若い 3 名にお礼を述べたい。TEX 班の努力があって、この論集ができあがったことはけっして忘れない。

　論集執筆者には共同研究会に参加いただき、論文執筆までお付き合いくださり、

誠にありがとうございました。大変面白い共同研究会であり、若い方々が積極的に発言してくれたことが印象深い。またいつかこのような研究会ができることを期待するとともに、若い方々にはほとんど触れられなくなった日本語起源論や日本語系統論にも、ぜひ関心を寄せていただければ幸いである。

　この出版には、三省堂の柳百合さん、石塚直子さん、石塚さんが産休後に担当してくださった山本康一さんの皆様には大変お世話になった。名をあげて感謝の意を表したい。なお、この出版には国際日本文化研究センターの共同研究会成果出版物として助成をいただいていることを記しておく。

　さいごに、編者としてわがままを言わせてもらうと、生涯にわたって日本語系統論にその情熱をそそぎ続けた父・長田夏樹の霊前に、本書を謹んで捧げたい。

（長田俊樹記）

事項索引

人名索引

言語名索引

執筆者紹介..

（編者以下論文掲載順、所属は 2019 年 12 月現在）

長田 俊樹（おさだ としき）　1954 年神戸生まれ。総合地球環境学研究所名誉教授、神戸市外国語大学客員教授、国立国語研究所客員教授。1991 年、インド・ラーンチ－大学博士号取得。専門は言語学、南アジア研究。主要業績は『日本語系統論の現在』(国際日本文化研究センター刊行。2003 年。アレキサンダー・ボビンとの共同編著) など。

福井 玲（ふくい れい）　1957 年岐阜県生まれ。東京大学大学院人文社会系研究科教授。東京大学大学院人文科学研究科言語学専攻博士課程単位取得退学。専門は言語学，韓国語学。主要業績は『韓国語音韻史の探究』(2013, 三省堂) など。

安田 敏朗（やすだ としあき）　1968 年神奈川県生まれ。一橋大学大学院言語社会研究科教授。1996 年、東京大学大学院総合文化研究科博士課程学位取得修了、博士（学術）。専門は近代日本言語史。主要業績は『漢字廃止の思想史』(平凡社、2016 年) など。

林 範彦（はやし のりひこ）　1976 年大阪府生まれ。神戸市外国語大学教授。2005 年、京都大学大学院文学研究科博士後期課程研究指導認定退学、博士 (文学)。専門はチベット・ビルマ諸語研究、記述言語学、東南アジア地域言語学。主要業績は『チノ語文法 (悠楽方言) の記述研究』(神戸市外国語大学外国学研究所、2009 年) ほか。

伊藤 英人（いとう ひでと）　1961 年東京都生まれ。専修大学特任教授。1989 年東京外国語大学大学院修士課程修了。1992 年ソウル大学人文大学院国語国文学科博士課程単位取得退学。専門は朝鮮語史、中韓言語接触史。主要業績は「「高句麗地名」中の倭語と韓語」『専修人文論集』105 号，2019 年，pp.365-421。

千田 俊太郎（ちだ しゅんたろう）　1974 年東京生まれ。京都大学大学院文学研究科准教授。2006 年、京都大学大学院博士号取得。専門は言語学、シンブー諸語研究、朝鮮語研究。主要業績は「ドム語の移動表現」(松本曜編 2017 『移動表現の類型論』159–187、くろしお出版) など。

平子 達也（ひらこ たつや）　1985 年東京都生まれ。南山大学人文学部日本文化学科講師。2015 年、京都大学大学院博士号取得。専門は言語学、日本語の歴史と方言、アクセント史。主要業績は「外輪式アクセントの歴史的位置づけについて」(『アジア・アフリカ言語文化研究』94: 259-276, 東京外国語大学

アジア・アフリカ言語文化研究所刊行。2017 年）など。

永澤 済（ながさわ いつき）　名古屋大学国際言語センター准教授、2010 年、東京大学大学院人文社会系研究科博士（文学）。専門は言語学、日本語史研究。主要業績は「近代民事判決文書の口語化―ある裁判官の先駆的試み―」（『東京大学言語学論集』37: 147-160, e55-86, 東京大学言語学研究室刊行。2016 年）など。

児玉 望（こだま のぞみ）　1959 年鹿児島県指宿市生まれ。熊本大学大学院人文社会科学研究部教授。1986 年東京大学大学院人文科学研究科（言語学専攻）修士課程修了。専門は言語学、ドラヴィダ語・南アジア語学、アクセント史。主要業績は「アクセント核はどう変わるか」（『人文科学論叢』1:43-60（予定）、熊本大学人文社会科学研究部刊行、2020 年）など。

狩俣 繁久（かりまた しげひさ）　1954 年沖縄県生まれ。琉球大学島嶼地域科学研究所教授。1979 年　琉球大学卒。専門は琉球語学。主要業績は「人間言語の起源」『琉球アジア論集』など。

斎藤 成也（さいとう なるや）　1957 年福井県生まれ。国立遺伝学研究所教授。1986 年、テキサス大学ヒューストン校生物学医学大学院修了、Ph.D.。専門は人類進化学。主要業績は『核ＤＮＡ解析でたどる日本人の源流』(河出書房新社、2017 年）など。

風間 伸次郎（かざま しんじろう）　1965 年東京都生まれ。東京外国語大学大学院総合国際学研究院教授。1992 年北海道大学大学院文学修士取得。専門はアルタイ諸言語の現地調査による記述研究、言語類型論。主要業績は『ウデヘ語テキスト』など。

・・

装　丁　　三省堂デザイン室

日本語「起源」論の歴史と展望
──日本語の起源はどのように論じられてきたか──

2020年3月10日　第1刷発行

編　者　　長田俊樹（おさだ・としき）
発行者　　株式会社 三省堂　　代表者 北口克彦
印刷者　　三省堂印刷株式会社
発行所　　株式会社 三省堂
　　　　　〒101-8371　東京都千代田区神田三崎町二丁目22番14号
　　　　　　　　　　　　　電話 編集　(03) 3230-9411
　　　　　　　　　　　　　　　　営業　(03) 3230-9412
　　　　　　　　　　　　　https://www.sanseido.co.jp/
〈日本語起源論・360pp.〉

落丁本・乱丁本はお取り替えいたします。